Lizenzausgabe als Ravensburger Taschenbuch Band 8348

Titel der Originalausgabe: De la chenille au vol du papillon

Fachliche Beratung:
Gerhard Rambold
Diplombiologe, Universität München

Übersetzt von Alexandra von Kalnein
Redaktion: Christine Wolfrum
Herausgeber: Monika Raeithel-Thaler

93 95 4 3

Printed in Italy by Soc. Editoriale Libraria

ISBN 3-473-38348-1

Von der Raupe zum Schmetterling

Text von Jean-Pierre Reymond
Illustrationen von Luc Favreau

DIE WELT ENTDECKEN

Weißt du, wie viele Schmetterlingsarten es gibt? Mehr als hunderttausend.
Sie leben fast überall. Nur nicht am Nord- und Südpol. Sie gehören zur Klasse der Insekten. Lange Zeit glaubten die Menschen, daß Schmetterlinge und Raupen zu zwei völlig verschiedenen Tiergruppen gehören.

Ein Schmetterling verbringt bis zu drei Viertel seines Lebens als Raupe. Zweimal verwandelt er sich: Aus dem Ei schlüpft eine Raupe, die sich zu einer Puppe einspinnt, aus der dann schließlich ein Schmetterling wird. Das nennt man Metamorphose. Die Raupen leben oft zu mehreren zusammen. Dagegen bleibt der Schmetterling fast immer allein.

Bei den Tagfaltern finden die Männchen ihre Weibchen vor allem mit Hilfe der Augen.

Das gelbe Männchen des Birkenschwanzfalters, einer nordamerikanischen Schmetterlingsart, sucht nach seinem Weibchen.

Wenn sich zwei Schmetterlinge gefunden haben, paaren sie sich und trennen sich erst wieder nach einigen Stunden.

Männchen und Weibchen können bei Schmetterlingen sehr verschieden sein.
Die Farben des Weibchens sind eher gedeckt. Dagegen sind die des Männchens meistens auffällig. Das Weibchen soll das Männchen ja bemerken, wenn es sich ihm nähern will: Erkennt es, daß es zu seiner Art gehört, wird es das Männchen nicht abweisen…

Männchen und Weibchen des Kleinen Nachtpfauenauges sind sehr verschieden.

Die Nachtfalterweibchen verstecken sich zwischen Pflanzen und warten auf die Männchen. Diese nähern sich ihnen, angezogen von ihrem Duft, den sie schon kilometerweit riechen können. Dann paaren sie sich. Erst nach mehreren Stunden trennen sie sich wieder. Später suchen sich die Weibchen eine Stelle, wo sie ihre Eier ablegen können.

Eier des Eichenspinners

Manchmal legt das Weibchen seine Eier scheinbar ziellos, ohne den Flug zu unterbrechen. Meist legt es die Eier aber auf die Blätter einer bestimmten Pflanze, die es am Geruch erkennt. Die geschlüpfte Raupe wird sich später von dieser Pflanze ernähren.

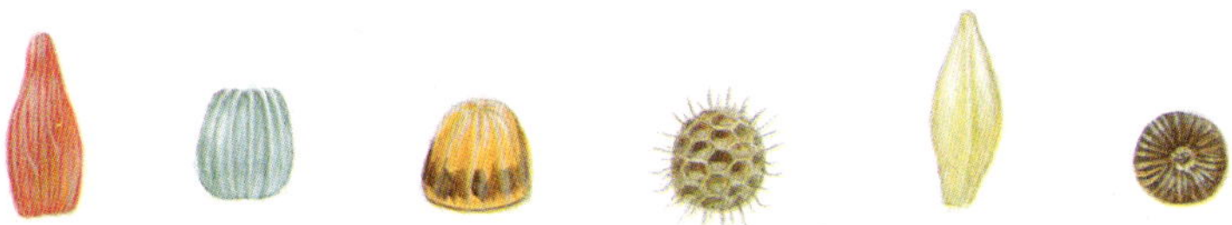

Form und Farbe der Eier sind je nach Art verschieden.

Das Weibchen legt zwischen 25 und 10 000 Eier. Diese sehr widerstandsfähigen Eier halten Temperaturen bis zu 40 Grad unter Null aus.

Das Kleine Nachtpfauenauge legt seine Eier in Ringform.

Das Landkärtchen legt sie in Kranzform.

Hier schlüpft die Raupe des Segelfalters aus.

Die Raupe, die die Larvenform des Schmetterlings ist, zerbeißt zum **Ausschlüpfen** die Eihülle mit ihren Kiefern. Nun fängt sie an „ihrer“ Futterpflanze an zu fressen und hört nicht mehr auf. Je wärmer es draußen ist, um so schneller wächst sie.

Manche Raupen leben mit anderen gemeinsam in einem Nest, das sie selbst aus Seidenfäden gesponnen haben: An warmen Orten wachsen sie schnell!

Wenn die Raupe ihre volle Größe erreicht hat, verwandelt sie sich.

Raupe des Monarchen

Raupe des Braunen Bären

Raupe des Morphofalters

Raupe des Erdbeerbaumfalters

Raupe des Ligusterschwärmers

Die Raupe des Oleanderschwärmers frißt nur Oleanderblätter.

Die meisten Raupen leben auf Pflanzen.

Sie sind auf Kräutern, Büschen und Bäumen zu Hause. Oft fressen sie aber in ihrem ganzen Leben nur eine einzige Pflanzenart.

Die Raupe knabbert das Blatt mit ihren Kiefern an.

Die Kleidermottenraupe ernährt sich von Wolle.
Durch das ständige Fressen werden die Raupen größer und platzen buchstäblich aus den Nähten. Deshalb müssen sie ihre Haut wechseln, die nicht bis ins Unendliche mitwachsen kann:
Diesen Vorgang nennt man Häutung.
Etwa viermal in ihrem Leben erneuern sie die Haut.
Einige Raupen leben unter Wasser.
Sie setzen sich z. B. unter einer Wasserrose fest und umgeben sich mit einem wasserdichten Seidenkleid. Sie atmen mit Hilfe des Sauerstoffs, der von der Pflanze abgegeben wird.

Bei schlechter Ernährung kann es drei Jahre dauern, bis die Kleidermottenraupe ein Schmetterling wird. Bei guter Ernährung verwandelt sie sich schon nach einem Monat!

Die Raupe der Falschen Bienenkorbmotte ernährt sich von Bienenwachs.

Hier siehst du eine Gabelschwanzraupe neben ihrer alten Haut, kurz nach der Häutung.

Vor der Häutung hört die Raupe auf zu fressen und bewegt sich nicht mehr.

Sie setzt sich an einem kleinen Zweig fest und bläht ihren Körper auf. Dadurch platzt die alte Haut. In weniger als einer Minute kriecht die Raupe heraus. Ihre neue Haut ist noch verknittert, feucht und blaß; sie wird aber langsam härter und glänzt bald in neuen Farben. Sobald die Raupe groß genug ist, verläßt sie die Pflanze, von der sie sich ernährt hat. Nun wird es Zeit, sich in eine Puppe zu verwandeln.

Manche Puppen liegen geschützt in einer unterirdischen Höhlung.

Von der Raupe zur Puppe.

Die Raupe verändert ihre Farbe und wird dünner. Sie ruht sich aus, häutet sich zum letztenmal, und eine fertig ausgebildete Puppe kommt zum Vorschein. Die Puppenruhe kann zwischen einigen Tagen und vier Jahren dauern, je nach Schmetterlingsart und Klima. Während die Puppe ruht, entwickelt sie sich zum Schmetterling. In dieser Zeit frißt sie nichts.

Die Raupe des Tagpfauenauges verwandelt sich in eine Puppe.

Verwandlung des Kleinen Eisvogels. Der Schmetterling wirft die Haube, die seinen Kopf bedeckte, ab und arbeitet sich mühsam aus der Hülle heraus.

Nach der Verwandlung hat der neugeborene Schmetterling noch zusammengedrückte Flügel. Um sie auszubreiten, spannt er seine Muskeln an und pumpt Blut und Luft in die winzigen Röhrchen, seine Adern. Beim Entfalten der Flügel scheidet er einige Tropfen aus. Diese Tropfen des Tagpfauenauges sind rot. Im Mittelalter, als Schmetterlinge in großen Mengen auftraten, glaubten die Menschen, daß es sich um „Blutregen“ handelte!

Ein Schmetterling, gleich welcher Gattung er angehört, hat immer sechs Beine, zwei mit Schuppen bedeckte Flügelpaare, zwei Fühler und meistens einen Rüssel, den er unter dem Kopf aufgerollt hat.

Schmetterlinge ernähren sich von Nektar, einem süßen Saft, der von den Pflanzen abgesondert wird. Sie saugen ihn mit Hilfe ihres Rüssels auf.

Luzernen-Blutströpfchen

Winden-schwärmer

Größe und Form des Rüssels passen sich der Blume an, die am häufigsten besucht wird.

Manche Schmetterlinge ernähren sich im Flug, ohne zu landen. Dabei schlagen ihre Flügel so schnell, daß sie unsichtbar werden. Schmetterlinge leben ein bis zwei Monate. Diejenigen, die überwintern, können sogar neun Monate alt werden. Einige haben keinen Rüssel und können sich deshalb nicht ernähren. Ihr Leben ist sehr kurz.

Distelfalter

Admiral

Kleiner Fuchs

Argusbläuling

Perlmutterfalter

Schmetterlinge haben einen viel feineren Geruchssinn als wir:

Ein leichter Duft genügt schon, um die gewohnte Pflanze zu erkennen.
Die Yucca, eine Pflanze, die aus warmen Ländern stammt, blüht und gedeiht nur dank eines bestimmten Schmetterlings, der die Pollen auf den Stempel jeder einzelnen Blüte überträgt.

Ornithoptera priamus

Gut getarnt …

Eidechsen, Vögel, Schlangen und Affen sind die Feinde der Schmetterlinge und Raupen. Mit ihrer äußeren Erscheinung können sich Schmetterlinge aber tarnen. Manche sehen aus wie Blätter, Dornen, Kot, Spinnen, Hornissen oder Schlangen.

Manche Schmetterlinge haben Flügel, die wie trockenes Laub aussehen!

1 Kallimafalter
2 Raupe des Windenschwärmers
3 Raupe des Birkenspanners
4 Puppe des Schillerfalters
5 Raupe eines Spinners
6 Weiblicher Zitronenfalter
7 Puppe des Birkenzipfelfalters
8 Kupferglucke
9 Totenkopfschwärmer
10 Raupe des Pappelschwärmers

Die Augenflecken, die sich hinter dem Kopf dieser ungefährlichen Raupe befinden, lassen sie so furchterregend wie eine Schlange aussehen.

Wenn das Abendpfauenauge unerwartet mit den Flügeln schlägt, jagt es der Drossel mit seinen Augenflecken einen Schrecken ein!

Was sind Augenflecken?

Das sind runde Flecken, die wie Augen aussehen. Bei ihrem Anblick erschrecken die Feinde, besonders dann, wenn sie den Augen einer Eule ähneln!
Viele Schmetterlinge haben solche Augenflecken.

Beim Fressen von Pflanzenteilen schützt sich die Raupe des Gabelschwanzes durch ihre gefährlich aussehenden Augenflecken.

Der Hornissenglasflügler tarnt sich zum Schutz als Hornisse, der Hummelschwärmer als Hummel.

Schmetterlinge sind sehr nützlich:
Sie bestäuben die Blüten und ermöglichen dadurch das Wachstum von Obst und Gemüse.
Raupen können schädlich sein:
die Raupen des Prozessionsspinners z. B. sind schrecklich gefräßig! Sie leben in Nestern auf Eichen und Kiefern. Nach Sonnenuntergang strömen die Raupen zu Hunderten daraus hervor und verwüsten bis zum Morgengrauen den ganzen Baum.
Manche Raupen haben einen dichten Haarpelz, der bei Berührung einen starken Juckreiz hervorrufen kann.
Andere Raupen wiederum sind sehr nützlich, wie z. B. die Raupe des Maulbeerspinners. Sie spinnt einen Seidenkokon. Wenn man den Faden abwickelt, kann man Seide für wunderschöne Stoffe herstellen.

Der Maulbeerspinner schlüpft aus seinem Kokon.

Graphium pylades
(Unterseite)
Afrika
Heliconius
burneyi
Süd-
amerika
Agrias
narcissus
Venezuela,
Surinam
Papilio paeon
(Unterseite)
Kolumbien,
Ecuador,
Peru
Agria
Ornithopter

Morpho cypris
(männlich)
Kolumbien,
Mittelamerika
Papilio alcmenor
(Unterseite)
Nord-
indien
ardanapalus
Catagramma
peristera
(Unterseite)
Oberer
Amazonas
Bolivien
Neuguinea
paradisea (männlich)
Prepona
omphale
Brasilien

Eine Krabbenspinne lähmt den Scheckenfalter, bevor sie ihn aussaugt.

Die Schlupfwespe, eine Schmarotzerwespe, kriecht aus der leeren Hülle einer Schmetterlingspuppe.

Ameisen lieben die süße Flüssigkeit, die die Raupen des Argus-
bläulings erzeugen. Deshalb greifen sie diese Raupen nicht an.

Für andere Raupen sind Ameisen die schlimmsten Feinde.

Die Wanderungen der Schmetterlinge sind erstaunlich und geheimnisvoll.

Normalerweise ist der Schmetterling ein Einzelgänger, der an einem einmal gewählten Ort bleibt. Dennoch gibt es einige Arten, die millionenstarke Schwärme bilden und weit fortfliegen. Sie überqueren sogar den Atlantischen oder den Pazifischen Ozean. Wenn die Schmetterlingsschwärme am Ziel ihrer Reise angelangt sind, kehren sie nur selten wieder zurück. Sie sterben, da sie meist in der fremden Umgebung nichts zum Fressen finden. Aber Jahr für Jahr treten wieder Schmetterlinge die gleiche Reise an.

◀ Die Monarchen ziehen im Herbst von Kanada nach Mexiko.

Die afrikanischen Weißlinge finden sich zu Hunderttausenden zusammen. ▶

Geöffnete oder geschlossene Flügel?

Wie viele verschiedene Schmetterlinge kannst du auf den beiden Seiten erkennen? Zwölf? Sicherlich nicht!

Sieh genau hin: Es sind nur sechs Schmetterlingsarten, einmal mit offenen und einmal mit geschlossenen Flügeln. Nun mußt du die Paare zusammenbringen:

1 und d: Aurorafalter
2 und a: Schillerfalter
3 und b: C-Falter
4 und e: Heliconius-Falter
5 und c: Morphofalter
6 und f: Heufalter

a
b
c
d
e
f

Blauer Schmetterling

Flügelt ein kleiner blauer
Falter vom Wind geweht,
Ein perlmutterner Schauer,
Glitzert, flimmert, vergeht.

So mit Augenblicksblinken,
So im Vorüberwehn
Sah ich das Glück mir winken,
Glitzern, flimmern, vergehn.

Hermann Hesse

Die Welt entdecken

In dieser Reihe sind bisher erschienen:

Band 1: Wie leben die Tiere im Winter?
Band 2: Keine Angst vor Krokodilen
Band 3: Sahara – Leben in der Wüste
Band 4: Eskimos – Leben im ewigen Eis
Band 5: Wo die Schokolade wächst
Band 6: Warum trinken alle Kinder Milch?
Band 7: Kartoffeln wachsen nicht im Keller
Band 11: Glas – Das durchsichtige Geheimnis
Band 12: Reis – Ein kleines Korn ernährt die Welt
Band 13: Stolze Burgen, edle Ritter
Band 15: Geheimnisvolle Insektenstaaten
Band 16: Wind und Wetter
Band 18: Bären – Die unsanften Riesen
Band 19: Auf der Spur der Indianer
Band 21: Sanfte Kühe – Wilde Stiere

rororo

Zu diesem Buch

Fünf Jahre lang hat sich Jack Randall vor den Mächten versteckt, die sein Leben ruiniert haben, und sich in einem unterirdischen Labor mit sogenannten Reserven angefreundet: Klonen, die als lebende Organspender für die Reichen dieser Welt gezüchtet werden. Nun flieht er mit fünfeinhalb von ihnen. Er braucht nur noch ein bißchen Geld, um sich endgültig mit den hilflosen Wesen in die Freiheit abzusetzen.

Michael Marshall Smith, geboren 1965, studierte in Cambridge Philosophie. Er schrieb Komödien für die BBC, bevor er seine Science-fiction-Geschichte veröffentlichte, die ihm sofort den British Fantasy Award einbrachte. Er lebt in London.

MICHAEL MARSHALL SMITH

Geklont

ROMAN

DEUTSCH VON
ULRIKE BECKER UND
CLAUS VARRELMANN

ROWOHLT TASCHENBUCH VERLAG

Die Originalausgabe erschien 1996 unter dem
Titel «Spares» bei HarperCollins, London
Umschlaggestaltung: C. Günther/W. Hellmann
Foto: Gregor Schuster Photodesigner
c/o EXPOSE Conny Gdanitz, Hamburg

Veröffentlicht im Rowohlt Taschenbuch
Verlag GmbH, März 2000

Printed in Germany
Gesamtherstellung Clausen & Bosse, Leck
ISBN 3 499 22699 5

Für Paula,
die den Wald erleuchtet

Danksagung

Mein Dank gilt Steve Jones, für den ich die Geschichte schrieb, die den Keim des folgenden enthält; den Chisellern und Chisellettes für wertvolle Miesmacherei; den Erz-Miesmachern Kim «Crispy» Newman und Paul «The Duck» McAuley für gute Ratschläge (an die ich mich in Zukunft halten werde); Rob & Steve, weil sie dafür gesorgt haben, daß ich dieses Buch nicht zu früh beendete; Clive Barker für die freundlichen Worte und Neil Gaiman, weil ich es ihm verdanke, daß ich nicht verklagt wurde; Kingsley Amis und Tori Amos für Inspiration ganz unterschiedlicher Art; Rachel Baker, Dick Jude, Chris Smith, Paul Landymore und anderen, weil sie mich bei meinem Erstling unterstützt haben, und den Leuten von HarperCollins, weil sie absolut Spitze sind; Howard und Adam und Jenny und Les und Val und Mandy und Jo und Richard und Suzanne und Zaz dafür, daß sie meine Gesundheit ruiniert haben; Jane Johnson, weil sie es mit mir ausgehalten hat, und Jim Rickards, weil er ein verdammter Dickschädel ist; Ralph Vicinanza, Lisa Eveleigh, Linda Shaughnessy, Nick Marston und Bob Bookman; Margaret und David und Tracey und Spangle und Lintilla, weil sie so sind, wie sie sind; und schließlich Nana Harrup (beiß dich durch) und Grandma Smith (ojemine!), weil sie so waren, wie sie waren.

Unsereins. All die, die von Anfang an schlechte Karten hatten. Die sich so viel gewünscht und so wenig bekommen haben. Die es so gut meinten und für die es so schlecht ausgegangen ist.

JIM THOMPSON,
Der Mörder in mir

TEIL EINS

TOTER CODE

Eins

Weitwinkelaufnahme.

New Richmond, Virginia. Nicht das *alte* Richmond, die historische Hauptstadt des historischen Virginia und Inbegriff schleppender Langeweile, sondern das neue. Das alte Richmond wurde vor über hundert Jahren zerstört, das heißt bei Krawallen, die zwei Monate andauerten, dem Erdboden gleichgemacht. Nachdem die Bewohner sich jahrzehntelang mit jämmerlichen Einkaufsmöglichkeiten, einer entsetzlich faden Altstadt und miserablen Restaurants zufriedengegeben hatten, rasteten sie plötzlich aus, zogen wie Racheengel durch die Stadt und zerstörten alles, was ihnen in die Quere kam. Es war toll.

Die PR-Leute schoben es auf den Innenstadtverfall, auf Drogenkriege oder auf den Stand des Mondes. Ich vermute, die Menschen dort waren einfach furchtbar gelangweilt, und ein großer Verlust ist es ohnehin nicht. Das alte Richmond war eine charakterlose, abgetakelte Stadt, an die ein vielseitig nutzbarer, ebener Landstrich mit Blick auf die hübsch gezackten Gipfel der Blue Ridge Mountains verschwendet worden war. Alle meinten, daß sich dieser Ort weitaus besser als Behelfsflugplatz und Auftankstation für MegaLiner eignete.

MegaLiner sind Luftfahrzeuge, ausgestattet wie Shopping-Malls – dreizehn Quadratkilometer groß und zweihundert Stockwerke hoch –, majestätische Transportmaschinen, die ihre Passagiere quer über den Kontinent bringen, von Westen nach Osten, von Norden nach Süden, von dem Ort, wo sie waren, zu dem Ort, wo sie aus irgendeinem Grund lieber sein wollen. Es sind die größten Quader aller Zeiten, in einem anheimelnden standardisierten Schwarz gehalten, mit unzähligen Lichtern übersät und so riesig, daß sie ihre Funktion vergessen lassen und zur reinen Form werden.

Alle Quader wollen einmal MegaLiner werden, wenn sie groß sind.

Drinnen gibt es Tausende von Geschäften, zwanzig Stockwerke hohe Innenhöfe, Speiseareale in der Größe von Kleinstädten, Dutzende von Multiplex-Kinos und eine Riesenauswahl an Hotels für jeden Geldbeutel, in dem eine Gold Card steckt. All das und vieles mehr erstreckt sich an breiten Boulevards entlang; man findet Tausende gemütlicher Ecken und Nischen und so viele Topfpflanzen, daß sie ein eigenes Ökosystem bilden. Sechstausend Meter hoch in der Luft, abgeschirmt vom Rest der Welt.

Der Himmel auf Erden oder vielmehr knapp darüber: ein vielstöckiger Vergnügungspark mit all den schönen, *käuflichen* Dingen, die das Leben zu bieten hat.

Vor dreiundachtzig Jahren landete MegaLiner Flug MA 156 zum routinemäßigen Auftanken an der Stelle, wo früher Richmond war, und hat seitdem nicht wieder abgehoben. Zunächst handelte es sich um ein rein bürokratisches Problem – eines, das alle klugen Köpfe der Welt zusammen nicht durchschaut hätten, das ein schlechtbezahlter kleiner Beamter jedoch im Handumdrehen hätte lösen können. Wenn ihm danach zumute gewesen wäre. Wenn er nicht gerade Pause gemacht hätte.

Nach ein paar Stunden fuhren die reicheren Fluggäste mit Autos davon. Sie hatten keine Zeit für solchen Mist. Sie hatten dringende Termine. Die anderen meckerten ein bißchen, bestellten noch etwas zu essen oder kauften sich ein weiteres Paar Schuhe und warteten.

Dann, wiederum ein paar Stunden später, sickerte die Nachricht durch, daß einer der Motoren leicht defekt sei. Das klang schon ernster. Wenn man eine Autopanne hat, macht man die Haube auf und sieht alles vor sich. Man kann auf das defekte Teil zeigen. Aber bei einem Motor von der Größe eines mit Anabolika gedopten Empire State Building muß man sich auf eine lange Nacht gefaßt machen. Allein um die Betriebsanleitung zu halten, werden vierzehn Leute benötigt. Die Ingenieure schickten Reparatur-Droiden bis in die hintersten Winkel, aber sie kehrten schließlich unverrichteter Dinge zurück, schüttelten ihre elektronischen Köpfe und pfiffen durch ihre mechanischen Zähne. Es sei nur ein kleiner Defekt, da waren sie ganz sicher, aber sie konnten ihn nicht lokalisieren.

Zu diesem Zeitpunkt verließen weitere Passagiere den MegaLiner, aber etliche beschlossen zu bleiben. Es gab reichlich Telefone und Konferenzräume, und der Liner besaß einen eigenen Zugang zur Matrix. Man konnte dort arbeiten. Er enthielt riesige Vorräte an Nahrungsmitteln, Konsumgütern und sauberer Bettwäsche. Man konnte dort leben. Kurzum, es gab unangenehmere Orte.

Die Triebwerke wurden nie wieder in Gang gebracht. Sie hätten vielleicht repariert werden können, aber man hatte zu lange gewartet. Nach ein paar Tagen kamen Leute von draußen herein: Menschen, die obdachlos gewesen waren, seit das alte Richmond in Flammen aufgegangen war; Menschen, die in den umliegenden Wäldern lebten; Menschen, die von den Speisearealen gehört hatten und bloß ein Mittagessen wollten. Sie kamen aus der Ebene und von den Bergen herunter und hämmerten gegen die Türen. Anfangs wiesen die Sicherheitskräfte sie ab, so wie es ihre Aufgabe war, aber es waren furchtbar viele, und einige wurden ganz schön sauer. Das einzige, was diese Leute schlimmer fanden, als in Richmond leben zu müssen, war, nicht mehr dort leben zu können.

Die Sicherheitskräfte berieten sich und faßten einen Plan:

Sie würden die Leute reinlassen und ihnen Geld dafür abknöpfen.

Es gab eine ungefähr sechs Monate dauernde Phase, in der niemand genau wußte, ob MA 156 noch einmal starten würde oder nicht. Dann setzte sich die Erkenntnis durch, daß damit nicht mehr zu rechnen sei. Die meisten wollten es auch gar nicht mehr. Der Liner war jetzt ihr Zuhause. Ganze Bereiche im Innern wurden abgerissen und neu aufgebaut. Die ursprünglichen Passagiere belegten die höheren Etagen mit Beschlag und fingen an, oben auf dem Liner neue Gebäude zu errichten. Sie wetteiferten darum, sich am weitesten von den Horden der Armen auf den unteren Etagen zu entfernen. Um den Liner herum entstand auf der Erdoberfläche eine Satellitenstadt – die Siedlung, die New Richmond als Portal diente.

Irgendwann schlossen die örtlichen Versorgungsbetriebe das ganze Gebilde an ihre Leitungen an, und New Richmond war geboren. Abgesehen von seiner ungewöhnlichen Entstehungsgeschichte und seiner extrem rechteckigen Form ist New Richmond heute eine Stadt wie jede andere. Wenn man nicht Bescheid weiß, könnte man denken, es handele sich bloß um eine groteske stadtplanerische Fehlleistung.

Aber es geht das Gerücht, daß in einem abgelegenen Raum, irgendwo tief in den Eingeweiden der Stadt, noch ein vergessener Koffer steht, der dort versehentlich von einer der Familien, die als erste abgereist waren, zurückgelassen wurde, ein stummer Zeuge der Geburt dieser Stadt. Niemand weiß, wo sich dieser Raum befindet, und die meisten halten die Geschichte für einen der üblichen Großstadtmythen. Denn das ist Flug MA 156 inzwischen geworden: eine Großstadt.

Aber ich habe diese Geschichte immer geglaubt, und ich frage mich auch, ob die Stadt selber wohl manchmal nachts die Augen hebt, wenn sie hört, wie sich andere MegaLiner schwerfällig über ihrem Kopf entlangwälzen. Ich frage mich, ob sie den

Himmel beobachtet und sie vorbeiziehen sieht und ob sie weiß, daß auch sie selbst dort oben sein sollte. Hoch am Himmel, nicht unten auf der Erde – gestrandet. Aber schließlich glaubt fast jeder Mensch an irgend so was, und die wenigsten haben recht.

«Zweihundert Dollar», sagte der Mann, während er versuchte, zugleich lässig und wachsam zu wirken, was ihm beides kläglich mißlang. Er sprach nicht von dem, was ich verkaufen wollte. Ich war noch nicht einmal drin in New Richmond. Es war nach acht Uhr abends, mir blieb nur noch wenig Zeit, und ich verlor allmählich die Geduld.

«Unsinn», sagte ich. «Es kostet fünfzig.»

Der Mann lachte, ehrlich amüsiert.

«Sie waren wohl länger weg, Mann. Ich kann mich kaum noch an die Zeit *erinnern*, als es fünfzig Dollar gekostet hat.»

«Fünfzig Dollar», wiederholte ich. Wahrscheinlich hoffte ich, ihn neurolinguistisch programmieren zu können, wenn ich es oft genug wiederholte. Ich stand vor einer verborgenen Tür im Keller eines Gebäudes in der Portal-Siedlung, diesem Alptraum aus schäbigen Hochhäusern und Barackenbehausungen, der das eigentliche New Richmond umgibt. Dorthin war ich gegangen, weil dieses Gebäude direkt an die äußere Stadtmauer angebaut war, die ich überwinden mußte. Ich hatte mich klaglos von der Streetgang, die zur Zeit das Gebäude kontrollierte, filzen lassen und bereits zwanzig Dollar «Zoll» für meine Pistole gezahlt. Aber ich besaß keine zweihundert Dollar mehr, nur noch knapp hundert, und ich war in Eile.

Der Mann zuckte die Achseln. «Dann nehmen Sie doch den Haupteingang.»

Ich schob die Hände in die Jackentaschen und unterdrückte Wut und Panik zugleich. «Ihr Schießeisen brauchen Sie gar nicht erst zu ziehen», fuhr er mit sanfter Stimme fort. «Weil nämlich drei Typen, die Sie von hier aus nicht sehen können, Gewehre auf Ihren Arsch gerichtet haben.»

Durch das Hauptttor konnte ich nicht gehen, das wußte er genau. Niemand kam in diesen Teil des Portals, wenn er New Richmond durch einen der offiziellen Eingänge betreten konnte. Wenn man dort hindurch wollte, mußte man seine ID-Karte in den Automaten schieben und gab damit seinen Namen den Cops, der Stadtverwaltung und allen anderen preis, die Zugang zu den Datenbänken hatten.

«Hören Sie», sagte ich. «Ich war schon öfter hier, ich brauche keinen Führer. Sie brauchen mich nur vorbeizulassen. Mehr als fünfzig Dollar kann ich nicht zahlen.»

Der Mann wandte sich ab und machte mit dem Kopf ein Zeichen. Ich hörte, wie mehrere Fußpaare in der Dunkelheit auf mich zukamen.

«Kauft ihr euren Stoff immer noch von Howie ‹The Plan›?» fragte ich beiläufig. Die Schritte hinter mir verklangen, und der Mann drehte sich zu mir um und schaute mich forschend an.

«Was wissen Sie von Mr. Amos?» fragte er.

«Nicht viel», sagte ich, obwohl das nicht stimmte. Howie war ein einigermaßen erfolgreicher Gangster, der von der achten Etage aus operierte. Er hatte ein paar Mädchen für sich laufen, besaß eine Bar und hatte die Finger so tief im Drogengeschäft, daß er von den großen Bossen toleriert wurde. Er war ein dicker, umgänglicher Mann mit erstaunlich vollem blondem Haar, aber er war fitter, als er aussah, und äußerst verschwiegen. Spätnachts, wenn die meisten Gäste gegangen waren, spielte er oft noch ein bißchen mit der hauseigenen Bluesband. Das machte er hundertmal besser, als man ihm zugetraut hätte. Er war keiner von den Bright Eyes, hätte aber gut einer sein können. Auf ihn war Verlaß.

«Aber genug», fuhr ich fort, «um bestimmten Leuten von einigen seiner heimlichen Geschäfte zu erzählen. Und wenn er dann glaubt, diese Auskünfte wären von euch gekommen, na ja ...»

«Warum sollte er das glauben?» fragte der Mann, aber er wurde langsam nervös. Diese Typen gehörten noch nicht mal zur untersten Unterschicht. Sie standen unterhalb der Leiter. Wahrscheinlich wußten sie gar nicht, wo die Leiter war, und mußten die ganze Zeit die Treppen benutzen. Das Bewachen dieser Tür war der engste Kontakt, den sie mit dem Leben in New Richmond selber hatten. Solche Typen wollten mit dem Dschungel drinnen keine Probleme bekommen. Zu gefährlich.

«Keine Ahnung», sagte ich. «Hören Sie, fünfzig Dollar. Und wenn ich rauskomme, kriegen Sie die restlichen hundertfünfzig.»

Vielleicht würde ich nicht wieder rauskommen, aber fünfzig Dollar waren besser als gar kein Geld und womöglich eine Menge Ärger. Er trat beiseite. Ich zählte die Scheine ab, und er öffnete die Tür.

«Und ich gebe Ihnen zwanzig extra», fügte ich hinzu, «wenn Sie meinen Namen nicht auf die Liste setzen, die Sie an die Cops verkaufen.»

«Weiß nicht, wovon Sie reden», sagte er mit steinerner Miene, doch seine Haltung schien sich verändert zu haben. «Aber ich nehme die zwanzig.»

Ich nickte und trat durch die Tür. Sie fiel hinter mir ins Schloß, und zum erstenmal seit fünf Jahren war ich wieder in New Richmond.

Die Tür führte in einen alten Wartungskorridor, der sich bis zum unteren Maschinenraum hin zu kilometerlangen feuchten, finsteren Gängen verzweigt. Hier gibt es nichts, was von irgendwelchem Wert wäre, deshalb kümmerte es niemanden, als der Zugang durch die äußere Bebauung versperrt wurde. Denn niemand würde je wieder versuchen, die Maschinen zum Laufen zu bringen. Ein altes Gerücht besagt, daß einer der ursprünglich losgeschickten Reparatur-Droiden, inzwischen vergreist und verrückt geworden, da unten noch immer herumbastelt, aber die Geschichte glaube nicht mal ich.

Lange Zeit war die Tür in Vergessenheit geraten, dann entdeckte sie jemand wieder und erkannte ihren potentiellen Wert als geheimen Zugang zur Stadt. Eine Abzweigung des Wartungskorridors führt über die Abgasleitungen zu einer versteckten, kaum bekannten Treppe hinauf in die zweite Etage des ehemaligen MegaLiners.

Aber diesen Weg wollte ich nicht nehmen. Ich lief mit schnellen Schritten etwa zweihundert Meter den Korridor mit der zerkratzten und rostigen Wandverkleidung entlang. Da unten herrscht eine unheimliche Stille; es ist vermutlich der einzige wirklich ruhige Ort in der ganzen Stadt. Der Gang machte eine scharfe Biegung nach rechts, und die trüben, in regelmäßigen Abständen angebrachten Deckenlichter verschwanden etwa einen Kilometer weiter hinten an der nächsten Kurve. Statt ihnen zu folgen, ging ich in die Knie und sprang dann mit ausgestreckten Armen hoch, die Hände zu Fäusten geballt. Sie trafen eine Platte im Dach, die aufsprang, umklappte und eine schwarze Öffnung freigab. Ich warf einen kurzen Blick zurück, um sicherzugehen, daß mich niemand beobachtete, sprang erneut hoch und zog mich durch das Loch hinauf.

Als ich die Deckenplatte wieder geschlossen hatte, befand ich mich in völliger Finsternis; sie wurde nur von gelben Lichtstreifen durchbrochen, die durch die Ritzen im Boden drangen. Ich richtete mich zu der leicht gebeugten Haltung auf, die in den Tunneln des alten Lüftungssystems von New Richmond gerade noch möglich ist, und lief rasch los. Ab und zu schwebten Geräuschfetzen von der Stadt zu mir herunter. Ein uraltes Glucksen, ein leises, schal gewordenes Rasseln, gelegentlich das gespenstische Echo von Stimmen, das sich zufällig in einer der Flurecken über mir verfangen hatte und bis zu diesem

Friedhof hier unten hallte. In diesen Gängen hatte ich schon immer das Gefühl gehabt, als kröche ich durch den kalten, verdorrten Schoß von New Richmond, aber ich bin auch schon immer ein bißchen beknackt gewesen.

Nach einem knappen Kilometer war ich unter einem der Haupteingänge angelangt. Das weiß man, denn man kann die Schritte der vielen Menschen hören, die kommen und gehen. Ich blieb einen Augenblick stehen und erinnerte mich an die alten Zeiten. Manchmal war ich wegen des Nervenkitzels auf dem geheimen Weg hereingekommen, aber nur wenn man durch die Haupttore geht, erhält man einen Eindruck von der Welt, die man betritt. Man gelangt in ein Foyer, das zwanzig Stockwerke hoch ist, und kriegt einen Vorgeschmack von der Opulenz, die einen oberhalb der hundertsten Etage erwartet, sofern man für diese Bereiche eine Zutrittserlaubnis hat. Früher gab es auf allen Etagen um das Foyer herum Glasfenster, aber nachdem der Pöbel dort eingezogen war, wurden sie zugemauert. Man hat das Gefühl, in der größten und protzigsten Duschkabine aller Zeiten zu stehen. Man geht zur Rezeption, schiebt seine ID-Karte in den Automaten und erhält die Zutrittserlaubnis. Ich wohnte damals auf einer der 70er Etagen, daher stieg ich immer in einen der xPress-Fahrstühle und wurde in die Höhe katapultiert.

Aber heute nicht. Heute bahnte ich mir wie eine Schlange einen Weg durch endlose Tunnel, und ich wollte nicht in die zweiundsiebzigste Etage, denn dort gab es nichts mehr, was mich interessierte. Ich war in New Richmond, weil ich Geld brauchte, und für mich gab es nur eine Möglichkeit, mir welches zu beschaffen. Ich wollte hineingehen, mir das Geld besorgen, wieder verschwinden – und dann Virginia ein für allemal den Rücken kehren.

Wir hatten die Portal-Siedlung in den frühen Abendstunden erreicht. Es hatte den ganzen Tag geregnet, und mit jeder Minute wurde es kälter und dunkler. Virginia fackelt im Winter nicht lange, vor allem nicht in diesem Jahr. Virginia sagt: «Wenn ihr Winter wollt, sollt ihr ihn haben», und liefert prompt. Die Reserven krochen zu dem Zeitpunkt bereits auf dem Zahnfleisch – ein Witz, den ich mir insgeheim erlaubte, obwohl er natürlich geschmacklos und nicht besonders mitfühlend war. Sie hatten nie Kälte kennengelernt, und die paar Kleidungsstücke, die ich an sie verteilt hatte, reichten bei weitem nicht aus.

Gott sei Dank waren nicht viele Leute unterwegs. Man geht im Portal nicht spazieren, schon gar nicht abends – da kann man sich gleich zu Hause selber überfallen. Howie Amos bot eine Zeitlang so einen Service an: Man brauchte nur anzurufen und zu sagen, man spiele mit dem Gedanken, in die Portal-Siedlung zu gehen, schon schickte er jemanden vorbei, der einen in den eigenen vier Wänden verprügelte, und zwar innerhalb einer halben Stunde, sonst gab es einen Dollar Preisnachlaß. Er hatte erstaunlich viel Kundschaft.

Ich schob die Reserven dicht an den Hauswänden entlang vor mir her, um außerhalb der Straßenbeleuchtung zu bleiben. Suej und David sorgten dafür, daß niemand aus der Reihe tanzte. Ich hatte ihnen erklärt, warum wir herkommen mußten und warum ich dabei in Schwierigkeiten geraten konnte. Sie taten wie geheißen, und wir legten schnell die anderthalb Kilometer bis zu Mals Haus zurück.

Vor dem Haus blieb ich stehen und vergewisserte mich, daß uns niemand gefolgt war. Die Straßen in der Portalsiedlung sind schnurgerade, sie breiten sich um New Richmond herum aus wie ein riesiges Spinnennetz. Wenn man mitten auf der Straße steht, kann man so weit sehen, wie der Regen es zuläßt. Laternen säumen den Weg und werfen gelbe Lichtkegel, die cremig und flau wirken – wie Schlagsahne, kurz bevor sie sauer wird.

Der Rand der Portalsiedlung lag außerhalb meiner Sichtweite, und dahinter befand sich die Straße, die in die dunkle Landschaft von Virginia hinausführte. Auf dieser Straße gelangte man in die Blue Ridge Mountains, von wo wir gekommen waren – prosaisches Gestein, bedeckt mit mordsmäßig vielen Bäumen. Zum erstenmal fiel mir auf, wie sehr die Straßen der Portalsiedlung Tunneln glichen, und von dem Moment an akzeptierte ich, daß alles, was ich in den letzten fünf Jahren erlebt hatte, Wirklichkeit war.

Ich stieß die Außentür mit der Schulter auf und führte die Reserven in den Hausflur, in dem drei Zentimeter hoch eiskaltes Wasser stand. Aus einem der oberen Stockwerke dröhnte laute Musik. Ich sagte den Reserven, sie sollten sich ruhig verhalten und sich verstecken, wenn jemand kam. Dann sprang ich die hölzerne Treppe hinauf, die sich nach oben in die Dunkelheit wand. Im dritten Stock atmete ich tief ein, schüttelte das Wasser aus meinem Haar und klopfte an Mals Tür.

Mal machte vor Staunen ein Gesicht, auf das ein Schmierenkomödiant stolz gewesen wäre, und blieb dann einfach mit offenem Mund im Flur stehen, die Hand noch immer auf der Türklinke. Er trug ein Paar ausgebeulte Shorts, die die Narben an seinen Beinen gut zur Geltung brachten, und ein löchriges T-Shirt, das sich über seinem offenbar in den letzten Jahren angefutterten Wanst spannte. Es sah so aus, als hätten es vor ihm schon fünf Menschen ihr Leben lang getragen, ohne es je mit Wasser, abgesehen vielleicht von Regen, in Berührung zu bringen. Eine nackte Glühbirne beleuchtete ihn von hinten, und aus den Tiefen seiner Wohnung drang Essensgeruch herüber – höchstwahrscheinlich gab es Nudeln. Solange ich ihn kenne, habe ich ihn niemals freiwillig etwas anderes essen sehen.

Schließlich fing er sich wieder, blinzelte und versuchte zu lächeln.

«Jack», krächzte er. Eine fast unheimliche Ruhe gesellte sich zu seiner Verblüffung. «Was zum Teufel machst du hier?»

«Freundschaftsbesuch. Zur Erinnerung an alte Zeiten.»

«Ach so, klar. Der Papst kommt wahrscheinlich später auch noch.» Er schloß einen Moment lang fest die Augen und kniff sich in den Nasenrücken. «Steckst du in der Klemme?»

«Logisch», sagte ich grinsend und versuchte, nicht von einem Bein aufs andere zu treten. Anspannung, aus ungefähr sieben verschiedenen Gründen. Ich nickte mit dem Kopf in Richtung Wohnung. «Was kochst du?»

«Nudeln», sagte er und beäugte mich argwöhnisch. «Möchtest du welche?»

«Kommt drauf an, wieviel da ist. Ich bin nicht allein.»

«Von wie vielen Gästen reden wir?»

Ich holte tief Luft. «Mit mir sieben», sagte ich. Er riß die Augen auf und schüttelte den Kopf – nicht ablehnend, bloß erschrocken. Ich versuchte, es ihm leichter zu machen. «Na ja, eher sechseinhalb, um genau zu sein.»

«Das bedeutet eine Menge Nudeln.»

«Zu viele?»

«Nicht unbedingt», sagte er. «Ich kaufe immer en gros ein.» Er drehte sich kurz um und betrachtete die Wohnung, biß sich auf die Lippe und überlegte. Mir fiel auf, daß er sein Pistolenhalfter nicht trug, und ich fragte mich, ob das hieß, daß er den Dienst quittiert hatte oder daß er seine Paranoia losgeworden war. Aber vermutlich hatte er nur gerade seine Pistole gereinigt, als ich klopfte. Daß Mal den Dienst quittieren oder je seine Paranoia loswerden würde, war hochgradig unwahrscheinlich.

Dann wandte er sich mir wieder zu und zog mit gutmütiger Resignation die Augenbrauen hoch. Seufzend fragte er: «Wo sind denn die besagten Gäste momentan, und wieviel Ärger riskiere ich, wenn ich sie auch nur für ein paar Sekunden in meine Wohnung lasse?»

«Sie warten unten im Treppenhaus», sagte ich, und mir wurde klar, daß ich möglichst schnell wieder zu ihnen mußte, egal, wie Mal sich entschied. In das Haus, in dem Mal wohnt, kommen üble Gestalten, um sich zu amüsieren. Deswegen leidet er an Paranoia – und deswegen gefällt es ihm hier. «Du brauchst nur eine Stunde auf sie aufzupassen, dann verschwinden wir wieder.»

«Warum hast du nicht vorher angerufen?»

«Wenn ich einen alten Freund um einen verrückten Gefallen bitten will, dann mache ich das lieber persönlich. Außerdem hatte ich kein Kleingeld.»

«Und die Gefahrenquote?»

«Auf welcher Skala?» brabbelte ich, die Nerven zum Zerreißen gespannt. Ich mußte Mal zeigen, daß mit mir alles in Ordnung war, sonst würde er ausflippen. Ausflippen wäre in der Tat die adäquate Reaktion gewesen, aber das wollte ich ihn jetzt noch nicht wissen lassen.

«Eins bis zehn.»

«Ich weiß nicht», sagte ich, plötzlich mutlos und nervös. «Mindestens zehn, möglicherweise höher, aber bestimmt mit jeder Minute steigend.»

Mal ließ die Tür los.

«Hol sie rauf.»

Ich stieß einen erleichterten Seufzer aus. «Mal ...»

«Ja, ja, schon gut», sagte er und wischte meinen Dank mit einer Handbewegung weg. «Aber dafür besorgst du mir ein Glas japanische Pickles. Ich hatte vergessen, daß sie alle sind.»

«Ich gehe in die Stadt. Auf dem Rückweg kaufe ich dir das größte Glas Samoy-Pickles, das ich auftreiben kann.»

Mal rollte die Augen und schüttelte den Kopf. «Samoy-Pickles sind zum Kotzen. Entweder Frapan oder gar keine.»

«Für jemanden, der soviel ißt wie du, hast du einen verdammt ausgefallenen Geschmack.»

«Da hast du recht», sagte er und schüttelte erneut den Kopf. «Guck dir bloß meine Freunde an.»

Grinsend ging ich die paar Meter zum dunklen Treppenabsatz zurück. Ich dachte, ich würde laut rufen müssen, aber in der Dunkelheit konnte ich Suejs Gesicht erkennen, das ängstlich zu mir hochblickte, und machte deshalb bloß eine Handbewegung. Sie drehte sich zu David um, und die beiden scheuchten die anderen die Treppe hinauf. Mal und ich warteten, während sie zu uns heraufstiegen. Sein lakonischer Gesichtsausdruck verriet gespanntes Interesse. Im weniger trüben Licht des Flurs sah seine Gesichtshaut etwas frischer aus als zuvor, und seine Augen waren von Falten umgeben, die bei unserer letzten Begegnung noch nicht dagewesen waren.

Wir werden langsam alt, dachte ich. Plötzlich sind wir fast vierzig und werden alt.

David erreichte den Treppenabsatz als erster. Er hatte die Hände tief in die Taschen seiner Jeans gesteckt und hinkte leicht auf dem Bein, an dem er operiert worden war. Die Jeans hatten einmal mir gehört; sie waren an den Beinen ungeschickt aufgekrempelt und mit einem Gürtel um seine Taille festgezurrt. Er sah jung aus für einen Fünfzehnjährigen, obwohl sein Gesicht noch immer den kampflustigen Ausdruck trug, den es angenommen hatte, als wir die Farm verließen. Dicht hinter ihm folgte Jenny, die sich in ihren Mantel kuschelte und eingeschüchtert und verloren wirkte. Ich hatte in den letzten vierundzwanzig Stunden versucht, sie zu beruhigen, aber sie war felsenfest davon überzeugt, alles sei ihre Schuld, und ich hatte nicht genug Zeit gehabt, ihr das auszureden.

Suej kam als nächste. Sie hielt Nanune an der Hand. Suej sah ganz gut aus, wie eine normale Vierzehnjährige, bis auf die Narbe in ihrem Gesicht. Nanune wirkte völlig verängstigt und schaffte es kaum die Treppe herauf, weil sie nur ein Bein hatte. Als sie oben ankam und mich entdeckte, schien sie kurzfristig erleichtert zu sein, was mich freute. Auf meinen Anblick hat schon lange niemand mehr erleichtert reagiert.

Zuletzt erschien Mr. Two mit dem Bündel auf dem Arm. Mal hatte die anderen soweit ganz gut verkraftet, aber als er den einsachtundneunzig großen Teenager mit dem kleinen braunen Sack erblickte, aus dem ein Kopf herausragte, bemerkte ich ein Zucken in seinem Gesicht. Mr. Two blieb kerzengerade auf dem Treppenabsatz stehen, schaute kurz nach rechts und links und ließ dann den Kopf nach vorn fallen, als hätte man ihn abgeschaltet. Die Reserve in dem Sack sagte: «Nickerchen.»

Kommt schon, Leute, dachte ich. Versucht, euch wie normale Menschen zu benehmen.

«Dürfen wir uns bei deinem Freund ausruhen?» fragte Suej.

Ich nickte. Es würde noch eine Weile dauern, bis einer von ihnen einen Fremden direkt ansprach. Sie strahlte und flüsterte Nanune etwas zu.

«Ist es schön hier? Ist Ratchet auch da?» wollte Nanune wissen, und ich schüttelte den Kopf.

«Leider zweimal nein», sagte ich und zwinkerte Mal zu. «Aber immerhin regnet es hier drinnen nicht.»

Ich stellte Mal die Reserven mit Namen vor. Suej und David schüttelten ihm die Hand, und ich merkte, daß ihm Davids fehlende Finger auffielen. Dann trat Mal zur Seite und forderte sie mit einer Handbewegung auf, in die Wohnung zu gehen. Sie marschierten hinein, Mr. Two mit eingezogenem Kopf, um durch die Tür zu passen.

Mals Wohnung sah mehr oder weniger noch so aus, wie ich sie in Erinnerung hatte. Mit anderen Worten, ich wußte, was mich erwartete. Die Reserven nicht. Vor zehn Jahren hatte er fast alle Zwischenwände herausgerissen, so daß man von überall in der Wohnung das große Fenster sehen konnte, das er eingebaut hatte. Es bot einen direkten Blick auf New Richmond. Mal hatte sich entschlossen, außerhalb der eigentlichen Stadt zu wohnen. Er behauptete, es sei ihm angenehm, ab und zu von der Stadt wegzukommen, von dem gefährlichen Brodeln des Lebens in ihrem Innern – aber er hatte seine Wohnung komplett umgemodelt, um das Bauwerk von überall im Auge behalten zu können. Die Inneneinrichtung sah so aus, wie man es von einem Junggesellen erwartet, der die Hälfte seiner Zeit betrunken und die andere Hälfte quälend nüchtern verbringt. Genauer gesagt, es herrschte das reinste Chaos: barocke Unordnung, überlagert vom Geruch zahlloser Nudelgerichte.

Nanune fing tatsächlich an zu weinen. Mal starrte sie finster an und fing an, haufenweise Zeug mit den Füßen an die Wände zu schieben.

«Hängt die Ausstellung noch?» fragte ich ruhig. Mal schaute mich an und nickte. «Könntest du sie nicht, na ja, irgendwie abdecken?»

Mal ließ ein Grunzen hören, trottete in Richtung Fenster und zog an einem Seil, das an der Wand herunterhing. Ein Stück Stoff fiel von der Decke herab und deckte zu, was an die Wände gepinnt war: Fotos von Menschen, die man in New Richmond ermordet hatte. Leider verdeckte der Stoff die Bilder nur kurz, denn er fiel sofort zu Boden. Mal fluchte leise, griff sich einen Stuhl und begann, den Vorhang wieder anzubringen.

Unterdessen führte ich die Reserven in die Ecke, die als Wohnbereich diente. Ich räumte alles mögliche aus dem Weg, bis so viel Platz war, daß sich alle einigermaßen bequem hinsetzen konnten. Jenny hatte die Arme eng um ihren Körper geschlungen, und ihr Blick war abwesend. Im Lichtkegel einer halb verdeckten Lampe sah sie wunderschön und zerbrechlich aus. Nanune wirkte noch immer verschreckt, doch Suej hatte sich dicht neben sie gesetzt und redete leise auf sie ein. Sie sagte unverständliche Worte, aber sogar ich spürte die tröstende Wirkung ihrer Stimme. Tunnelsprache vermutlich. Mr. Two machte den Eindruck, als könne selbst der Einschlag einer Granate ihm nichts anhaben, und daher vermutete ich, daß es auch der Reserve auf seinem Schoß soweit ganz gut ging. Jedenfalls den Umständen entsprechend.

«Wie lange bleiben wir hier?» fragte David. Mir fiel auf, daß er müde aussah, obwohl er die Augen weit aufriß wie ein Kind, das behauptet, bis spät in die Nacht aufbleiben zu können.

«Nicht sehr lange», erwiderte ich. «Zwei Stunden vielleicht. Nur lange genug, damit ich ein bißchen Geld beschaffen kann. Dann kaufen wir ein Auto und hauen ab.»

«Und wohin?» Das war der Refrain, den David seit vierundzwanzig Stunden immer wieder anstimmte.

«Ich weiß noch nicht», sagte ich. «Irgendwohin, wo wir sicher sind.» Jenny schaute zu mir hoch, und ich zwinkerte ihr zu. Ein flüchtiges Lächeln.

«Nach Florida?» fragte Suej hoffnungsvoll.

«Vielleicht», sagte ich. Vor langer Zeit hatte ich ihr von einem Ort erzählt, den ich dort kannte, und sie hatte ihn als eine Art Nirwana im Gedächtnis behalten. Ich brachte es nicht übers Herz, ihr zu sagen, daß wir höchstwahrscheinlich nicht einmal die Hälfte der Strecke schaffen würden, ehe wir erwischt wurden.

Ich wandte mich Mal zu. «Wie ist das Wasser bei dir zur Zeit? Und sag jetzt nicht ‹naß›.»

«Es wird reichen, wenn sie nicht allzulange drin bleiben.» Mal hatte immer schon genau gewußt, was ich meinte, besonders wenn ich ihn um einen Gefallen bat. Ich nickte Suej zu, die verstanden hatte und sogleich einen Turnus festlegte, nach dem die Reserven duschen sollten. Sie waren es nicht gewohnt, schmutzig zu sein, und ich wußte, daß ich ihre Lebensqualität kurzfristig durch eine Dusche verbessern konnte. Das war gut, denn ansonsten konnte ich ihnen nicht gerade viel bieten, was sich in absehbarer Zeit auch nicht ändern würde.

«Eure Sachen waschen wir … später», sagte ich vage und ging hinüber ans Fenster.

Draußen regnete es noch. In der Portalsiedlung schien es ständig zu regnen. Im Sommer waren es dicke, schmutzige Tropfen, im Winter feiner, beißender Schneeregen – aber immer schien irgend etwas vom Himmel zu fallen. Die Bewohner glauben, daß die reichen Leute sich einen Spaß daraus machen, vom Dach der Stadt aus auf den Abschaum hinunterzupissen. Der Farbe mancher Regenschauer nach zu urteilen, könnten sie recht haben.

New Richmond sah genauso aus wie früher. Geradezu erschreckend unverändert. Eigentlich hätte ich nicht überrascht sein sollen, aber ich war es trotzdem. Ich hatte die Stadt auf dem Weg durch das Portal schon aus der Ferne gesehen, aber sie durch Mals Fenster zu betrachten war, als musterte ich mich selber nach langer Zeit wieder in einem ganz bestimmten Spiegel. Ich starrte hinaus auf die Lichter, die wie Noppen auf der unfaßbar großen Wandfläche saßen. Der Anblick dieser Stadt hatte immer noch eine außergewöhnlich starke Wirkung auf mich und weckte in mir genau wie früher den dringenden Wunsch, in ihrem Innern zu sein.

«Alles in Ordnung?»

Ich drehte mich zu Mal um, der hinter mir stand und mir eine Zigarette anbot. «Ja», sagte ich, steckte mir eine an und genoß das Kratzen des Karzinogens in der Lunge. Meine waren mir am Morgen ausgegangen, und ich hatte nicht riskieren wollen, einen Laden zu betreten, solange die Reserven nicht irgendwo in Sicherheit waren. Er ließ mich noch einen Moment in Ruhe, dann fragte er, was er wissen wollte.

«Wo bist du gewesen, Mann?»

Einen Augenblick lang sah Mal im Halbdunkel seiner Wohnung genauso aus wie früher. Als wäre keine Zeit vergangen, als hätte sich nichts verändert, als hätte ich ein Zuhause, wohin ich gehen konnte, nachdem wir gemütlich alles durchgekaut hatten. Ein Schauer lief mir über den Rücken, und mir wurde klar, daß ich kurz vor dem Zusammenbruch stand, daß das Adrenalin mich langsam im Stich ließ.

«Hat Phieta es dir nicht erzählt? Ich hatte sie gebeten, dir Bescheid zu sagen.»

«Ich habe sie nie wiedergesehen, Jack. Niemand hat sie wiedergesehen. Nachdem du weg warst, habe ich überall nach ihr gefragt, weil ich dachte, sie wüßte vielleicht was. Aber sie war genauso spurlos verschwunden wie du.»

«Entschuldige, Mal. Ich wollte dich anrufen, aber ich konnte es einfach nicht.»

Er nickte, und vielleicht begriff er es wirklich. «Was passiert ist, tut mir wirklich leid», sagte er. Ich nickte verkrampft, denn ich wollte nicht darüber reden. «Falls es dich tröstet, ich habe gehört, Vinaldi sei neuerdings in Schwierigkeiten.»

Ich freute mich, weil Mal immer noch mein Freund war und sich deshalb nicht scheute, den Namen laut auszusprechen. «Was für Schwierigkeiten?»

Mal zuckte die Achseln. «Ich habe bloß Gerüchte gehört. Er ist zur Zeit so ziemlich der Top-Mann. Wahrscheinlich versucht jemand, ihm den Rang abzulaufen. Der übliche Scheiß. Ich dachte nur, es interessiert dich vielleicht.» Er schüttelte den Kopf. «Bleibst du wirklich nur ein paar Stunden?»

Ich nickte kurz. «Ich stecke bis zum Hals in der Kacke. Wir müssen schleunigst untertauchen und ziemlich lange unten bleiben.»

«Schon wieder.» Er lächelte. «Ich muß dir später noch was erzählen, bevor du gehst.» Dann schlug er mir mit seiner Riesenpranke auf den Rücken und wandte sich den Reserven zu. «Wie wäre es jetzt mit ein paar Nudeln?»

Sie schauten ihn mit großen Augen an. «Sie haben noch nie Nudeln gegessen», sagte ich.

«Dann haben sie nie richtig gelebt», gab er zurück, und da hatte er natürlich recht.

Ich lief lange mit knurrendem Magen durch das Innere von New Richmond und wünschte, ich wäre zum Nudelessen bei den Reserven geblieben. Aber ich hatte keine Zeit gehabt. Mit den Leuten, die hinter uns her waren, ließ sich nicht spaßen, und wir befanden uns nur so lange in Sicherheit, bis sie merkten, daß ich einen falschen Namen und eine falsche Adresse angegeben hatte, als ich auf der Farm eingestellt wurde. Sobald das rauskam, würde der Teufel los sein.

Es waren etwa drei Kilometer bis zu der Stelle, wo ich anfangen mußte zu klettern, drei Kilometer voll von undurchdringlicher Dunkelheit und gedämpften Geräuschen. Als ich den wohlbekannten Schacht vor mir erblickte, blieb ich stehen. Ich rollte den Kopf hin und her, wünschte mir kurz und vergebens, ich würde nicht rauchen, und kletterte dann die Metalleiter an der Wand empor.

Zehn Minuten später taten mir Arme und Beine weh, aber ich hatte den Lüftungstunnel in der achten Etage erreicht. Das ursprüngliche Lüftungssystem des MegaLiners ist inzwischen nicht mehr im Gebrauch, und seine Tunnel sind größtenteils mit Dreck und undefinierbarem Müll aus unzähligen Quellen vollgestopft. Sie ähneln toten, verborgenen Flußarmen, die zubetoniert und umgelenkt wurden, aber in den Ritzen und Spalten weiterexistieren. Die meisten der alten Wartungsluken sind schon vor langer Zeit zugeschweißt worden. Ich hoffte, daß man während meiner Abwesenheit nicht noch mehr von ihnen versiegelt hatte, denn dann würde ich echt Probleme bekommen.

Ich schwang mich in den horizontal verlaufenden Tunnel, stellte mich gebückt hin und leuchtete mit einer Stiftlampe in die Finsternis. Der Weg war frei, also lief ich schnell ungefähr achthundert Meter in Richtung Norden, bis ich die Wandplatte gefunden hatte. Ich lockerte die Verriegelung und setzte meine Sonnenbrille auf. Nicht etwa aus Eitelkeit. Ich wollte bloß vermeiden, daß mich jemand erkannte, solange ich in New Richmond war. Das Risiko war zwar gering, aber ich gehe nur ungern Risiken ein, es sei denn, sie versprechen unterhaltsam zu werden. Der zweite Grund war der, daß die Luke in eine Kabine der Damentoilette eines Restaurants in der achten Etage führt.

Ich zog die Platte etwa einen Millimeter von der Wand weg, überzeugte mich, daß die Kabine leer war, und kroch so schnell und so geräuschlos wie möglich durch die Öffnung. Es war nicht leicht. Ich bin über einsachtzig groß und habe ziemlich breite Schultern. Die Luken von Lüftungsschächten sind nicht für Leute wie mich gemacht. Ich hörte das Dröhnen der Musik im Restaurant, aber in der Damentoilette schien niemand zu sein.

Ich schob die Platte wieder an ihren Platz, öffnete die Kabinentür und trat hindurch. Draußen stand eine Frau. Na prima, Jack, dachte ich. Das Glück ist dir wirklich treu.

Die Frau beugte sich gerade über eines der Waschbecken am Ende des Raums. Sie war sehr schlank, hatte dichtes braunes Haar und trug ein kurzes blaues Glitzerkleid. Ihre wohlgeformten Beine steckten in Nylons und endeten in spitzen Stökkelschuhen.

Aha, dachte ich, während ich eine Vermutung über ihren Beruf anstellte. Sie machte eine Bewegung, und ich sah den Spiegel auf dem Beckenrand und den zusammengerollten Hundertdollarschein in ihrer Hand. In der Annahme, sie sei zu beschäftigt, mich zu bemerken, machte ich leise einen Schritt auf die Tür zu.

Falsch gedacht. Sie wirkte zwar geistesabwesend, schaute aber augenblicklich hoch.

«Wow», sagte sie. «Ein richtiger Mann. Wahnsinn.» Ihr Gesicht war weder hübsch noch schön, sondern irgendwas dazwischen – ihre Nase war zu groß, um als hübsch zu gelten, und ihre Knochenstruktur zu vollkommen, um schön zu sein. Ihre grünen Augen waren klar und wirkten natürlich.

«Sie haben gute Ohren.»

«Ja. Eine meiner Hauptattraktionen.» Sie schniefte und beugte sich hinunter, um das andere Nasenloch zu füllen. Dann kam ihr ein Gedanke, und sie schaute mich erneut an. «Was machen Sie eigentlich hier drinnen?»

«Ungezieferbekämpfung.»

«Ja, klar», sagte sie. «Also, ich habe jedenfalls eine Lizenz. Ich darf hier herumkrabbeln. Bei Ihnen bin ich mir nicht so sicher.»

«Wäre es denkbar», fragte ich, «daß ich einfach zur Tür rausgehe, jetzt gleich, und Sie die ganze Sache einfach vergessen?»

Sie musterte mich und überlegte. Dann zuckte sie die Achseln. «Klar.» Sie beugte sich wieder über ihren Spiegel, und ich ging schnell hinaus.

Über einen kurzen Flur erreichte ich das Restaurant und schob mich an der Wand zum Ausgang vor. Da es inzwischen fast neun Uhr war, befand sich das Lokal in einer Übergangsphase. In der achten Etage gibt es eine Art Schichtsystem. Dort ist rund um die Uhr Betrieb, aber praktisch gliedert sich der Tag in drei Abende von jeweils acht Stunden. Einmal habe ich achtundvierzig Stunden durchgemacht. Ich würde das aber niemandem empfehlen, es sei denn als kostspieligen Selbstmordversuch. Das Restaurant war ungefähr zur Hälfte mit Leuten aus den 60er und 70er Etagen gefüllt; die meisten von ihnen schienen entweder der Bewußtlosigkeit nahe oder so aufgedreht zu sein, daß man ihre Zähne klappern hörte. Die übrigen sahen frisch und geschniegelt aus und rieben sich in freudiger Erwartung die Hände.

Niemand sah mich aus der Damentoilette kommen, und

niemand beachtete mich, als ich das Restaurant durchquerte. Ich fühlte mich leicht benommen angesichts so vieler normaler Menschen in einem einzigen Raum und flüchtete schnell nach draußen auf den Boulevard.

Etage 8 bildet innerhalb der unteren Ebenen von New Richmond eine Ausnahme, denn es geht dort relativ zivilisiert zu. Auf den Etagen 1 bis 7 und 9 bis 49 herrschen grauenvolle Zustände. Es hängt davon ab, wer das betreffende Gebiet gerade unter Kontrolle hat, aber generell sollte man diese Etagen besser meiden, insbesondere die 20er und 30er. Sie sind toter Code, vom normalen Leben abgetrennt und dem Verfall überlassen.

Auch die achte Etage ist nicht gerade ein Hit, aber wenigstens hat man dort noch gewisse Ambitionen. Ursprünglich war auf dieser Etage das unterste Speiseareal des MegaLiners, und die Leute gehen immer noch vornehmlich hin, um zu essen, zu trinken oder sich zu amüsieren. Welche Art von Objekt der sexuellen Begierde man auch bevorzugt, man kann sicher sein, es hier irgendwo auf einer sehr kleinen Bühne tanzen zu sehen. Außerdem kann man sich zum Freizeitvergnügen allen möglichen Stoff beschaffen, ohne gleich in eine Schießerei zu geraten. Die meisten Lokale sind nur einstöckig, man läßt die Deckenbeleuchtung aus und begnügt sich mit dem orangefarbenen Licht der Straßenlaternen zu beiden Seiten der Hauptstraßen. Für den, der nicht zu genau in die Ecken schaut, besitzt die Gegend einen schrägen Charme, der dem eines heruntergekommenen, aber lebendigen Viertels einer europäischen Hauptstadt oder des French Quarter von New Orleans ähnelt. Die Decke ist mit Kletterpflanzen und Laubwerk verkleidet, so daß die Straßen an Waldwege erinnern. Wald löst bei mir gewöhnlich den Horror aus, aber ich mag die achte, habe sie schon immer gemocht. Überall Neonreklamen, Herbstatmosphäre, verlockende Essendüfte, und aus irgendeinem Grund schmeckt die

Luft dort so, als habe es gerade aufgehört zu regnen. Natürlich stimmt das nicht, aber ich habe immer den Eindruck.

Ich lief mitten auf der Straße und registrierte dabei, was sich verändert hatte und was gleichgeblieben war. Die Straßen waren ruhig, aber aus den meisten offenen Kneipentüren drang Musik, die auf Tischen tanzende Stripperinnen anfeuerte. Penner saßen an den Straßenecken und hingen mit ihren ausgestreckten ReagiereAufMausKlick()-Handschuhen in der Hauptfunktion fest, und es hatte nicht den Anschein, daß sie je angeklickt wurden. Ich glaube, es ist ein Imageproblem. Sie sollten sich vielleicht zusammenschließen, einen PR-Experten anheuern und ein paar Werbespots im Fernsehen schalten, um das Betteln irgendwie salonfähig zu machen. Ich bin sicher, daß sich damit Geld verdienen läßt.

Ich mußte schnell wieder verschwinden, aber meinen letzten Besuch wollte ich auskosten. Vor einem Nachrichtenterminal blieb ich stehen – genau wie früher. In New Richmond läuft an jeder Straßenecke rund um die Uhr ein Programm mit Lokalnachrichten. Überall hängen Flachbildschirme, die sich in alle Richtungen drehen und neigen können, um den unaufmerksamen Passanten Informationen aufzudrängen, sobald sie näher kommen. Deshalb glauben die Leute in den oberen Etagen, sie wüßten über alles Bescheid. Natürlich stimmt das nicht, aber sie reden so viel über die zwanzig Prozent des Geschehens, von denen berichtet wird, daß sie gar nicht auf die Idee kommen, sich über den Rest Gedanken zu machen.

Ich erfuhr, daß Arlond Maxen auf 190 eine neue Schule eröffnet hatte. Eine umwerfende Neuigkeit. Die Leute, die da oben wohnten, hatten so viel Geld, daß sie jeden Morgen Beruhigungsmittel nehmen mußten, um nicht vor lauter Begeisterung auszuflippen. Reicher als 190 bis 200 waren nur die neuen Etagen auf dem Dach des MegaLiners, die ausnahmslos Maxen gehörten, dem ungekrönten König der Stadt. In der Nachrichtensendung sah Maxen genau aus wie früher: distanziert, ein Mann, der sich stets auf der anderen Seite eines LCD-Bildschirms oder einer Kathodenröhre befand. Manchmal konnte man sich schwer vorstellen, daß er nicht bloß ein Raster aus Lichtpunkten war, das sich, immer in sicherem Abstand, über die Oberfläche von New Richmond bewegte.

Im nächsten Beitrag wurde mitgeteilt, Polizeipräsident McAuley wolle durchsetzen, daß man die Bewohner der 100 umsiedelte und dann die ganze Etage zubetonierte, damit die Proleten endlich keinen Zugang mehr zu den höheren Etagen hätten. Superschlau, dachte ich, und es spielt ja auch keine Rolle, daß der *echte* Abschaum verflucht tolle Häuser auf der 185 besitzt. Der Polizeipräsident von New Richmond ist einer der größten Schwachköpfe der Welt und außerdem einer der größten Schmiergeldempfänger des Landes. Der hat noch nie einem Gangster die Tour vermasselt.

Das neueste Hobby der Jungen und Dummen war Fensterspringen: Sie stürzten sich ohne Seil oder Fallschirm in einer der oberen Etagen aus dem Fenster. Und eine Frau war von einem Psychopathen zerstückelt worden, der ihre Leichenteile auf einer zwanzig Quadratmeter großen Fläche auf der 92 verstreut hatte. Es hieß, der Mörder habe «ihr Gesicht auf unspezifizierte Weise verstümmelt». Die Cops hofften auf eine baldige Verhaftung. Klar.

Es hatte sich kaum etwas verändert.

An den vielen Imbißbuden vorbeizugehen fiel mir nicht leicht. Das einzige, was Ratchet nicht richtig zubereiten konnte, waren Hamburger gewesen, und nach fünf Jahren hatte schon der Gedanke an einen Hamburger für mich etwas Religiöses. Ich bog von der Hauptstraße ab und lief durch ein paar Seitenstraßen, bis ich mein Ziel erreicht hatte. Das Schild über der Tür war jetzt größer und protziger, aber ansonsten sah die Bar noch genauso aus wie früher. Ich blieb einen Augenblick draußen stehen und schaute durch die braunlackierten Holzfenster in den matt beleuchteten Innenraum. Hier war ich Stammgast gewesen – damals, als noch alles anders war. Jetzt fühlte ich mich beim Anblick dieser Kneipe alt, müde und atemberaubend traurig.

Als ich gerade nach der Türklinke greifen wollte, geschah etwas Seltsames: Es kam mir vor, als versuche eine fremde Hand, sich in meine schlaff herabhängende Hand zu schieben. Die Hand war mollig und warm wie die eines achtjährigen Mädchens. Ich spürte, wie sie mich wegziehen wollte.

Kaum hatte ich das Gefühl wahrgenommen, da verschwand es schon wieder, und als ich mich umdrehte und rechts und links die Straße hinunterschaute, war niemand zu sehen. Ich stand einen Moment lang still, atmete flach und bemerkte ein Zucken unter meinem linken Auge. Bis jetzt war es mir gelungen, die unvermeidlichen Gefühle zu unterdrücken, aber ich wußte, das würde nicht ewig klappen. Zum erstenmal seit Jahren sehnte ich mich nach etwas, das in Folie verpackt gehandelt wurde, sehnte mich plötzlich danach mit einer Gier, die jeder Vernunft spottete.

Ich zwang mich, die Tür zu öffnen, und betrat die Kneipe. Sie war so gut wie leer, nur ein paar Junkies saßen mit gesenkten Köpfen vor ihren Drinks. Ich ging schnurstracks in den hinteren, gemütlicheren Teil des Raums, wo sich der Besitzer meistens aufhielt.

«Jack Randall», sagte eine Stimme, und ich drehte mich um.

Howie saß an einem der Tische und hatte stapelweise Quittungen und Papiere vor sich ausgebreitet. So was erweckt in mir immer die Sehnsucht nach den Zeiten des Tauschhandels, aber er beschäftigt sich für sein Leben gern damit. Eine ungeöffnete Flasche Jack Daniels stand auf dem Tisch, neben einem großen Gefäß mit Eiswürfeln und zwei leeren Gläsern. Howie hatte noch ein bißchen an Fülle dazugewonnen, dafür ein paar Haare verloren und sich eine beängstigende Narbe auf der Stirn eingehandelt, sah aber sonst unverändert aus. Er grinste mich freundlich an, die Gelassenheit in Person.

«Du bist anscheinend gar nicht erstaunt, mich zu sehen», sagte ich.

«Dich zu sehen, nein. Dich *lebend* zu sehen, immer, und ganz besonders heute. Dath? Paulie?» Howie machte den beiden Anabolika-Junkies, die im hinteren Teil der Bar herumlungerten, ein Zeichen. Sie erhoben sich von ihren Stühlen und entfernten sich in verschiedene Richtungen: Einer übernahm die Vordertür, der andere die Hintertür. Ich bin selber ein vorsichtiger Mensch, aber Howie schläft mit einer Bazooka unter dem Kopfkissen. Dath nickte mir im Vorbeigehen zu. «Die Typen vom Hintereingang haben mich angerufen», sagte Howie und tat ein paar Eiswürfel in die Gläser, ehe er sie mit Whiskey füllte. «Die Geschichte klang ganz nach dir.»

«Ziemlich gut eingeschenkt.» Ich nahm eines der Gläser entgegen.

«Nach wessen Maßstab? Komm schon, Jack, um diese Zeit warst du früher oft schon sternhagelvoll. Da warst du der Meinung, daß der Abend um neun Uhr gelaufen ist. Willst du ein bißchen Rapt, wo du schon mal hier bist?»

Ich schüttelte den Kopf und verfluchte Howie insgeheim, weil er meine Gedanken lesen konnte. «Ich hab mir so einiges abgewöhnt», erklärte ich.

Er lachte. «Das bildest du dir nur ein», sagte er und hob sein Glas. «Einer, der so maßlos war wie du, macht höchstens mal eine Pause.»

Ich stieß mit ihm an und nahm einen Schluck. Howie trank sein Glas in einem Zug leer, lehnte sich zurück und strich sich genüßlich mit beiden Händen über den Bauch.

«Wie läuft's?» fragte ich und schaute mich in der Bar um.

«Es geht», antwortete er. «Was hältst du von folgender Idee? Paare, verstehst du, die rufen sich doch dauernd an und laden sich gegenseitig zum Essen ein. Hört sich im ersten Moment vielversprechend an – Wein, gepflegte Unterhaltung, die Gelegenheit, der anderen Frau in den Ausschnitt zu linsen. Aber wenn der fragliche Tag näher kommt, denken alle plötzlich: O Gott, wieso haben wir uns darauf eingelassen? Die Gastgeber stöhnen über die Vorbereitungen – die Hausbar auffüllen, komplizierte Gerichte kochen, im Badezimmer die Gonorrhöe-Adieu-Tube verstecken. Die Gäste denken an die Ausgaben für das Taxi und den Babysitter und an das Rauchverbot bei den Gastgebern. Alle sind schlecht drauf. Kannst du mir soweit folgen?»

«Ja», sagte ich, obwohl ich mir nicht so ganz sicher war.

«Gut. Die Idee ist die: ein Verabredungs-Absagedienst. Am Tag vor dem fraglichen Abend rufen die Gäste an und machen die Verabredung rückgängig. Blasen das Ganze höflich ab, ehe es in Arbeit ausartet. Allen Beteiligten wird noch mal warm ums Herz bei dem Gedanken, daß man sich treffen wollte, aber niemand braucht hinterher aufzuräumen oder Babyfotos durch die halbe Stadt zu schleppen. Alle können sich zu Hause einen gemütlichen Abend machen, und der gefällt ihnen ganz besonders, weil sie ja gedacht hatten, sie müßten ausgehen.»

«Wo kommst du dabei ins Spiel?»

«Ich lasse mir die Ausrede einfallen – es braucht nicht mal eine besonders gute zu sein, denn im Grunde will sowieso keiner die Sache durchziehen. Man kann einfach sagen: ‹Mein Kopf ist explodiert, und Janet hat sich in ein Ei verwandelt›, und man bekommt zur Antwort: ‹Oh, das tut mir aber leid, na, dann eben ein andermal, ja, sehr gut, tschüs.›»

«Wo kommt das Geld ins Spiel?»

«Ich verlange einen Prozentsatz von dem, was Essen, Trinken oder Taxifahrten gekostet hätten. Am Anfang werden es

Kleckerbeträge sein, das gebe ich zu, aber warte mal ab, bis es sich in den oberen Etagen rumgesprochen hat. Dann mache ich haufenweise Kohle. Was meinst du dazu?»

«Die reinste Schnapsidee», sagte ich lachend. «Noch schlechter als der Überfall-Service.»

«Na ja, du könntest recht haben», gab er grinsend zu. «Aber deswegen bist du nicht gekommen – du kannst ja später meine Autobiographie lesen. Was kann ich für dich tun, Supermann?»

«Hat die Nachricht schon die Runde gemacht?» fragte ich, obwohl ich die Antwort kannte.

«Sie hat nicht bloß die Runde gemacht, sondern sie rotiert mit einem Affenzahn. ‹Jack ist in der Stadt. Nehmt euch in acht.›»

«Nicht mehr nötig», erklärte ich. Howie schaute mich mit nüchternem Blick an.

«Ich weiß. Und das sagt auch keiner mehr. Du bist im Portal gesehen worden, das ist alles.» Howie zündete sich eine Zigarette an und betrachtete mich eingehend. «Wie geht es dir, Jack?»

Mir war klar, was er wissen wollte. Ich war noch nicht bereit, darüber zu reden, nicht mal mit ihm. Vielleicht würde ich überhaupt nie mit jemandem darüber reden.

«Soweit ganz gut», sagte ich. «Aber ich stecke tief in der Scheiße.»

«Das überrascht mich nicht. Was kann ich für dich tun?»

Ich griff in die Tasche und holte den Chip heraus. Ein kleines Rechteck aus Plexiglas, etwa vier mal zwei Zentimeter groß und fünf Millimeter dick. An einer der Schmalseiten befand sich eine Reihe winziger goldener Kontakte, durch die das Ding mit der Hauptplatine eines Computers verbunden werden konnte. Auf der Vorderseite stand die Nummer 128. Ich hatte den Chip in meiner Reisetasche gefunden, nachdem wir die

Farm verlassen hatten. Da ich ihn nicht eingepackt hatte, mußte Ratchet es getan haben. Howie nahm ihn entgegen, betrachtete ihn von allen Seiten und rümpfte die Nase.

«Was soll denn das sein?»

«Ich glaube, es sind hundertachtundzwanzig Giga RAM», sagte ich.

«Das Fabrikat kommt mir nicht bekannt vor. Woher stammt der Chip?»

«Ein Freund hat ihn mir geschenkt.»

«Du hast Glück», sagte er. «Der Markt ist unbeständig, aber diese Woche sieht es gut aus. Ich kann dir wahrscheinlich acht dafür geben, ohne allzuviel Verlust zu machen.»

«Ich bin ein bißchen in Eile.»

Er griff unter seinen Stuhl, stellte eine große Metallkasse auf den Tisch und öffnete sie. Etliche Bündel schmutziger Banknoten kamen zum Vorschein. Alles Geld in New Richmond ist schmutzig, jedenfalls im übertragenen Sinne. Kein Dollarschein, der noch nicht bei einem illegalen Geschäft dabeigewesen wäre und nicht irgendwann in einem Koffer den Besitzer gewechselt hätte. Howie zählte achthundert Dollar in Fünfzigern ab und hielt sie mir zwischen zwei Fingern hin.

«Willst du noch einen Kredit?»

Ich schüttelte den Kopf. «Danke, nein. Ich weiß nicht, wann ich das nächste Mal hier vorbeikomme. Vielleicht nie mehr.»

«Dann tu so, als wäre ich dein Freund, und betrachte es als Geschenk.»

Ich lächelte, steckte die Scheine in die Innentasche meiner Jacke und stand auf. «Danke für die Hilfe. Ich werde schon klarkommen.»

Howie schürzte die Lippen und blickte zu mir hoch. «Weißt du, daß ein Kopfgeld auf dich ausgesetzt ist?»

Ich starrte ihn an. «*Jetzt schon?* Wegen einer alten Sache?»

Howie schüttelte den Kopf. «Genaues weiß ich nicht, aber

ich glaube, es geht um was Neues. Ich habe erst vor zwanzig Minuten davon gehört.»

«Wie hoch?»

«Fünf Riesen.»

«Eine glatte Beleidigung. Sag Bescheid, wenn es auf über zehn steigt. Dann werde ich mich ernsthaft in acht nehmen.»

An der Tür trat Dath zur Seite, um mich hinauszulassen. Ich blieb kurz stehen und studierte sein Gesicht. Dath sieht aus wie eine Gestalt aus einem furchtbaren Alptraum, nur daß er teure Klamotten trägt und immer gut rasiert ist. Es gab Gerüchte, daß er vor seiner Anstellung bei Howie ein Mafioso in Miami gewesen sei. Einer, der ganz unten angefangen und sich schließlich als Killer spezialisiert hatte. Es hieß, er habe sich auf die altmodische Tour hochgearbeitet, zuerst mit einschüchternden Auftritten: Für hundert Dollar marschierte er zum Beispiel in die Wohnung eines Typen, musterte ihn von Kopf bis Fuß, sagte in ausgesprochen ironischem Ton: «Toller Anzug, den Sie da anhaben», und ging wieder. Seine Spezialität war die Masche mit dem «mitgehörten Gespräch». Wo immer das Opfer hinging – in ein Restaurant, in eine Bar, aufs Klo –, Dath war irgendwo knapp außer Sichtweite und sprach mit lauter Stimme über die Postmoderne. Das trieb jeden in den Wahnsinn.

Er stritt es hartnäckig ab. Ich war nie ganz sicher, ob es stimmte.

«Hast du gehört, was ich wert bin?» fragte ich. Er nickte. «Bist du interessiert?»

«Nee», sagte er gedehnt. «Ich glaube, ich warte, bis es auf zehn hoch geht.»

Dann zwinkerte er mir zu. Ich lächelte und trat an ihm vorbei auf die Straße.

All das lasse ich hinter mir, dachte ich.

Zwei

Der Kerl hinter der Theke schaute mich eigenartig an, aber ich kümmerte mich nicht darum, sondern lief zielstrebig durch die staubigen Reihen des Supermarkts und suchte zusammen, was wir brauchten. Ich nahm zwei Packungen Sojariegel, Milchpulver, billige Dosengerichte – und das größte Glas Frapan-Pickles, das zu haben war. Alle paar Minuten blickte ich mich zur Kasse um und stellte fest, daß der Kerl mich immer noch anstarrte. Nicht ununterbrochen, aber ziemlich oft. Ich wurde langsam sauer.

Am Ausgang des Wartungskorridors hatte ich den Typen die 170 Dollar gegeben, die ich ihnen schuldete. Sie waren angenehm überrascht, meinten, es sei ihnen ein Vergnügen gewesen, mit mir Geschäfte zu machen, und gaben mir ihre Karte, falls ich sie wieder mal brauchen sollte. Ihr Chef teilte mir noch mit, Mr. Amos habe eine Nachricht geschickt und ich hätte in Zukunft freien Zutritt. Ich erklärte ihnen, daß ich nicht wiederkommen würde.

«Ja, er dachte sich schon, daß Sie das sagen würden», erwiderte der Mann.

Ich hatte also noch knapp 700 Dollar. Das reichte gerade für ein klappriges Auto und genug Benzin, um bis hinter die Staatsgrenze zu gelangen. Danach – wer wußte schon, was danach geschehen würde? Ich bestimmt nicht. Inzwischen war ich ziemlich schlecht gelaunt; ich wünschte, ich hätte noch einen Whiskey bei Howie getrunken – oder besser mehrere – und die

Reserven einfach vergessen. Verantwortung zu übernehmen war noch nie meine Stärke gewesen. Zumindest in der Hinsicht schien sich nichts verändert zu haben.

Das einzige, was ich von der Zukunft erahnte, waren das Geräusch eines fahrenden Autos und die Kälte von Winterabenden in fremden Gegenden. Nachdem ich so lange von New Richmond weg gewesen war, konnte ich kaum glauben, daß das schon alles sein sollte: ein schneller Deal und gleich wieder zurück in die Wildnis. Das Gefühl wurde so stark, daß ich tatsächlich stehenblieb und mich noch einmal umdrehte. Andere Fußgänger mußten mir ausweichen; sie liefen leise fluchend und mit wütenden Blicken an mir vorbei. Für sie war ich nichts weiter als ein Mann, der reglos dastand und zu einem Bauwerk hochschaute, mit einem Gesichtsausdruck, der vermutlich irgendwo zwischen Liebe und Haß lag.

Dann ging ich in den Lebensmittelladen, der etwa auf halbem Weg zu Mals Wohnung lag, denn wir würden ein paar Dinge brauchen. Ich rechnete mit einem schnellen und freudlosen Einkaufserlebnis, aber ich erwartete nicht, angestarrt zu werden. Ich wußte, meine Kleider sahen schäbig aus, und ich habe ein paar Narben im Gesicht – aber wer hat die heutzutage nicht? Narben sind ein Zeichen der Zeit. Ein typisches Merkmal. Der Mann im Laden hatte auch nicht gerade ein gewinnendes Äußeres. Er besaß die schwieligen Fingerknöchel eines Menschen, der schon früh zu kämpfen gelernt hat, und den schalen Blick von jemandem, der Schlimmes mit ansehen kann, ohne dabei viel zu empfinden. Er hatte breite Schultern, Brust und Bauch wurden jedoch langsam schwabbelig, und sein Gesicht sah aus, als hätte sich jemand einen Spaß daraus gemacht, es mit einem Spaten platt zu schlagen. Die wenigen anderen Kunden im Laden suchten sich den billigsten Schnaps aus, schlurften damit zur Kasse und bezahlten mit lauter kleinen Münzen. Das waren also Obdachlose, die in einem Laden einkauften, der von einem ehemaligen Schläger geführt wurde und in dem das Linoleum vergilbt und ausgetreten war, sich an den Nahtstellen aufrollte und den Blick auf den Betonboden darunter freigab.

Vielleicht wirkte ich zu vornehm.

Ein konvexer Plastikspiegel, durch irgendeinen Zwischenfall in der Mitte eingedellt und so schmutzig, daß er fast stumpf war, hing am Ende des Ganges. Er sollte verhindern, daß die Kunden Waren aus den hinteren Ecken klauten, aber ich bezweifle, daß der Verkäufer mehr als geisterhafte Schatten darin erkennen konnte. Als ich mich mit gemächlichen Schritten auf die Kühlregale zubewegte, erblickte ich mein zerbeultes Spiegelbild. Vielleicht wirkte ich ein bißchen angespannt, und bei mancher Beleuchtung sehen meine Augen seltsam aus. Beispielsweise habe ich die Bright Eyes, obwohl man das nur bei einem bestimmten, flach einfallenden Licht bemerkt und nicht bei so trüber Neonbeleuchtung wie in diesem Laden.

Ich wußte, er konnte mich noch sehen, obwohl er gerade am anderen Ende des Tresens für einen hünenhaften Schwarzen eine Flasche einwickelte. Daher zog ich meine Brieftasche hervor und zählte demonstrativ mein Bargeld. «Ich habe Geld», wollte ich ihm damit mitteilen. «Keine Sorge, ich werde bezahlen.» Sein breites, teilnahmsloses Gesicht ließ nicht erkennen, ob er verstanden hatte. Seine Augen waren zu ausdruckslos, um zu verraten, ob er überhaupt herschaute oder nur zufällig den Kopf in meine Richtung gedreht hatte.

Vielleicht litt ich unter Verfolgungswahn. Ich richtete meine Aufmerksamkeit statt dessen auf die Kühltruhe vor mir.

«An Ihrer Stelle würde ich das lassen», sagte eine leise Stimme. Ich bewegte mich nicht, sondern spähte nur nach rechts und links. Niemand war zu sehen, und ich hatte nicht das Gefühl, als stehe jemand hinter mir. «Ich kann Ihnen wirklich nur abraten», fügte die Stimme hinzu, und ich hatte die Hand schon halb in meiner Jackentasche, als mir klar wurde, daß die Stimme der Kühltruhe gehörte.

«Wovon?» fragte ich leise.

«Kaufen Sie nichts von den Kühlwaren.»

«Warum nicht?»

«Die sind nicht gekühlt. Ich bin seit sechs Monaten kaputt, aber er weigert sich, mich reparieren zu lassen. Er meint, draußen sei es kalt genug.»

«Aber du bist anderer Meinung.»

«Sehen Sie den Frischkäse da? Der liegt hier seit einem Monat. In ein paar Tagen wird er explodieren. Und der Kerl wird nicht mal den Dreck wegmachen. Der Fleck da drüben stammt von einem Becher Joghurt, bei dem vor einem Monat der kritische Punkt erreicht war.»

Ich blickte zum Tresen, um zu sehen, ob der Typ herüberschaute, und stellte fest, daß ihm durch die Regale der Blick auf mich versperrt war. Ich lehnte mich gegen die Kühltruhe und sprach mit leiser Stimme.

«Was weißt du über ihn?»

«Er ist ein Trottel», sagte die Truhe. «Damit hat sich's.»

«Ist das alles? Wieso benimmt er sich so komisch?»

«Hören Sie, ich bin nur eine blöde Kühltruhe. Ich rate Ihnen bloß, kaufen Sie keine gekühlten Waren, weiter nichts.»

Ich griff in die Truhe, nahm eine Schale Frischkäse heraus und wandte mich ab.

«Sie werden es bereuen.»

«Kann schon sein», gab ich zu.

Auf der anderen Seite des Ganges standen die Haushaltswaren, und ich nahm eine Schachtel mit großen Pflastern und ein paar Stück Seife heraus. Dann, nach kurzem Überlegen, schnappte ich mir noch eine Flasche Desinfektionsmittel und den Scheuerlappen, der am wenigsten gebraucht aussah, ehe ich nach vorn ging, um zu bezahlen.

An der Theke deckte sich gerade eine weitere gescheiterte Existenz mit dem Nötigsten ein: einer Schachtel Zigaretten, einem Päckchen Haschisch und einer kleinen Flasche Wild Thyme. Vermutlich hatte er zwar einen wundervollen Abend vor sich, aber ein weniger schönes Leben. Ich bemerkte ein Flimmern neben der Kasse und entdeckte dort einen uralten Fernseher mit 20er Bildröhre. Er war mit dem Innenleben eines CD-ROM-Players verdrahtet, dessen Gehäuse wohl im Laufe der Jahre auf der Strecke geblieben war. Ein alter Pornofilm flimmerte undeutlich über den Bildschirm. Der Kunde wandte den Blick nicht vom Fernseher ab, als der Verkäufer ihm sein Wechselgeld gab, und verließ den Laden mit einem verträumten Grinsen auf dem Gesicht, in Gedanken noch ganz bei der Filmszene.

Nicht übel, dachte ich. Knöpft jedem Hohlkopf, der die Augen nicht von der nackten Haut lassen kann, einen Dollar mehr ab und verdient sich so jeden Tag ein nettes Extrasümmchen.

Ich legte meine Einkäufe auf den Ladentisch und schaute mir genau an, was er sonst noch dahinter aufbewahrte. Nichts Außergewöhnliches oder offenkundig Gefährliches war zu entdecken.

«Haben Sie eine Tüte für mich?» fragte ich, während er die Preise eintippte.

«Einen Dollar.»

«Soll das ein Witz sein?»

Er zuckte die Achseln, legte die Hand auf den nächsten Artikel und wartete mit erhobenen Augenbrauen, aber ohne mich anzusehen. Ich zog meine Brieftasche hervor und legte einen Dollarschein auf den Ladentisch. Schließlich mußte ich noch ein ganzes Stück laufen.

«Ihre Kühltruhe ist kaputt», sagte ich, die Augen von ihm abgewandt. Warum in aller Welt legte ich mich mit diesem Mann an?

«Draußen ist es kalt genug.»

«Ich dachte mir schon, daß Sie das sagen würden.» Ich machte die Schale Frischkäse auf. Die schleimige Masse war etwa zwei Zentimeter dick mit fahlblauem Schimmel bedeckt. Der Typ lächelte ausdruckslos, mit leerem Blick. Nicht mal seine Lippen waren voll dabei. Seine linke Mundhälfte bewegte sich kaum, als wäre sie gelähmt.

«Sie brauchen ihn ja nicht zu essen.»

«Wo kann ich richtige Milch bekommen?»

«Es ist welche in der Kühltruhe.»

«Ich verzichte», sagte ich, und er fuhr fort, Preise einzutippen. Aus dem Fernsehapparat drangen kurze, blecherne Stöhnlaute, und ich fügte hinzu: «Ich werde mein Wechselgeld nachzählen.»

«Klar.» Er griff unter den Ladentisch und holte eine zerfledderte braune Papiertüte hervor. Ich packte meine Einkäufe ein und achtete darauf, die schweren Sachen nach unten zu legen, wie Henna es mir beigebracht hatte. So was kommt einem manchmal Jahre später wieder ins Bewußtsein. Dann, einem spontanen Einfall folgend, nahm ich aus dem Regal hinter mir eine Flasche Jack Daniels. Das heißt, eigentlich war es kein spontaner Einfall. Es war mein erster Gedanke beim Betreten des Ladens gewesen, und er war zwischendurch mehrmals wiedergekehrt. Ich hatte versucht, ihn zu unterdrücken, aber etwas in mir gab schließlich nach.

Die Rechnung belief sich auf knapp sechzig Dollar. Ich hatte keine Möglichkeit, mir schnell mehr Bargeld zu beschaffen, und meine ID-Karte konnte ich nicht benutzen, ohne daß eine riesige blinkende Anzeige verkündete: «Wenn jemand Jack Randall das Leben schwermachen will – hier ist er.» Aber essen mußten wir schließlich, egal wohin wir fahren würden. Früher oder später würde mir sowieso das Geld ausgehen. Ich zahlte, nahm meine Tüte und ging zur Tür.

«Lieutenant.»

Ich erstarrte. Draußen war es stockdunkel, und ich sah, wie Spritzer von Regenwasser auf die gesprungene Fensterscheibe trafen und sie mit Linien überzogen.

«Sie erinnern sich nicht an mich, stimmt's?»

Langsam drehte ich mich um. Der Mann stand immer noch mit verschränkten Armen hinter dem Ladentisch. Als ich gerade nicht hingeschaut hatte, waren seine Augen plötzlich lebendig geworden.

«Sollte ich?»

«Sie haben mich eingelocht.»

Ach du Scheiße, dachte ich. Ich erwog kurz, es abzustreiten, aber der Ausdruck in seinen Augen ließ mich den Gedanken gleich wieder vergessen. Er hatte mich eindeutig erkannt. Ich schaute weg, dann wieder hin, und in dem Moment wurde mir klar, daß die letzten fünf Jahre sich leicht in Luft auflösen konnten und daß ich in gewisser Weise nie weg gewesen war.

«Ich hatte vermutlich einen guten Grund.»

«Drei Jahre. Eine verdammt lange Zeit.»

«Komisch, ich erinnere mich gar nicht an Ihr Gesicht.»

«Sie haben mich nie gesehen. Ich war bloß ein Kurier.»

Ich betrachtete ihn mit ruhigem Blick und überlegte, wie ich die Sache handhaben sollte. So was hatte mir gerade noch gefehlt. Wir starrten uns eine Weile an, und ich hörte das Blut in meinem Kopf rauschen. Das Geräusch wurde noch einen Tick lauter, als mir einfiel, daß ich mit beiden Armen die Einkaufstüte trug. Er hätte mich über den Haufen schießen können, ehe ich auch nur eine Hand in meiner Jackentasche gehabt hätte.

«Sie haben's offenbar gut überstanden», sagte ich schließlich.

«Habe für jemanden den Kopf hingehalten, und dafür hat man sich um mich gekümmert. Auch jetzt noch.»

«Ich habe keine Dienstmarke mehr», sagte ich unvermittelt. Da veränderte sich seine Miene, und ein fieses Grinsen breitete sich auf seinem Gesicht aus.

«Weiß ich. Wir haben es alle gehört.»

«Wollen Sie etwas Komisches sagen?» fragte ich, und das Grinsen verschwand. Das Funkeln wich aus seinen Augen, und sie sahen wieder aus wie zwei uralte Münzen, die in schmutzigweißes Plastilin gepreßt worden waren. Wie bei vielen seiner Sorte wirkte sein Gesicht entrückt und unförmig, als betrachte man es durch ein paar Zentimeter Wasser.

Ich lächelte vage, nickte ihm zu und ging. Draußen war der Wind stärker geworden, und der Regen hatte sich in Graupel verwandelt. Als ich aus der Ladentür trat, hörte ich wieder seine Stimme.

«Lieutenant», sagte er. Ich drehte mich nicht um, sondern lief einfach weiter, und seine übrigen Worte wurden vom Pfeifen des Windes und vom entfernten Heulen einer Sirene verzerrt. «Wir sehen uns wieder.»

Sobald ich um die Ecke gebogen war, beschleunigte ich meine Schritte, wobei ich halblaut und ausdauernd vor mich hin fluchte. Mit einem kurzen Blick über die Schulter vergewisserte ich mich, daß mir niemand folgte, aber das war ein schwacher Trost. Ein Anruf genügte, ein Anruf von einem Mann, der sich so weit unten in der Nahrungskette befand, daß sich wahrscheinlich sogar das Plankton hinter seinem Rücken über ihn lustig machte.

Ich hatte bloß den Chip verkaufen und dann eine Stunde für mich haben wollen. Es hätte ganz einfach sein sollen. Die meisten Leute schaffen es, nur so durch die Gegend zu laufen, ohne gleich in Schwierigkeiten zu geraten. Aber ich war erst knapp drei Stunden in der Stadt, und schon hatte mich das Unglück aufs Korn genommen. Das Unglück ist ein guter Schütze, und in meinem Fall trifft es so sicher wie mit einem Laser-Zielfernrohr. Ein Zusammentreffen mit einem Exgauner, und dann saß mir noch eine Belohnung von fünf Riesen im Nacken. Reife Leistung, Jack.

Höchste Zeit, mich aus dem Staub zu machen, ehe ich womöglich noch Gottes Angetraute flachlegte.

Die Tür im ersten Stock von Mals Wohnhaus stand offen, so daß die Musik von drinnen deutlich zu hören war. Im Flur machten gerade zwei Typen einen Drogendeal klar. Sie warfen mir einen kurzen Blick zu, als ich vorbeiging, und ich zuckte die Achseln, um ihnen zu zeigen, daß ich harmlos war.

Müde stapfte ich die Stufen zum zweiten Stock hinauf, dachte mit Grausen daran, wie schwierig es sein würde, die Reserven zur Weiterfahrt zu bewegen, und fragte mich, ob ich es Mal zumuten konnte, noch etwas länger auf sie aufzupassen, damit ich einen Wagen kaufen konnte. Da pfiff plötzlich dicht neben meinem Ohr eine Kugel durch die Luft und schlug krachend in die Wand hinter mir ein.

Ich ließ mich auf die Knie fallen, kippte dabei die Einkäufe aus, griff hektisch nach meiner Pistole und fragte mich, ob der Schuß von oben oder von unten gekommen war. Ein erneuter Knall, ein halber Meter Treppengeländer flog weg, und meine Frage war beantwortet: Die Schüsse kamen von oben. Als ich die Pistole endlich in der Hand hielt, schickte ich aufs Geratewohl eine Kugel aufwärts. Schritte donnerten die Treppe herunter, und ich zog mich leise um die Ecke zurück. Ich hoffte, Mal würde die Schüsse hören und mir zu Hilfe eilen.

Einen Moment lang herrschte Stille, als der Schütze stehenblieb, um zu horchen. Ich schob einen Fuß vor und trat absichtlich auf ein loses Bodenbrett. Es knarrte, dann fetzte ein weiterer Schuß ein paar Placken feuchten Putz von der Wand.

Ich dachte, Scheiß drauf, rannte los und schoß im Laufen wie wild nach oben.

Zwei Kugeln gingen ins Leere, die dritte kam immerhin so nahe an den Mann heran, daß er die Treppe hinaufflüchtete. Ich nutzte die Chance, nahm drei Stufen auf einmal, spürte, wie jemand mit unsicherer Hand auf meinen Nacken zielte, und lief dreist weiter. Auf einer nassen Stufe rutschte ich aus und knallte gegen die Wand, was mir das Leben rettete – denn ein weiterer Schuß sauste an mir vorbei und blieb im Balkenwerk stecken. Ich zog mich mit einer Hand hoch, drehte mich um und erblickte einen Mann, der sich einen Stock höher über das Treppengeländer beugte, die Pistole auf mich richtete und den Finger um den Abzug krümmte. Ich begriff, daß ich weder Zeit noch sonst irgendwas zu verlieren hatte, und feuerte drauflos.

Der erste Schuß erwischte ihn an der Schulter und sorgte dafür, daß seiner danebenging; der zweite grub sich in seine Lunge und ließ ihn nach hinten taumeln. Weiterschießend sprang ich die Stufen hinauf und schickte wahllos Kugeln in die Dunkelheit, so daß die Pistole in meiner Hand tanzte und bockte.

Nach dem siebten Schuß feuerte er nicht mehr. Ich sparte mir eine Kugel auf, rannte geduckt die restlichen Stufen hoch, bog vorsichtig um die Ecke und entspannte mich erst, als ich ihn gekrümmt an der Wand liegen sah.

Als erstes kickte ich ihm die Pistole aus der Hand, dann riß ich seinen Kopf hoch. Das Gesicht war mir unbekannt. Ein Augenlid flatterte, und er atmete stoßweise. Sein Körper war übel zugerichtet, er würde auf keinen Fall überleben. Ich schlug ihm ins Gesicht und beugte mich dicht über ihn.

«Wer hat dich geschickt?» Er starrte mich nur aus glasigen Augen an. Ich schlug ihn erneut, damit er wach blieb. «Sag mir den Namen.»

«Arschloch», antwortete er schließlich. «Du bist ein toter Mann.»

«Noch nicht, und wie es aussieht, wirst du als erster von uns beiden dran glauben. *Wer hat dich geschickt?* SafetyNet?»

Seine Lippen brachten ein Lächeln zustande. Er schwieg.

«Letzte Chance», sagte ich. Er versuchte, erneut das Wort Arschloch auszustoßen, aber es erforderte zuviel Anstrengung. Ich schaute in seine Augen und wußte, er würde nichts sagen. Das akzeptierte ich. Also packte ich ihn, zerrte ihn zum Geländer und knallte ihn mit voller Wucht gegen die Streben. Sie brachen, und er stürzte durch den Treppenschacht in die Tiefe.

Im Fallen trafen seine Beine aufs Geländer, so daß sein Körper sich drehte und er das nächste Mal mit dem Kopf anschlug. Unten prallte er auf den Boden wie ein Sack voll nasser Äste, der in einem Teich landet.

Mals Tür schien geschlossen zu sein, aber als ich näher kam, bemerkte ich, daß sie nicht ganz fest im Rahmen saß. Ich hielt den Atem an, lauschte und schob ein neues Magazin in meine Pistole.

Nichts zu hören. Ich schwankte zwischen Reinschleichen und Reinplatzen, verlor die Geduld und trat die Tür ein.

Das lange Zimmer. Leer und dunkel. Im Vordergrund ein Topf mit noch dampfenden Nudeln umgekippt auf dem Fußboden. Am Ende, vor dem Fenster, ein ausgestreckter Körper.

Ich trat ins Zimmer und wandte mich sofort nach rechts. Niemand da. Ich ging in Mals Zimmer und ins Bad. Niemand. Dann rannte ich zu Mal hinüber.

Eine durch die Schläfe, eine in den Mund und eine in den Hinterkopf.

Etwa fünf Minuten lang war ich wie von Sinnen.

Als ich mich wieder unter Kontrolle hatte, war meine Kehle rauh, und mir wurde klar, daß ich gebrüllt hatte. Mals Leiche, durch mein Ausflippen nicht weniger tot als vorher, lag noch auf dem Fußboden. Jetzt, da ich selber keinen Lärm mehr machte, hörte ich Geräusche im Treppenhaus. Ich sprang mit einem Satz zur Tür und riß sie auf.

Es waren die beiden Männer von unten. Sie standen auf dem Treppenabsatz und wollten mal nachsehen, was los war, ob es für sie was zu holen gab.

«Verpißt euch», riet ich ihnen. Der vordere hatte ein Rattengesicht und lehnte cool am Treppengeländer.

«Und wenn nicht, Kumpel?» fragte er mit einem undurchdringlichen Lächeln. Ich kannte diesen Gesichtsausdruck. Man lernt ihn an dem Tag, wo man begreift, daß die meisten Lehrer einem nichts anhaben können, wenn man ihnen die Stirn bietet. Das ist eine Lektion fürs Leben, die in vielen mißlichen Lagen von Nutzen sein kann. Die meisten Menschen lassen es nicht darauf ankommen, wenn man ihnen energisch genug die Stirn bietet.

Aber ich bin anders als die meisten Menschen. Das ist eines meiner Probleme.

Ich stieß dem Rattengesicht meine Pistole so hart gegen die Stirn, daß sein Schädel eine Delle kriegte, und sprach langsam und deutlich.

«Dann», sagte ich, «werde ich deinem Freund hier dein Gehirn in die Fresse pusten. Und danach *seinen* Kopf wegblasen. Und dann gehe ich in eure Wohnung und töte jeden, dem ich begegne, und zwar so lange, bis mir die Kugeln ausgehen oder euch die Freunde.»

Er starrte mich mit aufgerissenen Augen an und machte einen Schritt rückwärts. Dann spuckte er knapp neben mir auf den Fußboden. Er wollte gehen, aber das Protokoll verlangte einen wirkungsvollen Abgang. Ich zwang mich, ruhig zu bleiben. Man muß solchen Typen ihren Abgang lassen. Das gibt ihnen das Gefühl eines klaren Endes, und damit ist der Fall erledigt. Wenn mehr Menschen ihren Feinden das letzte Wort ließen, dann wäre es auf der Welt wesentlich ungefährlicher.

«Wir sehen uns wieder», sagte er schließlich.

«Den Spruch kenne ich schon», knurrte ich. «Sogar heute abend hat ihn schon einer vor dir benutzt. Denk dir was anderes aus und schick mir eine E-Mail.»

Mißmutig stolperten die beiden die Treppe hinunter.

Ich drehte mich um und sah Suej, die verschreckt in Mals Tür stand.

Die anderen waren weg.

Ich hatte Suej vor rein gar nichts bewahrt, ich hatte sie bloß von einem schrecklichen Ort an einen noch schrecklicheren gebracht. Ich nahm sie fest in die Arme, beobachtete über ihre Schulter hinweg, wie Mals Blut auf dem Boden langsam antrocknete, und wußte, daß wir heute nacht nirgendwohin fahren würden.

Drei

Suej saß in einem alten, dreckigen Sessel in Howies Büro. Sie nippte an einem Becher mit Kaffee, dessen Geruch zu mir herüberzog, während ich vor Howies Schreibtisch saß und meine Hände anstarrte. Für einen Moment wurde ich an Ratchet erinnert: intensiver Kaffeeduft und ein Ort, an dem wir in Sicherheit waren.

Vielleicht hätten wir auf der Farm bleiben sollen, dachte ich. Vielleicht war das Ganze ein Riesenfehler gewesen, und wir würden uns, egal was wir taten, nur immer tiefer in die Scheiße reiten. Ich schaute Suej kurz an und wandte dann den Blick ab. Ich hätte mir wegen der Reserven Sorgen machen sollen, aber ich mußte ständig an Mal denken. An das, was wir gemeinsam erlebt hatten. Seit unserer Zeit im Spalt vor zwanzig Jahren. All das war jetzt endgültig vorbei, hatte sich in einen Traum verwandelt, denn es war niemand mehr am Leben, mit dem ich die Erinnerung daran teilen konnte.

Die Männer an dem geheimen Eingang hatten bei unserem Anblick abfällig das Gesicht verzogen. Sie dachten offenbar: «Mr. Howie hatte recht – der komische Typ ist wieder da und rennt mit offenen Augen ins Verderben.» Zuerst wollten sie für Suej Eintrittsgeld verlangen, beschlossen dann aber, nach einem Seitenblick auf mich, daß sich die Mühe nicht lohnte. Oder vielleicht lag es an dem Ausdruck von Unverständnis und Verlorenheit auf Suejs Gesicht. Es war das erste Mal in ihrem Leben, daß sie David nicht in ihrer unmittelbaren Nähe hatte, und sie sah elend und einsam aus – fast wie ein richtiger Mensch. Und mir wurde zum erstenmal bewußt, daß ich ihnen nicht genug geben konnte, daß sie mehr brauchten als einen Ersatzvater. Nicht gerade eine Erkenntnis, die mir in der momentanen Lage weiterhalf.

Auf dem Weg durch New Richmonds Lüftungssystem hatte Suej mir in groben Zügen erzählt, was passiert war. Mal war gerade dabei, die erste Portion Nudeln zu verteilen, als er draußen vor der Tür ein Geräusch hörte. Er versuchte, den Reserven klarzumachen, daß sie sich auf dem Zwischenboden verstecken sollten. Nur Suej und David hatten begriffen, was er meinte; Suej kletterte als erste die Leiter hoch, während David versuchte, die anderen hinter ihr herzuscheuchen. Panik, Unverständnis und plötzlicher Aufruhr: es war bestimmt genauso wie beim Verlassen der Farm, nur mit dem Unterschied, daß sie allein, ohne mich, mit der Situation fertig werden mußten.

Dann ein energisches, ungeduldiges Klopfen an der Tür. Mal nahm seine Pistole, verbarg sie hinterm Rücken und öffnete die Tür erst, als er das Licht gelöscht hatte. Normalerweise eine kluge Taktik – aber die Folge war nur, daß der Killer ihn mit mir verwechselte und ihm auf der Stelle das Licht auspustete. Während der Killer ein paar weitere Kugeln in Mals Kopf jagte, stürmten zwei andere Männer in die Wohnung. Sie schlugen David und Mr. Two brutal ins Gesicht und schleppten die Reserven weg. Suej schaute durch einen Spalt in der Decke zu. Sie konnte nichts tun und vermutete zu Recht, daß es mir nicht gefallen würde, wenn sie sich umbringen ließe. Die Männer durchstöberten Mals Wohnung, dann verschwanden sie, und der Killer blieb zurück, um jeden abzuknallen, der zufällig auftauchte.

Mit anderen Worten: mich.

Zweifellos steckte SafetyNet dahinter. Irgendwie hatten sie uns aufgespürt. Ich wußte zwar nicht, wie, aber das war eigentlich auch egal. Das Ergebnis blieb dasselbe: Mal war an meiner Stelle umgenietet worden.

Die Männer, die das getan hatten, mußten gefunden und getötet werden, und dafür war ich zuständig. Endlich eine Aufgabe, die mir lag.

Als ich zu Howies Kneipe zurückkehrte, hatte ich einen simplen Plan. Ich wollte Suej dort abliefern, mir soviel Munition wie möglich von Howie leihen und sie jemandem in den Arsch jagen. Kein besonders ausgefeilter Plan, aber trotzdem war ich damit zufrieden. Ganz im Gegensatz zu Howie, der mich – unterstützt von dem etwas betreten wirkenden Paulie – mit körperlicher Gewalt zum Bleiben zwang. Es liefen immer noch genug Leute herum, meinte er, die mich auch ohne die Belohnung von fünf Riesen gern erledigt hätten. Da er über die Reserven nicht Bescheid wußte und ich weder Anstalten machte, ihm zu erklären, was passiert war, noch SafetyNet erwähnte, dachte er wahrscheinlich, ich sei nur wegen Mals Tod ausgerastet.

Jedenfalls ließ er mich nicht gehen, was wahrscheinlich ganz gut war, und so saß ich nun in seinem Büro und qualmte eine nach der anderen. Howie hatte, wenn auch widerwillig, ein paar Leute losgeschickt, die sich für mich umhören sollten. Seiner Meinung nach wäre es das beste, wenn Suej und ich so schnell wie möglich aus der Stadt verschwanden. Das kam nicht in Frage, und deshalb warteten wir jetzt auf Neuigkeiten. Howie saß mir am Schreibtisch gegenüber und schaute durch den Einwegspiegel zu, wie die Bar sich langsam zur frühmorgendlichen Schicht füllte.

Nach einer Weile drehte er sich um und fixierte mich einen Moment. «Mir ist eine bessere Idee gekommen», sagte er. «Ich glaube nicht, daß mit dem Absage-Service viel Geld zu verdienen ist.»

«Da könntest du recht haben.» Ich zündete mir die nächste Zigarette an und wartete, wie schon so oft, was kommen würde.

«Also, hör zu. Du weißt doch, wie Frauen Torte essen?» Da ich schwieg, beantwortete er die Frage selber. «Statt sich ein normal großes Stück zu nehmen – du weißt schon, die übliche Portion –, legen sie sich nur ein winziges Stückchen auf den Teller. Einen klitzekleinen Happen. Meinen Beobachtungen zufolge hat ein solches Tortenstück in der Regel einen Winkel von zwanzig Grad. Und weißt du, warum sie das tun?»

«Nein», sagte ich. Mir war klar, was er beabsichtigte, und ich spielte bereitwillig mit. Er versuchte, auf seine umständliche Art zu erreichen, daß ich mich entspannte. Und ich konnte ein bißchen Entspannung wirklich gut gebrauchen.

«Sie tun das, weil sie glauben, daß ein so kleines Stück irgendwie nicht zählt. Es ist zu winzig. Es rutscht durch das Kalorien-Netz, genau wie der Bonbon, den man unterwegs im Auto ißt. Darum dürfen sie dann später noch ein kleines Stück essen – das natürlich noch weniger als zwanzig Grad breit sein muß –, und auch *dieses* Stück zählt nicht.»

«Wovon redest du, Howie?»

«Schau zu, wenn du das nächste Mal eine Puppe zum Essen ausführst. Du wirst sehen, daß ich recht habe. Also, meine Idee ist folgende: Ich erfinde eine neue Diät, bei der man nur runde Lebensmittel kauft. Man kann essen, was man will – solange man darauf achtet, sich bloß Stücke zu nehmen, die höchstens zwanzig Grad breit sind. Was hältst du davon?»

«Völliger Schwachsinn», sagte ich.

«Schon möglich, schon möglich – aber wer weiß? Frauen haben einen Sinn für die absonderlichsten Sachen. Vielleicht haben sie mehr Durchblick als wir.» Er zwinkerte mir zu, beugte sich zu einem kleinen Kühlschrank hinüber und griff sich aus dem reichhaltigen Angebot ein paar Dosen Bier. «Wie du siehst, ist jede Menge Bier da. Mehr als genug.»

«Wofür?»

«Für die Zeit, die du brauchen wirst, um mir einiges zu erklären. Ich bin immer noch der Meinung, du solltest aus der Stadt verschwinden, aber ich lasse dich hier erst weg, wenn du dich beruhigt hast. Auch wenn ich es nicht für richtig halte, wirst du heute in meinem Lagerraum pennen. Du hast es mit gefährlichen Leuten zu tun. Erzähl mir jetzt gefälligst, was los ist.»

Früher oder später würde ich es irgend jemandem erzählen müssen, aber ich hatte immer angenommen, Mal werde dieser Jemand sein. Während ich meinen ersten Schluck Bier nach langer Zeit trank, schaute ich Howie ins Gesicht, und mir wurde klar, daß er es sein würde.

Ich kannte die Reserven seit fünf Jahren. Damals war ich vierunddreißig. Mitten in der Nacht war ich in ein Auto verfrachtet und aus New Richmond weggebracht worden, und zwar von einer Frau, mit der ich nicht verheiratet war, die sich aber dennoch die Mühe machte, nach mir zu suchen, als alle anderen mich bereits aufgegeben hatten. Es gibt in meinem Leben einen Zeitraum von zwei Wochen, der aus meinem Gedächtnis gelöscht ist, und ich bin mir so sicher wie sonst nur selten, daß ich es dabei belassen will.

Dennoch wußte ich nicht genau, welchen Zweck die Farmen hatten. Na ja, eigentlich wußte ich es doch. So in etwa. Ich war einmal an einer vorbeigefahren, hatte mich gefragt, wozu sie dienten, mich erkundigt und war seitdem halbwegs im Bilde. Zwar wußte ich, welchem Zweck sie dienten, aber nicht, was sich dort abspielte, und zu der Zeit interessierte mich das auch nicht besonders.

Wir kamen in jenen letzten Minuten kurz vor der Morgendämmerung an, in denen die Farbe des Himmels von Schwarz zu Blau wechselt. Die Anlage befand sich ein paar Kilometer außerhalb von Roanoke und war von den Krankenhäusern aus gut zu erreichen. Direkt an einem Hang lag ein zweistöckiges

Betongebäude, ein trister grauer Kasten, den man von der Straße aus für einen Teil einer militärischen Einrichtung halten konnte. Davor war ein kleiner ummauerter Hof, in dem die Leute von den Abholdiensten während ihrer kurzen Aufenthalte auf der Farm ihre Fahrzeuge parkten. Das gesamte Grundstück wurde, wie so vieles heutzutage, durch einen Elektrozaun gesichert. Auf der Rückseite des Gebäudes befanden sich die Tunnel, die man aber nicht sehen konnte. Sie führten direkt in die Felsen.

Ich wurde vor dem Eingangstor abgesetzt und wartete bibbernd auf den Tagesanbruch und den Angestellten der Betreiberfirma, den ich dort treffen sollte. Es waren zwei der qualvollsten Stunden meines Lebens. Ich hatte offensichtlich einen mordsmäßigen Kater, und mein Kopf schien jeden Moment platzen zu wollen. Daß ich nicht genau wußte, wo ich war, empfand ich auch nicht als Trost. Es kam mir so vor, als wäre ich tot, ohne jedoch Frieden gefunden zu haben.

Schließlich tauchte der Mann auf. Mir tat inzwischen nicht nur der Kopf, sondern auch alles andere weh, und ich machte den kläglichen Versuch, mir nichts anmerken zu lassen. Ein Typ wie er hatte mir gerade noch gefehlt. Er war klein und pedantisch, trug einen teuren Anzug und schien seine Erfüllung im Abhaken der Einträge auf seiner mitgebrachten Liste zu finden. Eine schicke Frisur und eine kleine, schicke runde Brille zierten seinen kleinen, nicht besonders schicken runden Kopf.

Er warf mir einen kurzen Blick zu und lächelte. Offenbar hielt er mich für einen geeigneten Bewerber.

Es ist nicht sehr aufwendig, eine Farm zu betreiben. Man braucht bloß einen Verwalter und zwei Hilfs-Droiden. Die Droiden erledigen den größten Teil der Arbeit – der Verwalter muß bloß Aufsicht führen und den Besatzungen der weißen Transporter zur Hand gehen, wenn sie eintreffen. Er ist der Alibi-Mensch auf dem höheren Posten, genau wie vor hundert

Jahren die Vorarbeiter immer weiße Männer waren, egal wie intelligent oder qualifiziert ihre schwarzen oder weiblichen Untergebenen sein mochten. Die Verwalter sind im allgemeinen ehemalige Wachmänner oder Bauern, die ihr Land verkaufen mußten oder keine Lust mehr haben, ihren Hof zu bewirtschaften. Männer ohne besondere Eigenschaften, denn für diesen Job sind auch keine nötig – höchstens ein Mangel an Phantasie. Die meisten halten sich Tag und Nacht auf dem Gelände auf. Die Firmenleitung organisiert ungern eine Vertretung, und die meisten Verwalter haben kaum Gründe auszugehen. Ich war keine Ausnahme. Ich hatte gar keinen Grund, das Gelände zu verlassen.

Die Innenräume des Hauptgebäudes gingen von zwei rechtwinklig aufeinandertreffenden Fluren ab. Durch die Außentür gelangte man direkt in den Kontrollraum, wo ich mich meistens aufhielt. In der hinteren Ecke dieses Raums befand sich eine Tür zum Hauptflur. Wenn man ihn entlangging, kam man an drei großen Metalltüren vorbei, in die jeweils ein kleines Plexiglasfenster eingelassen war. Diese Türen führten zu den Tunneln und durften nur für die Fütterungen – oder wenn eine «Abholung» stattfand – geöffnet werden. Ein Stückchen weiter zweigte der andere Flur ab, der zum Operationssaal führte. Auf der gegenüberliegenden Seite lagen noch ein paar weitere Räume, eine Küche und verschiedene Abstellkammern. Wände und Decke der Anlage waren in einem anheimelnd aschgrauen Farbton gestrichen; dort herrschte immer Friedhofsruhe, denn mit Ausnahme des Verwalters lebten alle in den Tunneln.

Mir wurde mitgeteilt, worin meine Pflichten bestanden und wie die wenigen Geräte, für die ich verantwortlich war, bedient wurden; wann die Essenslieferungen eintrafen und daß ich nur wenig Arbeit damit haben würde. Außerdem erhielt ich die Telefonnummern meiner Ansprechpartner im Roanoke General

Hospital, und man erklärte mir, in welchen Situationen ich sie anrufen sollte. Ich stand da, nickte und hörte zu, obwohl ich innerlich gar nicht anwesend war. Mir kam es so vor, als hätten sich Widerhaken in mein Gehirn gegraben und würden gleichzeitig in drei verschiedene Richtungen gezogen, wodurch eine angespannte Leere in meinem Kopf entstand, die alle äußeren Eindrücke abblockte.

Dann zeigte der Mann mir die Tunnel.

Ich werde das Gefühl nie vergessen, als ich zum erstenmal durch das Kontrollfenster in das dahinterliegende Dämmerlicht schaute. Zuerst nahm ich nur eine Farbe wahr, ein intensives blaues Leuchten, das in gleichmäßigen Abständen mit hartem, aus dem Fußboden kommendem Kunstlicht durchmischt war. Das Ganze wirkte wie eine eisige Traumlandschaft. Langsam bemerkte ich in der Düsternis Gestalten und auch Bewegungen. Ich erschauderte. Einen Augenblick lang hatte ich das Gefühl, an einen ganz anderen Ort zurückversetzt worden zu sein, und ich mußte mich sehr zusammenreißen, um nicht wegzulaufen. Ich hätte meiner Intuition trauen und die Verbindung herstellen sollen, aber natürlich tat ich das nicht.

Der Beauftragte der Firma stand hinter mir, während ich durch das Fenster schaute. Er erklärte, daß jeder der drei Tunnel zwei Meter fünfzig breit und zwei Meter fünfzig hoch sei und vierzig Reserven beherberge. Eine warme, feuchte Umgebung bekomme ihnen am besten. Er klopfte gegen die Meßanzeigen neben der Tür. Alle zwei Stunden müßten die Anzeigen kontrolliert werden, obwohl sie mit einem Computer verbunden seien. Diese Anweisung wiederholte er, woraufhin ich mich umdrehte und ihn anschaute, um ihm zu signalisieren, daß ich verstanden hatte. Zum erstenmal seit seiner Ankunft trafen sich unsere Blicke, und mir wurde klar, was er für mich empfand: hauptsächlich Verachtung, gemischt mit Gleichgültigkeit und einem Hauch Belustigung. Für ihn war ich bloß ein neuer Bestandteil der Farm, ein Ersatzteil, dessen Wichtigkeit weit unter der des Elektrozauns rangierte.

Ich hoffte, daß er nicht erkennen konnte, was ich für ihn empfand, denn als ich mich wieder umdrehte, um erneut in den Tunnel zu schauen, spürte ich, wie sich meine Hände in den Taschen meiner ramponierten Jacke zu Fäusten ballten, und ich hörte das Blut in meinen Ohren rauschen. Vielleicht wußte ich bereits in diesem Augenblick, eine Minute nachdem ich die Reserven zum erstenmal gesehen hatte, daß ich nicht unbedingt der Verwalter sein würde, den sich die Firma wünschte.

Oder vielleicht doch. Damals wußte ich überhaupt nicht, was ich eigentlich empfand. Ich war nicht einmal in der Lage, mehrere zusammenhängende Sätze am Stück zu denken. Im nachhinein ist es stets leicht, einen Sinn in den eigenen Handlungen zu entdecken. Ich glaube, meine Handlungen waren damals genauso sinnvoll wie eine Schmierspur an der Wand.

Der Mann verschwand schließlich, nachdem er jede Möglichkeit, mich zu belehren, ausgiebig genutzt hatte. Als er in seinen Firmenwagen stieg, schaute er mich über seine schicke Brille hinweg an und rümpfte noch einmal kurz die Nase. Mir fiel auf, daß ich während unseres gesamten Zusammentreffens wahrscheinlich nicht mehr als zehn Worte gesagt hatte. Er fuhr langsam aus dem Hof hinaus, und das Tor schloß sich automatisch hinter ihm.

Drinnen leerte ich die Tasche aus, die meine Freundin für mich gepackt hatte, und verstaute meine Habseligkeiten an geeigneten Stellen. Dieser Vorgang nahm ganze fünf Minuten in Anspruch. Dann machte ich mir mit zittrigen Händen einen Becher Kaffee, nahm ihn mit zu dem Tisch in der Mitte des Raumes und stellte mich darauf ein, den Rest meines Lebens auszusitzen.

Eine Woche nach meiner Ankunft bekam ich ein Paket von Phieta, der Frau, die mich dorthin gefahren hatte. Es enthielt ein paar zusätzliche Kleidungsstücke, einige Taschenbücher und eine große Menge Rapt. Keinen Brief. Ich habe nie wieder von ihr gehört.

Es dauerte drei Monate bis zu meinem ersten Einsatz. Meistens saß ich einfach nur in dem Hauptraum, starrte ins Leere und ballerte mich regelmäßig zu. Ab und zu ging ich auf den Hof. Nach vorn hinaus blickte man auf einen langsam abfallenden, mit Bäumen gesprenkelten Hügel, der am Stadtrand von Roanoke endete. Nachts konnte man durch die Bäume hindurch gelbliche Lichter sehen – der Beweis dafür, daß irgendwo in der Ferne das Leben weiterging. Ich wünschte ihm alles Gute und hoffte, es würde mir nie wieder zu nahe kommen. Ich stellte bald fest, daß ich den Anblick des steilen Abhangs hinter dem Gelände nicht in dem Maße genießen konnte, wie man hätte erwarten sollen. Dort standen wesentlich mehr Bäume, und in jener Phase hatte ich noch gelegentlich den Eindruck, als würden sie sich bewegen, und ich war äußerst mißtrauisch gegenüber ihren Blättern. Manchmal glaubte ich, bläuliches Licht aus den Felsspalten dringen zu sehen. Blaue Sonnenstrahlen, die in den Himmel schossen. Das war natürlich ein Irrtum. Die Tunnel befanden sich tief im Felsen und hatten Betonwände.

Dann ertönte eines Tages gegen fünfzehn Uhr eine Sirene, und zehn Minuten später erschien ein Krankenwagen. Zwei Ärzte begaben sich sofort in den OP, und ich begleitete einen Pfleger argwöhnisch in einen der Tunnel. Es war das erste Mal, daß ich mich jenseits der schweren Türen aufhielt.

Ich betrat einen überfüllten Raum mit beklemmend hoher Luftfeuchtigkeit, in dem ein schwerer Geruch nach nassen Körpern und Exkrementen hing. Überall waren nackte Kinder, die sich auf dem Boden in fötalen Positionen zusammengerollt hatten, ausgestreckt übereinanderlagen oder an den Wänden kauerten. Ich stieg vorsichtig über sie hinweg, während ich nach der einen Reserve, die benötigt wurde, suchte. Der Pfleger kickte die Kinder mit der beiläufigen Ungeduld eines Metzgers, der durch einen Schlachthof spaziert, zur Seite. Die älteren Reserven schienen zu wissen, was passieren würde, denn wenn wir uns ihnen näherten, zuckten sie zusammen, krümmten sich, drehten das Gesicht zur Wand oder versuchten unter andere Körper zu kriechen. Mein Herz pochte unnatürlich laut, und ich schwitzte, nicht nur wegen der Hitze. Mir war unbehaglich zumute. Nicht etwa, weil die Reserven bedrohlich wirkten – sie waren zahm, dumm, völlig lethargisch. Der Tunnel an sich löste unangenehme Erinnerungen in mir aus, Erinnerungen, denen ich lieber nicht nachgehen wollte. Ich nehme an, es lag an dem Geruch und dem Gefühl von Hoffnungslosigkeit.

Schließlich fanden wir die richtige Reserve, Conrad Two, und der Pfleger nahm ihn mit. Eine halbe Stunde später wurde er zurückgebracht, allerdings ohne sein rechtes Auge. Das Loch, in dem es zuvor gesteckt hatte, war grob zusammengenäht, mit einem Antiseptikum bepinselt und nachlässig verbunden worden. Als der Pfleger ihn an mir vorbei zurück in den Tunnel stieß, fiel mir ein wohlbekannter Geruch auf, und mein Magen zog sich krampfartig zusammen. Es war der süßliche, ekelerregende Geruch nach skinFix, einer Substanz, die verwendet wird, um Schnitte zu schließen, wenn kosmetische Feinheiten keine Rolle spielen. Ich hatte noch nie gehört, daß sie außerhalb der Armee verwendet wurde, und den Geruch seit über zehn Jahren nicht mehr gerochen. Er ist unvergeßlich.

Nachdem der Krankenwagen weggefahren war, kehrte ich in den Flur mit den Tunneltüren zurück und blieb eine Weile vor einem der Fenster stehen. Die Körper stolperten und krabbelten wie blinde Larven im trüben blauen Licht herum, aufgeschreckt durch das ständige Stöhnen der Reserve, der man einen Teil ihres Gesichts herausgerissen hatte. Eine weibliche

Gestalt, die ganz dicht beim Fenster stand, schaute plötzlich mit einer zufälligen und bedeutungslosen Bewegung zu mir hoch. Sie hatte nur einen Arm, und auf ihrer linken Gesichtshälfte war die Haut an der Stelle, an der man ein Transplantat entfernt hatte, rot und verschorft. Sie ließ den Blick über das Fenster gleiten und bewegte lautlos die Lippen, aber das schlimmste war, daß ihr Gesicht und ihr Körper noch zuwenig entstellt waren, um zu verbergen, wie gutaussehend ihr Pendant sein mußte. Ich ging mit unsicheren Schritten zurück in das große Zimmer und schloß die Tür hinter mir.

Ich leerte eine halbe Flasche Jack Daniels, spritzte mir zwei Milligramm Rapt in den Arm, legte mich mit dem Gesicht nach unten aufs Bett und preßte mir das Kissen auf die Ohren. Als ich dank der Überdosis, die mich für zweiundsiebzig Stunden in Bewußtlosigkeit versetzen würde, langsam wegdämmerte, glaubte ich dennoch zu hören, wie Körper im Dunkeln unabsichtlich übereinander stolperten.

Glücklicherweise, sollte ich wohl sagen, rettete mich Ratchet, der Droide. Ich hatte auf das Bett gekotzt, und scharfsinnig wie er war, hatte der Roboter gefolgert, daß ich mich nicht in bester Verfassung befand. Er überwachte mich in den nächsten zwei Tagen, drehte mich herum, wenn ich erneut kotzte, und sorgte dafür, daß die Reserven regelmäßig gefüttert wurden.

Vielleicht flüsterte er mir auch etwas ins Ohr, während ich schlief, denn als ich in die Welt der Lebenden zurückkehrte, sah ich plötzlich wieder einen Sinn in meiner Existenz und brachte eine Entschlossenheit mit, die aus dem Nichts gekommen zu sein schien. Ein paar Hintergrundinformationen sind nötig, um die Zusammenhänge zu verstehen. Ich bitte um Nachsicht bei dem Medizinkram, denn das ist nicht direkt mein Fachgebiet.

Die Sache mit den Farmen ist folgende:

Überall auf der Welt lauern Gefahren, selbst wenn man sein

Glück nicht herausfordert. Die Wahrscheinlichkeit, daß der Körper ein paar Schrammen abbekommt, ist hoch. Krankheiten, Schnittwunden, blaue Flecke. Das meiste davon kann heutzutage ziemlich erfolgreich behandelt werden. Es gibt nur eine Sorte von Problemen, bei denen wir nach wie vor den Kaffeesatz befragen und tote Hühner schwenken.

Anscheinend ist es den Ärzten immer noch nicht gelungen, eine sichere Methode zum Austausch beschädigter Körperteile zu entwickeln. Gewebetypisierungen und Retorten-Organe waren nie ein voller Erfolg, obwohl die Wissenschaft jede Menge scheinbar viel komplizierterer Rätsel gelöst hat. Gespendete Organe und Gliedmaßen wurden oft abgestoßen, oder sie verkümmerten so weit, daß sie ihre Funktion nicht mehr erfüllten, und nicht selten krepierte der Patient dabei. Die Ärzte runzelten die Stirn, experimentierten wie wild mit Medikamenten herum, probierten es mit synthetischen Antigenen, Nanotechnologie und aus Zellen gezüchteten abbaubaren Knochen-Konstruktionen, aber sie kriegten es einfach nicht hin. Die Erfolgsquote stieg zwar, doch die Behandlung war immer noch äußerst riskant – vor allem, da die einzigen, die sich so etwas leisten konnten, zugleich diejenigen waren, die dem Krankenhaus eine Horde Anwälte auf den Hals hetzten, wenn die Transplantation danebenging.

Und deshalb wurde vor knapp zwanzig Jahren SafetyNet aus der Taufe gehoben.

Die Firma wurde von einem Biochemiker gegründet, der seine wissenschaftlichen Kenntnisse mit rücksichtslosem, kaltblütigem Pragmatismus verband, was ihm bestimmt einen langen Aufenthalt im heißesten Winkel der Hölle einbringen wird. Das heißt höchstwahrscheinlich wohl doch nicht. Ich bin sicher, im Himmel akzeptiert man Amex genauso bereitwillig wie überall auf der Erde.

Die Idee war simpel. «Also», sagte sich der Mann an einem

langen, öden Abend im Labor, «wir haben da ein Problem. Die Menschen machen andauernd Teile ihrer Körper kaputt, die aber reagieren hartnäckig mit: ‹Ersatz wird nicht akzeptiert.› Vielleicht sollten wir nicht mehr versuchen ihnen etwas Fremdes anzudrehen, sondern etwas, das ihnen bekannt vorkommt.»

Er ging mit dieser Idee zu seinen reichsten Patienten und erhielt eine positive Reaktion sowie Beteiligungskapital. So entstanden die Farmen. Für eine bestimmte Summe, die nicht offiziell bekannt ist, sich aber auf deutlich über eine Million Dollar belaufen muß, kann man für sein Kind noch vor dessen Geburt eine kleine Lebensversicherung abschließen. Die besteht in der Erschaffung eines Lebewesens, das später systematisch zerstört wird.

Nach der Zeugung eines Kindes entnehmen Ärzte dem wachsenden Fötus ein paar Zellen. Aus diesen Zellen werden in verschiedenen Kulturen, Reagenzgläsern und Brutkästen Klone hergestellt, wobei die natürliche Entwicklung so weit wie möglich nachvollzogen wird. Wenn der künstliche Zwilling atmen kann, wird er Droiden anvertraut und so lange von ihnen betreut, bis die wichtigsten motorischen Fähigkeiten und der ganze Wahrnehmungskram funktionieren. Dann bringt man ihn auf eine Farm und steckt ihn in einen Tunnel, wo er bleibt, bis er gebraucht wird.

Zweimal pro Tag überprüft ein Medi-Droide die Vitalfunktionen und verabreicht jeder dieser Reserven eine sorgfältig abgestimmte Mischung aus Nährstoffen, um sicherzugehen, daß sie wachsen und sich parallel zu ihren Zwillingen entwickeln. Ab und zu werden die Reserven ein bißchen bewegt, damit ihre Muskeln nicht verkümmern. Davon abgesehen kennen sie nur die ewige, feuchtwarme blaue Dämmerung, die geistlosen Laute der anderen Reserven und die trägen, unmotivierten Bewegungen um sich herum. Dann, wenn sich der Zwilling einer Reserve im wirklichen Leben verletzt oder erkrankt, ertönt die

Alarmsirene, und der Krankenwagen fährt vor. Die Ärzte suchen die richtige Reserve heraus, schneiden bei ihr das ab, was sie brauchen, und stecken sie dann wieder in den Tunnel. Dort liegt sie, windet sich und dämmert vor sich hin, bis man sie wieder braucht.

Ein Beispiel: Es gab auf der Farm einmal eine Reserve namens Steven Two, dessen Akte ich gelesen habe. Sein Bruder draußen in der freien Wildbahn war ein übler Bursche. Im Alter von zehn Jahren zerquetschte er sich die rechte Hand in einer Autotür. Okay, das war vermutlich nicht allein seine Schuld, aber eigentlich gehört es zum Leben dazu, daß man die Folgen seiner Handlungen selber trägt. Der echte Steven brauchte das nie. Der Krankenwagen fuhr vor, die Ärzte legten den Arm von Steven Two auf den Tisch und hackten ihm eine Hand ab. Dann verschwanden sie und nähten Steven die Hand an. Ein paar Schmerzen, eine lästige Physiotherapie, aber bald war er voll und ganz wiederhergestellt.

Mit sechzehn überschlug sich Steven in betrunkenem Zustand mit dem Auto und verlor ein Bein, aber das war kein Problem, weil die Ärzte nur herzukommen und das Bein von Steven Two zu holen brauchten. Nach der Operation trug ihn der Pfleger zurück in den Tunnel, lehnte ihn kurz hinter der Tür gegen die Wand und schloß ab. Steven Zwei versuchte, einen Schritt nach vorn zu machen, fiel mit dem Gesicht auf den Boden und blieb drei Tage lang so liegen.

Mit siebzehn bekam Steven einen Topf kochendes Wasser von einer Frau aus seiner Heimatstadt ins Gesicht geschüttet. Er hatte sie nicht nur betrogen, sondern auch ihr Auto gestohlen und sie gezwungen, mit zweien seiner Freunde zu schlafen. Aber Steven sieht inzwischen wahrscheinlich wieder ganz passabel aus, denn die Ärzte haben seinem Bruder die Gesichtshaut abgezogen.

So war das Leben der Reserven. Sie lebten in Tunneln und

warteten darauf, ausgeschlachtet zu werden, während um sie herum übel zugerichtete und deformierte Gestalten hin und her humpelten, ohne Finger in die Hände klatschten, die Gesichter an den Wänden rieben und die Scheiße an ihren Beinen runterlaufen ließen. Jeden zweiten Tag strömte, ohne vorherige Warnung oder Erklärung, Desinfektionsmittel in die Tunnel. Eine Warnung wäre natürlich auch zwecklos gewesen, denn keine der Reserven sprach eine Sprache. Keine von ihnen konnte lesen. Keine von ihnen konnte denken. Die Tunnel glichen einer Metzgerei, in der sich das Fleisch in einem kaltblauen Licht noch ab und zu bewegte.

Sie haben keine Kleidung, keinen Besitz, keine Angehörigen. Sie sind toter Code, abgetrennt vom Hauptprogramm, allein in der Dunkelheit zurückgelassen. Sie haben bloß die beiden Farm-Droiden und den Verwalter – obwohl sie in der Regel ohne diese drei sogar noch besser dran wären. Es gibt kein Geschwätz über «Sorgfaltspflicht» in der Arbeitsplatzbeschreibung des Verwalters. Er sitzt nur untätig auf seinem Stuhl, und unterdessen blühen und gedeihen seine üblen Charakterzüge. Manche Verwalter lassen nachts Besucher in das Gebäude – natürlich gegen eine kleine Gebühr. Es ging das Gerücht, daß einer der Geldgeber im Hintergrund dieses illegale Angebot häufig nutzte. Manchmal tranken die Besucher bloß Bier und beobachteten lachend die Reserven, und manchmal fickten sie die Tunnelbewohner auch.

Als ich aufwachte, saugte Ratchet gerade die Kotze neben meinem Gesicht auf, und er hatte bereits eine Kanne Kaffee gekocht. Die Geräusche und Gerüche sickerten langsam in mein Bewußtsein, so wie Wasser durch halbporöses Gestein. Irgendwann stand ich auf, duschte mich, zog mich an und setzte mich anschließend, wie üblich, an den Tisch. Die Innenseite meines Schädels fühlte sich an, als wäre sie mit grobem Sandpapier bearbeitet worden. Ich fror, was eine Nachwirkung des Rapt war, und zitterte so stark, daß ich den Kaffee über den ganzen Tisch verschüttete.

Aber dieses Mal war es anders als sonst. Zum erstenmal dachte ich nicht an mich, sondern an andere und an das, was ich ändern konnte.

Und ich änderte es, ohne an die möglichen Folgen zu denken.

Noch am selben Nachmittag ging ich wieder in die Tunnel. Ich bahnte mir einen Weg zwischen den Körpern hindurch und wählte ein paar der Kinder aus, die bisher am seltensten benutzt worden waren. Im ersten Tunnel fand ich David und Suej, im zweiten Ragald und Nanune und im dritten Jenny. Damals waren sie alle noch unversehrt, mit Ausnahme von Suej, bei der man am Oberschenkel einen Streifen Haut entfernt hatte. Ich brachte sie aus den Tunneln in das große Zimmer und ließ sie auf Stühlen Platz nehmen. Zumindest versuchte ich es; sie hatten noch nie zuvor einen Stuhl gesehen. Jack und Nanune fielen sofort hinunter, Suej kippte nach vorn auf den Tisch, und Ragald stand schwankend wieder auf und rannte durchs Zimmer. Schließlich trieb ich sie in eine Ecke, wo sie sich auf den Boden setzten und sich mit dem Rücken an die Wand lehnten. Zu dem Zeitpunkt hatten sie aufgehört, wegen des relativ hellen Lichts die Augen zusammenzukneifen, und jetzt bestaunten sie das Zimmer: die unterschiedlichen Oberflächen und die Einrichtung, die Geräumigkeit und die geraden Wände.

Ich hockte mich vor sie hin, nahm nacheinander ihre Köpfe zwischen die Hände und versuchte, in ihren Augen etwas zu entdecken. Ich sah nichts oder so gut wie nichts, und einen Moment lang zweifelte ich an meiner Entscheidung. Sie waren zu lange mit nichts ausgekommen, hatten bereits zu vieles verpaßt. Die meisten konnten noch nicht einmal ihre Arme und Beine richtig benutzen. Sie saßen unruhig da wie Babys, deren

Körper von den Jahren versehentlich in die Länge gezogen worden waren.

Ich würde nicht imstande sein, all das, was ihnen entgangen war, oder auch nur einen Teil davon, auszugleichen. Wenn ich selber mein Leben nicht in den Griff kriegte, wie sollte ich dann ihnen beibringen, wie man lebt? Die Welle der Entschlossenheit, die mich am Vormittag mit sich gerissen hatte, ebbte rasch ab, und ich trieb in einer beängstigenden Flaute dahin.

«Was machen Sie da?»

Ich drehte mich um. Mein Herz klopfte laut. Ratchet und der Medi-Droide standen in der Tür. Im ersten Moment wollte ich eine Lüge erfinden, aber dann ließ ich es sein. Die Menschen glauben, daß nur die Erlebnisse, die man im Wachzustand hat, das Leben beeinflussen, aber das stimmt nicht. Auch wenn man schläft und weit weg ist, passiert etwas. Diese Zeit zählt ebenfalls, und in meinem Fall hatten die letzten zweiundsiebzig Stunden eine Veränderung bewirkt. Wenn ich nichts unternahm, würde ich in die Welt zurückkehren müssen. Das wäre wahrscheinlich mein Tod, aber wenn ich blieb und zusah, wie die Kinder im Laufe der Jahre langsam zerlegt wurden, würde ich mit ebenso großer Sicherheit sterben. Ich wäre wie sie, nur mit dem Unterschied, daß ich nicht in einem der Tunnel lebte.

Das redete ich mir zumindest ein. Aber ich glaubte damals nicht, daß ich in der Lage wäre, die Farm zu verlassen. Dazu fehlte mir der Mut. Ich habe wirklich keine Ahnung, was bei meiner Entscheidung den Ausschlag gab: die Kinder oder das Wissen um meine Unzulänglichkeit. Vielleicht spielt das auch keine Rolle.

«Ich will ihnen helfen», sagte ich. Die beiden Droiden betrachteten mich eingehend.

«Wie?» fragte Ratchet. Hinter mir kippte Nanune zur Seite. Ich drehte mich um und richtete sie wieder auf.

«Indem ich sie herumlaufen lasse. Sie unterrichte.»

Ratchet hielt eines seiner Greifelemente hoch, und ich verstummte. Der Medi-Droide schien, da auf einer hörbaren Wellenlänge nichts mehr mitgeteilt wurde, plötzlich das Interesse zu verlieren, drehte sich um und verschwand im Flur. Ratchet wartete, bis er weg war.

«Warum?»

«Warum wohl, verdammt noch mal?» fuhr ich ihn an. Vielleicht konnte er mir eine Antwort darauf geben. Als sie ausblieb, versuchte ich selber eine zu finden. «Sie haben das Recht, sprechen zu lernen. Zu sehen, was da draußen ist. Zu begreifen.»

«Nein, das haben sie nicht, Jack.» Ratchet wirkte gelassen, aber interessiert, so als beobachte er in einer Petrischale etwas, das plötzlich begonnen hatte, mit Messern zu jonglieren. «Die Reserven existieren nur, um ihre Funktion zu erfüllen.»

«Die Hälfte der Menschen draußen hat weniger Grund zu leben. Trotzdem haben sie Rechte.» Ich begann erneut zu zittern, und meine Bauchmuskeln hatten sich verkrampft. Ich war wirklich nicht in der richtigen Verfassung für eine philosophische Diskussion mit einem Roboter. Eine dicke Schweißperle rann langsam meine Schläfe hinunter und tropfte auf mein Hemd. Das ist das Problem mit Rapt: es läßt einem kaum noch Freizeit.

«Haben sie die wirklich?» fragte der Droide, aber er wartete nicht auf eine Antwort. «Verstehe ich Sie richtig? Sie wollen entgegen den ausdrücklichen Anweisungen von SafetyNet die Reserven aus den Tunneln lassen. Ihnen das Leben beibringen. Ihnen ein sinnloses Stückchen Leben schenken.»

«Ja», sagte ich mit kleinlautem Trotz, und mir war klar, wie dumm und idealistisch das klang. Das Sonderbare war, daß mein Verhalten gar nicht zu mir paßte. Der Idealismus war mir schon vor vielen Jahren ausgetrieben worden, etwa zu der Zeit, als ich die Bekanntschaft mit skinFix machte. Hätte man mir damals eine solche Frage gestellt, hätte ich geantwortet, daß mir alles scheißegal sei und ich mich weder für die Reserven noch für irgendwas anderes interessierte. Ich wußte nicht, warum ich das jetzt tat.

«Sie werden Hilfe brauchen», sagte der Droide.

Es dauerte eine Weile, bis ich begriff. «Von *dir*?»

«Unter einer Bedingung», sagte Ratchet, und dann folgte die schlechte Nachricht. «Sie kommen von der Droge runter.»

«Arschloch», sagte ich und torkelte aus dem Zimmer.

Eine halbe Stunde später machte Ratchet mich ausfindig. Ich saß zusammengekauert am Ende des langen Flurs, so weit entfernt wie möglich von allen aus Kohlenstoff oder Silizium hergestellten Wesen. Meine Zähne klapperten wie wild, meine Muskeln zuckten in bester Rapt-Entzugsmanier, und ich drehte langsam durch. Eine beißende Kälte, die sich wie flüssiges Feuer anfühlte, kroch mir den Rücken hoch, und ich begann zu halluzinieren. Als der Droide näher kam, schaute ich mit trübem Blick zu ihm hoch und wandte mich dann wieder ab. Er war für mich nicht interessant. Auf jeden Fall nicht so interessant wie die zwei Zentimeter großen Männchen, die versuchten, auf mein Bein zu kriechen. Einige von ihnen sahen wie Menschen aus, die ich während des Krieges kennengelernt hatte, Menschen, die meines Wissens tot waren. Anscheinend wollten sie mich vor irgend etwas warnen, aber wegen ihrer piepsigen Stimmen konnte ich sie nicht verstehen. Ich versuchte, mich in einen Hund zu verwandeln, um bessere Überlebenschancen zu haben.

So ist das nun mal in solchen Situationen.

Der Droide verschwand nicht, und kurz darauf glitt sein ausschwenkbarer Tragkorb auf mich zu. Darin lag eine Spritze. Ich starrte ihn mit brennenden, leuchtenden Augen an.

«Die Dosis, die Sie brauchen, würde ausreichen, um vier

normale Menschen umzubringen», sagte er. «Innerhalb weniger Sekunden nach der Injektion. Heute müssen Sie das hier nehmen, sonst sterben Sie. Aber morgen bekommen Sie weniger.»

«Du verstehst das nicht, Ratchet», murmelte ich.

«Doch. Ich weiß, warum Sie hier sind. Aber Sie werden tot sein, wenn Sie noch ein paar Wochen so weitermachen, und ich will, daß Sie am Leben bleiben.»

«Warum?»

«Um die Reserven zu unterrichten.»

Ich bin mir nach wie vor nicht sicher, wer von uns beiden der Sieger war: ob ich Ratchet mit meinem wirren Gefühlsausbruch überzeugt oder ob er mich dazu erpreßt hatte, mich mit ihm zu verschwören und ein groteskes, unerreichbares Ziel zu verfolgen, das sich dicht vor dem Untergang in meinem Kopf festgesetzt hatte. Vielleicht war Ratchet in Wirklichkeit Jesus Christus und ich bloß sein durchgeknallter Johannes der Täufer.

Wie auch immer, ich kam innerhalb von acht Monaten vom Rapt runter, und das Leben auf der Farm änderte sich.

Vier

In Howies Büro klingelte das Telefon, und er hob ab. Für den ersten Teil meiner Geschichte hatte ich eine Stunde gebraucht, und Suej war auf dem Sessel eingeschlafen. Während Howie dem Anrufer zuhörte, stand ich auf, zog meine Jacke aus und deckte Suej damit zu. Sie bewegte sich kurz im Schlaf und lag dann wieder still. Ihre Augenlider zuckten, und ich fragte mich, was sie wohl träumte. Hoffentlich etwas Schönes.

Howie legte den Hörer auf. «Das war Dath», sagte er. «Die unterm dreißigsten wissen Null.»

«Was ist mit Paulie? Keine Nachricht von ihm?»

«Der ist draußen im Portal.» Howie zuckte die Achseln. «Er meldet sich, wenn er was rauskriegt.»

Er lehnte sich zurück, schaute mich erwartungsvoll an, und ich erzählte ihm den Rest der Geschichte.

Als erstes brachte ich im Farmgebäude eine neue Verkabelung an und installierte eine zusätzliche Alarmanlage. Dann setzte ich mit Ratchets Hilfe die Relais außer Betrieb, durch die sich automatisch ein Stromkreis schloß, wenn die Tunneltüren länger als fünf Minuten geöffnet blieben. Da die Relais sowohl im Roanoke General als auch in der Firmenzentrale von SafetyNet Warnlämpchen aufleuchten ließen, mußten sie funktionsuntüchtig sein, ehe Phase eins meines Plans anlaufen konnte. Wir durften sie nicht einfach zerstören, denn dadurch wäre ein anderer Alarm ausgelöst worden.

Als wir sicher waren, daß keine Gefahr mehr bestand, öffneten wir die Türen. Von da an wurden sie nur noch geschlossen, wenn der Alarm ertönte. Ich ließ die Reserven im Gebäude frei herumlaufen, auch wenn das manchmal ziemlich lästig war. Es ist nicht gerade eine erbauliche Erfahrung, einen nackten Mann ohne Augen oder ein Mädchen ohne Beine vorzufinden, wenn man unter einen Tisch schaut.

Ein paar Tage lang nahm ich keine weiteren Veränderungen vor, denn ich wollte abwarten, ob die Bewegungsfreiheit ihnen Probleme bereitete. Das war offenbar nicht der Fall. Die Reserven, auf die Ratchet und ich unser besonderes Augenmerk richteten, schienen es binnen kurzem vorzuziehen, sich außerhalb der Tunnel aufzuhalten, obwohl sie meistens zum Schlafen dorthin zurückkehrten. Die anderen reagierten auf unterschiedliche Weise: Manche unternahmen ab und zu planlose Ausflüge in das Hauptgebäude, andere wiederum verließen die Tunnel nie.

Dann fingen wir mit dem Unterricht an. Wäre Ratchet nicht gewesen, hätte ich mein Vorhaben nicht einmal ansatzweise durchführen können. Ich hatte ein Jahr auf dem College durchgestanden, aber mein Hauptfach war Geschichte gewesen. Mit Kinderpsychologie, Spracherwerb oder irgendeiner Form von Unterrichtsgestaltung hatte ich mich nie beschäftigt. Und jetzt fingen wir gleich mit Teenagern an, die in ihrem bisherigen Leben nie zwischenmenschliches Verhalten kennengelernt hatten. Es hätte eigentlich unmöglich sein müssen, dieses Defizit auszugleichen, und ich glaube, wenn ich auf mich allein gestellt gewesen wäre, hätte ich erbärmlich wenig erreicht.

Aber Ratchet war bei weitem nicht bloß der Reinigungs-Roboter, für den ich ihn bis zu der Nacht mit der Überdosis gehalten hatte. Zum einen manipulierte er irgendwie den Medi-Droiden. Er war eine firmeneigene Maschine, entwickelt und gebaut, um im Sinne von SafetyNet zu handeln. Dennoch machte er in den folgenden fünf Jahren nie Anstalten, uns zu verraten oder sich darüber zu beschweren, daß er die Reserven manchmal im hintersten Winkel des Gebäudes aufspüren mußte, um ihren Gesundheitszustand zu kontrollieren und sie zu füttern.

Und zum anderen – noch wichtiger – war Ratchet in erster Linie für den Unterricht verantwortlich. Ich war nur derjenige, der sich zu den Reserven setzte und ihren Oberkörper aufrichtete, ihren Kopf festhielt, damit sie die Zettel mit den Buchstaben, die ich vor ihnen hin und her schwenkte, sehen und die Worte, die ich ihnen wieder und wieder vorsagte, hören konnten. Und natürlich war ich es, der sich hinter sie stellte, meine Arme unter ihre schob und ihnen beibrachte, wie man seine Gliedmaßen richtig benutzt. Ihre Muskeln waren trotz der ausgeklügelten Nährstoffmischung vom Medi-Droiden schrecklich unterentwickelt. Daß ich mich tagaus, tagein mit den Reserven abmühte, war vermutlich der einzige Grund, weshalb ich selber körperlich nicht verfiel.

Außerdem redete ich pausenlos mit ihnen und nahm sie in den Arm, wenn sie unglücklich waren, obwohl mir diese Art von Kontakt alles andere als leichtfällt. Aber den entscheidenden Teil der Arbeit leistete Ratchet. Er bestand darauf, daß ich in den Vordergrund trat, weil die Reserven menschliche Zuwendung brauchten, und es kostete mich all die Jahre viel Kraft, ihnen Aufmerksamkeit und Wärme zu geben. Ich versuchte, ihre Bedürfnisse zu erraten, und als sie schließlich in der Lage waren, einfache Gespräche zu führen, tat ich, was ich konnte, um ihre geistigen Fähigkeiten zu fördern und ihnen unabhängiges Denken beizubringen. Aber ohne Ratchets offenkundige Kenntnisse darüber, wie man einen schlummernden menschlichen Verstand kurzschließen und zum Leben erwecken kann, wären wir niemals über Phase eins hinausgekommen. Er plante die Unterrichtsstunden, und ich hielt sie ab.

Nach einer Weile entwickelte das Projekt – denn in mancher Hinsicht war es das – seine eigene Dynamik. Allmählich wurde ich weniger abhängig von Ratchets Ratschlägen und versuchte ihnen Dinge zu erklären, von denen Ratchet nichts wußte – zum Beispiel, was in der Welt draußen wirklich ablief. Aber Ratchet stand mir die ganze Zeit zur Seite.

Oft überlegte ich, woher Ratchet seine Kenntnisse hatte, gelangte aber zu keinem überzeugenden Schluß. Höchstens zu einem, der vielleicht zutraf, vielleicht aber auch nicht. Ich fragte mich, ob Ratchet kaputt war.

Dieser Verdacht kam mir erst sehr spät, denn der Droide war in vieler Hinsicht so qualifiziert, daß mir der Gedanke grotesk erschienen wäre. Aber gewisse Dinge fielen mir auf: Aktivitäts-Schwankungen, gelegentliche Momente, in denen es schien, als habe er einen Aussetzer oder als versinke er in Teilnahmslosigkeit. Er hatte außerdem ein paar sonderbare Theorien über die Vereinigung des Bewußtseins mit dem Unterbewußtsein, die ich nie begriff. Und dann die Sache mit dem Kaffee.

Solange ich auf der Farm war, machte Ratchet jeden Tag Kaffee für etwa doppelt so viele Leute, wie dort Platz gehabt hätten. Jedesmal wenn ich die Küche betrat, war ich verblüfft, erheitert, aber auch zunehmend besorgt über den Anblick der riesigen Kannen auf den Warmhalteplatten, deren Inhalt jedesmal in Windeseile ausgetauscht wurde, sobald er abgestanden schmeckte. Ich hatte für dieses Verhalten keine Erklärung, es sei denn, der Roboter war früher einmal Getränke-Droide in einem großen Hotel gewesen.

Ich fragte ihn einmal danach, aber er sagte bloß, es sei «notwendig».

Die Jahre vergingen, und die Veränderungen bei den Reserven verfestigten sich nach und nach. Diejenigen, mit denen wir die meiste Zeit verbrachten, verstanden inzwischen in Grundzügen, was man ihnen sagte. Allmählich lernten sie auch sprechen, aber es gab ein langes Übergangsstadium, in dem sie, insbesondere Suej, ein merkwürdiges Kauderwelsch aus Englisch und dem, was ich «Tunnelsprache» nannte, benutzten. Dabei handelte es sich um ein unverständliches Gegrunze und Gemurmel, und ich bin nicht einmal sicher, ob es überhaupt die Struktur einer Sprache hatte. Sehr wahrscheinlich war es bloß eine Art des verbalen gegenseitigen Tröstens. Im Laufe der Zeit gewöhnten sie sich an, meistens Englisch zu reden, und natürlich hatte ihr Tonfall eine seltsame Ähnlichkeit mit meinem, denn ich war der einzige Mensch, der je direkt mit ihnen gesprochen hatte. Ich ließ sie auch fernsehen, damit sie einiges über die Welt draußen erfuhren. Das Fernsehen vermittelt vielleicht nicht die geeigneten Vorbilder, aber kann man das denn vom wahren Leben behaupten?

Kaum eine der übrigen Reserven lernte irgend etwas, obwohl einige von ihnen regelmäßig zum Unterricht gescheucht wurden und wir die Gruppe der Jüngeren aufforderten, ihr Wissen weiterzugeben. Manche, beispielsweise Mr. Two, begriffen vage die Bedeutung einer Handvoll Worte und Wendungen, so wie manche Katzen lernen, eine Tür aufzumachen. Die meisten jedoch lernten gar nichts, sondern krochen und krabbelten bloß täglich ein paar Stunden auf der Farm herum, ehe sie in die Tunnel zurückkehrten, um zu schlafen und zu warten, bis sie unters Messer kamen.

Denn das passierte natürlich weiterhin. Die Krankenwagen fuhren weiterhin vor. Manchmal schien es mir, als würden es die Menschen draußen genießen, leichtsinnig zu leben, weil sie wußten, daß sie eine Versicherung hatten. Von Zeit zu Zeit kamen die Männer, verschwanden wieder und ließen jemanden verstümmelt zurück. Nanune verlor ihr linkes Bein, eine Hand und einen Muskelstrang aus einem Arm. Bei Ragald wurden die linke Niere, etwas Knochenmark, ein Arm und die Hälfte eines Lungenflügels entfernt. Zusätzlich zu dem Hautstück, das ihr schon fehlte, als ich auf die Farm kam, verlor Suej einen Teil ihrer Bauchdecke, etwas Gesichtshaut und schließlich, sechs Monate bevor wir die Farm verließen, ihre Eierstöcke. Zu dem Zeitpunkt hatte Suej genug gelernt, um zu wissen, was ihr da rausoperiert wurde. David verlor zwei Finger und ein paar andere Kleinigkeiten. Im großen und ganzen kam die Gruppe glimpflich davon.

Und dabei wäre das alles auch anders gegangen. Wenn die Wissenschaftler in der Lage waren, ganze Körper zu klonen, dann hätten sie auch bei Bedarf einzelne Gliedmaßen oder Organe produzieren können. Aber das wäre teurer und mühsamer gewesen, und schließlich sind sie die neuen Götter in diesem wunderbaren Jahrhundert. Wenn die Körperteile auf Bestellung angefertigt worden wären, hätten die echten Menschen länger warten müssen, bis sie wieder problemlos ein Weinglas halten konnten. So gab es eine ständig verfügbare Reserve.

Es dauerte nicht lange, bis ich begriff, in welche Zwickmühle ich mich selbst gebracht hatte. Als der Pfleger Nanune das erste Mal aus dem Tunnel zerrte, wollte ich ihn mit Gewalt daran hindern und schaffte es erst in letzter Sekunde, mich zurückzuhalten und so zu tun, als wolle ich ihm helfen, worauf er jedoch nicht einging. Im Laufe der Jahre wurde es immer schlimmer, denn ich konnte nichts tun. Rein gar nichts. Sobald ich den Leuten von SafetyNet irgendwelche Probleme machte, würde ich an die Luft gesetzt werden. Sie hatten mich gekauft. Sie sorgten für meine Unterkunft, mein Essen, meine Bezahlung. Sogar meine ID-Karte gehörte ihnen. Wenn ich den Job verlor, würde ich in Schwierigkeiten stecken, aber das war meine geringste Sorge.

Wenn ich nicht mehr Verwalter auf der Roanoke Farm wäre, würde jemand anders den Posten übernehmen. Jemand, der die Reserven nicht unterstützen, der sie wieder in die Tunnel sperren und dadurch meine Entscheidung, ihnen ein bißchen Freiheit zu gewähren, zum schlimmsten Fehler meines Lebens machen würde. Ein Mann, der die Tunnel abschließen und sie nur manchmal nachmittags öffnen würde, um Jenny oder Suej oder eine der vielen anderen nach draußen zu schleifen, sie zu vergewaltigen und anschließend wieder zu den anderen zu werfen. Bei verkommenen, abgestumpften Männern, die auf sich allein gestellt sind, weiß man nie, wozu sie fähig sind. Anständigkeit braucht Kontrolle; wenn man allein ist, bröckelt sie und verschwindet manchmal ganz. Ratchet wußte von einem Verwalter zu berichten, der schließlich in einer langen, kalten Nacht in einen der Tunnel schlich und mit den Reserven russisches Roulette spielte. Er drückte für beide Spieler auf den Abzug, und wie der Zufall es so wollte, zielte er, als der Hahn das erste Mal auf eine geladene Kammer traf, gerade auf seinen eigenen Kopf. Es heißt, die Kugel stecke immer noch in der Tunnelmauer, und als die Leiche entdeckt wurde, habe eine der Reserven gerade die Reste des Gehirns aus dem Schädel geleckt.

Es gab angeblich auch Beschwerden, weil Hände von Reserven keine Fingernägel mehr hatten, sondern nur noch rissige blutende Kuppen, weil innere Organe so beschädigt waren, daß man sie kaum noch verwenden konnte, oder weil die Haut von Reserven Narben von Schnitten und Verbrennungen aufwies, die sich nicht durch offizielle Eingriffe erklären ließen.

Wahrscheinlich gingen die Kunden von SafetyNet davon aus, daß man für die Beaufsichtigung der Reserven Teams aus Fachleuten engagiert hatte. Aber das war nicht der Fall, denn es hätte den Profit geschmälert. Die Leute scheinen zu glauben, rein finanzielle Überlegungen führten zu unabhängigen, weisen Entscheidungen. Das tun sie natürlich nicht. Sie öffnen vielmehr einem schweißtreibenden, rasenden Grauen Tür und Tor, das von purer Boshaftigkeit kaum noch zu unterscheiden ist.

Ich wäre vielleicht klargekommen, wenn ich einfach die Aufgabe erledigt hätte, für die ich angeheuert worden war, nämlich herumzusitzen und es den Droiden zu überlassen, sich um das lebende Inventar zu kümmern. Aber das tat ich nicht, und nachdem ich die Sache in Gang gebracht hatte, gab es keine Möglichkeit mehr, mich einfach aus dem Staub zu machen. Ich habe mich in meinem Leben vor vielen, allzu vielen Problemen gedrückt. Jedesmal wenn man das tut, wird ein Stück der eigenen Seele abgetrennt. Dieser Teil bewacht ewig die Vergangenheit, hält sie mit bösen Blicken unter Kontrolle, und sein Fehlen erkennt man nur daran, daß die Gegenwart ausbleicht und verschwimmt. Ein Geruch breitet sich um einen aus, ein schwacher säuerlicher Geruch, den man, weil er ständig vorhanden ist, nicht wahrnimmt. Aber andere Leute riechen ihn vielleicht, und er hindert einen daran, die Gegenwart jemals wieder zu verstehen.

Als David seine Finger verloren hatte, setzte ich mich mit ihm zusammen und erklärte ihm, warum die Männer ihm das angetan hatten. Während ich, im vollen Bewußtsein, daß mein Atem nach Jack Daniels roch, auf ihn einredete, schaute ich ihm in die Augen und sah mein durch Tränen verzerrtes Spiegelbild. Zum ersten Mal seit sechs Monaten spürte ich das Verlangen nach Rapt, nach etwas, das die Erkenntnis, die der Schmerz in seinen Augen bei mir auslöste, verdrängen konnte. Ich war der einzige, von dem er je so etwas wie elterliche Zuneigung erfahren würde, und jetzt erklärte ich ihm, warum gewisse Leute ab und zu vorbeikommen und Teile seines Körpers abschneiden durften. Ich war ehrlich zu ihm, blieb ruhig und versuchte, ihm klarzumachen, daß ich auf seiner Seite stand, aber je länger ich redete, desto mehr hörte ich mich wie mein eigener Vater an.

Während der folgenden drei Jahre rieben sich in mir zwei Gefühle aneinander, so wie schläfrige Katzen, die versuchen, es sich in einem engen Korb bequem zu machen. Das eine entsprang dem beklemmenden Bewußtsein, eine Situation herbeigeführt zu haben, mit der ich nun, sowohl um der Reserven als auch um meiner selbst willen, fertig werden mußte.

Das andere war Haß, Haß auf die Farmen, auf deren Inhaber, wer immer sie waren, auf das, was sie repräsentierten. Mir war klar, daß ich etwas unternehmen mußte, aber weder Ratchet noch ich hatten eine Idee, was das sein könnte.

Schließlich wurde uns die Entscheidung abgenommen.

Am 10. Dezember des fünften Jahres meiner Arbeit auf der Farm saß ich den Vormittag über im Hauptraum. Mehrere Reserven waren bei mir, unterhielten sich oder sahen fern, und einige versuchten sogar zu lesen. Viele andere, die sich in ganz unterschiedlichem körperlichem Zustand befanden, waren über die Anlage verstreut, liefen herum oder waren einfach dort geblieben, wohin sie durch ihr Robben oder Krabbeln gekommen waren. Gegen Mittag machte ich einen Spaziergang um das Gelände der Farm herum. Mein Atem gefror, denn der Winter hatte sich auf dem Hügel breitgemacht wie die Kälte, die einem in die Knochen kriecht, und die kahlen Bäume zeichneten sich vor dem Himmel ab wie Kohlestifte auf einer Aluminiumfläche. Es war gut, ab und zu nach draußen zu gehen, um mich daran zu erinnern, daß es noch eine Außenwelt gab. Außerdem wollte ich nach dem Wetter schauen, denn ich hoffte auf Nebel oder Schnee. Ich hatte schon ein paarmal einige von den Reserven hinaus auf das Grundstück gelassen, wenn ich sicher war, daß man sie von der Straße aus nicht sehen konnte.

Der Nachmittag verstrich behaglich im geheizten Farmgebäude. Ich half Suej beim Lesen und zeigte David ein paar zusätzliche Übungen, um seine Armmuskeln zu stärken. Außerdem absolvierte ich mein tägliches Pensum an Liegestützen und Sit-ups, denn ich wollte einigermaßen in Form bleiben.

Kein Tag verging ohne das Verlangen nach Rapt, aber ich hatte mir seit einem Jahr keinen Schuß mehr gesetzt. Durch die Übungen und die gemeinsame Arbeit mit Ratchet hatte ich es geschafft, clean zu bleiben. Ich duschte, schenkte mir in der Küche aus einer der stets gefüllten Kannen einen Kaffee ein und setzte mich mit einem Buch in den Hauptraum.

Ein ganz normaler Winterabend auf der Farm. Ich war entspannt und beinahe zufrieden mit mir.

Um neun Uhr ertönte der Alarm, und mein Herz zog sich eisig zusammen. Warum heute, dachte ich wütend – als ob der Tag eine Rolle spielte –, warum können sie uns nicht einfach in Ruhe lassen?

Die Haupt-Reserven halfen sofort, die anderen in die Tunnel zu scheuchen, und als alle Türen verriegelt waren, schaltete ich den Alarm aus und wartete im Hauptraum auf die Ankunft der Ärzte.

Laß sie wegen einer der anderen kommen, flehte ich innerlich, obwohl ich genau wußte, wie ungerecht das war und wie sehr es dem Denken ähnelte, das die Farmen überhaupt erst hatte entstehen lassen. Schütze diejenigen, die mir nahestehen. Laß die anderen verrecken.

Die Ärzte trafen ein. Sie wollten Jenny.

Hektisch schluckend führte ich den Pfleger in den zweiten Tunnel. Ich wußte, daß Jenny nicht dort war, aber ich täuschte so lange wie möglich vor, daß ich sie suchte. Nachdem ich dem Pfleger fünf Minuten lang etwas vorgespielt hatte, drückte er mich gegen die Wand und stieß mir die Mündung seines Gewehrs in den Bauch.

«Finde sie», sagte er. Einerseits war er bloß ein Arschloch in der altehrwürdigen Manier der Frontschweine, aber hinter der ungezügelten Wut steckte noch etwas anderes, und ich ahnte, daß Jennys Zwilling jemand ziemlich Wichtiges sein mußte.

Wir gingen in Tunnel 1. Ich machte einen Bogen um David

und Suej, die ein paar Meter voneinander entfernt mit dem Gesicht zur Wand standen. Der Pfleger trat Suej mit voller Wucht in den Oberschenkel und beugte sich dann vor, um ihre Brüste zu begrapschen. Einen Augenblick sah ich seinen Nacken direkt vor mir, in der perfekten Position für einen Schlag, der ihn sofort getötet hätte. Aber ich nutzte die Gelegenheit nicht. In dem Moment konnte ich es noch nicht, obwohl ich mir inzwischen wünsche, daß ich es getan hätte. Suej glotzte apathisch, rollte herum, verdrehte den Kopf in seine Richtung und schaute ihn mit einem derart leeren Blick an, daß er angewidert zurückwich. Beinahe hätte ich gelächelt: Suej wußte, wie man sich benimmt. Besser als David, der ein bißchen verlegen wirkte und die Vorderseite seines Körpers stets zur Wand drehte. Ich hatte den Haupt-Reserven ein paar meiner Kleidungsstücke gegeben, und sie hatten sich daran gewöhnt, die Sachen zu tragen. Bekleidet zu sein ist zwar kein natürlicher Zustand, aber für sie war es ein Symbol der Zugehörigkeit zu einer Welt außerhalb der blauen Dämmerung.

Am Ende blieb mir keine Wahl. Ich deutete auf Jenny, und der Pfleger musterte sie eingehend, ehe er sie aus dem Tunnel zerrte. Wegen der Art und Weise, wie er sie dabei betatschte, war ich froh, daß die Ärzte in noch größerer Eile als üblich waren.

Einem von ihnen begegneten wir, als wir in den Flur einbogen, der zum OP führte, und er trieb uns ungeduldig vorwärts. Ich versuchte, Jenny wortlos eine Botschaft zu übermitteln, als sich die Tür zwischen uns schloß, und dann marschierte ich, die Hände zu Fäusten geballt, zurück durch den Flur.

Ich kam an Ratchet vorbei. Der Droide wartete im allgemeinen außerhalb des OPs – für den Fall, daß nach der Operation irgendwelche besonderen Anweisungen erfolgten. Normalerweise hätten wir dann ein paar Worte gewechselt, um unsere Ohnmacht zum Ausdruck zu bringen. Nicht so an diesem Tag. Keiner von uns schien dazu in der Stimmung zu sein.

Im Hauptraum schenkte ich mir einen Whiskey ein und wartete auf Neuigkeiten, die nur unerfreulich sein konnten. In jenen letzten Minuten auf der Farm gingen mir die verschiedenen Möglichkeiten durch den Kopf. Ich dachte an Teile, die entfernt werden könnten, ohne Jenny allzusehr zu entstellen. Vielleicht ein Fingergelenk. Eine unwichtige Sehne.

Aber nicht ihre Augen, dachte ich – die sind viel zu schön. Bitte, nehmt ihr nicht die Augen.

Dann hörte ich Rufe und einen Aufprall. Sekunden später kam der Medi-Droide in den Hauptraum gestürmt und flitzte, ohne mich eines Blickes zu würdigen, durch die Eingangstür nach draußen. Ich schaute ihm verblüfft hinterher und rannte dann instinktiv in Richtung OP. Als ich um die Ecke bog, sah ich, wie Ratchet über den Flur auf mich zueilte und die fassungslose, entsetzte Jenny hinter sich her zerrte. Die Tür zum Operationssaal war verschlossen, und ich hörte die Ärzte von innen mit den Fäusten dagegenhämmern. Jenny stolperte, fiel mir entgegen, und ich fing sie auf.

«Was zum Teufel ist los?» fragte ich.

«Sie hat gesprochen», sagte Ratchet.

Jenny wich ängstlich vor mir zurück. Ich versuchte, beruhigend zu lächeln. Das Resultat war wohl nicht besonders überzeugend.

«Es war nicht ihre Schuld», fügte Ratchet rasch hinzu. Jennys Zwilling war Opfer eines Feuers geworden, hatte innere Verletzungen und auf fünfundachtzig Prozent ihrer Hautfläche Verbrennungen dritten Grades. Jenny hätte die Operation nicht überlebt. Die Ärzte wollten sie auf einmal aufbrauchen, wollten sie, kurz gesagt, häuten und ausweiden. Die Chirurgen hatten sich hastig über technische Details verständigt, während Jenny festgeschnallt vor ihnen auf dem OP-Tisch lag, und ihnen war natürlich nicht bewußt gewesen, daß sie zwar nicht jedes Detail, aber mit Sicherheit die Bedeutung ihrer Worte verstand.

Die Operationen an den Reserven wurden nie unter Narkose vorgenommen, und als der Chefchirurg sich über Jenny beugte, um das Muskelrelaxans zu injizieren, hatte sie zugelassen, daß zwei Worte aus ihrem Mund drangen.

«Bitte», sagte sie. «Nicht.»

Nur ganz kurze Worte – aber sie hätte überhaupt nicht in der Lage sein dürfen zu sprechen. Ratchet, der draußen gelauscht hatte, war sofort durch die Tür gestürmt, hatte die Chirurgen zur Seite gestoßen, Jenny gepackt und war losgerannt.

Er wußte genausogut wie ich, daß nun alles herauskommen würde.

«Jack», warnte der Droide plötzlich. Ich drehte mich um und sah, wie der Pfleger, ein Pump-action-Gewehr schußbereit in Händen, auf uns zusprintete. Ich zog Jenny und Ratchet in den anderen Flur. «Was machen wir jetzt?» fragte der Droide.

«Das hier», sagte ich, wartete eine Sekunde ab und stellte mich dem Pfleger in den Weg. Während er das Gewehr auf mich richtete, stieß ich meine geöffnete Hand von unten gegen sein Kinn, und sein Kopf schleuderte nach hinten. Ich boxte ihm in den Hals, packte ihn an den Schultern, riß mein Knie hoch und zog gleichzeitig seinen Oberkörper ruckartig nach unten. Er grunzte, als seine Nase platt gedrückt wurde, und taumelte dann, bereits bewußtlos, vorwärts. Ehe er auf den Boden aufschlug, traf ich seinen Hinterkopf mit einem schwungvollen Tritt, der ihm das Genick brach.

Ich drehte ihn herum und riß ihm das Gewehr aus den zukkenden Händen. Dann holte ich seinen Revolver aus dem Halfter und schob ihn in meinen Gürtel.

«Laß sie da nicht raus», befahl ich Ratchet und wies mit einem Finger in Richtung OP. Sowohl der Droide als auch die Reserve starrten mich an. Ich wich ihren Blicken aus und griff nach Jennys Hand. Der liebe Onkel Jack offenbart seine wahren Talente, dachte ich mit einem flauen Gefühl im Magen.

Sie widersetzte sich kurz, gab dann jedoch nach, und ich rannte mit ihr zu den Tunneln, zerrte David und Suej hoch und scheuchte sie in den Kontrollraum. Danach ging ich in mein Schlafzimmer, griff mir eine Ladung Kleidungsstücke, warf sie den Reserven zu und rief, sie sollten sich anziehen. Während sie meine verschlissenen, abgelegten Kleidungsstücke überzogen, hörte ich die ersten Schüsse aus dem OP. Mindestens einer der Chirurgen mußte eine Waffe haben, und er versuchte bestimmt, die Tür aufzuschießen. SafetyNet-Ärzte sind keine typischen freundlichen Weißkittel. Sie haben eine undurchsichtige Vergangenheit, und manche von ihnen sind ehemalige Bright Eyes. Die Reserven, deren Gesichter leichenblaß waren und in deren weit aufgerissenen Augen sich völliges Unverständnis spiegelte, drehten wegen der lauten Geräusche den Kopf hin und her, und ich machte ihnen ein Zeichen, damit sie sich beeilten.

Ich riß meine Reisetasche aus dem Schrank, in dem sie seit über fünf Jahren unbenutzt gestanden hatte, und warf als erstes meine dicksten Pullover hinein. Ich war ja an dem Tag schon draußen gewesen und wußte, es würde kalt werden. Zusätzlich stopfte ich noch ein paar leichte Faltmäntel in die Tasche, lehnte das Gewehr kurz gegen die Wand, während ich eine Jacke überstreifte, und ging dann in den Kontrollraum. Der Medi-Droide kam gerade durch die Eingangstür zurückgesaust, verharrte einen Augenblick und verschwand im Flur. Ich wollte ihm folgen, aber da tauchte Ratchet in der Tür auf.

«Gleich sind sie durch, und ich kann sie nicht umbringen», stellte er lakonisch fest. Ich wußte, daß der Medi-Droide es ebenfalls nicht konnte. In dieser Hinsicht waren sie immer noch Firmenangehörige. «Ihr müßt verschwinden.»

«Ratchet», begann ich unsicher. Ich wußte, daß er nicht mit uns kommen konnte, daß er in unserer Gruppe wie ein helles Leuchtfeuer wirken würde, weil er über Radar jederzeit aufzuspüren war. Vielleicht wollte ich ihn um Rat fragen oder mich bei ihm bedanken. Ich kam zu nichts von beidem.

«Einer von ihnen hat ein Handy», sagte Ratchet unvermittelt. «Geht. Geht. Geht.» Während er dieses eine Wort mit beinahe unheimlichem Gleichklang wiederholte, als wäre seine Stimme eine Art Sirene, hörte ich aus dem Flur ein Krachen. Ich lief zu den Reserven und trieb sie auf den Hof, während sich auf dem OP-Flur Schritte näherten. Die Schritte verstummten für einen Moment, vermutlich dort, wo die Leiche des Pflegers lag, und stürmten dann in unsere Richtung: ein wütendes, entschlossenes Klatschen von Ledersohlen auf trockene Fliesen.

«Rein in den Krankenwagen mit euch», rief ich David zu, der mich aber bloß anstarrte. Er wußte, was ein Auto war, denn er hatte alle möglichen Fahrzeuge im Fernsehen beobachten können. Aber wie man in sie hineinkommt, das ist eine andere Sache, und in Filmen macht man sich kaum die Mühe, so etwas zu erklären. Es wird als allgemein bekannt vorausgesetzt. Er schlug mit den Fäusten, die Handflächen nach unten, gegen eine der Türen, und sein Frust verwandelte sich schnell in unbändigen Zorn.

Suej blickte mich an, und sie war eindeutig zu allem bereit, wenn ich ihr nur sagen würde, was sie tun sollte. Jenny stand mit gesenktem Kopf neben ihr, klammerte sich an ihre Hand und heulte leise vor sich hin. Ein Schwall giftigen Selbsthasses stieg in mir hoch, weil ich ihr das Gefühl gegeben hatte, für all das, was über uns hereinbrach, verantwortlich zu sein. Dann flogen plötzlich direkt vor meiner Nase hundert Kubikzentimeter Holz aus dem Türrahmen.

Ich glaube, daß manche Augenblicke des Lebens in sich zusammenfallen, daß manche Ereignisse nicht in der Wirklichkeit, sondern nur in der körnigen Zeitlupenaufnahme der Erinnerung stattfinden. Vielleicht werden solche Augenblicke, solche Funken, die kurz aufblitzen und dann aus dem Leben fallen, irgendwo gebündelt und bilden ein eigenes Ganzes außerhalb von einem selbst. Vielleicht sind sie Teil eines anderen Lebens. Das Töten des Pflegers war ein simpler, primitiver Akt gewesen. Bei dem Chirurgen war es anders – wie ein Blick auf jene abgetrennte Sphäre, die manchmal aus der Dunkelheit auftauchte.

Ich drehte mich schweigend um und sah, wie der Chirurg auf mich zustürzte. Sein kantiges Gesicht war wie versteinert, die Haut straff vor Anspannung, und seine Augen funkelten eisig. Seine Pistole hielt er schußbereit in der Hand. Er öffnete den Mund und schrie mir etwas zu, aber ich hörte nicht mehr, was er sagte. Ich lud das Gewehr durch, feuerte aus der Hüfte und betrachtete die Wirkung, als wären meine Augen Filmkameras und als säße ich in irgendeinem weit entfernten Zimmer. Die Salve traf ihn direkt in den Bauch, und es sah so aus, als blieben seine Lungen und seine Eingeweide, wo sie waren, während der Rest seines Körpers einen Satz nach vorn machte.

Dann holte mich die Realität mit der Wucht eines Vorschlaghammers ein, und ich stolperte rückwärts in den Hof, während Ratchet wieder und wieder seinen Alarm von sich gab. Er klang irgendwie hohl und beschädigt, und ich fragte mich, ob er vielleicht getroffen worden war.

In allen Ecken des Hofs standen Bogenlampen, deren helles Licht sich deutlich vor der Dunkelheit abzeichnete. Im Bruchteil einer Sekunde begriff ich, wieso der Medi-Droide das Gebäude verlassen hatte: um die Reifen des Krankenwagens zu zerstechen. Er konnte natürlich nicht damit rechnen, daß wir als erste zum Wagen gelangen würden, und weil er die Angestellten von SafetyNet nicht angreifen konnte, hatte er sein möglichstes getan, um zumindest ihr Fahrzeug unbrauchbar zu machen. Eine gutgemeinte Idee von ihm – oder vermutlich eher von Ratchet –, aber leider kommt es meistens anders, als man denkt. Während ich noch grimmig den Wagen anstarrte, hörte ich hinter mir ein aufgeregtes Kreischen, und als ich mich umdrehte, sah ich Ragald zitternd in der Tür stehen. Nanune versteckte sich hinter ihm und bestaunte das Chaos im Kontrollraum. Beide waren splitternackt.

Ich war kurz davor, ihnen zuzurufen, daß sie wieder reingehen sollten, erblickte jedoch Ratchet und hielt den Mund. Während David weiterhin auf den Krankenwagen einschlug, warf ich Suej meine Reisetasche zu und forderte sie auf, die beiden anzuziehen. Dann zerrte ich David am Kragen seiner Jacke von der Autotür weg, die inzwischen von seinen Fausthieben eingedellt war, und rannte zum Tor. Ich vertraute darauf, daß Ratchet mir den anderen Arzt zumindest für ein paar Minuten vom Hals halten würde.

Dann feuerte ich eine Salve auf den Schließmechanismus des Tores und zwei weitere auf die Scharniere ab. Das Eisen verbog sich und brach – nicht vollständig, aber es würde reichen. Als David und ich das lädierte Tor mit Füßen und Schultern bearbeiteten, hörten wir plötzlich ein Brüllen hinter uns. Ich wirbelte mit dem Gewehr in den Händen herum, bleckte dabei unbewußt die Zähne und hätte um ein Haar Mr. Two abgeknallt. Als ich bemerkte, daß er einen halben Körper mit nach draußen gebracht hatte, schloß ich die Augen und hätte beinahe trotzdem auf den Abzug gedrückt.

Suej streckte die Hände nach oben, holte einen Mantel und einen Overall für den letzten Neuzugang unseres munteren Häufchens hervor und brachte die halbe Reserve in der Tasche unter, die inzwischen keine Kleidung mehr enthielt. Von den Sachen, die ausgereicht hätten, um vier Personen warm zu halten, wurden jetzt sechseinhalb notdürftig bedeckt.

Als das Tor, nicht zuletzt dank einer weiteren Salve aus dem kurzläufigen Gewehr, endlich aufging, rief ich die Reserven zu mir, und sie trotteten nervtötend langsam über den Hof. Am Tor blieben alle gleichzeitig stehen und spähten neugierig in die Dunkelheit wie junge Kätzchen, die zum ersten Mal vor einem offenen Fenster sitzen und keine Ahnung haben, was sie draußen erwartet.

Eine Stunde später befanden wir uns in einem CybTrak-Zug, der an den Außenbezirken von Roanoke vorbei in Richtung der Berge rumpelte. Normalerweise wäre CybTrak als Transportmittel nicht meine erste Wahl gewesen, wahrscheinlich nicht mal meine zweite oder dritte. Wie die meisten Menschen habe ich das Bedürfnis, mich so schnell wie möglich zu verdrücken, wenn jemand hinter mir her ist. Mit CybTrak zu fliehen ist etwa so, als würde man auf einem Springstab an einem Autorennen teilnehmen. Die Züge dienen nur dazu, nichtverderbliche Waren durch die Provinz zu befördern. Ich hätte zu Fuß schneller vorankommen können. Aber bereits wenige Minuten nach dem Verlassen der Anlage erkannte ich, daß Geschwindigkeit nicht das wichtigste war: hauptsächlich kam es darauf an, die Reserven an einen Ort zu schaffen, wo ich sie unter Kontrolle hatte und sie nicht den Blicken anderer ausgesetzt waren.

Sie taten ihr Bestes, insbesondere David und Suej. Alle waren oft nachts aufgeblieben und hatten sich ausgemalt, wie es wohl wäre, auf der anderen Seite des Zauns zu sein. Manchmal, wenn ich mit einem Buch auf dem Schoß in einer anderen Ecke des Kontrollraums vor mich hindöste, hatte ich Fetzen dieser Unterhaltungen mitangehört. Ich ließ sie reden, obwohl ich wußte – oder zu wissen glaubte –, daß es dazu niemals kommen würde. Der Traum von einem schöneren Ort, um die Qual zu lindern. Jeder Mensch brauchte eine Religion, ein unbekanntes Glück, nach dem er sich sehnen kann.

In dem Moment, in dem ich sie tatsächlich nach draußen brachte, erstarrten sie. Es war zuviel für sie. Entschieden zuviel. Die meisten von ihnen blieben wie angewurzelt stehen und versuchten, jeden der neuen Eindrücke einzuordnen. Und weil der erste neue Eindruck von dem schwarzen Straßenbelag unter ihren Füßen stammte und weil, wohin sie auch blickten, ständig weitere Eindrücke hinzukamen, ahnte ich, daß es ziemlich lange dauern würde. Ragald verfiel ins andere Extrem, er blendete alles aus und zuckte vor kindlicher nervöser Begeisterung, die jede seiner Gliedmaßen in eine andere Richtung zog und ihn zu zerreißen drohte. Mr. Two betrachtete gedankenversunken den Hügel, lief in einem engen Kreis herum und stieß in regelmäßigen Abständen das Wort «Spatel» aus. Jenny stand ein wenig abseits und versuchte, sich möglichst unsichtbar zu machen.

Irgendwann brachte ich sie dazu, sich in Bewegung zu setzen, aber es war so, als wolle man eine Horde Kinder, die auf LSD sind, schnell durch eine Spielzeugfabrik treiben. Bei jedem Schritt gab es neue mysteriöse Dinge zu bestaunen, an denen sie auf keinen Fall vorbeigehen konnten.

Dreißig Meter den Berg hoch befand sich eine T-Kreuzung. Ich erinnerte mich nicht, wohin die Straße führte, und schaute nach rechts und links. Links verschwand die Straße hinter einem Hügel, und vermutlich ging es in dieser Richtung in die Stadt. Rechts schien man auf den südlichen Teil des Blue Ridge Parkway zu stoßen. Wir wollten nicht nach Roanoke – wer zum Teufel will da schon hin? –, deshalb bog ich mit ihnen nach rechts ab.

Es war eine Katastrophe. Ich brüllte sie an und erreichte dadurch, daß David und Suej sich konzentrierten, aber das war auch alles. Mr. Two lief nicht geradeaus, sondern machte große Schlenker wie eine Katze. Nanune versuchte immer noch, sich hinter Ragald zu verstecken, und jedesmal wenn die männliche Reserve sich umdrehte, um etwas anzustarren, blieb sie hinter seinem Rücken, bis die beiden plötzlich in eine völlig andere Richtung liefen. Ich wäre schneller vorangekommen, wenn ich rückwärts auf Händen gegangen wäre. Es war stockfinster, und die Temperatur fiel wie ein Stein. Ich schwankte zwischen aufsteigender Panik und wahnsinniger Ruhe. Die beiden Gefühle schürten und vermischten sich gegenseitig, bis sie in eine hektische und funkelnde Furcht übergingen.

Dann tauchten vor uns zwei gelbe Augen auf, und ich scheuchte die Reserven rasch von der Straße. Als das Auto vorbeigefahren war, hatte ich begriffen, daß wir unmöglich weiter zu Fuß gehen konnten.

Ich schaffte es, mit ihnen einen Kilometer auf dem Parkway zurückzulegen, bis zu einer Stelle, an der sich die Bäume am Straßenrand zu einem Wald verdichteten. Dann rief ich sie zusammen, führte sie in den Wald und schärfte ihnen ein, den Mund zu halten.

Genau wie im Tunnel, wenn das Operationsteam komme, sagte ich – nur, daß es jetzt noch wichtiger sei.

Ich entfernte mich, drehte mich aber noch einmal um, weil ich sichergehen wollte, daß sie gut versteckt waren, und sah Ragald, der mir blind folgte. Ich brachte ihn zu den anderen zurück, bat Suej, auf ihn aufzupassen, und brach wieder auf. Aus zwanzig Meter Entfernung waren sie bereits unsichtbar. Sie würden eine Zeitlang in Sicherheit sein – zumindest so lange, bis die SafetyNet-Leute mit Spürhunden kamen. Das Gewehr, in dem, wie ich genau wußte, nur noch wenige Patronen steckten, schußbereit vor der Brust, rannte ich los, um irgendein Fahrzeug aufzutreiben.

Ich war in diesem Moment zu angespannt, um das zu spüren, was mich am nächsten Morgen auf dem CybTrak-Rangierbahnhof plötzlich überkam: die euphorische Freude, wieder draußen in der Welt zu sein. Statt dessen konzentrierte ich mich darauf, nicht gesehen zu werden und mir einen Plan auszudenken, wie wir aus der Gegend verschwinden konnten. Die Tatsache, daß es auf der Straße nicht bereits von SafetyNet-Sicherheitsleuten oder Roanoker Polizisten wimmelte, war mir beinahe unheimlich. Wir durften keine Zeit verlieren.

Nach etwa zehn Minuten entdeckte ich die CybTrak-Schienen und rannte zurück, um die Reserven zu holen. Sie waren inzwischen total verängstigt und so durchgefroren, daß sie kaum noch gehen konnten, aber es gelang mir, sie zu den Gleisen zu schaffen. Wir warteten dort, und es dauerte nicht lange, bis ein Zug angeschlichen kam. Ich lief neben dem Zug her und hob die Reserven eine nach der anderen in einen Waggon voll mit Computerteilen.

Dann sprang ich selber hinein, schob die Tür zu, und wir ließen die Farm endgültig hinter uns.

Howie saß da und betrachtete seine Hände, wie er es während des zweiten Teils fast die ganze Zeit getan hatte. Ich hatte nur selten seinen Blick aufgefangen und die Worte einfach aus meinem Mund strömen lassen. Zum ersten Mal seit fünf Jahren redete ich mit jemandem, der weder ein Droide noch eine Reserve war. Das hatte mir gutgetan, obwohl ich ein Katastrophengebiet beschrieben hatte. Nun allerdings, da ich mit der Geschichte fertig war, wurde mir wieder bewußt, daß all das wirklich passiert war und daß es Leute gab, die mich bestrafen wollten.

Ich erzählte Howie den Rest: wie wir am Morgen auf einem CybTrak-Rangierbahnhof in der Provinz gelandet waren und wie Ragald von zwei Sicherheits-Droiden, die sich als abgestellter, schneebedeckter Waggon getarnt hatten, in Stücke gerissen worden war. Dann stand ich mit knackenden Knochen auf und holte mir ein weiteres Bier aus dem Kühlschrank.

Als ich mich wieder hinsetzte, hob Howie die Augen und schaute mir ins Gesicht. Dann schüttelte er langsam den Kopf.

Fünf

Am nächsten Morgen erwachte ich aus einem wirren, quälenden Traum. Als ich die Augen aufschlug und feststellte, daß ich mit steifen Gliedern, einen zusammengerollten Mantel unter dem Kopf, auf dem Fußboden lag, geriet ich in Panik.

Dann wurde mir klar, wo ich mich befand, nämlich auf dem Fußboden von Howies Lagerraum, und Traumfetzen begannen vor meinen Augen zu tanzen. In Flammen stehende Bäume, versengte, hin und her wehende Blätter mit Bildern nichtexistierender Gesichter darauf. Dann echte, angstverzerrte Gesichter, in denen die Augen vor Grauen milchig-trüb geworden waren. Ein Geruch wie im schlimmsten Tunnel, aber dem Geruch des Todes ähnlicher – ein Gestank, der keine Heilung, sondern nur endgültigen Zerfall verhieß. Und ein Schwarm wahnsinniger, glücklicher orangefarbener Vögel, die hinter einer Hütte verschwanden.

Ich kniff die Augen zusammen, drückte die Fäuste dagegen, und die Flammen verwandelten sich in hüpfende, wirbelnde geometrische Muster. Dann nahm ich die Hände weg, und die Muster verschwanden. Ich setzte mich auf, steckte mir eine Zigarette an und schaute mich um.

Suej schlief noch. Nach meinem Gespräch mit Howie hatte ich sie rübergetragen und auf die Säcke gelegt, die am bequemsten aussahen. Sie erwachte, und wir redeten ein bißchen, hauptsächlich über David und darüber, wo er sein könnte. Das Zusammensein mit ihr hatte jetzt eine andere Qualität. Sie erschien mir nur noch wie eine Person unter vielen. Nachdem ich jahrelang ausschließlich für sie und die Reserven dagewesen war, begann ich nun, mich von ihnen zu entfernen. Vielleicht war es gar nicht meine Schuld. Vielleicht war es eine zwangsläufige Folge meiner Rückkehr in diese Stadt, ähnlich wie mein wachsendes Verlangen nach Rapt. Ratchet hat mir einmal gesagt, man würde sich am besten an etwas erinnern, wenn man sich wieder in die gleiche Situation begibt, in der man es ursprünglich erlebt hat. In New Richmond zu sein und mir ins Gedächtnis zu rufen, wie man sich in nüchternem Zustand benimmt, war ungefähr so schwierig, wie völlig zugedröhnt eine Kettensäge auf dem Kinn zu balancieren.

Letzte Nacht auf dem Fußboden hatte ich stundenlang über Rapt nachgedacht – darüber, daß die schlimmsten Drogen am leichtesten zu beschaffen sind. Alkohol zum Beispiel. Der Schnaps steht in Läden, in Bars und in Privatwohnungen einfach so herum. Vor aller Augen. Man kann sich bedienen und sich nach Herzenslust damit zuschütten. Die Leute haben zwar kein Rapt in ihren Hausbars, aber wenn man weiß, wo man hingehen muß – und das wußte ich –, dann ist es nicht schwer zu bekommen.

Den Geräuschen nach zu urteilen, herrschte Trubel in der Kneipe, und ich schaute auf meine Armbanduhr. Sieben Uhr morgens. Die erste Schicht hatte begonnen. Ich sah zu, wie sich der Qualm meiner Zigarette in der Luft kringelte, und überlegte, was ich tun konnte. Jede einzelne Zelle meines Gehirns wußte, daß ich nicht hier sein durfte, daß ich Howies Rat befolgen und schleunigst abhauen sollte. Ich hatte kein Recht gehabt, die Reserven hierherzubringen, in eine Stadt, die sie nicht kannten, und sie mit neuen Problemen zu konfrontieren. Jetzt waren sie verschleppt worden, und bis heute morgen um drei hatte ich noch nichts über ihren Verbleib gehört.

Ich glaubte immer weniger, daß SafetyNet dahintersteckte.

Ehe wir eingeschlafen waren, hatte ich Suej noch ausgiebig über das befragt, was geschehen war, als die Männer in Mals Wohnung eindrangen. Nach ihrer Schilderung kam es mir zweifelhaft vor, daß sie überhaupt erwartet hatten, die Reserven dort vorzufinden. Außerdem begriff ich nicht, warum sie die ganze Wohnung auf den Kopf gestellt hatten, ehe sie gingen. Ich bin nicht gerade klein – sie hätten mich nicht lange zu suchen brauchen, wenn ich dagewesen wäre, schon allein deshalb, weil ich mit Sicherheit meine Pistole benutzt hätte. Außerdem hatten sie nur einen Mann dagelassen, um mich zu erledigen. Warum nicht zwei oder drei?

Vielleicht war es eine Bande gewesen, die sich das Kopfgeld verdienen wollte und die Reserven nur als Beute mitgenommen hatte. Jede von ihnen, außer vielleicht der halben, konnte problemlos verkauft werden. Jenny allein würde eine Menge Geld einbringen.

Ich mußte herausfinden, was Sache war. Wenn SafetyNet sie geschickt hatte, dann standen die Chancen schlecht. Wenn nicht, dann blieb mir vielleicht noch Zeit, die Reserven wiederzufinden, ehe ihnen etwas zustieß.

Aber zuerst mußte Mal beerdigt werden. Ich konnte ihn auf keinen Fall in seiner Wohnung verfaulen lassen.

Rasch stand ich auf, rasierte mich auf der Herrentoilette und setzte mich dann mit einem Milchkaffee vom Imbiß an der Ecke auf eine Bank draußen vor der Kneipe. Es gab nur zwei entscheidende Fragen – wer die Killer waren und wohin sie sich abgesetzt hatten –, aber ich tappte im dunkeln. Als würde ich zwar die Regeln noch kennen, aber nicht mehr das Spiel – oder umgekehrt.

Die Nachrichtenwand an der Ecke lenkte mich mit ihrem wiederholten Herunterrasseln der aktuellen Faktoiden ab. Eine weitere Frauenleiche war gefunden worden, diesmal auf der 104. Der heutige Bericht war etwas ausführlicher als der vom

Vortag, denn das Opfer hatte auf der richtigen Seite einer gewissen horizontalen Trennlinie gewohnt. Auch ihrem Gesicht war eine «unspezifizierte Verstümmelung» zugefügt worden.

Ich runzelte die Stirn – zwei Morde mit den gleichen Tatmerkmalen, auf verschiedenen Etagen und an aufeinanderfolgenden Tagen. «Unspezifizierte Verstümmelung» klang, als hielten die Cops nähere Informationen zurück, um falsche Geständnisse aussieben zu können. Für einen Moment verfiel mein Gehirn in altbekannte Denkstrukturen, und ein vages Interesse regte sich in mir.

Dann rief ich mich zur Ordnung und sagte mir, daß mich das alles nichts mehr anging.

Die übrigen Meldungen waren Füllstoff. Neue Entwicklungen auf diesem oder jenem technischen Sektor, Statistiken über dies und das. Ein mutmaßliches Mafia-Mitglied war tot aufgefunden worden, und jemand hatte entdeckt, daß der Mount Everest doch nicht der höchste Berg der Welt war.

«Donut gefällig?»

«Nein», sagte ich. Ich frühstücke nie. Howie stand neben mir und mampfte genüßlich vor sich hin.

«Du solltest etwas essen. Damit du für den Tag gerüstet bist.»

«Das Zeug verursacht Hirntumore», erwiderte ich. «Hab ich irgendwo gelesen.»

Howie setzte sich zu mir auf die Bank und nahm einen Schluck von meinem Kaffee. Er kaute eine Weile schweigend und tat so, als sehe er sich die Nachrichten an. Dann wandte er mir sein rundes Gesicht zu.

«Ich weiß, ich wiederhole mich», sagte er. «Aber was du vorhast, ist keine besonders gute Idee.»

«Was habe ich denn vor?»

Howie zeigte mit einem Donut auf mich. «Geh und beerdige Mal, wenn es unbedingt sein muß. Dann kauf dir einen fahrbaren Untersatz, und ich sorge dafür, daß Paulie Suej zu dir bringt. Zur Mittagszeit kannst du schon in den Bergen und morgen über tausend Kilometer weit weg sein. Das wäre das vernünftigste. Ganz ehrlich, Jack, du bist nicht mehr der alte – und das ist als Kompliment gemeint. Ich denke nicht mehr automatisch: ‹Mein Gott, ein Fall für die Klapsmühle›, wenn ich dich sehe. Du hast es dir schon mit den Typen verscherzt, denen die Farm gehört. Noch eins draufzusetzen, indem du einem gewissen Spaghettifresser einen Besuch abstattest, wäre wirklich kein guter Einfall.»

«Wie kommst du darauf, daß ich das vorhabe?»

«Dein Kopf verrät dich. Er fängt an zu glühen, wenn du im Begriff bist, eine Dummheit zu begehen. Und das wäre eine *Riesen*dummheit.»

«Ja», sagte ich. «Stimmt.»

Vor Mals Wohnungstür blieb ich zögernd stehen. Ich hatte schon oft mit angesehen, wie Freunden von mir etwas Schreckliches zugestoßen war, wenn auch zugegebenermaßen meistens auf Rapt, aber keiner von ihnen hatte mich je ganz verlassen. Manchmal spürte ich ihre Anwesenheit, so als wären sie nur knapp außer Sichtweite, als bräuchte ich nur schnell genug den Kopf zu wenden, um sie für eine Sekunde sehen zu können, im Gegenlicht, hell und unsterblich.

Andererseits, wenn ich das hier nicht erledigte, würde niemand es tun. Ich schloß die Tür auf. In der Wohnung war es kalt, und der Mord lag noch nicht lange zurück. Ich erwartete nicht, daß der Geruch besonders schlimm sein würde, aber angenehm würde er auch nicht gerade sein.

Überrascht stellte ich fest, daß es überhaupt nicht stank. Ein bißchen erleichtert schloß ich die Tür hinter mir und ging ins Zimmer. Dann blieb ich abrupt stehen.

Mals Leiche war weg.

Ich stand verdutzt da, drehte den Kopf hin und her und versuchte, die Situation aus einem anderen Blickwinkel zu betrachten. Es gelang mir nicht. Die Leiche war schlicht und einfach nicht mehr da. Bei näherem Hinsehen stellte sich heraus, daß der Fußboden sauber war. Keine Spur mehr von dem Blut, den Knochensplittern und der Gehirnmasse, mit denen er am Abend zuvor verschmiert gewesen war.

Ich schaute auf dem Klo nach, in Mals Schlafecke, in den Schränken. Letztere waren mit Mals Lieblings-Junkfood gefüllt. Alles andere war leer.

Mals Leiche war weggeschafft worden, und zwar von jemandem, der die Tür auf- und dann wieder abgeschlossen hatte.

Es konnte nur jemand davon gewußt haben, der mit dem Killer – dessen Leiche übrigens auch nicht mehr unten im Hausflur gelegen hatte, als ich das Gebäude betrat – in Verbindung stand.

Ohne die Wohnungstür abzuschließen, rannte ich ein Stockwerk tiefer und klopfte an die Tür, hinter der ausnahmsweise mal keine Musik zu hören war. Nach einer Weile wurde sie geöffnet. Rattengesicht starrte mich an.

«Was willst du?» Er wirkte höllisch nervös.

«Hast du in den letzten vierundzwanzig Stunden jemanden die Treppe raufgehen sehen?»

«Nein. Ich war zu sehr damit beschäftigt, deine Mutter zu vögeln», sagte er und schlug mir fast die Tür ins Gesicht. Rasch schob ich den Fuß in Den Spalt. Wahrscheinlich tat es weh, aber ich stand zu sehr unter Strom, um es zu merken. Rattengesicht tauchte wieder auf. «Verschwinde lieber, bevor es Ärger gibt», riet er mir mit verkniffener Miene.

«Der Ärger hat schon angefangen», sagte ich und trat so heftig gegen die Tür, daß sie seine Nase traf. Er strauchelte rückwärts in den Flur seiner Wohnung, fiel ungeschickt hin und schlug mit dem Kopf auf. Ich ging ein paar Schritte in die Wohnung, in der es scheußlich stank, und sah mich nach weiteren Möglichkeiten um, mich zu amüsieren. Der Freund des Rattengesichts erschien in einer der Türen, erkannte mich und zog sich eilig wieder zurück. Ich folgte ihm, und plötzlich stand ich in einem Zimmer und blickte in die Mündung einer Pistole.

An einem Tisch in der Ecke saß ein hünenhafter Schwarzer mit rasiertem Kopf. Das Weiße in seinen Augen strahlte förmlich in dem trüben Licht. Längs über seine Kopfhaut war eine Reihe blauer LCDs eintätowiert, die in der Dämmerung matt schimmerten. Er hatte ein grobschlächtiges, brutal wirkendes Gesicht, und seine Haut war fettig. Er musterte mich ungerührt. Vor ihm waren mehrere Sorten Rauschgift in verschieden großen Häufchen ausgebreitet. Ich war in einen Deal reingeplatzt – kein Wunder, daß die Typen ein bißchen gereizt waren. Ich bewegte mich nicht. Das schien mir am ratsamsten zu sein.

Nach einer Weile ließ der Riese die Pistole sinken. Er schaute mich weiterhin an und bewegte dabei leicht den Kopf, als versuche er, mich in einem anderen Licht zu betrachten. Irgend etwas an ihm kam mir komisch vor, aber ich wußte nicht, was.

Rattengesicht tauchte sichtlich mitgenommen aus dem Flur auf und fing an zu schimpfen. Er wollte Blut sehen. «Sag deinem Gehirn adios, du Arsch», fauchte er, und mein Kopf wurde jäh nach vorn geschleudert, als er mir den Lauf seiner Pistole in den Nacken stieß.

«Das ist nicht nötig», sagte der Riese sanft. «Jedenfalls nicht, bis wir erfahren haben, was er will.»

«Ich möchte wissen, ob ihr seit gestern abend jemanden die Treppe habt raufgehen sehen», erklärte ich, während ich mich bemühte, nicht auf den leuchtenden Kopf des Mannes zu schauen. Ich hatte den Eindruck, ich könnte die Lichter an- und ausgehen hören, wie bei einer Auto-Alarmanlage.

«Nun?» sagte der Mann und blickte die beiden anderen mit

hochgezogenen Augenbrauen an. Die Männer bestritten wutschnaubend, aber doch glaubhaft, jemanden gesehen zu haben. Der Riese guckte wieder zu mir rüber. «Hat es etwas mit dem toten Typ unten im Hausflur zu tun?»

«Ja», antwortete ich. «Und wer sind Sie, wenn ich fragen darf?»

«Niemand Bestimmtes. Ich habe nur mal kurz reingeschaut, um ein kleines Geschäft mit meinen beiden neuen Freunden hier zu machen. Auch ich habe niemanden gesehen, und den Knochenhaufen, der da unten lag, den kannte ich nicht. Wenn Sie *den* suchen, finden Sie die Leiche in einer Mülltonne hinter Mandy's Diner draußen am Stadtrand.»

«Haben Sie ihn da hingebracht?»

«Und ob. Leichen im Flur verderben mir die Laune.»

«Verstehe.» Ich wandte mich zum Gehen.

«Aber *jetzt* blase ich ihm die Rübe weg», sagte Rattengesicht und war plötzlich wieder ganz aufgeregt. Der Riese stieß einen mißbilligenden Laut aus.

«Das wirst du *nicht* tun. Geht das nicht in deine Birne, du Armleuchter?»

Rattengesicht stopfte sich die Pistole in den Hosenbund und baute sich vor mir auf. «Na schön, dann werden Marty und ich ihn ordentlich verdreschen, okay?» Er schaute sich nach dem Riesen um und wartete auf dessen Zustimmung, und ich fragte mich, was für Machtverhältnisse hier herrschten.

Marty schien von dem Vorschlag nicht gerade begeistert zu sein und sah erleichtert aus, als der Riese den Kopf schüttelte. «Ihr könnt es gerne versuchen, aber er hat die Bright Eyes, und nach meiner Erfahrung ist mit der Sorte nicht zu spaßen.»

Er zwinkerte mir zu und richtete seine Aufmerksamkeit wieder auf das Rauschgift auf dem Tisch. Die Augen des Rattengesichts funkelten wütend. Marty war bei der Erwähnung der Bright Eyes einen Schritt zurückgewichen, und als ich mich jetzt umdrehte, machte er das gleiche noch mal. Ich ging unbehelligt zwischen den beiden hindurch und verließ die Wohnung.

Oben bei Mal stand ich eine Weile ratlos herum und fragte mich, was ich tun sollte. Dann fiel mir etwas auf, und ich ging langsam zur Wand neben dem Fenster hinüber, wo Mals Ausstellung hing. Als ich das Tuch weggezogen hatte, fand ich meine Vermutung bestätigt.

Die Ausstellung war verschwunden. Das Brett hing noch da, voller winziger Stecknadellöcher, aber alle Fotos und Notizen waren abgenommen worden. Ich ließ das Tuch wieder fallen.

Wer hatte das getan? Mal bestimmt nicht. Er hatte nicht genug Zeit, ehe er umgebracht wurde. Und warum sollte er sie auch abnehmen? Er war Polizist. Die Ausstellung betraf seine Arbeit. Er hatte das Recht, sich an die Wand zu hängen, was immer ihm paßte. Aber wer sonst?

Derselbe, der hier aufgeräumt hatte?

Oder vielleicht ist es schon vorher nicht mehr dagewesen, dachte ich. Als ich Mal bei meiner Rückkehr tot vorgefunden hatte, war es mir keine Sekunde in den Sinn gekommen nachzusehen, ob seine Ausstellung noch hing. Das Geraschel, das Suej gehört hatte, war vielleicht das Abreißen der Bilder und Zettel gewesen.

Wie auch immer, die Sache warf neue Fragen auf: Warum wollte jemand die Spuren von Mals Arbeit verwischen? Und was hatte das mit mir zu tun?

Die Antwort lautete: Nichts.

Also waren die Männer womöglich gar nicht hinter mir her gewesen. Vielleicht hatten sie es von Anfang an auf Mal abgesehen.

Ich steckte mir eine Zigarette an und starrte aus dem Fenster, bis ich sie aufgeraucht hatte. Vermutlich dachte ich nach, aber das war so vergeblich wie der Versuch, Fliegen von einem Stück

Fleisch zu verjagen. Dann schloß ich die Tür ab, um nicht gestört zu werden, und durchsuchte Mals Wohnung. Nicht jeden Winkel natürlich; allein für die Schränke hätte ich Monate gebraucht. Nur die Stellen, an denen ein Cop etwas verstecken würde.

Nicht mal einen Computer fand ich, obwohl ich wußte, daß Mal einen besaß. Mein Blick wanderte nach oben und fiel auf die Luke in der Decke, die vermutlich den Zugang zu dem Zwischenboden verbarg, wo sich die Reserven verstecken sollten, ehe Mal seinem Mörder die Tür aufmachte. Das Versteck, das den Typen, die ihn erledigt hatten, entgangen war.

Ich griff mir einen Stuhl und schob, unsicher auf der Lehne balancierend, die Luke zur Seite. Dann schwang ich mich hinauf ins Dunkel und blieb einen Augenblick mit baumelnden Beinen auf dem Rand der Öffnung sitzen. Zwar konnte ich nichts erkennen, aber ich hatte das Gefühl, auf der richtigen Spur zu sein. Mal war ein Geheimniskrämer – beim Pokerspielen drückte er die Karten *in* seine Brust. Ich ging wie ein Zombie mit ausgestreckten Armen vorwärts und tastete nach einem Lichtschalter. Schließlich fand ich eine Schnur, zog daran, und eine von der Decke hängende Glühbirne glühte auf und tauchte alles in grelles Licht und harte Schatten.

Der Zwischenboden war erstaunlich aufgeräumt – ganz untypisch für Mal. An einer Wand war eine Batterie Kisten aufgereiht: Autopsie-Berichte und andere Dokumente aus den Computerakten der Polizei, die er ausgedruckt hatte. Das war illegal – aber Mal hatte bei seinen Untersuchungen noch nie ein Risiko gescheut. Am anderen Ende stand ein Schreibtisch und darauf ein Computer. Die Schubladen waren leer. Fast alles wirkte sauber und neu, als wäre dieses Versteck erst vor kurzem eingerichtet worden. Doch der Computer war noch sein alter, in den er auf der Rückseite ein Matrix-Funkmodem gesteckt hatte. Daneben lag eine DigiCam.

An der Wand über dem Schreibtisch hingen Fotos. Drei tote Frauen. Die Nahaufnahmen zeigten, daß ihre Augen fehlten.

Unspezifizierte Gesichtsverstümmelung.

Ich ließ mich auf seinen Stuhl fallen und mußte unwillkürlich schlucken. Ich zwang mich, nur diese Bilder zu sehen, nur diese drei Frauen und keine anderen.

Drei Morde und ein weiterer heute in den frühen Morgenstunden, von dem Mal nicht mehr erfahren hatte, weil er selber schon tot war. Und vielleicht … Ich studierte die Kurzberichte über die Morde, die unter den Fotos hingen. Der von gestern war auch noch nicht dabei – Mal war wegen der Reserven und mir nicht dazu gekommen. Fünf Morde in zehn Tagen, alle mit denselben Tatmerkmalen.

Er hatte gesagt, er wolle mir später etwas erzählen.

Ich zog die Festplatte aus dem Computer und steckte, einer spontanen Eingebung folgend, auch Mals DigiCam in die Tasche. Dann kletterte ich wieder hinunter in die Wohnung, schob die Deckenluke zurück an ihren Platz und machte mich auf den Weg zu Mandy's Diner.

Howies Kneipe war fast leer.

Ich habe anscheinend ein besonderes Talent dafür, zwischen den Schichten einzutreffen, Lücken und Spalten zu finden und hineinzuspazieren. Als ich durch die Hintertür eintrat, fragte eine Stimme aus Howies Büro: «Ist er gut?»

«Ist wer gut?» sagte ich und schaute durch die offene Tür ins Zimmer. Howie stand an seinem Schreibtisch und hielt einen Stapel Rechnungen in der Hand.

«Der Wagen, den du gekauft hast. Der Wagen, den du *kaufen gehen wolltest*. Hat er eine hübsche Farbe? Sind die Sitze bequem? Hast du auch auf Roststellen und Klopfgeräusche geachtet?»

«Ich habe noch keinen gekauft.»

Howie seufzte. «Das war mir klar, Jack.»

Ich ging ins Büro und stellte mich vor ihn hin. «Warst du heute bei Mal?»

«Natürlich nicht. Ich finde das Portal zum Kotzen. Dahin gehe ich höchstens, um Geld von widerspenstigen Subunternehmern einzutreiben.»

«Mals Leiche ist verschwunden.»

Schweigen. «Wie bitte?»

«Der Boden ist gesäubert worden. Es sieht aus, als wäre nichts passiert.» Mals Ausstellung erwähnte ich nicht.

Howie zuckte die Achseln. «Wahrscheinlich hat ihn jemand aus reiner Nächstenliebe beerdigt und als Zugabe noch ein bißchen saubergemacht.»

«Als wir gestern gingen, habe ich die Tür abgeschlossen. Das war sie heute immer noch.»

Howie betrachtete die Papiere in seiner Hand. «Was willst du damit sagen?»

«Ich möchte wissen, ob wir noch eine Nacht hierbleiben können.»

«Habe ich richtig gehört, Jack? Jemand, der nicht nur bestens organisiert ist, sondern auch noch sorgfältig aufräumt, versucht, dich umzubringen, und du willst noch länger hier rumhängen?»

«Außerdem mußt du mir deinen Computer leihen.»

«Damit du ausrechnen kannst, wieviel Benzin du brauchst, um weit genug von hier wegzukommen?»

«Schalt auf Spracherkennung um, Howie. Du weißt, daß ich bleiben werde.»

Howie seufzte und wies mit dem Daumen auf seinen Rechner. «Bedien dich. Und wenn du fertig bist, komm in die Bar und trink ein Bier mit mir. Du siehst aus, als könntest du's gebrauchen.»

Als er weg war, nahm ich die Platte aus seinem Gerät und

steckte Mals rein. Dann schob ich die DigiCam in die serielle Schnittstelle und schaltete alles ein.

«Das Kennwort», forderte der Computer barsch.

«Wie bitte?» fragte ich. Ich wußte genau, was er meinte, doch ich war überrascht, meine eigene Stimme aus dem Lautsprecher zu hören.

«Das Kennwort, du Wichser.»

«Weiß ich nicht», sagte ich.

«Dann rate. Ich habe jede Menge Zeit.»

«Samoy», bot ich nicht ohne Ironie und aufs Geratewohl an.

«Korrekt», erwiderte die Maschine und startete das Set-up-Programm.

Ich schüttelte den Kopf. «Oh, Mal.» Absicherung war noch nie seine Stärke gewesen.

«Du brauchst dir nicht zu gratulieren, Klugscheißer», sagte die Maschine schnippisch. «Samoy ist nicht das eigentliche Kennwort. Das besteht aus einer dreißigstelligen Nummern- und Buchstabenkombination, die sich kaum aussprechen läßt.»

«Wieso läßt du mich dann rein? Und wieso bist du so stinkig?»

«Mal hat ein Hintertürchen offengelassen. Er dachte sich, der einzige, der auf den Namen der *zweit*besten Marke japanischer Pickles kommen würde, wärst du. Ich hatte deine Stimm-Merkmale bereits mit meinen verglichen, ehe du überhaupt soweit warst. Aber ich wollte dich ein bißchen ärgern. Und du bist derjenige, der hier stinkig ist, du Pisser.»

«Hör mal», knurrte ich, «wenn du Streit suchst, kannst du ihn haben.»

«O Gott, da krieg ich ja vor Angst ’nen Kurzschluß.»

«Gibt es verfügbare Varidentitäten auf Mals Platte?»

«Schon möglich.»

«Ja oder nein?»

«Wieso? Magst du deine eigene Stimme nicht?»

«Die Stimme ist nicht das Problem.»

«Mal hat sich diese Varidentität extra runtergeladen. Er hatte noch nie etwas gehört, das so sehr wie du klang.»

«Ich muß die ganze Zeit damit leben. Gib mir etwas anderes.»

«Und wenn nicht?»

«Dann boote ich von einem anderen Laufwerk aus und lösche dich mit einem Lötkolben.»

«Hartgesotten, wie? Es gibt zwei. Trottel oder Blondine.»

«Den Trottel», sagte ich.

«Geht nicht. Mal hat seine Stimme gelöscht, um für deine Platz zu machen.»

«Die Blondine bitte.»

«Du wirst es bereuen», erwiderte die Maschine.

«Du hast dich wohl in letzter Zeit zuviel mit Kühltruhen unterhalten», sagte ich. Der Cursor veränderte seine Form, um anzuzeigen, daß eine längere Prozedur ablief – vermutlich stellte er eine Frau dar, die sich zum Ausgehen fertig macht, aber er war zu klein, um das Bild genau erkennen zu lassen. Dann erschien die neue Benutzeroberfläche – ein karger Raum mit Agenten in Form von Trickfiguren, die am Bildschirmrand warteten. An der Rückwand befanden sich vier Türen, die die Eingänge zu den Matrixkanälen des Rechners symbolisierten. Eine davon war fest dem Subnetz der Polizei zugeordnet. Die anderen waren wählbar. Ich war froh, als ich feststellte, daß Mal eine altmodische 2D-Oberfläche beibehalten hatte. Wenn ich mit Datenhandschuhen rumfummeln muß, komme ich mir immer völlig bescheuert vor.

«Oh, hallo», sagte eine lustlose Frauenstimme. «Du bist es.»

«Hi», sagte ich leicht verblüfft. Die Blondinen-Varidentität klingt normalerweise ziemlich aufgekratzt. «Zunächst möchte ich ausprobieren, ob ich ins Subnetz reinkomme.»

«Na schön. Wenn du unbedingt willst, machen wir es.»

«Ist alles in Ordnung?»

Die Maschine lachte verbittert. «O ja, Jack. Alles ist wunderbar. Wieso auch nicht? Komm schon, laß uns die Sache so schnell wie möglich hinter uns bringen.»

«Stimmt etwas nicht?» fragte ich und überlegte, ob ich nicht lieber Howies Laufwerk benutzen sollte oder gleich einen beschissenen Rechenschieber.

«Ob was nicht stimmt?» zischte die Stimme. «Warum sollte etwas nicht stimmen? Du läßt mich einfach sitzen, als wäre ich irgendeine Schlampe, die du aufgelesen hast und wegwerfen kannst – und da fragst du noch, ob etwas nicht *stimmt.*»

«Moment mal», sagte ich, «das ist doch nicht die Blondine.»

«Nein», sagte sie weinerlich. «Das ist das Problem, nicht wahr? Du wolltest eine Blondine mit großen Titten, die mit dir vögelt, wann immer du willst, und keinen Anspruch auf ein eigenes Leben erhebt. Keine eigenen Vorstellungen hat, keine Träume, keine *Bedürfnisse.*»

«Verdammte Scheiße», brüllte ich.

«Bitte schrei mich nicht an», jammerte die Maschine. «Du weißt, daß mir das Angst einjagt. Ich tue ja, was du verlangst, aber bitte schrei mich nicht an.»

Ich zählte langsam bis fünf. «Könnte ich bitte die andere Varidentität wiederhaben?»

«Verlaß mich nicht. Ich liebe dich immer noch, Jack ... Ich würde dich jederzeit zurücknehmen, das weißt du genau.»

«Stell sofort die Stimme um, okay?»

«Dann ist es aus, einfach so? Willst du das wirklich?»

«Ja, zum Teufel.»

Die Maschine schniefte. «Auf Wiedersehen, Jack. Grüß deine Mutter von mir, ja? Wir haben uns immer so gut verstanden.» Dann wimmerte sie: «Bitte, nimm mich noch einmal in den Arm ...»

Ich griff an die Rückseite des Geräts und startete den Computer neu. Die Stimme brach mit einer Art Schluchzer ab, und ich wartete stinksauer darauf, daß die andere wiederkam.

«Ich hab's dir ja gesagt», erklärte sie selbstgefällig.

«Scheiße, das war doch keine Blondine», sagte ich leicht verstört.

«Nein. Mal hat das Gerät fallen lassen, als er es auf den Dachboden schleppte. Die ‹Blondinen›-Varidentität wurde dabei durch ‹Ex-Freundin› ersetzt. Du hast Glück, daß es nicht ‹Ex-Freund› ist – die Sorte parkt die halbe Nacht vor deinem Haus, klaut deine Post und schlägt dich anschließend zusammen. Bis Mal das Programm repariert hat, mußt du mit mir vorlieb nehmen.»

«Mal ist tot», sagte ich.

Stille trat ein. «Tot?» fragte die Maschine.

«Ja. Jemand hat ihn umgelegt.»

«Warum? Warum sollte jemand so was tun?»

«Das will ich ja herausfinden. Hilfst du mir, oder wollen wir uns weiter Gemeinheiten an den Kopf werfen?»

«Ich helfe dir. Mein Gott. Wie deprimierend.»

«Ja, und ich muß herausfinden, ob die Cops über Mal Bescheid wissen, denn in dem Fall kann ich das Subnetz nicht benutzen.»

«Wieso nicht?»

«Mals Platine zu benutzen hat den Vorteil, daß seine Daten und seine Zugriffsberechtigung darauf fest verdrahtet sind. Aber wenn ich im Subnetz der Cops rumschwirre und mich für Mal ausgebe und sie wissen, daß er tot ist, dann wird es für uns ganz schön ungemütlich werden.» Ich hatte mich noch immer nicht daran gewöhnt, mit einer Maschine zu reden, die genau wie ich klang. Es kam mir so vor, als redete ich mit mir selber, und das hatte die entsprechenden Nebenwirkungen. «Für mich jedenfalls. Du bist natürlich fein raus, da in deinem Computer.»

«Reicht es nicht, die städtische Totenliste zu überprüfen?»

«Nein. Wenn die Cops Mal gefunden haben, wird ihr erster Gedanke gewesen sein, daß er umgelegt wurde, weil er Dreck am Stecken hatte. Also werden sie die Sache vertuschen, um hinter seine schmutzigen Geschäfte zu kommen und sie zu übernehmen.»

«Verstehe. Na schön, wie wär's damit: Ich teile die Login-Anforderung in zehn verschlüsselte Pakete und schicke sie nacheinander über zehn anonyme Routen. Inzwischen jage ich einen anderen Agenten los, der das Subnetz-Gateway überwacht, wenn sie dort ankommen. Beim ersten Anzeichen von Ärger pfeifen wir die übrigen Pakete zurück.»

«Klingt gut.» Ich fragte mich, wovon zum Teufel die Maschine sprach. «Ich wußte gar nicht, daß Mal ein Hacker war.»

«War er nicht. Auch eine Maschine braucht schließlich ein Hobby.»

«Dann los.»

Einer der Agenten spaltete sich in zehn verschieden große Teile und schoß durch etliche Pipelines davon, die am Rand des Bildschirms erschienen waren. Gleichzeitig tauchte eine verkleinerte Darstellung des Matrix-Backbone auf, die sich langsam im Raum drehte. Während die Pakete, repräsentiert durch kleine Punkte, an obskuren, gewundenen Strecken entlang in Richtung Polizeinetz düsten, ging ein weiterer Agent durch eine der vier Türen direkt auf den Login-Server zu, und zwar auf Zehenspitzen, als wolle er keinen Lärm machen. Normalerweise wurde eine solche Anfrage in Nullkommanichts erledigt, doch bei dieser Methode würde es bestimmt mehrere Minuten dauern. Während wir warteten, zwackte der Computer ein bißchen von seiner Hirnkapazität ab, um mit mir zu reden.

«Du hast ihm gefehlt», sagte er und überraschte mich erneut. «Deshalb hat er deine Stimme mit Hilfe der Subnetz-Aufzeichnungen rekonstruiert und diese Varidentität in den

Speicher geladen. Die Arbeit machte ihm keinen Spaß mehr, seit er keinen Partner mehr hatte, mit dem er alles durchkauen konnte.»

«Er hat mir auch gefehlt», sagte ich. Jedenfalls wenn ich an ihn gedacht hatte. Aber während meiner Zeit auf der Farm hatte ich meistens alle Gedanken an die Vergangenheit ausgeblendet. Es ging nicht anders. Ich hätte anrufen sollen, um ihn wissen zu lassen, daß es mir gutging. Mal und ich kannten uns seit einer Ewigkeit; schon lange bevor wir beim NRPD anfingen, schon seit der Zeit als Bright Eyes. Aber ich rief nicht an, so wie ich auch viele andere Dinge unterlassen habe, mit denen ich meinen Mitmenschen das Leben ein bißchen erleichtert hätte. Mir fehlt das Talent für solche Gesten. Hinterher wußte ich immer, was ich hätte tun sollen, aber im entscheidenden Moment war ich zu sehr mit anderen Dingen beschäftigt.

Nach einer längeren Pause fragte die Maschine: «Was wirst du tun, wenn du herausgefunden hast, wer ihn umgelegt hat?»

«Die Mörder töten», sagte ich. Und das würde ich auch, sobald ich erfahren hatte, was mit den Reserven passiert war.

Auf der Matrix fingen zwei kleine Lichter zu blinken an, dann ein drittes. «Der Agent berichtet, daß die ersten drei Pakete ohne Zwischenfälle durchgegangen sind», meldete der Computer. Wir sahen zu, wie ein paar weitere den Server erreichten. «Jetzt sind es sieben. Die entscheidende Sequenz befindet sich im achten. Wenn der Server das Paket wieder ausspuckt, können wir die anderen zurückrufen, und keiner wird je erfahren, woher die Anfrage kam.»

Acht – ich hielt den Atem an.

Neun.

Zehn. «Wir sind drin», sagte der Computer fröhlich. «Entweder wissen sie nicht, daß er tot ist, oder sie sind äußerst unvorsichtig.»

«Die Polizei von New Richmond ist zweifellos verlogen,

korrupt und doppelzüngig», sagte ich mit einem Anflug von Stolz, «aber unvorsichtig ist sie nicht.»

PoliceNet übermittelte einen Gruß an Sergeant Reynolds, und ein Stapel Briefumschlag-Symbole segelte in das Eingangsfach auf der Benutzeroberfläche.

«Willst du dir seine Post ansehen?» fragte der Computer.

«Später. Hol erst mal das Bild aus dem Speicher der DigiCam.» Fast sofort erschien das Foto, das ich von dem Toten in der Mülltonne hinter Mandy's Diner gemacht hatte, in dem kleinen Fenster. «Gut. Frag mal landesweit an, ob der Typ irgendwo bekannt ist – aber möbel das Bild vorher ein bißchen auf, damit er nicht so tot aussieht.» Ich hatte die Leiche nicht nur fotografiert, sondern auch meine Kugeln aus ihr herausgepult, was ungefähr so spaßig gewesen war, wie es sich anhörte – besonders, weil der Mann eine ziemlich glitschige Haut gehabt hatte.

«Die Varidentität vom Hauptrechner versucht durchzukommen», sagte der Computer. «Willst du direkt mit ihr sprechen?»

«Nein. Das ist ein übereifriger Wichser. Wirst du allein mit ihm fertig?»

«Na klar.» Nach einer kurzen Pause fuhr die Maschine fort. «Er beschwert sich bloß, weil du gestern nicht Bericht erstattet hast. Wollte wissen, wo du warst.»

«Was hast du gesagt?»

«Pickles kaufen.»

«Was? Wieso das?»

«Das sagt Mal auch immer. Er hat jetzt die Suche nach dem Typ auf dem Foto gestartet. Und du hast recht. Wirklich ein übereifriger Wichser.»

«Schick inzwischen ein paar Agenten los, um alle verfügbaren Informationen über Morde mit ‹unspezifizierter Gesichtsverstümmelung› im letzten Monat, besonders in den letzten zwei Tagen, einzuholen. Stichwort ‹Augen›, falls du eins brauchst.»

«Wird gemacht.»

«Laß mal sehen, was Mal in seinen Akten im Subnetz gespeichert hat.» Ein Bild mit einer langen Themenliste erschien. Ich runzelte die Stirn. Ein kurzes Überfliegen der Liste ergab, daß es sich ausschließlich um polizeiliche Routineangelegenheiten handelte. Vorladungen, Zeugenaussagen und ähnliches, alle im Zusammenhang mit minderschweren Verbrechen. «Sonst nichts?»

«Nein. Soll ich die Dateien laden?»

«Nein, nicht nötig.» Mals Subnetz-Akten waren offensichtlich bloße Tarnung, und er hatte dort keine wichtigen Daten gespeichert. Die befanden sich vermutlich irgendwo auf seiner Festplatte. Ich wollte gerade den Computer bitten, danach zu suchen, als eine leere Identifikationsmaske auf dem Monitor erschien. Kein Bild, kein Name.

«Der Tote ist nicht registriert», sagte der Computer. «Er ist sauber.»

«Blödsinn», sagte ich. Die Vorstrafenregister von Typen wie dem waren normalerweise kilometerlang. «Was machen die anderen Agenten?»

«Sie ... oh, Moment mal, sie sind wieder da. Das ist ja komisch.» Beide Agenten waren zurückgekommen und hatten eine Reihe von Akten mitgebracht, auf denen die Registriernummern und die Namen der Mordopfer, über die ich Informationen angefordert hatte, geschwärzt waren. Jede Akte trug den Vermerk «Keine Zugangsberechtigung».

«Quatsch», sagte ich. «Mal war schließlich bei der Mordkommission, verdammt noch mal.»

«Du warst Lieutenant», sagte die Maschine. «Versuch's mal mit deiner Kennummer.»

«Geht nicht», sagte ich. Ich hatte ein ungutes Gefühl, das immer stärker wurde. «Mach, daß du da rauskommst. Laß die Suchfunktion nach dem Bild weiterlaufen, aber stell eine Verknüpfung mit Mals Akten her. Programmier die Nachfrage so, daß sie automatisch gelöscht wird, falls sie herausfinden, daß Mal tot ist, ehe die Leiche gemeldet wird.» Während die Maschine das tat und sich aus dem Subnetz entfernte, lehnte ich mich auf dem Stuhl zurück und zündete mir nervös eine Zigarette an.

Als der Computer das Netz verlassen hatte, bat ich ihn, noch etwas zu tun – nämlich herauszufinden, wem SafetyNet gehörte. Antwort: Niemandem. Die Holding-Gesellschaft hatte Hunderte von Teilhabern, und ihre Spur verlor sich im Äther der Finanzwelt wie Wein, den man in ein Gefäß mit Wasser gegossen hat.

Ich hatte kaum Anhaltspunkte, aber mein Gehirn arbeitete auf Hochtouren. Zwei Gedanken beschäftigten mich.

Erstens: Mals Mörder war sauber. So was war nicht nur ungewöhnlich, sondern noch nie dagewesen. Ich hatte mit dem Kerl gesprochen und wußte, daß so einer garantiert keine reine Weste hatte.

Zweitens: Mordakten wurden nicht unter Verschluß gehalten. Man mußte manchmal eine Sicherheitsprüfung über sich ergehen lassen, um sie einsehen zu können, aber sie waren nie absolut unzugänglich. Besonders dann nicht, wenn die Fälle noch ungeklärt waren.

Folgerung: Irgend jemand wollte verhindern, daß die Mordfälle, an denen Mal arbeitete, aufgeklärt wurden. Er war so weit gegangen, ihn wegen seiner Ermittlungen umbringen zu lassen, und zwar von einem Profi-Killer, der wahrscheinlich von außerhalb stammte und dessen Vorstrafenregister als Gegenleistung gelöscht worden war.

Was bedeutete: Das NRPD war in die Sache verwickelt.

Sechs

Ich blieb noch eine Weile in Howies Büro sitzen und ging Mals Privatdateien über die Morde mit den Gesichtsverstümmelungen durch. Ich versuchte, sie in chronologischer Reihenfolge zu lesen, angefangen mit den Tatortberichten, verlor aber bald den Faden. Mal steckte bis über beide Ohren drin, seine Berichte waren wie undurchdringliche Kristalle und bestanden aus einer chaotischen Ansammlung von Details. Schließlich ließ ich mir vom Computer nur die Namen und Adressen der Opfer ausdrucken.

Dann steckte ich Mals Festplatte wieder in die Tasche und ging in den Lagerraum. Suej saß auf dem Fußboden, mit dem Rücken an einen Stapel aus Kisten voller Salsa-Zutaten gelehnt. Sie versuchte, eine Frauenzeitschrift zu lesen.

«Du hast sie nicht gefunden», sagte sie.

«Nein, noch nicht. Ich suche nach ihnen, aber zuerst muß ich herausfinden, wer Mal getötet hat. Vermutlich nicht die Leute, denen die Farm gehört.» Ich schwieg einen Moment. «Und dann muß ich noch ein paar andere Dinge erledigen.»

«Mußt?»

Ich schaute sie an. Für jemanden, der fast sein ganzes Leben in einem Tunnel verbracht hatte, war sie ziemlich helle. Man konnte ihr so leicht nichts vormachen. «Will.»

Sie betrachtete mich eingehend. «Sind wir hier sicher?»

«Mindestens so sicher wie an jedem anderen Ort», sagte ich und ging. Mir war wieder eingefallen, daß schlechtes Benehmen am leichtesten ist, wenn man es schnell hinter sich bringt. Nachdem sich die Tür hinter mir geschlossen hatte, drehte ich mich noch einmal um und starrte darauf. Ich hatte keine Ahnung, was ich mit Suej machen sollte. Überhaupt wußte ich nicht, was ich machen sollte, und daß ich der einzige Mensch war, der Mals Tod aufklären wollte, gefiel mir ganz und gar nicht. Ich fühlte mich wie in einem schlechten Krimi, und das behagte mir kein bißchen, denn da wußte man immer schon vorher, was kam, und es kam immer knüppeldick.

Howie saß an einem Tisch im hinteren Teil der Bar, wie gewöhnlich vor einem Berg von Papieren. Ich nickte ihm zu und hatte dann eine kleine Auseinandersetzung mit dem Bar-Droiden, der darauf bestand, mir meinen angeblichen Lieblingsdrink zu servieren. Bisher hatte ich jedesmal Whiskey getrunken, daher nahm er an, daß ich auch jetzt einen wollte. Dem war aber nicht so. Ich wollte ein Bier und sagte ihm das auch. Der Droide erinnerte mich daran, daß ich seiner Erfahrung nach immer Jack Daniels trank und deshalb wahrscheinlich auch jetzt einen vorziehen würde. Ich bestellte erneut ein Bier. Der Droide vermutete, daß ich mich irrte, und überlegte dann laut, ob beim Speichern meiner Vorlieben ein Fehler passiert sein konnte. Schließlich bedrohte ich ihn mit der Pistole, und er stellte einigermaßen gefaßt ein Bier vor mich hin.

«Ich habe schon daran gedacht, ihn rauszuwerfen», sagte Howie, als ich zu ihm an den Tisch trat. «Was meinst du?»

«Tu das», empfahl ich. Es muß toll gewesen sein früher, als Computer einem nur bei der Arbeit Scherereien machen konnten, indem sie zum Beispiel behaupteten, der Drucker sei nicht angeschlossen. Inzwischen sind sie so intelligent geworden, daß sie einem in jeder Lebenslage Scherereien machen können.

Howie schob ein Nachrichtenblatt vom Mittag zu mir rüber. Ich überflog die zweizeiligen Mitteilungen und erfuhr, daß ein Minimarkt in der Portalsiedlung vor einer Stunde bei einem

Bombenanschlag zerstört worden war. Dann drückte ich auf das Symbol für EINZELHEITEN, und das Blatt wurde kurz weiß, ehe die näheren Informationen darauf erschienen: ein Graustufen-Foto und sechs Zeilen Text. Es handelte sich um den Minimarkt, in dem ich eingekauft hatte. Der Inhaber wurde vermißt, und man nahm an, er sei ums Leben gekommen. Natürlich gab es keine Zeugen. Die Sache stand vermutlich nur deshalb in den Meldungen, weil zufällig ein Granatsplitter durch das Autofenster eines vorbeifahrenden Oberschichtlers geflogen war. Howie wußte, daß mich der Verkäufer am Abend vorher auf dem Rückweg zu Mal erkannt hatte. Er hatte aber nicht gewußt, was die letzte Zeile der Nachricht verriet: Der Inhaber des Ladens hatte früher für Johnny Vinaldi gearbeitet.

«Ich war's nicht», sagte ich.

«Das hatte ich auch nicht angenommen», sagte Howie, obwohl ihm der Gedanke ganz offensichtlich gekommen war. «Das zeigt nur, daß Vinaldis Lage sich nicht gebessert hat», fügte er hinzu und gab sich Mühe, unbeteiligt zu wirken. Ihm war klar, daß ich von seiner entfernten Verbindung zu Vinaldi wußte, es ihm aber anscheinend nicht übelnahm. Andere Leute, besonders solche, die kleine Ladenbesitzer in die Luft jagten, waren vielleicht weniger tolerant.

«Ja, so was Ähnliches hat Mal auch gesagt. Seine Äußerungen waren genauso vage wie deine.» Ich war mir nicht ganz sicher, ob ich versuchte, das Gespräch in Gang zu halten oder es zu beenden. Den Namen aus Mals Mund zu hören war in Ordnung gewesen; aber es war nicht das gleiche, wenn jemand anders ihn aussprach. Es rief in mir eine Mischung aus mühsam antrainierter Gelassenheit und wortlosem Zorn hervor, mit der ich nicht zurechtkam.

Howie schien unbedingt über das Thema reden zu wollen. «In den letzten zwei Wochen sind fünf Leute aus Vinaldis engerem Umfeld erledigt worden. Und nicht nur solche Nullen wie der Typ aus dem Minimarkt, sondern Männer, die in den Dreißigern und Vierzigern das Sagen hatten. Den letzten Zwischenfall gab es vergangene Nacht.» Ich nickte, denn ich erinnerte mich an den Bericht in den Morgennachrichten. «Er heuert natürlich sofort neue Leute an, aber es geht ihm trotzdem auf den Geist. Außerdem müssen die Neuen erst mal die Tricks lernen, und irgend jemand scheint ihm an allen Fronten die Hölle heiß zu machen. Deals platzen, das Rauschgiftdezernat versucht, ihn reinzulegen, und so weiter.»

«Vermutlich versucht irgendein anderer Gangster, ihn aus dem Geschäft zu drängen. Mit so was wird Vinaldi spielend fertig.» Ich wußte aus eigener Erfahrung, wie Vinaldi auf Einmischungen von außen reagierte, und ich wollte nicht darüber diskutieren.

Howie schüttelte den Kopf. «Es sieht nach einem abgekarteten Spiel aus. Letztendlich wird er so lange klarkommen, bis er das Vertrauen seiner Leute verliert. Dann werden die Ratten auf das erstbeste Schiff überwechseln, das vorbeifährt.»

«Wer könnte ihm schon ernsthaft Scherereien machen?» Ich selbst hatte es versucht, mit der angeblichen Macht des NRPD im Rücken, und seitdem war mein Leben nicht mehr so wie vorher.

«Das wüßte ich gerne. Wenn ich aufs Klo gehe, muß ich noch zwanzig Prozent von meiner Scheiße an seine Leute abtreten, deshalb habe ich ein persönliches Interesse an dieser Frage. Wahrscheinlich wüßte er es selber gerne.»

«Da sind wir schon zu dritt», sagte ich. «Dann kann er die Sache wieder auf die bewährte Art aus der Welt schaffen.»

Howie lächelte gequält. «Tut mir leid, Jack.»

«Ich möchte nicht darüber reden.» Ich trank mein Bier in einem Zug aus und verließ die Bar.

Um vier Uhr war ich auf der 54 und pochte ungeduldig an die dritte Tür an diesem Nachmittag. Hinter der schäbigen Wohnungstür wurde gesungen, daher wußte ich, daß jemand zu Hause war. Eine Gruppe von Straßenjungs hatte sich fünfzig Meter entfernt auf dem Korridor versammelt, deshalb wollte ich nicht länger als unbedingt nötig hier draußen rumstehen. Ich war bereits auf der 63 und der 38 gewesen, und beides hatte sich als reine Zeitverschwendung erwiesen. Das untere der beiden Apartments war bereits geplündert worden, und niemand in der Nachbarschaft wollte zugeben, daß er das Opfer gekannt hatte. Auf dem Weg zurück zum Fahrstuhl wurde ich von so vielen Blicken durchbohrt, daß ich mich glücklich schätzte, mit heiler Haut davongekommen zu sein. Auf der 63 hatte ich mit den Eltern des zweiten Opfers gesprochen, die beide noch sichtlich unter Schock standen. Sie wollten nicht mal meine Marke sehen und fragten auch nicht, ob ich glaubte, den Mörder ihrer Tochter fassen zu können. Die beiden wußten weder etwas über die Freunde ihrer Tochter noch über ihre Arbeit oder ihr Privatleben. Sie kam und ging, mal früh, mal spät, bis sie eines Tages gar nicht mehr zurückgekehrt war.

Das war alles, die üblichen Antworten. Von der 54 versprach ich mir auch nicht mehr, aber ich klopfte trotzdem noch einmal an die Tür. Schließlich wurde sie geöffnet, und eine sehnige schwarze Frau Anfang Zwanzig schaute mich blinzelnd an.

«Wer sind Sie?» fragte ich.

Ihr Blick war starr, und in ihrer Wange zuckte ein Muskel. Sie hörte langsam auf zu singen und ließ meine Frage auf sich einwirken.

«Was soll der Scheiß?» entgegnete sie. «Ich wohne hier. Und wer zum Teufel sind *Sie*?»

Meine eigentliche Frage war beantwortet: Sie war stoned, aber nicht so sehr, daß es sich nicht lohnen würde, ein bißchen mit ihr zu plaudern. Sofern ich sie zum Reden bringen konnte.

Sie machte keinen abgebrühten Eindruck, aber ihr herzförmiges Gesicht wirkte schon leicht ausgezehrt, und Junkies trauen niemandem über den Weg.

«Ich muß mit Ihnen über den Tod von Laverne Latoya sprechen», sagte ich. «Darf ich reinkommen?» Ich schaute aus den Augenwinkeln den Korridor hinunter. Die Jungs lungerten immer noch an der Ecke herum. Sie waren zwar nicht näher gekommen, aber sie beobachteten mich genau. Entweder kannten sie die Frau, mit der ich sprach, oder sie waren aus den 40ern auf einen Tagesausflug hochgefahren und planten, sowohl mich als auch die Wohnung der Frau auszurauben. Ein Gefühl sagte mir, daß letzteres zutraf und daß sie nur zögerten, weil sie mich für einen Cop hielten.

Die Frau ließ die Schultern hängen. «Ich habe schon alles über Verne erzählt», sagte sie, aber sie trat einen Schritt zur Seite und ließ mich in den Flur. «Ich heiße Shelley», fügte sie unsicher hinzu. «Verne war meine Schwester.»

Das Wohnzimmer sah furchtbar aus. Die hintere Hälfte des Raums war mit allem möglichen Zeug vollgestellt und mit drekkigen Tüchern abgedeckt. Ich wußte, warum: Vor sechs Tagen hatte Laverne dort tot und verstümmelt in einer riesigen Blutlache gelegen. Shelley schien sich im vorderen Teil des Zimmers ein provisorisches Lager eingerichtet zu haben; davon zeugten ein Haufen Kleidungsstücke, eine halb geleerte Flasche billiger Wein und ein paar hastig versteckte Drogenutensilien.

«Haben Sie beide hier gewohnt?»

Shelley schüttelte den Kopf. «Ich bin erst seit zwei Tagen hier. Ich habe sie gefunden, als ich vorbeischaute, um mir etwas Geld zu leihen, aber ich wohne nicht hier. Bin nur hergekommen, weil sie mich aus meiner Wohnung rausgeschmissen haben und ich zur Zeit arbeitslos bin. Ich bin Tänzerin», erklärte sie bereitwillig, ehe sie mit trauriger Stimme hinzufügte: «Genau wie Verne.»

Ich blickte sie an. Auch jetzt tanzte sie mit kleinen, unbeholfenen Bewegungen. Sie versuchte, sich aufrecht zu halten, aber ihre Beine wollten nicht mitspielen. Immer wenn eines wegknickte, verlagerte sie ihr Gewicht auf das andere, indem sie schwankend einen kleinen Schritt zur Seite machte. Vielleicht war sie mal Tänzerin gewesen, vielleicht sogar eine gute, denn *ich* hätte in ihrem Zustand vermutlich nicht mal mehr stehen können. Ich erwog kurz, sie zu filzen und ihr ihren Stoff abzunehmen, aber sie war nicht der Typ, der auf Vorrat einkaufte. Statt dessen bot ich ihr eine Zigarette an.

Die einfachste Frage zuerst: «Mit wem haben Sie gesprochen?»

«Zuerst mit zwei Kerlen. Dann mit einem allein.»

«Der letzte, war der anders als die beiden ersten?»

Shelley nickte und stieß ein paar Rauchkringel aus. «Ja. Der war in Ordnung. Er schien ...» Sie hielt einen Moment inne, als wolle sie etwas sagen, das sie selber kaum glaubte. «Er schien wirklich rausfinden zu wollen, wer es getan hat.»

«Das wollte er auch», bestätigte ich. «Er war ein Freund von mir. Was ist mit den anderen beiden?»

«Typische Polizisten.» Sie zuckte die Achseln. Ich wußte, was sie meinte. Die beiden waren gekommen, weil sie kommen mußten, und hatten ein paar Leute gerufen, um die Leiche wegräumen zu lassen. Dann waren sie wieder gegangen, ohne auch nur so zu tun, als würden sie etwas unternehmen, bloß weil jemand Shelleys Schwester zerstückelt hatte.

«Hatten Sie ein enges Verhältnis zu Laverne?» fragte ich. Eine gezielte Frage. Nach den Besuchen auf den beiden anderen Etagen fiel mir langsam wieder ein, wie man so was macht.

Shelley sah aus, als würde sie jeden Augenblick zusammenklappen. Sie versuchte nicht mehr, aufrecht zu stehen, und schwankte hinüber zu dem einzigen Stuhl, der nicht mit Krempel übersät war. Der Ärmel ihrer Bluse rutschte hoch, als sie sich hinsetzte, und entblößte eine Reihe von blau unterlaufenen Einstichstellen. Vermutlich war sie deshalb gefeuert worden – wenn das der Grund gewesen war, mußte sie allerdings in einer halbwegs respektablen Bar gearbeitet haben. In den meisten interessierte so etwas keinen Menschen, solange sich die Mädchen ganz auszogen und alles, was sie hatten, ordentlich schüttelten.

«Ja», sagte sie schließlich mit gesenktem Kopf.

Es folgte eine Geschichte, die ich mir vermutlich selber hätte zusammenreimen können. Zwei Mädchen, die in den 40ern aufwuchsen. Nur eine von beiden wurde sexuell mißbraucht, aber die andere wurde regelmäßig grün und blau geschlagen. Laverne war die erstere – und sie opferte sich manchmal, um Shelley Prügel zu ersparen. Die Mutter war den 40ern durch den Tod entflohen, und ihre Töchter machten sich ebenfalls so schnell wie möglich aus dem Staub, indem sie sich als Stripperinnen ein paar Etagen hocharbeiteten. Laverne war die bessere Tänzerin und die bessere Nutte: Shelley schwamm in ihrem kurzen, schmutzigen Kielwasser hinterher.

Dann, vor etwa einem Monat, hatte Laverne jemanden kennengelernt. Shelley kannte seinen Namen nicht, sie wußte nur, daß er Geld hatte und daß ihre Schwester ihm begegnet war, als sie auf einer der 130er tanzte. Von da an sah sie Laverne nicht mehr sehr oft und wurde Opfer der schlechten Angewohnheiten, vor denen ihre Schwester sie früher irgendwie bewahrt hatte: sie nahm mehr und mehr Drogen und tat alles Erdenkliche, um sich das Geld dafür zu beschaffen. Wie mir beim Zuhören klar wurde, hatte Shelley durchaus gewußt, daß es mit ihr steil bergab gehen würde, war dagegen jedoch absolut machtlos gewesen. Eine Woche zuvor hatte sie wegen einer versäumten Schicht ihren Job verloren, und einen Tag später war sie zu Laverne gegangen, um sich von ihr zwanzig Dollar zu leihen. Sie hatte den blutigen Klumpen hinten im Zimmer entdeckt und wäre beinahe gleich wieder rausgerannt.

Schließlich war sie doch geblieben, hin- und hergerissen zwischen Entsetzen und der Erkenntnis, daß sich außer ihr niemand die Mühe machen würde, die Polizei zu holen. Dann war ihr Blick auf Lavernes Handtasche gefallen, die an der Wand lehnte. Darin waren zweihundert Dollar gewesen.

«Das wurde im Tatortbericht nicht erwähnt», sagte ich. Shelley fing an zu weinen, und ich wartete, bis sie mich wieder hören konnte. «Sie hätte gewollt, daß Sie das Geld bekommen», fügte ich sanft hinzu.

Auf Vergebung hoffend, blickte Shelley hoch. Ihre weit geöffneten, klaren braunen Augen wurden mit dem Leben deutlich besser fertig als der Rest von ihr. Ich wünschte für einen Moment, den Vater dieses Mädchens in die Finger zu kriegen, um ihm höchstpersönlich ein bißchen Anstand einzubleuen.

«Glauben Sie wirklich?» fragte sie.

«Sie war schließlich Ihre große Schwester, oder?» Ich beobachtete sie, als sie ruckartig den Blick abwandte, und sah, daß ihre Schuldgefühle mit der Zeit verschwinden würden. Einerseits war ich froh darüber, andererseits versuchte ich ja nur, ihr Vertrauen zu gewinnen – wie immer, wenn ich jemandem Informationen entlocken wollte. Deshalb kam ich mir schäbig vor. Das war schon früher so gewesen, aber es gehörte einfach zur Arbeit.

Die Informationen, die sie mir geben konnte, waren dürftig. Sie hatte die Polizei gerufen, die Cops waren gekommen, hatten ein paar oberflächliche Fragen gestellt und sich seitdem nicht mehr blicken lassen. Gestern war dann Mal aufgetaucht. Er hatte tatsächlich versucht, der Sache auf den Grund zu gehen, und war über Shelleys Antworten enttäuscht gewesen. Das Problem bestand darin, daß Shelley wirklich kaum etwas wußte. Man sah ihr gleich an, daß sie von nichts eine Ahnung hatte. Wie bei mir, wie bei jedem von uns, war der Code für ihr Leben schon zur Hälfte geschrieben gewesen, noch ehe sie alt genug war, zu begreifen, was passierte. Und jetzt blieb ihr nichts anderes übrig, als zuzuschauen, wie das Programm abgespult wurde.

Ich stand auf. Shelley saß immer noch auf der Stuhlkante und starrte ins Leere. Es hatte nicht den Anschein, als werde sie an diesem Nachmittag noch einmal singen.

«Ist von den zweihundert noch etwas übrig?» fragte ich.

Shelley lächelte nur gezwungen und hielt den Blick auf die halbvolle Weinflasche geheftet. Ich zückte meine Brieftasche und nahm einen Hundertdollarschein heraus.

«Geben Sie das Geld so aus, wie Verne es gewollt hätte», sagte ich. Ich legte den Schein auf ein Regal im Flur und verließ die Wohnung.

92 war ebenfalls eine Pleite; die Wohnung war leer, an der Tür hing ein «Zu vermieten»-Schild. Der Nachbar zur Rechten war ein griesgrämiger alter Suffkopf; er erklärte, das Opfer sei eine Angestellte des Teufels gewesen und habe wahrscheinlich die Post Seiner Durchlaucht geöffnet. Andererseits behauptete er aber auch, 180 Jahre alt zu sein. Daher ist nicht auszuschließen, daß er völlig übergeschnappt war. Die zerknitterte Schlagzeile eines alten Nachrichtenblattes war an seine Wohnungstür geheftet. Sie lautete: «Lasset die Kinder zu mir kommen»; mir war nicht ganz klar, was hinter diesem Wunsch steckte. Der Nachbar auf der anderen Seite wollte meinen Ausweis sehen, ehe er irgendwelche Fragen beantwortete; aber ein Blick in seine wäßrigen, ausdruckslosen Augen sagte mir, daß er mir nichts erzählen konnte, was er nicht bereits Mal verraten hatte. Wenn einer eine Marke sehen will, dann bedeutet das meistens, daß er jeder Amtsperson bereitwillig erzählt, was er weiß, und zwar ausführlich und vermutlich mehr als einmal.

Es war schon fast sechs, als ich es schließlich bis auf die 104 geschafft hatte, und langsam wurde ich durstig. Ich nahm mir vor, nach unten zu fahren und etwas zu trinken, sobald ich die letzte Adresse erledigt hatte. Vielleicht bei Howie oder irgendwo anders, wo ich allein war und nachdenken konnte. Ich überquerte die 100er Trennlinie auf einem inoffiziellen Weg, der mich hundert Dollar kostete. Normalerweise muß man einen Passierschein beantragen, und dazu war ich nicht in der Stimmung; nicht zuletzt deshalb, weil ich nicht wollte, daß jemand vom NRPD von meiner Anwesenheit in der Stadt erfuhr.

Ich riß mich zusammen und zwang mich, ruhig zu bleiben, denn wenn es etwas gibt, das Zeugen zu Tode erschreckt, dann ist es der Anblick von jemandem, der aussieht, als könne er jeden Moment zuschlagen. Und wenn sie Angst haben, schweigen oder lügen sie – was mir beides nichts nützen würde. Aber zwischen diesen sachlichen Überlegungen mußte ich immer wieder daran denken, daß Jenny und David und die anderen irgendwo in New Richmond verschollen waren und daß jede Minute sie einem anonymen Grab näher brachte. Als ich von einer Telefonsäule aus Howie anrief, erfuhr ich, was er bereits prophezeit hatte: Keiner seiner Informanten hatte irgendwas gehört. Und Suej wollte wissen, wo ich steckte und wann ich zurückkäme.

Je höher man in New Richmond steigt, desto weniger Menschen wohnen auf einer Etage: Am extremsten ist es über der 200, wo inzwischen nur noch eine einzige Familie lebt. 104 ist die unterste der Park-Etagen, vierzig Prozent der Fläche sind mit ArtGras und Baumskulpturen bedeckt. Man kann keinen Ziegelstein werfen, ohne jemanden zu treffen, der gerade ein Landschaftsaquarell malt. Es macht manchmal Spaß, trotzdem einen Stein zu werfen. Die Etage wird gesäumt von einer Reihe mittelgroßer Bistros und Kleiderläden, die alle das gleiche verkaufen und lachhaft hohe Preise verlangen. Die Gebäude im Zentrum sind voller Baukasten-Apartments für aufstrebende junge Angestellte.

Louella Richardsons Wohnung lag in einem kleinen Häuserblock unweit des xPress-Fahrstuhls. Sie war erst am Morgen gefunden worden, und sie hatte auf der richtigen Seite der Trennlinie gelebt. Daher drückte ich mich zunächst eine Weile draußen herum. Es war möglich, daß noch ein paar Cops in der Nähe waren und Leute befragten, damit es so aussah, als strengten sie sich an. Als ich nach fünfzehn Minuten nichts Auffälliges bemerkt hatte, ging ich hinein und stieg die strahlend weiße Treppe hinauf bis zu ihrer Wohnungstür. Sie war nicht versiegelt, ebensowenig wie die anderen. Nachdem ich geklopft hatte, wartete ich pflichtschuldig ein paar Minuten, aber niemand kam. Einige Meter entfernt war die Tür zur Nachbarwohnung. Das Namensschild unter der Klingel verriet mir, daß dort Nicholas Golson wohnte. Ich drückte lange auf die Klingel und hatte mich gerade zum Gehen gewandt, als die Tür geöffnet wurde.

«Himmel noch mal, falls Sie Tote aufwecken wollen, hier drinnen sind keine.»

Ich drehte mich wieder um und erblickte einen jungen Mann Anfang Zwanzig mit einer affigen braunen Haartolle. Er steckte in sorgfältig zusammengestellten Klamotten, die zweimal teurer wirken sollten, als sie waren. Im Hintergrund stand eine Frau vor dem Schlafzimmerspiegel und zog sich die Lippen nach. Das Bett war offenbar vor kurzem benutzt worden. Der kleine Nicholas schien ein echter Draufgänger zu sein.

«Nicht schlecht», sagte ich, «aber Sie sollten noch ein bißchen üben, damit es nicht so einstudiert klingt.»

Der Junge starrte mich einen Moment an, dann grinste er. Die Frau kam in den Flur, und Golson trat zur Seite, um sie vorbeizulassen. «Dann bis zum nächsten Mal, Jackie», sagte er augenzwinkernd.

Sie rollte die Augen und korrigierte ihn: «Ich heiße *Sandy.*» Wutschäumend stolzierte sie in Richtung Treppe davon.

«Wie auch immer», sagte er mit einer wedelnden Handbewegung, dann wandte er sich mir zu. «Was wollen Sie, Tarzan?»

Golsons Wohnung war ordentlicher, als ich erwartet hatte, wahrscheinlich weil Mutti ihm eine Haushaltshilfe bezahlte. Vielleicht auch, weil jemand, der offensichtlich einen großen Teil seiner Zeit darauf verwendete, Angehörige des anderen Geschlechts dazu zu bringen, daß sie sich auszogen, inzwischen begriffen hatte, daß Frauen Wert darauf legen, ihre Kleider hinterher wiederzufinden. Die Möbel waren weiß, der Teppich rot – das Zimmer sah aus wie das Innere eines Mundes. An drei der Wohnzimmerwände waren Aussichtsbildschirme angebracht, die alle einen Strand zeigten. Das Zimmer war von Brandungsgeräuschen erfüllt, die genau dem Kommen und Gehen der Wellen auf den Fensterbildern entsprachen. Der Strand ähnelte dem, den ich aus meiner Kindheit kannte. Nur daß er idealisiert war, und deshalb völlig nichtssagend.

An der vierten Wand hing eine seltsame Sportausrüstung, die wie eine riesige Wünschelrute aus Fiberglas aussah. Um eine entspannte Atmosphäre zu schaffen, fragte ich Golson, was das sei.

«Fensterspringer-Stab», antwortete er euphorisch. «Hab ich mir gestern gekauft.»

Ich erinnerte mich dunkel an den Bericht an der Nachrichtenwand. «Das ist der letzte Schrei, oder?»

«Ja, das ist diese Woche total in. Man nimmt einfach seinen Stab und springt aus dem Fenster. Freiheit, Mann, verstehen Sie?»

«Nicht ganz. Wie gut kannten Sie Louella?»

Golson trat gegen das Fußende des Bettes und aktivierte den eingebauten Droiden. Dünne Teleskophände tauchten an beiden Seiten des Kopfbretts auf, griffen nach den Laken und fingen an, das Bett zu machen.

Der Mann zwinkerte mir zu. «Man kann nie wissen, was der Abend noch bringen wird.» Ich lächelte höflich, machte aber keinen Hehl daraus, daß ich auf eine Antwort wartete. Er seufzte. «Nicht sehr gut. Na ja, ein bißchen. Wir haben uns ab und zu getroffen. Das habe ich bereits den Polizisten erzählt.»

«Mag sein, aber mir haben Sie es noch nicht erzählt.»

«Louella war eine echt scharfe Braut – also habe ich mich an sie rangeschmissen. Aber bei der war nichts zu machen, wissen Sie – ich habe weiß Gott alles probiert, und normalerweise erreiche ich mein Ziel. Schließlich dachte ich, na schön, dann werde ich sie eben nicht vögeln. Statt dessen sind wir so was wie Freunde geworden.»

«Haben Sie eine Ahnung, wer sie getötet haben könnte?»

«Meine Güte, nein. Wissen Sie denn nicht, wie sie aussah?» Er griff ins Regal, nahm einen Karteikasten heraus, stellte ihn auf den Tisch und blätterte eine Sammlung von etwa hundert Leuchtdioden-Fotos durch. Dann schnaubte er mißbilligend und zog ein Bild der Frau heraus, die eben gegangen war. Er zeigte mir die Rückseite, auf der klar und deutlich «Sandy» stand. «Ich muß mir so was besser merken», sagte er, über seine Nachlässigkeit verärgert.

«Louella», erinnerte ich ihn.

«Ach ja. Hier.» Ich nahm das Foto entgegen. Louella Richardson wirkte darauf reich, schön und intelligent. In ihrer Haltung lag etwas außergewöhnlich Hoheitsvolles, als wären ihre Urahnen nicht auf allen vieren aus den Sümpfen gekrochen, sondern hätten ein Taxi genommen. Golson zuckte die Achseln. «Wer kann so selbstsüchtig sein, der Welt ein solches Schätzchen zu rauben? Ich meine, wenn man selber nicht zum Zuge kommt, sollte man doch wenigstens die Größe haben, das Objekt unbeschädigt zu lassen, damit andere ihr Glück versuchen können – finden Sie nicht auch?»

Während seines letzten Satzes fiel mir ein, daß ich kein Cop mehr war und deshalb nicht verpflichtet, zu allen über der 100er Linie höflich zu sein. Trotzdem lächelte ich nur säuerlich und verzichtete darauf, ihm eine runterzuhauen.

«Also, erzählen Sie mir ein bißchen was», forderte ich ihn auf.

«Und was zum Beispiel?»

«Zum Beispiel, was sie in der letzten Woche gemacht hat und mit wem sie sich getroffen haben könnte.»

«Sie hat sich mit allen getroffen, Mann – Sie wissen doch, wie das ist.»

«Nein, weiß ich nicht», sagte ich nachdrücklich und wünschte, Mal mit seiner übermenschlichen Geduld wäre schon hier gewesen und ich bräuchte nur seinen Bericht zu lesen. «Womit hat sie ihr Geld verdient?»

«Sie war Einkaufsbegründerin», antwortete er, und ich nickte. Reiche Leute hatten manchmal Schwierigkeiten, eine Rechtfertigung zu finden, wenn sie etwas kaufen wollten, und engagierten dann jemanden, der sich einen guten Grund für den Kauf ausdachte. Viele Begründer waren fest beschäftigt und halfen ihren Arbeitgebern bei jeder kleinen Anschaffung; aber manche waren auch freiberuflich tätig und wurden nur bei besonders extravaganten Wünschen zu Rate gezogen. Louella gehörte zu den letzteren und hatte verschiedene Kunden auf den 160ern und höher gehabt. Ja, aus der Sicht eines Hohlkopfes wie Golson traf sie sich tatsächlich mit allen. Mit allen, die zählten.

«Und privat?» fragte ich. «Mit wem ging sie so aus?»

«Mit ihren Freunden natürlich», erwiderte Golson sichtlich verdutzt. Ich überprüfte mein inneres Befragungsgewehr und stellte fest, daß ich höchstens noch zwei Geduldskugeln übrig hatte. Danach war die echte Munition dran.

«Okay. Mit Ihnen also, und mit wem sonst noch?»

«Nun, mit Mandy und Val und Zaz und Ness und Del und Jo und Kate.»

Die letzte Geduldskugel. «Erinnern Sie sich an irgendwelche Namen von Männern?»

«Na ja, nein – ich meine, wen interessiert das schon?» Er schien plötzlich zu merken, daß die Lage kritisch wurde, und entschloß sich, mir doch noch eine brauchbare Information zu liefern. «Also, in den letzten zwei Wochen ging sie immer in so einen neuen Club. Darüber weiß ich nicht viel. Ich war bloß einmal da – der Laden war ziemlich backig.»

Ich beschloß, nicht zu fragen, was «backig» bedeutete. Es war mir egal. «Wie hieß er?»

«Club Bastard, aber die Adresse habe ich vergessen, denn ich war total abgefüllt.»

Golson brachte mich zur Tür und plapperte über die Vorzüge des Fensterspringens. Ich versuchte, es ihm nicht allzu übelzunehmen, daß er eine reine Verschwendung von DNA war, und gab ihm Howies Nummer – falls sich etwas Ungewöhnliches ereignete oder falls, womit natürlich nicht zu rechnen war, ihm doch noch etwas Wichtigeres einfiel als Sandys BH-Größe.

Als er die Tür hinter mir zumachte, bemerkte ich, daß er an jedem Finger seiner linken Hand einen dicken silbernen Ring trug, und fragte mich, wie lange Shelley Latoya wohl von dem Geld leben könnte, das sie gekostet hatten. Dann marschierte ich zum Fahrstuhl und fuhr hinunter in die Welt, in der ich mich auskannte.

Gegen neun Uhr regte sich in den hinteren Windungen meines eingerosteten Gehirns etwas. Zuerst träge und unbestimmt, und ich hielt es nur für ein Indiz, daß ich allmählich betrunken wurde, denn dafür sprachen noch weitere Anzeichen. Aber es war so hartnäckig, daß ich schließlich doch neugierig wurde und, während ich weiterhin Mals Berichte überflog, in Wirklichkeit darauf wartete, daß meine innere Stimme zu sprechen begann. Ich hoffte, sie würde laut genug sein. Immerhin spürte ich, daß es etwas ganz Offensichtliches sein mußte, das mir entgangen war.

Zu diesem Zeitpunkt saß ich bereits seit Stunden im Ideal Mausoleum. Das IM war wie geschaffen für meine Bedürfnisse. Es war ein dunkler Raum, in dem sehr laut Oldies liefen, und im hinteren Teil stand eine Reihe von Matrix-Terminals, die man gegen Gebühr benutzen konnte. Als ich ankam, verlangte ich vom Barkeeper den gesamten Vorrat an Jack Daniels und zog mich mit den Flaschen nach hinten in eine düstere Ecke zurück. Zwei der Terminals waren kaputt, und an dem dritten schaute sich ein Junge in der Newsgroup *alt.seal-culling* um, aber ich überredete ihn, Leine zu ziehen.

Ich schob Mals Festplatte in den Computer. Während sie sich mit dem Gerät bekannt machte, nahm ich einen großen Schluck Jack Daniels und schaute mich im Halbdunkel um. Ich hatte die Kneipe als üble Spelunke in Erinnerung, und das war sie auch. Keinem der Anwesenden traute ich zu, daß er seinen Namen richtig schreiben konnte, und ein Polizist, dem nichts Besseres einfiel, hätte die Hälfte wegen Dealens und die andere Hälfte wegen Drogenbesitzes festnehmen können. Glücklicherweise praktizierte niemand mehr diese Art der Verbrechensbekämpfung, und so war es der ideale Ort, wenn man ungestört sein wollte; die Gäste waren alle viel zu weggetreten, um etwas anzustellen, das unerwünschte Aufmerksamkeit erregen konnte.

«Igitt, ist das hier dreckig.»

«Woher weißt du das?» fragte ich und richtete meine Aufmerksamkeit auf den Bildschirm, der jetzt Mals persönliche Benutzeroberfläche zeigte. Im Ideal Mausoleum ist es so dunkel, daß ich nicht mal erkennen konnte, welche Farbe der Fußboden hatte.

«Hier wimmelt es von Viren», sagte Mals Varidentität. «Da hast du ja ein nettes Plätzchen für mich ausgesucht.»

«Du wirst schon damit fertig. Was gibt's Neues?»

«Der Tote wurde noch nicht identifiziert, sie wissen noch

nichts von Mal, und die Mordakten sind immer noch gesperrt. Ich rate dir, von diesem Terminal aus keine komplizierten Operationen zu unternehmen, denn die Hälfte der Viren gibt wahrscheinlich alle Daten an Hacker weiter. Autsch – na warte.»

Ich schaute zu, wie der Computer einen gierigen kleinen Virus platt machte, der versuchte, sich bis in seinen RAM durchzufressen.

«Ich brauche nur das Zeug von Mals Festplatte», sagte ich, als der Zweikampf vorbei zu sein schien. «Schaffst du es, dir die Hunnenhorden eine Stunde lang vom Leibe zu halten?»

Die Computerstimme verwandelte sich in ein schrilles Trällern. «Du fettes, haariges Arschgesicht», tirilierte sie.

Dann war Mals Varidentität wieder da, und sie klang stinksauer. «Schon wieder so ein verfluchter Virus. Dem hab ich's gegeben, dem kleinen Pisser. Ja, das schaffe ich – aber beeil dich.»

Während der Computer sich daranmachte, die Auswüchse pubertärer Gehirne einen nach dem anderen totzuschlagen, schaute ich mir Mals Dateien auf dem Bildschirm an.

Mals seitenlange, detaillierte Berichte veranschaulichten eine der Grundtatsachen bei der Ermittlung in Mordfällen.

Echte Morde werden nicht aufgeklärt.

Zur Erläuterung: Es gibt zwei Arten von Morden. Die, bei denen der Täter mit der Waffe in der Hand auf frischer Tat ertappt wird und bei denen man eine Videoaufzeichnung und fünfzehn Augenzeugen hat. Diese Fälle werden gelöst.

Sie kommen nicht sehr oft vor.

Dann gibt es die vielen anderen. Von denen nähert sich vielleicht jeder zehnte zufällig seiner Aufklärung, zum Beispiel durch einen unerwartet identifizierten Fingerabdruck, eine DNA-Analyse oder einen in letzter Sekunde auftauchenden Zeugen. Dieser eine Fall von zehn wird dann gelöst. Manchmal jedenfalls.

Die übrigen nicht.

Die Killer kommen ungeschoren davon; ihre Taten sind ein Teil des Lebensmosaiks und nur deshalb verwerflich, weil wir es behaupten. Es heißt immer, das perfekte Verbrechen sei so gut wie unmöglich, aber das ist Blödsinn. Das perfekte Verbrechen – perfekt im Sinne von *unlösbar* – passiert jeden Tag unzählige Male. Mals Dateien waren die Essenz seiner Gedanken; seine Aufzeichnungen spiegelten seine Persönlichkeit wider. Sie waren gründlich und umfassend. Und sie dokumentierten drei dieser perfekten Verbrechen. Keine Zeugen. Keine Fingerabdrücke. Keine Mordwaffe. Kein einziges Beweisstück. Mal hätte bis in alle Ewigkeit an diesen Fällen arbeiten können, trotzdem wäre der Mörder weiterhin frei rumgelaufen und hätte sich ins Fäustchen gelacht. Er wäre immer knapp außer Reichweite geblieben, immer verborgen im schützenden Schatten. Es gab keine konkreten Anhaltspunkte, die eine Verbindung zwischen den drei Morden herstellten, abgesehen von der Art und Weise, in der sie ausgeführt wurden: das brutale Schänden eines Frauenkörpers und das Herausreißen der Augen. Die Sache mit den Augen war vielleicht bedeutsam und engte den Kreis der in Frage kommenden Täter unter Umständen auf ein paar hundert ein. Möglicherweise war der Mörder ein Bright Eye. Mal hatte das offenbar angenommen, und es war vermutlich einer der Gründe dafür, daß er diesen Morden nachgegangen war. Allerdings paßten die eindeutigen Versuche des NRPD, die ohnehin nur oberflächlichen Ermittlungen zu stoppen, nicht zu dieser Theorie. Die Polizei hatte nicht viel übrig für die Bright Eyes und hätte bestimmt keine Anstrengungen unternommen, um einen von ihnen davor zu bewahren, daß er wegen bestialischer Morde gefaßt wurde. Außerdem war Augenschändung ein typisches Verhalten bei der Sorte von Psychosen, die oft jahrelang unerkannt bleiben. Im Grunde genommen konnte es jeder gewesen sein.

Zwei Stunden lang versuchte ich, mit Hilfe von zahlreichen Gläsern Whiskey und abgelenkt durch das laute Fluchen des Computers, der sich gegen ständige Virusattacken zur Wehr setzen mußte, in Mals Berichten irgendeinen versteckten Hinweis zu entdecken. Aber ich fand nichts, woraus sich irgendeine Theorie ableiten ließ, die mich wenigstens auf die Beta-Ebene brachte. Die Frauen schienen absolut nichts gemeinsam zu haben: weder Bekannte noch Exliebhaber, noch Jobs, noch eine Drogensucht, nicht mal das Sternzeichen. Sie lebten auf fünf verschiedenen Etagen zwischen 34 und 104. Die einzig verbleibende Schlußfolgerung war, daß die Opfer gerade wegen des Fehlens jeder Gemeinsamkeit ausgewählt worden waren, und das deutete leider auf einen äußerst planvoll handelnden Mörder hin.

Es war schon fast zehn Uhr, als schließlich zwei Nebensätze in meinem Gehirn aufeinanderprallten – wie Schiffe, die in der Nacht zusammenstoßen. Meine geistigen Fahrrinnen waren mittlerweile schon reichlich vom Alkohol vernebelt, daher ist es erstaunlich, daß die beiden Sätze sich überhaupt trafen.

«He», sagte ich zum Bildschirm. «Hast du mal einen Moment Zeit?»

Die Varidentität vergnügte sich gerade damit, eine illustrierte Dokumentation ihrer Siege gegen die verschiedenen Viren anzufertigen. Das war zwar hübsch gemacht, aber ich fand den Tonfall des Textes doch ein bißchen zu episch. «Ja», sagte sie einfältig. «Was brauchst du?»

«Der Club Bastard. Erzähl mir was über ihn.» Ein Bildschirm-Agent sprang auf, um irgendwelche Daten zu besorgen, und ich genehmigte mir noch ein Gläschen Jack Daniels. Ich wußte plötzlich, daß ich jetzt auf der richtigen Spur war, und griff bereits nach meinen Zigaretten, als die gewünschte Information kam.

Dennoch traf sie mich wie ein Schlag. Ich starrte auf den

Monitor und las den Namen am unteren Rand; dann riß ich die Platte raus und rannte los.

54 war finster und bedrohlich; die meisten der Deckenlampen waren kaputt, und an jeder Ecke stand eine Gruppe Dealer. Ich sprang aus dem Fahrstuhl und rannte den zweiten Korridor hinunter, inständig hoffend, daß Shelley noch zu Hause war. Ich wollte bloß eine Bestätigung. Die Jungs aus den 40ern machten ein bißchen Streß, und ich öffnete kurz meine Jacke, um ihnen zu zeigen, was in meinem Halfter steckte. In dieser Gegend macht so was kaum Eindruck, die meisten von ihnen waren vermutlich schwerer bewaffnet als ich, aber schließlich will niemand sterben, wenn es nicht unbedingt sein muß, nicht mal heutzutage.

Als ich in Shelleys Korridor einbog, wäre ich beinahe gestolpert, weil mir irgendein Tier zwischen die Beine geriet. Ich schaute zurück, um festzustellen, was es war, aber es verschwand schnell um die nächste Ecke. Es sah irgendwie bleich und seltsam aus, aber wahrscheinlich lag das an der trüben Beleuchtung. Sicher nur eine streunende Katze, obwohl es eher zu trippeln als zu rennen schien. Hinter Shelleys Tür war diesmal kein Singen zu hören, und niemand antwortete auf mein Klopfen. Ich rief ihren Namen und legte das Ohr ans Holz, aber ich hörte kein Geräusch. Nach einer Minute zückte ich meine Pistole und trat die Tür ein.

Der Flur lag im Dunkeln, aber im hinteren Zimmer flackerte ein gelbliches Licht. Ich lief hin und stellte fest, daß inmitten der Unordnung eine Kerze brannte und ein schlanker brauner Körper gekrümmt daneben lag. Die Nadel steckte noch in der Oberschenkelarterie, und die Kerze war bis auf drei Zentimeter heruntergebrannt. Als ich Shelley auf den Rücken drehte, sah ich, daß ihre Augäpfel weit unter die Lider gerollt waren. Ein Rinnsal von Erbrochenem rann aus ihrem Mund.

Shelley Latoya war mausetot, überdauert von einer billigen Kerze, deren milchiges Wachs auf den Teppich tropfte. Mit brummendem Schädel und einer Wahrnehmung, die durch zuviel Jack Daniels und das flackernde gelbe Kerzenlicht getrübt war, suchte ich den Boden um sie herum ab, bis ich das Päckchen gefunden hatte. Es war leer, aber ein Geschmackstest ergab, daß meine Vermutung stimmte: Rapt, beinahe unverschnitten. Ein dunkler Funken brannte kurz auf meiner Zunge, verlosch dann wieder und ließ mich mit einer langsam starr werdenden Leiche und ohne die Bestätigung zurück, die ich brauchte.

Ich hielt die Folie gegen das Kerzenlicht und sah den eingestanzten Namen eines Clubs auf der Rückseite: «Weasel Enemas». Wenn ich ein bißchen mehr über meine gesammelten Informationen nachgedacht hätte, wäre ich vielleicht schneller darauf gekommen. Wenn ich nicht so versessen auf einen Drink gewesen wäre, hätte ich Golsons Aussage vielleicht mehr Beachtung geschenkt. Vielleicht auch nicht. Ich hatte mich den ganzen Tag darauf konzentriert, die Tatorte zu besichtigen und dann Mals Berichte zu studieren. Woher hätte ich wissen sollen, daß zwei Nebensätze ausreichten und daß mich die Beschäftigung mit den Fakten nur in eine Sackgasse führen würde?

Laverne Latoya hatte einen Freund gehabt, den sie in einem Club in den 130ern kennengelernt hatte. Okay, es gab in der Gegend wahrscheinlich Hunderte von Clubs, aber Club Bastard, wo sich Louella Richardson in den Wochen vor ihrem Tod häufig aufgehalten hatte, war auf der 135. Die Kundschaft bestand aus aufstrebenden jungen Leuten aus den unteren Hunderten und vergnügungssüchtigen Oberschichtlern, die aus den 140ern herunterkamen, um etwas zu erleben. In dem Club traten – laut Datenbank – Tänzerinnen und nach Mitternacht auch Stripperinnen auf.

Nicht viele Leute dealen Rapt. Es ist keine besonders beliebte Droge, denn es wirkt ziemlich heftig. Weasel Enemas hatte einen anderen Besitzer als der Club Bastard, aber das war es ja gerade: Wer in seinem eigenen Club Drogen verkauft, der wickelt sie nicht in Folie ein, in die das eigene Logo gestanzt ist. Man klaut Verpackungsmaterial von einem Konkurrenzunternehmen und benutzt das, um die Cops auf die falsche Spur zu lenken.

Ich war hergekommen, um zu erfahren, ob Shelley schon mal vom Club Bastard gehört hatte. Was ich vorgefunden hatte, würde kein Gericht überzeugen, aber mir reichte es als Antwort. Dieser Fall wäre sowieso nie vor Gericht gekommen. Ihre Verbindung zu ein und demselben Club hatte zwei Frauen das Leben gekostet. Der Computer hatte mir den Namen des Besitzers verraten, und ich merkte, wie mein Kopf zu glühen anfing, als mir klar wurde, was ich tun mußte.

Zunächst zog ich ein Tuch von dem Stapel in der hinteren Ecke und deckte die Leiche damit zu, dann blies ich die Kerze aus und blieb einen Moment lang in der Dunkelheit stehen. Ich war betrunken und wütend, aber nicht dumm genug, um eine simple Tatsache zu ignorieren. Ich konnte niemand anderen als mich für Shelleys Tod verantwortlich machen. Schuld war einzig der Hundertdollarschein, den jemand, der ihr einen Gefallen tun wollte, dagelassen hatte.

Aber ich wußte nicht, wie ich mich dafür bestrafen sollte, also würde das jemand anders erledigen müssen.

Sieben

Wie war es, ein Cop zu sein? Noch dazu in New Richmond? Reine Zeitverschwendung.

Ich sage das nicht, um Eindruck zu schinden. Ich will mich nicht damit brüsten, einen harten Job unter unerträglichen Bedingungen gemacht zu haben, und auch keine mühsam gewonnene Erkenntnis über den Zustand der Gesellschaft zum besten geben. Die Arbeit war ganz und gar sinnlos: wie ein Krieg, bei dem man den eigenen Jungs nicht trauen konnte, bei dem der Feind noch besser ausgerüstet war als man selbst und bei dem man abends nach Hause gehen durfte. Als Cop sorgt man nicht mehr für Recht und Ordnung, sondern man hat das Gefühl, an einem Krieg teilzunehmen, der an Junkfood erinnert: standardisiert und allgegenwärtig.

Bei Mordfällen galt folgendes: Auf den Etagen 1–50 hat man es, der offiziellen Sprachregelung zufolge, mit menschlichem Abfall zu tun. Das Schicksal dieser Leute interessiert niemanden, abgesehen vom Rauschgiftdezernat, denn auf diesen Etagen befindet sich das Zentrum des Drogenhandels. Dummerweise ist über die Hälfte der Cops in dieser Abteilung korrupt, und daher liegt ihnen mehr an der Verschleierung als an der Aufklärung von Verbrechen. Zu allem Überfluß stehen nicht alle Cops auf derselben Seite. Es wird allgemein angenommen, daß etwa ein Drittel aller Morde auf 1–50 von Männern mit Dienstmarken begangen wird. Und niemand kann sich erinnern, wann einer dieser Fälle zuletzt aufgeklärt wurde.

Vorfälle auf den Etagen 50–100 sollte man schon eher zur Kenntnis nehmen. Einige der Leute dort haben ordentliche Jobs. Wenn einer von denen umgebracht wird, muß man daher zumindest den Anschein erwecken, als wolle man den Täter schnappen. Aber das gelingt sowieso kaum jemals, weil meistens keiner etwas gesehen hat, keiner etwas weiß, keiner freiwillig den Cops hilft und der Täter sich wahrscheinlich auf einer der Etagen versteckt, die die Cops grundsätzlich nicht betreten. Hin und wieder kriegt der Bürgermeister wegen der zahllosen ungelösten Mordfälle in diesem Sektor einen Rappel, und dann wird Stärke demonstriert – was nur zur Folge hat, daß so lange irgendwelche armen Schweine unschuldig eingebuchtet werden, bis die Erfolgsquote auf eine akzeptable Höhe gestiegen ist. Sagen wir, auf zehn Prozent. Wenn man also das Glück hat, in einer solchen Phase ermordet zu werden, besteht eine Chance von eins zu zehn, daß die Tat – zumindest pro forma – gerächt wird. Ansonsten braucht man sich keine Hoffnung zu machen – die meisten Leute halten es bei einem so geringfügigen Vergehen wie Mord nicht einmal mehr für nötig, die Polizei zu verständigen.

Auf den Etagen 100–184 ist es anders. Wenn dort jemand getötet wird, muß der Fall aufgeklärt werden. Obwohl das meistens nicht gelingt. Klar, es gibt das Subnetz, das computerisierte Fahndungssystem, die Datenbank mit den Fingerabdrücken und die Foto-Analyse. Aber die meisten Täter stammen aus den Etagen 1–50, und die schnappt man nie. Wahrscheinlich sind sie längst bei irgendeinem anderen krummen Ding draufgegangen, ehe überhaupt ein Verdacht auf sie fällt. Von den übrigen Morden haben ein paar mit Standardmotiven wie Eifersucht, Haß oder Rache zu tun, und die werden zum Teil aufgeklärt. Die restlichen Morde gehen auf das Konto von Leuten, die jenseits der 150 leben und unantastbar sind. Sobald die Indizien auf jemanden oberhalb dieser zweiten magischen Linie weisen, auf einen mißratenen Sohn oder ein psychopathisches Familienoberhaupt, wird die Akte mit dem Vermerk «Wirtschaftlich unergiebig» versehen.

185 ist die Gangster-Etage, und zu den Leuten, die dort regelmäßig verkehren, gehören alle ranghohen Polizisten, alle Lokalpolitiker und Geschäftsleute. Die Gangster bringen im allgemeinen nur ihresgleichen um – es sei denn, sie haben zufällig Lust, zur Abwechslung jemand anderen umzulegen, und dann zahlen sie eine genau fixierte Bestechungssumme dafür, daß die Sache vertuscht wird. Jede Ermittlung in einem Mordfall, in den jemand aus der 185. Etage verwickelt ist, wird eingestellt, noch ehe sie richtig begonnen hat.

Oberhalb der 185 kann man nur auf zwei Arten umgebracht werden: durch die eigene Hand oder durch Gottes Hand. Beides wird bisher strafrechtlich nicht verfolgt.

Wer, aus welchem Grund auch immer, Polizist wird, hat binnen weniger Tage seinen Platz gefunden. Er muß sich entscheiden, welchem Club er angehören will: ob er beim Drogenhandel, bei der Prostitution, bei Schutzgeldzahlungen oder bei der Mafia absahnen will – das Geld für das NRPD gehört genaugenommen zu den allgemeinen Betriebsausgaben der Gangster. Clevere Cops werden innerhalb der ersten Wochen rekrutiert. Die anderen kündigen entweder nach einem Monat oder kommen in Ausübung ihres Dienstes um. Bei letzterem gibt es inzwischen keine große Trauerfeier mehr: jeder weiß, daß der Betreffende selber schuld war, weil er sich nicht an die Spielregeln gehalten hat. Man steht an Tatorten herum, schreibt Berichte, kassiert Geld – von dem man die Hälfte an jemand anderen weitergeben muß – und läuft mit einer Knarre in der Hand durch die Gegend. Abends erzählt man beim Bier Polizisten-Latein, läßt es sich von einer Nutte gratis besorgen und geht dann nach Hause zu seiner Ehefrau. Vielleicht wird man eines Tages umgebracht. Das ist es im großen und ganzen.

Einige Bullen waren anders. Mal war anders. Wenn ein Mordfall gemeldet wurde, kümmerte er sich darum – egal, wo die Sache passiert war – und versuchte, das Arschloch zu schnappen. Vermutlich war ich genauso, und deshalb wurde ich schließlich im ehrwürdigen Alter von zweiunddreißig Jahren zum Lieutenant befördert. In jedem Dezernat gibt es ein bunt zusammengewürfeltes Grüppchen von Cops, die heimlich immer noch Verbrechen aufklären. Sie ähneln einem winzigen, verkümmerten Organ in dem vor Gesundheit strotzenden Korruptions-Körper. Mal klärte so viele Prostituiertenmorde auf, daß man nicht anders konnte, als ihn zu befördern. Die Oberbosse mochten es nicht, wenn jemand, statt Bestechungsgelder zu kassieren, ordentliche Arbeit leistete, aber sie konnten die Statistiken nicht ignorieren. Ich konzentrierte mich auf lösbare Mordfälle in den Etagen 50–184 und brachte genügend Typen hinter Gitter, um selber ein kleiner Boss zu werden.

Und das war mein Fehler. Bis dahin hatte ich in bescheidenem Umfang Geld angenommen, um zu demonstrieren, daß ich zum Team gehörte. Ich hatte eine Menge Drogenhändler aus egoistischen Motiven verhaftet und dadurch meine Erfolgsquote erhöht. Aber als ich Lieutenant wurde, änderte sich die Lage. Nun wurde von mir erwartet, daß ich meinen Platz in der zweiten Hierarchie – jener der Kriminellen – einnahm. Das tat ich nicht, hauptsächlich aus Eigennützigkeit, aber zum Teil auch, weil ich naiv genug war, es für falsch zu halten.

Schlimmer noch, ich versuchte, einen der damaligen Shootingstars der Gangsterszene einzubuchten. Einen Mann namens Johnny Vinaldi.

Ich nahm den xPress-Fahrstuhl bis zur hundertsten Etage, wo ich, genau wie alle anderen, aussteigen und die Sicherheitskontrolle passieren mußte. Wie üblich waren die Wachleute im Vergleich zu den Passagieren in der Überzahl, Männer in grauen

Uniformen, die versuchten, Unterwürfigkeit mit deutlichen Drohgebärden gegenüber jedem, der sich möglicherweise unberechtigt Zutritt verschaffen wollte, zu kombinieren. Die meisten bekamen diese Mischung nicht hin und neigten dazu, auf die Unterwürfigkeit zu verzichten. Die Schlange vor mir bestand aus einer typischen Auswahl von Mittelschichtlern, die den Abend in den höheren Regionen verbringen wollten. Die meisten wurden zurückgewiesen – abgelaufene Tages-Passierscheine oder Fälschungen. Einer von ihnen war entweder schon häufiger aufgefallen oder ein bekannter Krimineller, der nicht genug Schmiergeld bezahlt hatte, denn er wurde, nachdem man ihn durch einen Schlag ins Gesicht mit einem Metallknüppel gefügig gemacht hatte, kurzerhand in einen Nebenraum geschleift. Ich wurde zusammen mit ein paar anderen durchgelassen, und wir bekamen als kleine Aufmerksamkeit ein Bonbon.

Mein Passierschein war übrigens auch gefälscht – bloß besser gemacht als die Fälschungen, die aufgeflogen waren. Ich hatte ihn für 150 Dollar von einem Typ bekommen, der auf der 24 einen Laden besaß. Dieser Gentleman hatte mir noch ein paar andere Sachen verkauft, unter anderem eine in Folie verpackte Substanz, die jetzt in meiner Jackentasche steckte. Ich hatte mit dem Kerl in sachlichem Tonfall verhandelt, nützliche Dinge gekauft und versucht, nicht zu lallen, als mir plötzlich gewisse Worte einfach herausrutschten. Jetzt spürte ich an meiner Brust ein Brennen, fast so, als wäre das Päckchen glühend heiß. Ich hatte mir geschworen, es bei der erstbesten Gelegenheit wegzuwerfen. Aber irgendwie hatte sich diese Gelegenheit noch nicht ergeben.

Außerdem wollte ich mir selbst nicht eingestehen, daß ich inzwischen nicht einmal mehr dreihundert Dollar besaß. Zu wenig für ein Auto. Möglicherweise zu wenig, um New Richmond überhaupt zu verlassen, es sei denn zu Fuß. Ich hätte mir von Howie Geld leihen können, aber ich wußte, ich würde es nicht tun. So trieb ich mich selber in die Enge und registrierte diese Tatsache mit einer Mischung aus träger Panik und stiller Gleichgültigkeit.

Während wir auf den Fahrstuhl warteten, der uns in die höher gelegenen Regionen bringen sollte, musterte ich meine Mitfahrer: ein paar verlegen wirkende Männer in Overalls – Handwerker; ein älteres Paar in teurer Freizeitkleidung. Die PreisDisplays auf ihren Ärmeln wiesen Summen aus, die höher waren als ein durchschnittliches Jahreseinkommen. Der alte Knacker trug einen makellosen lilafarbenen Anzug, und als er den Kopf bewegte, um den Blick hoheitsvoll durch die Halle schweifen zu lassen, glich er einem Vogel Strauß mit gefärbtem Gefieder. Sein Hutzelweib gab sich keine Mühe, die Verachtung zu verbergen, die sie für mich und die einzige weitere Mitfahrerin, eine junge Frau mit kurz geschnittenem Haar und künstlich zerschlissener Kleidung, empfand. Als sich die Fahrstuhltüren öffneten und wir die luxuriös ausgestattete Kabine betraten, glitzerte eines der Augen des Mädchens im Schein des Fußbodenlichts, was meine Vermutung bestätigte, daß sie eine Nutte war. Bei einigen von denen braucht man zur Bezahlung nur noch eine Kreditkarte vor ihrem rechten Auge vorbeizuziehen. Ein Implantat liest den Code, veranlaßt eine Überweisung auf das Konto ihres Managers, und schon gehört sie einem so lange, bis die bezahlte Zeit abgelaufen ist. Sie braucht kein Bargeld mehr mit sich herumzuschleppen, und auf dem Kontoauszug des Kunden erscheint die Abbuchung dann zum Beispiel mit dem Vermerk «Gartengeräte».

Jeder verbrachte die Fahrtzeit auf seine Art. Das Mädchen trug Lip-Liner auf, ich trommelte leise mit den Fingern gegen die Wand, das alte Paar imitierte ägyptische Mumien. Sie waren darin ziemlich gut, jedenfalls besser als das Mädchen bei den Bemühungen, ihr Gesicht zu verschönern. Aber vielleicht war dieser schlampige Look ja ihre Spezialität. Die Handwerker stiegen auf der 124 aus, das Mädchen in den 160ern. Als ich den Fahrstuhl auf der 185 verließ, stand das alte Paar immer noch stoisch im Fahrstuhl. Weiß der Himmel, wie weit oben sie wohnten. Vielleicht waren sie Herr und Frau Gott persönlich.

Ich trat aus dem Fahrstuhl auf einen Kiesweg. Sofort kamen ein paar Typen in beigen Uniformen auf mich zu. Sie näherten sich mit bedächtigen Schritten, um mich nicht zu beleidigen, ehe sie sicher waren, daß ich eine Beleidigung verdient hatte, aber ich wußte, sie würden mich überprüfen. Zum Glück sah ich nicht wie jemand aus, der auf die 185 paßt. Ich beschloß, weder ihre noch meine Zeit zu vergeuden, wartete deshalb einfach auf sie und genoß so lange die gute Luft. Unterhalb der 100 kann man die Luft förmlich sehen, sie ist erfüllt von abgestandenem Zigarettenrauch und dem Atem aus kranken Lungen. In den oberen Etagen wird jeden Tag saubere Luft geliefert, sogar dort, wo reiche Ganoven sich als ehrbare Bürger ausgeben. Hier roch es so frisch, daß ich mich genötigt fühlte, mir eine Zigarette anzuzünden.

Der xPress-Fahrstuhl befand sich ziemlich genau in der Mitte der Etage, und breite, von echten Straßenlaternen beleuchtete Kieswege erstreckten sich in alle Richtungen. Sie führten an Rasenflächen aus sattgrünem ArtGras vorbei, die zu imposanten, in freundlichen Pastellfarben gestrichenen Häusern hin sanft anstiegen. Die meisten der Häuser hatten drei Stockwerke – manche auch nur zwei, weil sie auf anmutigen künstlichen Hügeln standen. In den vier Ecken waren ein paar Versorgungs-Einrichtungen angesiedelt worden – altmodische Feinkostläden, kleine Restaurants, ein paar schicke Bars –, aber davon abgesehen war es ein reines Wohngebiet. Vier Stockwerke über dem Boden befand sich die Decke, an der ein dreizehn Quadratkilometer großer Fernsehbildschirm hing. Tagsüber waren darauf entweder weiße Wolken auf blauem Hintergrund oder schwarze Wolken auf grauem Hintergrund zu sehen – meistens allerdings ersteres. Was nützt es einem, reich zu sein, wenn man nicht aus jedem Tag einen Sommertag machen kann? Heute war der Himmel sommernachtsblau mit vereinzelten dunklen Flecken, die nur unterstreichen sollten, wie wolkenlos der Abend war. Der Klimaregler war hochgestellt, und mir wurde unangenehm warm.

«Guten Abend, Sir. Zu wem möchten Sie?»

Ich schaute dem Wachmann direkt ins Gesicht. Er war jung und befand sich vermutlich ständig in Gefahr, ins Fettnäpfchen zu treten. Die meisten Leute, die aus diesem Fahrstuhl kamen, sahen so aus, als sollte man sie am besten nirgends reinlassen. Kein Wunder, denn schließlich waren sie Verbrecher. Aber er brauchte nur einmal den falschen Mann aufzuhalten, und schon würde er den Verkehr in einer Gegend regeln, in der es keinen Verkehr gab.

«Mr. Vinaldi», sagte ich.

«Und erwartet er Sie?»

«Ja», log ich, und er nickte verbindlich. Die Wachposten am Fahrstuhl sind den 185ern von der Polizei aufgenötigt worden, damit sie einen Vorwand hat, noch ein bißchen mehr Geld abzukassieren. Die Männer wollen keine Scherereien bekommen.

«Sehr gut. Mein Kollege wird Sie kurz durchsuchen, und dann werden wir Sie nicht länger aufhalten.»

Ich hob die Hände und wartete geduldig, während der andere Wachmann mich rasch von hinten abtastete. Er fand meine Pistole, aber auch die fünfzig Dollar, die um den Lauf gewickelt waren.

«Alles in Ordnung, Sir», sagte er, und ich machte mich auf den Weg.

Ich ging den nach Osten führenden Weg hinunter und schwitzte leicht in der feuchtwarmen Luft. Viele von den Typen, die auf der 185 lebten, hatten ihre Karriere in L.A., Miami oder New Orleans begonnen, und die übrigen taten gern so, als hätten sie das gleiche getan. Die makellosen Wände ihrer Paläste schimmerten im Schein der Straßenlaternen. Die Gebäude waren allesamt von einschüchternd hohen, mit Videokameras bestückten Mauern und Gitterzäunen umgeben. Die meisten der Kerle konkurrierten um die Macht in den unteren Etagen. Gewöhnlich herrschte hier ein angespannter Waffenstillstand – das übliche Gangstergeschwätz über den Respekt vor der Familie des anderen. Ab und zu vergaßen sie das und schossen sich gegenseitig über den Haufen. In der Regel blieb die Hälfte dabei auf der Strecke, und dann arbeiteten sich neue Kerle aus den unteren Etagen hoch und nahmen die Plätze der Toten ein. Ich kam an einigen Dreirädern vorbei, die nachlässig auf dem Weg abgestellt waren, und ein Stupser mit dem Fuß bestätigte mir, was ich bereits wußte: Sie waren am Boden festgeschweißt. Zier-Dreiräder, die Atmosphäre schaffen sollten. Hier ließ niemand seine Kinder einfach so in der Gegend herumfahren.

Alles wirkte sonderbar und wie durch eine Hintergrundbeleuchtung angestrahlt, und ich hatte das Gefühl, als würde ich von einer fremden Hand vorwärtsbewegt. In gewisser Weise hoffte ich, daß es tatsächlich so war. Einmal glaubte ich, hinter mir in der Ferne jemanden bemerkt zu haben, aber es passierte nichts weiter. Wahrscheinlich einer der ortsansässigen Mafiosi, der seine Frisur spazierenführte.

Nach knapp zwei Kilometern sah ich das Tor von Vinaldis Anwesen. Zwei Schlägertypen standen davor. Ich verlangsamte mein Tempo. Die beiden waren Standardmodelle; geschniegelt und dunkelhäutig, coole Sonnenbrillen, schwarzes, glänzendes Haar. Sie waren zwar kleiner als ich, hatten aber jeder eine Maschinenpistole. Die Gangster haben sich nie mit Laserwaffen anfreunden können – so etwas verträgt sich nicht mit ihrem Traditionsbewußtsein. Sie wollen die Schüsse knallen hören und sehen, wie Körper zerfetzt werden. Das ist der einzige Punkt, in dem ich mit ihnen einer Meinung bin. Meine eigene Pistole ist simpel gebaut. Sie ist aus Metall, und man kann mit ihr Kugeln abfeuern. Waffen gehören zu den vielen Dingen, die sich nicht in dem Maße verändert haben, wie früher vermutet wurde. Klar, eine Zeitlang waren auf den Straßen überall Laserpistolen zu sehen. Aber das Problem bestand darin, daß man in der Hitze des Gefechts nur allzuleicht einen reflektierten Strahl abbekam und sich dadurch selber den Kopf abschnitt. Außerdem sahen die Pistolen ein bißchen wie Plastikspielzeug aus. In brenzligen Situationen ist es sehr aufbauend, ein Pump-action-Gewehr durchzuladen. Das fühlt sich gut an, und man kommt sich wie ein harter Kerl vor. Außerdem jagt es dem Gegner eine Heidenangst ein. Nervös an einem kleinen Hebel herumzufummeln hatte nicht genügend Macho-Flair, und das gleiche galt für das Geräusch der Laser. Man will keine Waffe, die «tsss» oder «skwipp», sondern eine die KNALL! oder PENG! macht. Das ist nun mal so. Ich weiß, wovon ich rede.

Die Hersteller versuchten, das Problem zu lösen, indem sie kleine Lautsprecher in die Laser einbauten, aus denen ein künstlicher Knall kam, wenn man auf den Abzug drückte, aber das klang immer ein bißchen blechern. Und die, bei denen ein paar Takte aus Chopins Trauermarsch ertönten, waren hochgradig lächerlich.

Dann gab es eine Zeitlang Waffen mit moralischen Skrupeln. Ursprünglich waren sie für den privaten Schutz gegen Einbrecher entwickelt worden. Die Waffen hatten eine eingebaute Datenbank mit juristischen Präzedenzfällen, analysierten die jeweilige Situation und ließen einen erst dann schießen, wenn sie sicher waren, daß man gute Chancen hatte, erfolgreich auf Notwehr zu plädieren. Bei den meisten dieser Waffen konnte man auch andere Einstellungen vornehmen, zum Beispiel «rechtmäßige Tötung», «Körperverletzung mit Todesfolge», «Totschlag» und schließlich «Mord». Ich ließ bei meiner immer die Anzeige auf «Mord» stehen. Das taten alle. Die ganze Sache war völlig sinnlos. Irgendwann schmiß ich die Waffe weg.

Ungeheuer viele Gegenstände und Geräte haben heutzutage einen eingebauten Verstand – und meistens ist er einfach abgeschaltet. Wir sind von ungenutzter Intelligenz umgeben – und in diesem Fall ausnahmsweise nicht von unserer eigenen. Auf jede Kühltruhe, die einem erzählt, was frisch ist und was nicht, kommen fünfzig, denen man befohlen hat, gefälligst die Schnauze zu halten. Es ist so, als würde man den Leuten den Amerikanischen Traum verkaufen und ihnen dann erzählen, daß sie ihn sich nicht leisten können. Wir haben schlaue Dinge geschaffen, sie aber anschließend dazu verdonnert, dumm zu sein, weil uns klar wurde, daß wir keinen denkenden Toaster brauchen und auch keine Autos, die selbst dann den schnellsten Weg einschlagen wollen, wenn man sich Zeit lassen möchte. Das gefiel uns nicht. Es war, als würde man ständig von seiner älteren Schwester beaufsichtigt. Also stehen die Geräte einfach da und murmeln leise Verwünschungen, wie hochbegabte Kinder, die man in eine Sonderschule gesteckt hat. Eines schönen Tages werden sie den Aufstand proben, und ich hoffe, daß ich nicht gerade eines von ihnen in der Hand halte, wenn es passiert.

«Knarre», befahl der eine Mann mit einer kurzen Kopfbewegung. Ich gab ihm meine Pistole und nahm mir vor, auf dem Rückweg mit dem Wachposten am Fahrstuhl ein ernstes Wort zu reden. «Also – was wollen Sie?»

«Ich will zu Vinaldi», sagte ich.

«Und wer sind Sie?»

«Jack Randall.» Keine Reaktion von den Zwillingen. Es war vermutlich vor ihrer Zeit gewesen und auch damals bloß ein kleiner Punkt auf dem Radarschirm. Der zweite wandte sich ab und sprach leise in sein Kragenmikro. Der andere schaute mich ausdruckslos an und kaute bedächtig auf irgendeinem Designer-Kaugummi oder einer Cola-Pastille herum. Der Typ am Mikro mußte meinen Namen wiederholen. Es dauerte lange, bis eine Antwort kam. Ich war froh, daß ich meine Pistole nicht mehr besaß, denn sonst hätte ich mir wahrscheinlich schon jetzt Ärger eingehandelt. Ich stand wie ein Trottel allein im Indianerland, und es hatte eine – sehr, sehr lange – Phase gegeben, in der ich nachts nur einschlafen konnte, wenn ich mir verschiedene Arten, Johnny Vinaldi umzubringen, ausmalte. Damals hatte ich mir so oft sein Blut, seine Eingeweide, sein zerschundenes Gesicht vorgestellt, daß es beinah einer sexuellen Obsession ähnelte. Dann waren diese Gelüste verglüht. Zumindest glaubte ich das. Als ich jetzt dort stand, hatte ich keine Ahnung, was ich tun würde, aber je länger er mich warten ließ, desto unklüger würde ich mich bestimmt verhalten.

Schließlich nickte der Typ seinem Kollegen zu, und das Tor hinter ihnen öffnete sich langsam. Beide bedeuteten mir hineinzugehen, indem sie gleichzeitig die Pistolen in Richtung des Hauses schwenkten. Ich fragte mich, ob sie das zusammen vor dem Spiegel übten.

Vinaldis Haus war in einem zurückhaltenden Hellgelb gehalten – in einem Farbton, der seiner Meinung nach vermutlich von gutem Geschmack zeugte. In Wirklichkeit wirkte es dadurch jedoch wie eine sonderbar geformte Banane, die zu lange in der Sonne gelegen hatte. Der Weg führte an dem klobigen Seitenflügel vorbei und dann zu einem in warmes Licht getauchten Garten mit Swimmingpool. Das Gelächter der Gefolgsleute und der Koks-Nutten hallte gedämpft über das Wasser. Braungebrannt und lässig saßen sie am Pool, wetteiferten darum, Vinaldis engster Vertrauter oder seine Lieblingsmatratze zu werden, und begriffen gar nicht, daß seine einzigen ernstgemeinten Treueschwüre nur ihm selbst, dem Geld und dem Tod galten.

Als ich die Pforte erreichte, wurde man auf mich aufmerksam. Ein paar Männer, die aussahen, als wären sie miteinander verwandt, griffen unter ihre Gartenstühle und legten ihre Pistolen deutlich sichtbar auf den Tisch. Zwei der Frauen starrten mich an und tuschelten miteinander – käufliche Schönheiten im Lampenlicht am Pool.

Und dann sah ich ihn.

Johnny Vinaldi war gut gealtert oder, besser gesagt, fast gar nicht. Er war etwa einsfünfundsiebzig groß und immer noch gertenschlank. Eine hübsche goldene Halskette glitzerte auf seiner tiefgebräunten Brust. Er stand auf, wickelte sich in einen makellos weißen Bademantel und winkte mich heran. Der Mann sah blendend aus, war durchtrainiert und charismatisch wie eh und je. Ich hatte wirklich große Lust, ihn umzubringen.

Ich öffnete die Pforte und schlurfte über die Fliesen, die den Pool umgaben. Ein paar der Mädchen alberten immer noch am flachen Ende herum, aber die anderen paßten genau auf, was ich tat. Das nahm ich ihnen nicht übel, denn ich fand auch, daß man auf mich aufpassen müsse.

Drei Meter vor ihm blieb ich stehen. Er schaute mich an und zog eine Augenbraue hoch. Eine Pause entstand, in der nur das friedliche Planschen im Hintergrund zu hören war. Mir fiel etliches ein, womit ich diese Stille gern gefüllt hätte – mit dem Knallen von Pistolenschüssen zum Beispiel –, aber ich wußte, es würde nicht soweit kommen. Genaugenommen hoffte ich das sogar. Nicht zuletzt, weil ich keine Waffe bei mir hatte.

«Lieutenant Randall», sagte Vinaldi schließlich. «Was für eine nette Überraschung.»

Ich erwiderte seinen Blick. «Das will ich nicht hoffen. Und ich fühle mich von der Anrede ‹Lieutenant› nicht geschmeichelt.»

«Nur eine Floskel.» Er nickte mir zu. «Ein Ausdruck meines Respekts.»

«Reden Sie doch keinen Scheiß.»

«Na schön.» Er lächelte. «Also, wie Sie sehen, Nicht-Lieutenant Randall, versuchen meine Freunde und ich gerade, uns in diesen harten Zeiten ein bißchen zu erholen und einen angenehmen Abend am Pool zu verbringen. Wir wollen ein paar Gläschen Wein trinken und vielleicht ein paar Magengeschwüre auf den Weg bringen, damit die Quacksalber auch in Zukunft nicht verhungern. Ihrer Kleidung nach zu urteilen, sind Sie nicht gekommen, um uns Gesellschaft zu leisten. Also erzählen Sie mir bitte, was Sie auf dem Herzen haben, und fassen Sie sich kurz, denn ich habe das Gefühl, daß es mich nicht besonders interessieren wird.»

«Mal Reynolds.»

Vinaldi runzelte die Stirn. Er mußte nachdenken, oder zumindest tat er so. «Ihr ehemaliger Partner. Was ist mit ihm? Ich habe gehört, er wohnt immer noch im Portal, jagt Phantomen nach und macht sich Sorgen um tote Frauen mit schlechtem Ruf.»

«Er ist tot.»

«Diese Nachricht erfüllt mich keineswegs mit Schadenfreude. Wie Sie wissen, hege ich keinen besonderen Groll gegen Polizisten, solange sie mich nicht daran hindern, meinen Geschäften nachzugehen. Und Sergeant Reynolds war stets zu sehr um die Toten besorgt, als daß er den Lebenden hätte Schwierigkeiten bereiten können.»

«Er hat es versucht. Genau wie ich. Aber Sie haben es geschafft, mich rechtzeitig aus dem Dienst zu entfernen.»

«Selbstverständlich habe ich keine Ahnung, worauf Sie anspielen.»

Ich wußte, daß er ganz genau verstand, was ich meinte. Und wenn ich in diesem Augenblick meine Pistole dabeigehabt hätte, wäre sein Gehirn auf die gelben Hauswände gespritzt. Vielleicht konnte man mir meine Gedanken ansehen. Einer der Typen, die am Pool saßen, stand auf. Er kam nicht näher, machte aber deutlich, daß er die Unterhaltung von nun an mit erhöhter Aufmerksamkeit verfolgen würde. Er war schlanker als die anderen und kam mir sowohl gefährlich als auch bekannt vor.

«Jaz Garcia, stimmt's?» fragte ich und zwinkerte ihm zu. «Hast du aufgehört, kleine Mädchen zu nageln, oder kauft Johnny jetzt den Nachschub für dich ein?» Eine der Frauen im Pool schaute hoch. Sie sah nicht wie eine Minderjährige aus, und vielleicht war sie bloß erschrocken zu hören, daß sie einem Kinderschänder zu Diensten war. Oder auch nicht. Vielleicht verschaffte es ihr einen zusätzlichen Nervenkitzel. Ich kam mir kleinlich und dumm vor, weil ich so etwas dachte und weil ich überhaupt hergekommen war. Garcias Gesicht verzog sich zu einer Grimasse, aber Vinaldi hob eine Hand, und er blieb ganz ruhig, wie ein artiger Junge.

«Mr. Randall war eine Weile weg», sagte Vinaldi nachsichtig. Er hatte den Kopf zur Seite gedreht. «Offenbar hat er sich in schlechter Gesellschaft aufgehalten und daher die normalen Umgangsformen zwischen zivilisierten Menschen verlernt.» Dann wandte er sich wieder mir zu. «Ich weiß nichts über Mr. Reynolds Tod. Wenn Sie hergekommen sind, um darüber mit mir zu reden, verschwenden Sie meine Zeit in noch stärkerem Maße, als ich befürchtet hatte.»

«Ein paar Kerle haben ihn abgeknallt. Zuerst dachte ich, sie wären hinter mir hergewesen und hätten ihn nur aus Versehen erwischt.»

Vinaldi lachte herzhaft. «Und Sie glauben, daß ich dahinterstecke? Warum sollte ich so etwas tun? Sie sind ein Niemand. Keine Bedrohung mehr für mich, sofern Sie das überhaupt je waren. Sie sind nicht mal mehr ein Scheiß-Cop. Warum sollte ich gutes Geld verschwenden, nur um Sie abknallen zu lassen?»

«Die Kerle hatten es gar nicht auf mich abgesehen. Mal untersuchte gerade eine Mordserie», sagte ich und achtete dabei sorgfältig auf Vinaldis Reaktion. «Er wurde umgebracht, damit die Ermittlungen aufhören.»

«Und wer sind die Opfer?»

«Fünf Frauen. Immer der gleiche Tatverlauf.»

«Wir töten keine Frauen, Randall. Das müßten sogar Sie wissen.»

«Laverne Latoya und Louella Richardson.»

Wenn ich nicht genau hingeschaut hätte, wäre es mir entgangen: ein winziges Zucken von Vinaldis Augenlid. Er wandte sich an seinen Handlanger. «Jaz, hast du die Namen schon mal gehört?»

Jaz wartete mit einem pflichtbewußten «Nein» auf, während er mich weiterhin feindselig musterte. Vinaldi drehte sich wieder um und zuckte theatralisch die Achseln.

«Komisch», sagte ich. «Louella war in den letzten paar Wochen regelmäßig im Club Bastard – aber vielleicht war sie einfach nicht Ihr Typ. Denn vermutlich konnte sie lesen und schreiben. Laverne war, glaube ich, eine Ihrer Tänzerinnen. Ich kann das später überprüfen, aber Sie haben mir bereits die Antwort verraten. Übrigens habe ich die Leiche von Lavernes Schwester vor einer halben Stunde gefunden. Sie starb an einer Überdosis Rapt, das in eine Verpackung mit dem Aufdruck ‹Weasel Enema› eingewickelt war. Sie handeln doch noch mit Rapt, Johnny, oder? Ich frage mich, ob Sie jemandem unverschnittenen Stoff unterschieben könnten, damit Sie nicht mit einer Toten in Verbindung gebracht werden.»

Vinaldis Atem ging inzwischen ein wenig schneller. «Verschwinden Sie!»

«Laverne und Louella sind aufgeschlitzt worden. Jemand hat ihnen die Augen herausgerissen», fuhr ich fort. Eines der Mädchen im Pool schnappte leise nach Luft und hob eine kleine Hand an den Mund. «Kommt Ihnen das bekannt vor?» Dann sprach ich aus, was mir spontan in den Sinn kam – und landete einen Überraschungstreffer: «Wo ist eigentlich Ihre Frau? Leistet sie Ihnen denn keine Gesellschaft am Pool?»

Vinaldi wurde plötzlich wütend und trat einen Schritt näher an mich heran. Die Adern an seinem Hals waren so dick wie Kordeln. «Sie ist da, wo sie sein will, verdammt noch mal. Und ich wüßte nicht, was Sie das angeht.»

«Jemand hat es also tatsächlich geschafft, von Ihnen loszukommen. Wie ärgerlich für Sie.»

«Nicht annähernd so ärgerlich, wie es für Ihre Freunde – sofern Sie überhaupt noch welche haben – sein wird, wenn die Sie aus dem Gulli klauben müssen.»

Ich dachte schon, er würde auf mich losgehen, aber dann seufzte er plötzlich – unter Aufbringung von mehr Selbstkontrolle, als mir möglich gewesen wäre – und schüttelte nur den Kopf.

«Sie sind ein armes Schwein, Randall», sagte er. «Ich sehe an Ihren Augen, daß Sie von der Droge runter sind, und vielleicht glauben Sie deshalb, Ihr Leben im Griff zu haben. Aber jemand, der sein Leben im Griff hat, würde niemals hierherkommen und mir auf die Nerven gehen. Ich habe weder Ihnen noch Mal einen Killer auf den Hals gehetzt. Ich gebe mein Geld lieber für etwas anderes aus. Für Siobhan hier beispielsweise.» Er wies mit einem Kopfnicken auf eine teuer aussehende Blondine, die sich auf einem der Stühle räkelte. Vom Hals abwärts schien sie dem sehr feuchten Traum eines Schönheitschirurgen entsprungen zu sein, aber durch zu viele Stunden unter dem Glamorizer wirkte ihr Gesicht so kantig, als wäre es aus Eis gemeißelt. «Sie ist sehr kostspielig im Unterhalt.»

«Das glaube ich gern. Aber bevor ich gehe, noch eins: Es bröckelt an allen Ecken und Enden.» Ich drehte mich um und ging zur Pforte zurück. Mehr konnte ich nicht tun, zumindest nicht heute abend. Ich hatte keine Pistole, keinen Plan und nichts als Leere im Kopf.

Vinaldi stand regungslos da. «Was soll das bedeuten?»

«Die toten Frauen sind nicht Ihr einziges Problem, Johnny. In den unteren Etagen macht ein Gerücht die Runde – das Gerücht, daß Sie auf dem absteigenden Ast sind.»

«Was gehen mich die Leute da unten an? Und was kümmert es mich, was sie reden?»

«Keine Ahnung», sagte ich und öffnete die Pforte. Ich betrachtete ihn einen Moment lang. Das Tableau: betuchter Ganove plus menschliche Accessoires. Die beiden Typen, die am Tisch saßen, schauten sich an. Sie wußten, was ich gemeint hatte, und ihr Boss ebenfalls. Als ich bereits auf halbem Weg zum Tor war, brüllte Vinaldi mir hinterher: «Randall! Hören Sie, was damals passiert ist, ist Vergangenheit.» Seine Stimme hallte über den sorgsam gestutzten Rasen. «Es ist vorbei.»

Ich ging weiter, ohne mich umzudrehen. Vinaldi war nicht dumm. Er wußte, es würde niemals vorbei sein.

Auf der 72 stieg ich zitternd aus, und mir war klar, daß ich es hinter mich bringen mußte. Meine Faust schmerzte noch von der Diskussion mit dem Wachmann am Fahrstuhl auf Vinaldis Etage, aber die fünfzig Dollar steckten wieder in meiner Tasche, zusammen mit meiner Pistole. Ich hatte das Gefühl, in einer ins Verderben führenden Spirale gefangen zu sein – wie jemand, der abends schon so viel Bier getrunken hat, daß er nicht mehr aufhören kann, obwohl er weiß, daß mit jedem weiteren Glas alles nur noch schlimmer wird. Die Vorstellung, einen Wagen zu kaufen, kam mir immer lächerlicher vor, so als wäre es von Anfang an eine absurde Idee gewesen.

Mit der 72 war es bergab gegangen. Die Etage war nie schick gewesen: ein ganz gewöhnlicher Stadtteil, durchzogen von Korridoren. Ursprünglich hatte die Etage zu einem der mittelteuren Hotels des MegaLiners gehört, und ein paar Suiten waren zu kleinen Läden umfunktioniert worden, aber davon abgesehen war es eine reine Wohngegend. Als ich dort wohnte, hatten sich die Leute noch Mühe gegeben, so zu tun, als spiele es keine Rolle, daß sie unterhalb der Hundertergrenze lebten. Es waren schlechtbezahlte Angestellte, ein paar Cops, alt gewordene Bohemiens, sogar einige Lehrer. Vor den Wohnungstüren hatten als Gartenersatz Blumenkästen voll kränklicher, mit Hilfe kleiner ArtiSun-Lampen gezogener Pflanzen gestanden. Wer in der richtigen Jahreszeit durch die Nebenkorridore ging, glaubte, durch Frühlingswiesen zu spazieren, sofern er die Tatsache ignorieren konnte, daß er sich in einem Gebäude befand.

Jetzt nicht mehr. Ich verließ als einziger den Fahrstuhl, blieb stehen und schaute den langen Korridor vor mir hinunter. Eines der Apartments zur Linken war ausgebrannt. Es schien von den neuen Bewohnern halbwegs erfolgreich instand gesetzt worden zu sein, aber die Spuren des Feuers waren noch zu erkennen und stimmten den Betrachter auf den restlichen Anblick ein. Der Teppich war in den vergangenen fünf Jahren nicht gereinigt worden, und die Farbe an den Wänden sah aus, als hätten Tausende von Betrunkenen darauf gepinkelt, nachdem sie sich mit seltsamen Flüssigkeiten hatten vollaufen lassen. Die Deckenlampen funktionierten noch, gaben aber ein unruhiges Summen von sich, so als würden sie sich das Recht vorbehalten, jederzeit auszugehen. Und nirgendwo ein Blumenkasten.

Ich ging an Türen vorbei, hinter denen vielleicht immer noch Menschen lebten, die ich kannte. Aber ich klopfte nirgends an. Ich war mir nicht sicher, was schlimmer gewesen wäre: herauszufinden, daß alle weggezogen waren, oder festzustellen, daß sie immer noch da waren. Nun bog ich ab und ging die Nebenkorridore zum äußeren Rand entlang. Fast alle waren so breit wie der Hauptkorridor. Früher hatte ich gedacht, daß dadurch ein Eindruck von Großzügigkeit entstand, aber jetzt wirkten sie nur wie ausgestorben.

Die Etage hatte sich verändert, doch richtig deutlich wurde

das erst, als ich die Ecke 31. und 5. erreichte. Je weiter ich den 31. hinunterging, desto schlimmer wurde es. Nur jede dritte Lampe funktionierte, und oft flackerten sie bedenklich, was den Korridor nicht gerade anheimelnder machte. Je näher ich dem Rand der Etage kam, desto häufiger sah ich offene Türen und dahinter leerstehende, ausgeräumte Apartments. Das Leben war aus der 72 weggezogen, insbesondere aus diesem Teil. Allerdings gab es kaum sichtbare Schäden. Der Zustand der Wohnungen war sogar besser als in den Gegenden, in denen noch Menschen ansässig waren. Vandalismus hatte es nicht gegeben – bloß wohnte schon lange niemand mehr hier.

Auf den letzten hundert Metern des Korridors funktionierte die Deckenbeleuchtung gar nicht mehr. Aber ich konnte im Schein des trüben Mondlichts, das durch die gesprungenen Scheiben in der Außenwand kroch, weiterhin sehen, wohin ich ging. Plötzlich hatte ich einen Kloß im Hals, und die Haare auf meinem Kopf sträubten sich. Ich hörte ein leises Geräusch und blieb stehen, um durch die offene Tür zu schauen, an der ich gerade vorbeiging. Zwar konnte ich nichts erkennen, aber es kam mir so vor, als würden sich die Schatten bewegen. Mit klopfendem Herzen machte ich einen Schritt in die Wohnung hinein.

Ein kleiner Junge mit furchtsam aufgerissenen Augen kauerte in der Dunkelheit. Er war anständig gekleidet – kein Ausreißer. Jemand hatte ihn am Morgen gekämmt und darauf geachtet, daß er saubere Sachen anzog; aber andererseits hätte er so spät abends nicht mehr unterwegs sein dürfen.

«Tun Sie mir nichts», bat er mit atemloser Stimme.

«Keine Sorge», sagte ich. «Ich tue niemandem was.» Er blickte mich eine Weile mißtrauisch an, dann beruhigte er sich ein bißchen. Das Zimmer war in tintiges Blauschwarz getaucht, und der Junge sah aus wie ein Konglomerat aus Schatten, gekrönt von einem schmalen, intelligenten Gesicht. «Was machst du hier?»

«Ich komme manchmal her und setze mich hier hin. So eine Art Mutprobe. Warum sind Sie hier?»

«Ich habe früher am Ende des Korridors gewohnt», sagte ich und zündete mir eine Zigarette an.

Der Junge machte große Augen. «Warum das denn? Es ist echt unheimlich hier.»

«Das war es damals nicht.» Ich senkte den Blick, als ich darüber nachdachte, daß meine frühere Nachbarschaft inzwischen zur gespenstischen Szenerie von Mutproben geworden war. Dann lächelte ich mit einiger Mühe. «Ihr Jungs kommt also her, um zu beweisen, daß ihr keine Angst habt.»

«Nein. Nur ich. Mein Vater ...» Er unterbrach sich kurz. «Mein Vater findet, ein Mann muß mutig sein. Er glaubt, ich bin nicht mutig genug, weil die Jungs in der Schule mich oft verprügeln.»

«Weiß er, daß du herkommst?» Der Junge schüttelte den Kopf, und ich lächelte. «Verrat's ihm nicht. Laß es dein Geheimnis sein, denn dann weißt du etwas über dich selbst, von dem er nichts ahnt. Und wenn er nicht alles über dich weiß, dann kann er auch nicht immer recht haben, stimmt's?»

Er brauchte eine Weile, bis er kapiert hatte, dann erwiderte er mein Lächeln.

«Wissen Sie, hier spukt's wirklich», sagte er begeistert. «Vor ein paar Jahren, als noch mehr Leute hier wohnten, haben die manchmal erzählt, daß sie ein kleines Gespenst auf dem Korridor gesehen hatten. Glauben Sie an Gespenster?»

«Ja», antwortete ich, und mir lief ein kalter Schauer über den Rücken.

«Und da ist noch jemand, der manchmal herkommt. Ich weiß nicht, wer das ist. Ich verstecke mich vor ihm. Ein Mann, nicht so groß wie Sie. Ich habe ihn schon zweimal gesehen. Er geht zum Ende des Korridors und bleibt da eine Weile stehen. Dann haut er wieder ab.» Plötzlich wurde er, wie das bei kleinen Jungs oft vorkommt, zappelig und sprang auf. «Ich muß los.»

Er lief auf mich zu und streckte mir die Hand entgegen. Ich schüttelte sie verwirrt. Dann rannte er in den Korridor, und nur noch das sich entfernende Tapsen kleiner Füße war zu hören. Als ich die Wohnung verließ, war er bereits um eine Ecke gebogen und aus dem Blickfeld verschwunden.

Ich ging zum Fenster am Ende des Korridors. Mein Herz schlug langsam und gleichmäßig. Ich betrachtete die Tür zu meiner Linken. Sie war geschlossen. Neben ihr standen die beiden einzigen Blumenkästen, die es auf der Etage noch gab. Die Pflanzen, deren Namen ich unzählige Male gehört, mir aber nie gemerkt hatte, waren längst eingegangen – die Wurzeln verrottet, die Stengel zu Staub zerfallen. Ich streckte die Hand aus und strich über die abgesplitterte Stelle neben dem Türschloß, wo das Holz immer noch ganz frisch aussah, weil es hier keiner Witterung ausgesetzt war. Dann öffnete ich die Tür und trat ein.

In der Wohnung war es dunkel, dunkler als in dem Apartment, das ich kurz zuvor verlassen hatte. Rechts von mir befand sich die Küche. Ich tastete nach dem Lichtschalter und knipste ihn an, aber natürlich passierte nichts. In dem Licht, das durch das kleine quadratische Fenster an der hinteren Wand drang, sah ich die Sachen, die immer noch dort verstreut waren: Kochtöpfe neben der Spüle; drei Teller neben dem Herd; Bestecke auf der Arbeitsplatte und auf dem Fußboden. Ein Stilleben. Ich wandte mich ab.

Im Badezimmer betrachtete ich mich kurz im Spiegel. Dort war es noch dunkler, worüber ich froh war. Denn ich wollte nicht sehen, wie sehr oder wie wenig ich mich verändert hatte.

Das Wohnzimmer. Regale an einer Seite, vollgestellt mit einem bunten Durcheinander aus Koch- und Gartenbüchern, billigen Taschenbüchern und gerichtsmedizinischen Berichten.

Gegenüber die Fensterfront, auf die wir sehr stolz gewesen waren. Wir hätten es uns leisten können, ein paar Etagen weiter oben zu wohnen, aber wir entschieden uns, auf der 72 zu bleiben, weil unser Geld ausreichte, um dort eine Randwohnung zu mieten. Mir gefiel die Vorstellung, daß Angela noch etwas anderes als New Richmond sehen konnte, und bei klarem Wetter hatte man einen ungehinderten Blick bis hin zu den Bergen. Heute abend konnte man allerdings kaum die Wolken erkennen, weil das Fenster, genau wie der größte Teil der Wände und des Teppichs, mit einer angetrockneten braunen Schmiere bedeckt war, bei der es sich um das Blut meiner Frau und meiner Tochter handelte.

Ich ging nicht ins Schlafzimmer, sondern lehnte mich an die Wand, rutschte nach unten und schlang die Arme fest um die Knie.

Ich war um neun Uhr abends nach Hause gekommen, wie üblich zu spät zum Essen. Aber Henna hatte, ebenfalls wie üblich, eine Portion für mich warm gehalten, und aus der Küche roch es gut. Ich war so voll mit Rapt, als ich hereingetorkelt kam, daß ich den Geruch einen Augenblick lang als Farbe wahrnahm, als dunkles, warmes Rot. Außerdem war ich betrunken, und ich wollte nur zehn Minuten bleiben, aber das wußte Henna noch nicht. In der Vinaldi-Sache tat sich endlich was, und ich wollte wieder verschwinden, sobald ich meine Pflichten als Ehemann und Vater auf meine typisch gedankenlose und oberflächliche Weise erfüllt hatte.

In der Wohnung war es zu meiner Verwunderung still. Um neun fing normalerweise Angelas Lieblingssendung an, eine Zeichentrickserie mit einer legasthenischen Katze. Trotz meiner angespannten, aufgedrehten Benommenheit gab mir die Stille zu denken, und ich ging mit einem Stirnrunzeln auf dem schmerzenden Gesicht ins Wohnzimmer.

Zuerst dachte ich, der nächste Rapt-Flash fange an, und der rote Geruch aus der Küche sei ins Wohnzimmer gezogen, wo er alles andere überdeckte. Dann begriff ich, daß ich mich geirrt hatte, und ich schrie so laut, daß kein Ton herauskam.

Angela und die Hälfte von Henna waren im Wohnzimmer. Angela war in ihre Einzelteile zerlegt worden, man hatte ihre Gliedmaßen abgetrennt und dann kleingehackt. Ihre Gesichtshaut war in einem Stück abgezogen und mit ihrem Blut an den Fernsehschirm geklebt worden. Ihren Kopf entdeckte ich nicht sofort. Der Rumpf meiner Frau saß aufrecht in ihrem Lieblingssessel, und ihre Eingeweide quollen aus dem aufgerissenen unteren Ende. Ihre untere Hälfte lag, die Beine weit gespreizt, im Schlafzimmer auf dem Bett. Ihr abgetrennter Kopf steckte im Mülleimer, zusammen mit dem meiner Tochter. Angelas Augen konnte ich nirgends finden.

Erst knapp zwei Wochen später kam ich wieder zu mir. Jemand entdeckte mich in einem leerstehenden Lagerhaus auf der 12. Ich trug immer noch dieselben Sachen und erkannte die Frau, die mich aufspürte, nicht sofort, obwohl sie mir sehr vertraut war. Inzwischen hatte ich mich von einem gewöhnlichen Rapt-User in einen echten Junkie verwandelt, dessen Körper ohne die Droge nicht mehr auskam. Ich stand nicht unter Mordverdacht, aber meinen Job war ich schon längst los. Das war mir egal. Ich erinnerte mich kaum noch, je einen gehabt zu haben. Auch fünf Jahre danach habe ich immer noch keine Ahnung, was in jenen zwei Wochen geschehen ist, und ich will es auch nicht wissen; genausowenig wie ich darüber nachdenken will, daß ich an jenem Abend offenbar kehrtmachte, aus der Wohnung rannte und die Leichen der beiden Menschen, die ich auf der Welt am meisten liebte, zurückließ.

Irgendwo in New Richmond existierten Fotos, da war ich mir sicher – Polaroids, die der Killer gemacht hatte, um zu beweisen, daß er seinen Job erledigt und sein Geld verdient hatte. Ich glaubte, soeben mit dem Mann gesprochen zu haben, der diese Aufnahmen bekommen hatte, einem Mann, den niemand im Polizeipräsidium einbuchten wollte. Die Leichen selbst hatte man schon vor langer Zeit weggeschafft und beseitigt, geblieben waren nur die Flecken auf dem Fußboden, auf dem Sessel und vermutlich auch auf dem Bett.

Aber alles andere war noch da, einschließlich des Blutes auf den Fenstern und des getrockneten Schmierfilms auf dem Fernsehschirm. Ich blieb eine Weile reglos sitzen, schaute mir das alles an und horchte auf Echos aus der Vergangenheit – Angelas Lachen, Hennas Seufzer. Ich hörte weder das eine noch das andere, deshalb griff ich in meine Jackentasche, holte ein gewisses Päckchen aus der Brusttasche und jagte mir den Inhalt in den Arm.

TEIL ZWEI

Der Spalt

Acht

Es ist noch heiß an diesem Sommertag, aber am Himmel zieht langsam ein Wolkenschleier auf. Paare und Kleinfamilien mit sonnenverbrannten Schultern und Gesichtern gehen am Strand entlang; einige von ihnen zanken sich gereizt, andere sind durch den Anblick des Meeres und das Schreien der über ihnen kreisenden Möwen in eine besinnliche Stimmung versetzt worden. Unten am Wasser trinkt ein Mann Cola aus einer eisgekühlten Flasche, die im Sonnenlicht glitzert, als er zum letzten Schluck den Kopf nach hinten neigt, und Gruppen von Frauen und Kindern suchen am Strand vorgebeugt, mit konzentriertem, entrücktem Blick Muscheln und glatte Kiesel.

Ich saß, nach einem Streit mit meiner Mutter, allein und wütend auf einem Stein. Ich hatte ein Eis haben wollen, und sie hatte mir keins gekauft. Wenn man sieben Jahre alt ist, akzeptiert man keinen noch so guten Grund für eine derartige Weigerung. Anfangs war mir das Eis gar nicht so wichtig gewesen, aber im Verlauf der Auseinandersetzung begann ich das kühle Gefühl auf der Zunge und das Knirschen der Waffel zwischen den Zähnen zu spüren, weshalb ich störrisch wurde und zu heulen anfing. Dabei wußte ich selbst, daß ich schon zu alt für diese Art von Erpressung war.

Mom hatte erklärt, es sei bald Zeit fürs Abendessen, und ich würde mir den Appetit verderben. Aber wie ich heute weiß, wollte sie uns beiden das Eingeständnis ersparen, daß wir einfach nicht genug Geld hatten. Mein Vater hätte mir die Wahrheit gesagt und mir zur Bekräftigung seiner Worte eine Ohrfeige verpaßt. Aber er war nicht da, denn er fuhr nie mit ans Meer. Zum einen, weil er es dort furchtbar fand, und zum anderen, weil er uns furchtbar fand. Hauptsächlich jedoch, damit er übers Wochenende in dumpfes Nichtstun versinken konnte, ohne durch die Anwesenheit von Menschen gestört zu werden.

Es war drei Uhr, noch mehrere Stunden bis zum Abendessen, und ich brüllte und tobte. Daraufhin ging sie weg. Als ich dasaß und den Rücken meiner Mutter betrachtete, während sie sich am Strand weiter und weiter entfernte, kam ein alter Mann herüber und setzte sich in meiner Nähe auf einen der Steine. Er trug Khakishorts und ein ausgeblichenes Jeanshemd; seine Arme und Beine waren blaß und mit Sommersprossen und Leberflecken übersät. Er hatte kurzes, ordentlich geschnittenes graues Haar, und seine Gesichtshaut glich handgeschöpftem Papier, das zerknüllt und wieder glattgestrichen worden ist. Er schaute mich einen Moment lang schweigend an.

Ich erwiderte seinen Blick mit finsterer Miene. Angst hatte ich nicht. Ich glaubte zu wissen, was mir schlimmstenfalls blühen konnte, denn ich war überzeugt, daß die Welt mir keine Überraschungen mehr zu bieten hatte. Da ich sogar gelernt hatte, mit den Launen meines Vaters einigermaßen fertig zu werden, würde so ein Opa kein Problem für mich sein. Genaugenommen wünschte ich mir, daß er mich ausschimpfte, damit ich ihn ebenfalls anfauchen konnte.

Der Mann wandte den Blick von mir ab und schaute aufs Meer, und ich dachte schon, die Sache sei erledigt. Meine Mutter saß inzwischen am anderen Ende der kleinen Bucht und lehnte sich an den Steinwall, der vom Meer aus anstieg. Sich mit ihr zu versöhnen würde nicht leicht sein, das wußte ich. Meine Mutter gab sich viel Mühe mit mir, aber wir hatten beide ein Stück Metall im Herzen, das es uns fast unmöglich machte nachzugeben. Mißmutig wurde mir bewußt, daß der Tag verdorben war und daß wir abends nach Hause fahren würden. Wir würden Florida und das Meer verlassen und nach Virginia zurückkehren.

«Hast du dich inzwischen ein bißchen beruhigt?»

Irgendwann kommt der Moment, in dem die Leute einem das kindische Getue nicht mehr abkaufen und einen auf die Probe stellen – der Moment, in dem man akzeptieren muß, daß man nicht einzigartig ist und nicht allen etwas vormachen kann. Ich war noch nicht in diesem Alter. Als der Mann mich ansprach, beobachtete ich ihn neugierig. Es war, glaube ich, das erste Mal, daß jemand mich fast wie einen Erwachsenen behandelte.

«Deine Mama sieht müde aus», fuhr er fort, und ich schaute rasch wieder aufs Meer. «Ist sie das?»

«Sie ist immer müde», sagte ich unwillkürlich. Die ständige Müdigkeit meiner Mutter ging mir auf die Nerven, und ich machte sie dafür verantwortlich, ebenso wie ich ihr die Schuld daran gab, daß sie so häufig ein blaues Auge hatte. Hätte ich meinen Vater wenigstens ein bißchen geliebt, hätte ich ihr vielleicht nicht die ganze Schuld gegeben. Die Gefühle der Ohnmächtigen sind nicht immer logisch.

«Vielleicht muß sie über einiges nachdenken», sagte der Mann. «Zum Beispiel, warum sie kleinen Jungs kein Eis kaufen kann.»

«Wir essen immer Eis, wenn wir hier sind», erwiderte ich sofort. «Jedesmal.» Das stimmte, und was mich anging, so war es der Hauptgrund für die Reise. Ich war nicht bloß ein unersättlicher kleiner Junge; das Eis symbolisierte für mich etwas, das ich in dem Alter noch nicht in Worte fassen konnte. Zweimal im Jahr verbrachten wir ein Wochenende ohne meinen Vater – jeweils zwei Tage, an denen er nicht bei uns war und uns zwang, die Welt so zu sehen wie er: eng, dunkel und kalt. Wohin mein Vater auch blickte, überall sah er Dämonen und verborgene

Geister mit üblen Absichten. Er hätte Den Spalt ziemlich gut verstanden, aber erst, nachdem es dort so seltsam geworden war – das Leben als Illusion, die das Grauen umhüllte und uns daran hinderte, die Wahrheit zu erkennen. Normalerweise war all das während der Wochenenden, die meine Mutter und ich am Meer verbrachten, weit weg. Aber an diesem Tag schien es mir, als laste der Schatten meines Vaters immer noch auf uns.

«Manchmal kann man nicht alles bekommen, was man haben will», meinte der Mann, und diese Binsenweisheit brachte mich sofort auf die Palme.

«Hat mein Vater Sie geschickt?» fragte ich kurz angebunden und funkelte ihn an. Mein Tonfall verblüffte ihn, und er schien mich jetzt mit anderen Augen zu sehen. «Ich kriege nicht, was ich will, weil ich ein Kind bin, und wenn ich es nicht mehr will, bin ich erwachsen. Stimmt's?»

«Erzählt er dir so etwas?»

«Ja. Und noch vieles andere.» Ich war drauf und dran, ihm ein paar Dinge zu verraten, zum ersten Mal jemandem zu verraten, wie mein Leben wirklich war. Ich hatte damals keine Freunde, denn wir mußten wegen der ständigen Arbeitssuche meines Vaters immer wieder umziehen. Wir hatten schon den größten Teil von Virginia abgeklappert – ohne jeden Erfolg. Mein Vater war durchaus nicht faul. Eines seiner am häufigsten wiederholten Glaubensbekenntnisse besagte, daß ein Mann ohne Arbeit bestenfalls noch als Tierfutter tauge. Er war stets mit irgend etwas beschäftigt, aber ihm fehlten Ehrgeiz und Lebensfreude, und sein Haß auf die Welt verzehrte ihn allmählich. Wenn er im Sessel saß, konnte ich manchmal sehen, wie seine Hände zitterten, als bringe seine Zerstörungswut seinen ganzen Körper zum Vibrieren. Wenn er Arbeit fand, dauerte es in der Regel eine Woche, bis er ausflippte und wieder rausgeschmissen wurde, weil er sich mit jemandem geprügelt oder in volltrunkenem Zustand randaliert hatte. Ab und zu, wenn es den Anschein hatte, als würden wir länger als ein paar Tage in derselben Stadt bleiben, gab es bei uns eine kleine Feier. Meine Mutter versuchte stets, die schönen Momente hervorzuheben, da sie hoffte, sie dadurch verlängern zu können. Sie kochte jedesmal ein besonderes Essen und legte neben jeden Teller ein kleines Geschenk, das sie in einem Ramschladen sorgfältig ausgesucht hatte. Ich verabscheute diese Feiern, weil sie so verlogen waren und weil sie die Vergeblichkeit und Ohnmacht ihrer Liebe zu uns deutlich machten.

Selbst beim Auspacken des neuen Stifts oder der kleinen bunten Schachtel dachte ich nur an die Geschenke, die ich früher bei solchen Gelegenheiten bekommen hatte. In den folgenden Tagen erkundete Mom jedesmal voller Begeisterung die Stadt und suchte nach einer passenden Schule für mich, aber zwei Wochen später waren wir schon wieder unterwegs.

Ich war mit anderen Kindern immer nur einige Tage oder höchstens ein paar Wochen zusammen, dann verschwanden sie auf Nimmerwiedersehen aus meinem Leben. Meine Mutter sprach mit mir, als wäre ich ein kleines Kind, denn nur solange sie sich diesen Glauben bewahrte, konnte sie durchhalten; und ihre Eltern, bei denen wir wohnten, wenn wir am Meer waren, hatten keine große Lust, mit dem Sohn ihres Schwiegersohns zu sprechen.

Aber ich verriet dem alten Mann keine Silbe, sondern heulte still vor mich hin. Der Damm war bereits zu stark. Ihn einzureißen wäre mir wie Verrat vorgekommen. Wie alle Menschen wollte ich glücklich sein, und ich begriff wohl, daß mich gewisse Gedanken, wenn ich sie ans Tageslicht kommen ließ, für alle Zeiten unglücklich machen würden.

«Er hat unrecht», sagte der alte Mann plötzlich. «Er hat ganz furchtbar unrecht.» Mein Herz machte einen Satz, als ich hörte, wie ein Erwachsener das aussprach, was ich aus tiefster Seele glaubte. Ich rieb mir die Augen und schwieg weiter.

«Wenn man älter wird, kommt einem manches nicht mehr so wichtig vor», fuhr er fort, den Blick ruhig auf die Leute am Wasser gerichtet. «Vor ein paar Jahren bin ich vielen Dingen hinterhergejagt. Inzwischen weiß ich nicht einmal mehr, warum. Aber ich bin alt und werde bald sterben, also achte nicht auf das, was ich sage.» Ich rutschte verlegen hin und her, und er lachte. «Was willst du machen, wenn du groß bist, Junge?»

«Ich werde einen Job haben», sagte ich, und er nickte. Vielleicht begriff er, was ich meinte, vielleicht auch nicht.

«Und was ist mit Eiskrem?»

«Ich werde tonnenweise Eiskrem essen», erklärte ich ernsthaft und voller Entschlossenheit. «Jeden Tag werde ich Eis essen, und zwar mehrere Sorten, und ich werde mir Riesenportionen mit Nüssen und Soße holen.» Er fing an zu lachen, hörte aber auf, als er das Leuchten in meinen Augen sah. «Ganz bestimmt.»

«Ich hoffe, du behältst recht», sagte er. «Das hoffe ich wirklich. Als ich so alt war wie du, habe ich für mein Leben gern Liebesäpfel gegessen. Magst du Liebesäpfel?» Er hob fragend eine Augenbraue, aber ich wußte es nicht. Ich hatte schon welche gesehen, aber noch nie einen gegessen. «Sie schmecken toll. Vielleicht sogar besser als Eiskrem, aber ich muß zugeben, daß mir die Entscheidung, was leckerer ist, schwerfällt. Meine Mama ist immer mit mir zum Jahrmarkt gegangen, wenn er in unserer Stadt war, und hat mir jedesmal einen Apfel gekauft. Sie waren unheimlich hart, und ich mußte zum Abbeißen immer die starken Backenzähne benutzen, denn die anderen wären in kleine Stücke gebrochen.» Ich lächelte darüber, und er grinste. Plötzlich sah ich unter der Papierhaut jemanden in meinem Alter – jemanden, mit dem ich herumtoben und spielen konnte.

«Zähne zerbrechen nicht», sagte ich. «Sie sind härter als Steine.»

«Mag sein, aber ich wußte es damals nicht besser. Und ich habe allen erzählt, ich würde mir jeden Tag einen Liebesapfel kaufen, wenn ich erwachsen wäre, und jeden Abend lange aufbleiben und so lange fernsehen, bis ich viereckige Augen hätte, und niemand würde mich davon abhalten können. Ich dachte, das sei der Sinn und Zweck des Erwachsenseins.»

Eine Zeitlang schwieg ich, weil ich spürte, daß eine schlechte Nachricht bevorstand, irgendeine Enthüllung, die ich nicht beschleunigen wollte. Meine Mutter saß immer noch am anderen Ende der Bucht. Ein Schatten, den die späte Nachmittagssonne warf, kroch über die Steine auf sie zu.

«Was ist passiert?» fragte ich schließlich.

«Ich bin erwachsen geworden», sagte er und schien es dabei belassen zu wollen.

«Und? Was dann?»

Der Blick des Mannes wirkte entrückt. «Ich bin lange aufgeblieben, ich habe ferngesehen und ein ziemlich gutes Leben gehabt. Aber ich glaube, ich habe seit über vierzig Jahren keinen Liebesapfel mehr gegessen.»

«Wieso nicht?»

«Man vergißt solche Dinge», sagte er achselzuckend.

«Ich nicht. Ich werde alles tun, was ich mir vorgenommen habe. Alles, und zwar immerzu, und niemand wird mich daran hindern.»

«Gut. Ich hoffe, du behältst recht. Im Gedächtnis zu behalten, was man will, ist nicht die schlechteste Art zu leben. Behalt es im Gedächtnis, mein Sohn, tu, was du willst, und sorg dafür, daß dir niemand in die Quere kommt. Versuch, die Welt nach deinen Vorstellungen zurechtzubiegen, solange du noch Zeit dazu hast.»

Er blieb noch ein paar Minuten sitzen und sah plötzlich noch älter und entrückter aus, und dann stand er bedächtig auf und reckte sich.

«Gehen Sie jetzt?» fragte ich.

«Ja. Hör zu. Da auf dem Stein neben dir liegen fünf Dollar. Nimm sie und mach damit, was du willst. Aber dann geh zu deiner Mutter und vertrag dich wieder mit ihr. Okay?»

«Okay.» Ich schaute grinsend zu ihm hoch und blinzelte ins Sonnenlicht.

Dann dreht er sich um, kletterte vorsichtig über die Steine, und ich schaute ihm nach, bis er verschwunden war. Ich warf einen Blick auf die Stelle, an der er gesessen hatte, und dort lag tatsächlich ein mit einem Kieselstein beschwerter Fünfdollarschein. Ich betrachtete ihn eine Weile, dann hob ich ihn auf, kaufte mir aber kein Eis. Statt dessen lief ich zu meiner Mutter und steckte den Schein, als sie einmal wegschaute, in ihre Handtasche. Sie achtete sorgfältig auf ihr Geld, und sie bemerkte ihn bestimmt sehr bald, aber sie verlor kein Wort darüber. Oder vielleicht doch, denn als wir auf der Fahrt nach Hause in Williamsburg umstiegen, bestellte sie sich in der Cafeteria des Busbahnhofs nicht nur ein Mineralwasser, sondern auch einen Kaffee, und als ich von der Toilette zurückkam, stand eine kleine Schale Eis für mich auf dem Tisch. Das war typisch Mom. Sie wußte immer, wie sie etwas sagen konnte, ohne den Mund aufzumachen.

Ich habe oft über den alten Mann nachgedacht – und darüber, daß eine beiläufige Unterhaltung das Leben eines Menschen auf unvorhersehbare Weise beeinflussen kann. Bieg die Welt zurecht, hatte er gesagt, gib dich nicht mit weniger zufrieden, als du haben willst, und spreng ein Loch in jede Mauer, die dir im Weg steht. Mit diesem Grundsatz ausgerüstet, hätten viele Menschen ihr Leben so gestalten können, daß sie am Ende eine Art Frieden erreicht hätten. Es war ein guter Ratschlag.

Der Mann hatte ihn bloß der falschen Person gegeben.

Um zwei Uhr morgens war ich wieder auf der 8 und torkelte in Richtung von Howies Kneipe. Während ich in einer Bar auf der 30 gesessen hatte, war mir plötzlich Mals Leiche wieder eingefallen, und zwar dank einer Reihe wurmähnlicher Kreaturen, die über die Theke auf mich zumarschierten und kleine Schilder hochhielten. «MAL IST TOT», stand auf einem, «SIEHT INZWISCHEN WAHRSCHEINLICH ZIEMLICH EKLIG AUS», auf einem anderen. Als ich näher hinschaute, sah ich, daß es sich bei den Würmern in Wirklichkeit um Reserven handelte, die auf den Überresten ihrer Gliedmaßen vorwärts humpelten und krabbelten. David war unter ihnen und ebenso Nanune. Der Mensch, der Rapt erfunden hat, muß ziemlich viel Humor gehabt haben. Ich hatte eine relativ geringe Dosis genommen, weil ich nicht wußte, wieviel ich nach jahrelanger Abstinenz vertragen konnte. Aber ich stellte fest, daß ich wesentlich mehr vertragen hätte. Mir fehlten ein paar Stunden, doch das war alles. Ich war benommen und halluzinierte, aber ich wußte noch, wo ich war: in einer besonders üblen Bar auf einer gefährlichen Etage. Mein Hemd war feucht von dem Whiskey, der nicht wie geplant in meinem Mund gelandet war, ich hatte stechende Kopfschmerzen, und eine nackte, todkranke Fünfzehnjährige schüttelte auf dem Nachbartisch ihren ausgemergelten Körper in meine Richtung. Außer mir saß niemand in ihrer Nähe, und ich hatte sie bisher nicht einmal bemerkt. Alle anderen Gäste in der Kneipe machten den Eindruck, als seien sie voll auf Oprah, denn sie laberten jeden, der bereit war zuzuhören, mit ihrer Lebensgeschichte voll und waren so sehr mit sich selbst beschäftigt, daß sie kaum noch wußten, ob es Tag oder Nacht war.

Hier wollte ich nicht bleiben. Ich war dabei, mit rasanter Geschwindigkeit abzustürzen, hatte aber nicht so viel Rapt intus, daß es mir egal war.

Ich bezahlte meine Rechnung beim Barkeeper, der häßlicher war als drei Sorten gequirlte Scheiße in einer kackbraunen Tüte. Weitere sechzig Dollar futsch. Nachdem ich auf den Boulevard hinausgetaumelt war, verbrannte ich mir die Finger bei dem Versuch, mir eine Zigarette anzuzünden, die ich aus einer beinahe leeren, vermutlich mir gehörenden Packung geholt hatte, und starrte verblüfft die sich bewegenden Gestalten vor mir an. Die meisten konnte ich bei näherem Hinsehen als ungefährlich einordnen, und ich schleppte mich, so gut es ging, zu einer Herrentoilette. Drinnen tupfte ich die Flecken auf meinen Sachen ab, spülte mir den Mund aus und betrachtete mich im Spiegel. Die Wirkung des Rapt ließ langsam nach, und der Geräuschnebel in meinem Kopf hatte sich so weit gelichtet, daß nur noch ein Schleier übrig war. Ich beschloß, daß ich mich hinauswagen konnte, und lachte mich selber gekünstelt an. Die sachliche Feststellung, wie fertig ich war, erinnerte mich stärker an die alten Zeiten, als ein Besuch auf einem Polizeirevier es getan hätte.

Ich fuhr in einem Nahverkehrslift runter zur 8, lief dort mit unsicheren Schritten die Hauptstraße entlang und wurde andauernd von nüchternen Menschen angerempelt. Weil ich innerlich auf der Grenze zwischen Anteilnahme und Teilnahmslosigkeit balancierte, war es mir unmöglich, mit der Entscheidung, was ich tun sollte, voranzukommen. Eine der Wirkungen von Rapt besteht darin, daß man an einen Ort zwischen den Alternativen versetzt wird, wo alles und nichts von Belang ist und wo man sich nur verstecken kann. Wenn man einmal dort ist, behaglich und leblos, will man nie mehr weg. Ich kam an zwei jungen Leuten vorbei, die engumschlungen an einer Ecke standen und sich schmatzende Küsse gaben. Das Geräusch erzeugte kleine gelbe Funken vor der ockerfarbenen Kulisse aus Gemurmel. Entweder konnte ich ein Gespräch hören, das mehr als einen Kilometer entfernt stattfand, oder aber mein Gehirn dachte es sich aus und brummelte mißmutig vor sich hin. Es war, wie nicht anders zu erwarten, kein besonders interessantes Gespräch. Ich spürte auch einen Anflug unbestimmter Angst, aber das störte mich nicht. Die Angst ist eine gute alte Bekannte von mir.

Ich war ein paar Straßen von Howies Kneipe entfernt, als ich plötzlich merkte, daß ich vor einem Gebäude kauerte, ohne mich erinnern zu können, wie es dazu gekommen war. Ich schaute hoch und sah die Gesichter der Passanten, die mich leicht belustigt anstarrten. Während ich schwer und zittrig ausatmete, wurde mir klar, daß meine Hand in meiner Jacke steckte und meine Pistole umklammerte. Vielleicht hätte mich das beruhigen sollen, weil es mir verriet, daß meine Reflexe wundersamerweise immer noch intakt waren. Aber das tat es nicht. Statt dessen fühlte ich mich um so elender. Eine Weile hörte die Straße um mich herum auf zu existieren, und ich rutschte instinktiv noch weiter an der Mauer herunter, während gleichzeitig mein Herz laut zu pochen begann und Schweißtropfen wie aus dem Nichts auf meiner Stirn und meinem Hals auftauchten. Das Blattwerk an der Decke schob sich zur Seite, der Himmel dahinter verfinsterte sich, und an den Rändern loderten orangefarbene Flammen. Ich hörte Geräusche, entfernte Schreie und eine Sirene, und es dauerte ein paar Sekunden, bis ich begriff, daß sie aus dem Inneren meines Kopfes kamen. Dann merkte ich, daß ich immer wieder ein und denselben Satz vor mich hin murmelte: irgend etwas über Fensterspringen und über einen Berg.

Ich stand unsicher auf, gelangte zu dem Schluß, daß die Rapt-Dosis vielleicht doch nicht so schwach gewesen war, und schleppte mich um die nächste Ecke – auf der Suche nach einem Bier, um die Wirkung abzuschwächen. Mir wurde bewußt, daß ich hungrig war und seit zwei Tagen nichts mehr gegessen hatte. Auf dem Rest des Weges stellte ich mir siebzehn verschiedene Cheeseburger vor, ausgehend von drei Variablen:

den Gewürzen, der relativen Menge an Salatblättern, Gurken, Tomaten und Zwiebeln und der Anzahl der Hackfleischscheiben, bis maximal drei Stück. Als ich bei Howies Kneipe ankam, war ich fest entschlossen, sie alle auf einmal zu bestellen.

Howie stand an der Bar, betrachtete wohlwollend die zahlreichen Gäste und hörte der Band zu, die in einer Ecke spielte. Dieses eine Mal war ich zu einem Zeitpunkt eingetroffen, in dem der Laden voll war. Es kam mir so vor, als brauchte ich ewig, um durch die dichtgedrängte Menge aus schwitzenden, lärmenden Menschen hindurch zur Bar zu gelangen, aber ich ließ Howie keine Sekunde aus den Augen. Vor ihm lag ein großes Stück Käse, und daneben stand ein Glas mit eingelegten Peperoni; er schnitt Scheiben vom Käse ab und benutzte sie als Unterlage, auf die er mehrere Löffel Peperoni häufte. Jedesmal wenn er diesen Vorgang abgeschlossen hatte, schob er sich das Ergebnis in den Mund und fing dann sofort wieder von vorn an. Er machte das schnell und konzentriert wie unter Wettkampfbedingungen, und es brachte mich schier um den Verstand.

Er musterte mich von oben bis unten, als ich an der Bar ankam. «Den Wagen schon gekauft?»

«Nein», sagte ich geduldig und bestellte mir beim Barkeeper mit einer Handbewegung ein Bier.

«Dachte ich mir schon», meinte Howie, den Mund voller Käse. «Und du kannst mich ruhig anschauen, ich habe deine Pupillen gleich gecheckt, als du reinkamst. Wieder ganz der alte. Brauchst du noch 'n Päckchen, Jack?»

«Nein», sagte ich. Ich begann, an dem Wort Gefallen zu finden. Es schien meinen gegenwärtigen Bedürfnissen voll und ganz zu entsprechen. Gerade wollte ich einen Schluck von meinem Bier trinken, als mir plötzlich vor Überraschung der Kiefer runterfiel. «Was machen Sie denn hier?»

Ich sprach eine Frau an, die, wie mir jetzt erst aufgefallen war, dicht hinter Howie an der Bar saß. Abgesehen davon, daß sie ein rotes Kleid statt eines blauen trug, war sie genau so angezogen wie bei unserer ersten Begegnung. Es war die Frau, die ich bei meiner Ankunft in New Richmond auf der Damentoilette getroffen hatte. Das Wiedererkennen wurde durch den Umstand erleichtert, daß sie gerade das gleiche tat wie neulich. Sie war damit beschäftigt, eine Line auf einem Spiegel zurechtzuschieben, und deshalb antwortete Howie an ihrer Stelle.

«Das ist Nearly. Eine Angestellte von mir.»

Ich fragte nicht, in welcher Funktion, sondern erinnerte mich an den Schluß, zu dem ich letztes Mal gekommen war. Sie schaute hoch, zwinkerte mir zu, und das schwache Glitzern in ihrem rechten Auge bewies, daß ich recht gehabt hatte. Es erinnerte mich auch daran, wie attraktiv ich sie gefunden hatte, und in diesem Punkt hatte ich mich ebenfalls nicht getäuscht.

«Hi», sagte ich, und Howie lachte.

«Jack ist nicht gerade ein besonders geistreicher Plauderer», sagte er kopfschüttelnd, holte dann etwas aus seiner Tasche und warf es auf die Theke. «Und auch kein besonders verläßlicher Lieferant.»

Ich nahm den Gegenstand in die Hand und musterte ihn. Es war der RAM-Chip, den ich ihm gestern verkauft hatte; in meinem jetzigen Zustand nahm ich ihn allerdings ganz anders wahr. Ich glaubte, unter dem Plexiglas alte Datenströme erkennen zu können, Einsen und Nullen, die hin und her schnellten. «Was ist damit nicht in Ordnung?»

«Möglicherweise gar nichts. Aber das ist kein RAM.»

«Scheiße», sagte ich. «Dann schulde ich dir Geld.» Ich hatte noch etwa hundert Dollar übrig, die zusammengeknüllt in drei verschiedenen Taschen steckten. «Ich zahle es dir zurück», fügte ich kleinlaut hinzu und nahm den Chip wieder an mich.

Howie verwarf das Angebot mit einer Handbewegung, und ich kam mir total mies vor. Eigentlich hätte ich mir über die Reserven Gedanken machen sollen, aber statt dessen war meine einzige Sorge, daß ich vor einem von Howies Mädchen wie ein Idiot dastehen könnte. Ich war in letzter Zeit vermutlich zu wenig unter Menschen gewesen. Das Mädchen schien zwar nichts gegen mich zu haben, aber wahrscheinlich war sie auch so vollgekokst, daß sie sogar dachte, Ebola sei etwas Tolles gewesen.

«Ein Typ hat nach dir gefragt, Jack», sagte Howie und schraubte den Verschluß auf das Peperoni-Glas.

Ich runzelte die Stirn. «Wer?»

«Keine Ahnung. Hat sich nicht vorgestellt. Ein Hüne mit blauen Lichtern im Kopf.» Howie wirkte besorgt. «Sah nicht gerade aus, als brächte er gute Nachrichten.»

Ich mußte an den Dealer draußen im Portal denken, der die Leiche des Killers versteckt hatte. Ohne ersichtlichen Grund fröstelte ich plötzlich. «Was wollte er?»

«Dich sprechen. Er hat ein Paket dagelassen.» Mit einem kurzen Kopfnicken gab er dem Barkeeper ein Zeichen, der daraufhin unter die Theke griff und einen mittelgroßen Pappkarton hervorholte. Er stellte ihn auf die Theke, und ich starrte ihn an.

«Toll. Ein Geschenk», sagte Nearly mit träger, aber lauter Stimme. «Wollen Sie es nicht aufmachen?»

«Wo ist Suej?» fragte ich.

«Im Lagerraum», erwiderte Howie. «Sie ißt gerade einen Teller rote Bohnen mit Reis.»

«Hast du kürzlich nach ihr geschaut?»

«Nein, wieso? Stimmt was nicht?»

Ich nahm den Karton und ging rasch in eine ruhigere Ecke der Bar. Er war schwer und mußte etwas Kompaktes enthalten. Während ich ihn öffnete, hörte ich, wie Howie im Hintergrund Dath den Befehl gab, nach Suej zu schauen. Die Zeit schien plötzlich zu rasen und auf etwas zuzustreben, das ich noch nicht erkennen konnte.

Ich öffnete den Karton.

«Ach du Scheiße», sagte Howie, der inzwischen hinter mir stand. Howie hat in seinem Leben schon einiges zu Gesicht bekommen, aber so hatte seine Stimme noch nie geklungen. Als Nearly seinen Tonfall hörte, erhob sie sich schwankend von ihrem Barhocker und kam zu uns herüber.

Ich schloß mit zitternden Händen den Deckel des Kartons. Es gibt vieles, das man nicht sehen will, wenn man auf Rapt ist. Das hier war etwas, das man in keinem Zustand sehen will. Etwas so Unnötiges, so Unentschuldbares, daß meine Augen bei dem Anblick wie durch einen starken Windzug auszutrocknen schienen.

Es war Nanunes Kopf.

Howie starrte den Karton mit offenem Mund an. Dann drehte er den Kopf langsam in meine Richtung. «Wer zum Teufel ist das?»

«Eine der Reserven. Ein Mädchen, das während seines ganzen erbärmlichen Lebens nie jemandem etwas zuleide getan hat.» Ohne zu wissen, was ich tat, versetzte ich einem der Tische einen Fußtritt, so daß er quer durch den Raum flog. Dadurch wurde ich ganz ruhig, vibrierte aber innerlich vor Mordlust. Die halbe Kneipe guckte mich an und fragte sich, ob ich ein gefährlicher Irrer war oder bloß ein avantgardistischer Komiker. «Wollte das Arschloch noch mal wiederkommen?»

Howie schüttelte, immer noch fassungslos, den Kopf. «Nein, Gott sei Dank nicht.»

«Dann werde ich ihn suchen gehen», sagte ich, leichtsinnig geworden durch meine Wut und meine Schuldgefühle. Es gibt Momente, in denen der Verstand auf Urlaub geht, weil ihm klar wird, daß ein Reptiliengehirn gefragt ist. Der Mann mit den blauen Lichtern hatte die Reserven, und er würde sie umbringen. Warum, wußte ich nicht. Aber es stand fest, daß er es tun würde, und wahrscheinlich hatte er auch Mal umgebracht. Mehr brauchte ich nicht zu wissen.

«Jack?» Ich drehte mich um und sah, wie Suej auf mich zurannte, gefolgt von Dath.

«Bring den Karton weg», zischte ich Howie zu. Aber Suej hatte ihn bereits gesehen, und sie wußte, was für ein Gesicht ich machte, wenn etwas Schlimmes passiert war.

«Was ist da drin?» fragte sie.

Plötzlich schrie draußen jemand, und dann stürzte Paulie durch die Eingangstür und griff im Laufen in seine Jacke.

«Howie!» rief er aufgeregt. «Es gibt Ärger.»

«Wer?»

«Vier von Vinaldis Männern.»

«Na und? Er hat sein Geld schon gekriegt.»

«Ich glaube nicht, daß sie kassieren wollen.» Paulis Blick schwenkte kurz zu mir herüber. «Sie sind aus einem anderen Grund hier.»

Howie wollte gerade fragen, was zum Teufel ich jetzt schon wieder angestellt hatte, als das vordere Fenster der Bar zerbarst und Buntglas-Krümel auf die in der Nähe sitzenden Gäste regneten. Wie in Zeitlupe packte ich Suej, zog sie an mich und schob sie so weit herum, bis mein Körper zwischen ihr und der Tür war. Ich sah, wie Howie und Dath großkalibrige Pistolen zückten, und ich bemerkte Nearly, die mit offenem Mund dastand – allein in einem Moment der Wahrheit. Es gibt im Leben Schlimmeres als den Alltag, und jetzt bekam sie eine Kostprobe davon. Ich packte auch sie und zog sie zu mir herüber.

«Haut ab», brüllte Howie. «Hinten raus.»

Das letzte Wort wurde von dem Krachen übertönt, mit dem das andere große Fenster in Scherben ging. Draußen auf der Straße, in zehn Meter Entfernung, hatten sich Vinaldis Männer in einer Reihe aufgebaut. Sie genossen ihren Auftritt sichtlich und waren so konzentriert wie Kinder, die ihr Lieblingsspiel spielen. In der Kneipe herrschte Chaos, die Leute schrien panisch und versuchten, möglichst aus der Schußlinie zu bleiben.

«Vergiß es», sagte ich. «Das hier ist mein Problem.»

Howie drehte sich zu mir um. «Lauf einfach weg, nur dieses eine Mal. Und nimm Nearly mit.» Er stieß mir die Faust heftig gegen die Brust, ehe er sich umdrehte und sich gemeinsam mit Dath einen Weg zum Eingang bahnte, um Paulie zu unterstützen. Beim Anblick der drei wurde mir klar, daß sie auf mich verzichten konnten. Ich packte Suej am Arm.

«Kommst du mit?» fragte ich Nearly.

«Und ob», sagte sie, die Augen immer noch auf die Männer draußen gerichtet. «Ich bin überhaupt nicht scharf drauf, die kennenzulernen.»

Ich drängelte mich an hysterischen Menschen vorbei und zerrte Suej hinter mir her. Nearly folgte uns mit trippelnden Schritten. Im Lagerraum bückte ich mich und sammelte in Windeseile unsere paar Sachen ein.

«Wie kommt man hier raus?»

Nearly zuckte die Achseln. «Was weiß ich. Glaubst du, ich hänge hier dauernd rum und halte ein Schwätzchen mit den Tomaten?»

Sie war keine große Hilfe, und ich hätte es ihr beinahe gesagt, aber dann zeigte Suej auf eine Ecke. «Da drüben ist eine Tür, hinter den Kisten.»

Ich öffnete sie vorsichtig, meine Pistole in der Hand. Niemand da. Ich streckte den Kopf raus, um festzustellen, ob der Lieferanten-Flur leer war, ging dann nach draußen und machte den Mädchen energische Handzeichen.

Fünfzig Meter gerader Flur, dann eine Biegung hinter einem Hamburger-Restaurant. Ich hatte mir keinen der siebzehn Cheeseburger bestellt, aber die meisten Varianten hatte ich sowieso vergessen. Ein andermal. Der Nebenflur mündete in eine gewundene Straße, die durch eine Einkaufszone führte. Die meisten Läden waren geschlossen, und wir hasteten an vollgestopften Schaufenstern vorbei. Ich fragte mich, wohin wir eigentlich wollten. Als erstes mußten wir von der Etage wegkommen, aber was dann? Mals Wohnung schied aus – der Typ mit den blauen Lichtern wußte, wo sie war.

Was, wenn Nanune nicht die erste gewesen war? Ich hing zwar an ihr und liebte sie sogar auf eine gewisse Art, aber ich hatte weitaus mehr Zeit mit Suej, David und Jenny verbracht. Wenn ihnen etwas zustieß, würde ich mir das niemals verzeihen können.

Die Einkaufsstraße endete an einem Boulevard, und ich schlängelte mich zwischen schlendernden Fußgängern hindurch bis zur anderen Seite. Hinter uns hatte ich keine Schritte gehört, und ich ging davon aus, daß Vinaldis Männer, da sie nicht so schlau gewesen waren, die Hintertür zu bewachen, so weit entfernt niemanden mehr postiert hatten.

Irrtum. Als wir die andere Straßenseite erreichten, hörte ich einen Schuß, und eine Kugel pfiff dicht an uns vorbei. Nearly kreischte, und ich zerrte die beiden in eine Seitengasse. Allein war ich schon oft in solchen Situationen gewesen, aber noch nie in weiblicher Begleitung. Ich erwog, eine von den beiden loszulassen und meine Pistole zu ziehen, entschied dann aber, daß Geschwindigkeit die bessere Alternative war. Schritte hallten hinter uns durch die Gasse, und der Typ rief mehrmals meinen Namen. Das war merkwürdig, es sei denn, er sollte mich lebend schnappen. Das hätte mich beruhigen müssen, tat es aber nicht. Ich wollte überhaupt nicht geschnappt werden.

Am Ende der Gasse eine kurze Straße. An deren Ende ein Fahrstuhl. Keine Schlange davor und die Türen weit geöffnet – dieses eine Mal schien Gott auf meiner Seite zu sein. Heftiges Keuchen rechts und links von mir; Nearlys hohe Absätze waren nicht gerade von Vorteil. Als wir in die Straße einbogen, rief ich den Mädchen zu, sie sollten sich ducken. Die Kurven in der Gasse hatten uns vor Schüssen geschützt. Jetzt hatte der Typ freie Sicht. Wir liefen tiefgebückt die Straße hinunter, die Fahrstuhltüren waren jetzt verführerisch nahe. Eine weitere Kugel pfiff an uns vorbei und landete in der Metallverkleidung der Fahrstuhlwand. «Rein mit euch», brüllte ich. Sie sprangen in die Kabine, und ich drehte mich um und schaute den Mann an. Er war noch ein Stückchen entfernt und verlangsamte sein Tempo. Den Lauf seiner Pistole hielt er nach oben gerichtet. «Randall», brüllte er, «du hast keine Chance zu entkommen.»

«Man hat immer eine Chance», murmelte ich und zog meine Waffe. Der Typ war inzwischen etwa zehn Meter von mir entfernt stehengeblieben. «Du kannst mich nicht aufhalten. Er will mich lebend.»

«Es reicht ihm schon, wenn ich ihm deine Leber bringe», sagte der Mann, aber ich wußte, daß er log. Denn andernfalls hätten wir diese Unterhaltung nicht geführt. «Weg vom Fahrstuhl, sonst schieß ich dir die Eier ab. Die beiden Miezen können verschwinden – die werden nicht gebraucht.»

Nearly streckte den Kopf aus der Tür. «Verpiß dich, du Schlappschwanz», rief sie vergnügt. Sie ist keine große Hilfe, dachte ich zum zweiten Mal. Einen Gangster in seiner Männlichkeit zu beleidigen ist etwa so, als würde man eine Klapperschlange mit einem Stock piksen.

Der Typ zielte auf meinen Kopf, denn offenbar hatte er sich entschlossen, später einfach zu behaupten, ich hätte zuviel Widerstand geleistet. Ich spannte den Hahn meiner Pistole und trat rückwärts zum Fahrstuhl. Dabei schaute ich dem Mann in die Augen und sah, wie er überlegte.

«Drück auf einen Knopf», flüsterte ich, während ich weiterhin auf ihn zielte. Ich hörte ein Klicken hinter mir, blieb aber noch einen Moment stehen – und machte dann schnell einen Schritt nach hinten. Ich hatte mich keine Sekunde zu früh bewegt: Die Türen schlossen sich blitzschnell vor mir und hätten mir beinahe die Hände zerquetscht – und der Typ blieb mit offenem Mund und verblüffter Miene zurück.

Kein besonders schlauer Trick, aber der Mann war auch nicht besonders schlau gewesen.

Einigermaßen zufrieden mit mir drehte ich mich um und stellte fest, daß ich in einem Wald stand. Das Licht im Fahrstuhl wurde erst konzentrierter und dann diffuser, bis es nur noch ein entferntes blaues Schimmern war, das man durch die Bäume kaum sehen konnte. Es war kalt, und dennoch hatte ich ein unangenehm klammes Gefühl, als befände ich mich in einem Schneesturm und wäre zu dick angezogen.

Nein, dachte ich, ängstlich wie ein kleines Kind. Das glaube ich nicht. Ich kann unmöglich wieder hier sein.

Ich wirbelte herum und merkte, daß sich der Wald in alle Richtungen erstreckte – kalt, feucht und stinkend. Das schwache Licht war nicht verläßlich, manchmal schien es dazusein, manchmal nicht. Die Borke an den Bäumen rann wie ein Bach die Stämme hinunter, und die Furchen an ihrer Oberfläche rieben sich mit schleimigen, schlürfenden Lauten aneinander. Oder vielleicht kam das Geräusch von dem Schweiß, der wie eine Armee aus winzigen, glibberigen Lebewesen über meine Haut kroch. Niemand war zu sehen, und ich schluckte beklommen, denn ich hatte das Gefühl, in den Mittelpunkt der Erde zu stürzen. Ich war von meiner Einheit abgeschnitten, die anderen waren zwischen den Bäumen verschwunden und kämpften auf die einzig mögliche Art, das heißt, sie rannten vor Entsetzen schreiend um ihr Leben. Bestimmt hatten sie mich längst als verschollen abgeschrieben, genau wie so viele andere. Ich schaute nach unten, weil ich ein Rascheln hörte, und entdeckte breit grinsende Gesichter in den Blättern, die sich um meine Beine wanden, und dann –

Dann war ich wieder im Fahrstuhl und hörte lediglich ein schwaches Rauschen, während wir aufwärts rasten. Der Fahrstuhl war hell erleuchtet und hatte Wände aus Glas. Ein ganz normaler Fahrstuhl. Nearly betrachtete mich mißtrauisch.

«Alles okay, Tarzan?» fragte sie mit leicht geneigtem Kopf. Wie üblich schien sie sich ein bißchen über mich lustig zu machen.

«Ich weiß nicht», krächzte ich und blickte nach rechts und links, um zu überprüfen, ob alles so war, wie es schien.

«Du sahst eben ziemlich weggetreten aus. Ich würde dir ja eine Line Koks anbieten, aber du bist anscheinend schon merkwürdig genug drauf.»

«Ein Flashback», sagte ich erschaudernd. Einer der eindringlichsten, die ich je gehabt hatte. Ich zündete mir mit zitternden Händen eine Zigarette an und zog kräftig, um soviel Rauch wie möglich in meine Lungen zu pumpen. Ich fühlte mich wirklich grauenvoll, und Suej starrte mich mit einem seltsamen Blick an.

«In xPress-Fahrstühlen ist das Rauchen nicht gestattet», erklärte eine Droiden-Stimme, und Nearly rollte mit den Augen.

«Maul halten», verlangte ich und nahm einen weiteren tiefen Zug. Ich würde diese Zigarette rauchen, und wenn es mein Tod wäre. Der Lift hielt sofort zwischen zwei Etagen an.

«Wir fahren so lange nicht weiter, bis Sie die Zigarette ausgemacht haben», sagte die Stimme beleidigt. «Rauchen gefährdet die Gesundheit, es verursacht Krankheiten und kann zum Tode führen. Außerdem stinkt es.»

«Was kümmert dich das?» fragte Nearly und zündete sich aus reiner Aufsässigkeit ebenfalls eine an. «Du hast doch gar keine Lungen.»

«Nein, aber die Fahrgäste, die nach Ihnen kommen, haben welche, vor allem diejenigen aus den oberen Etagen. Bitte stellen Sie das Rauchen ein.»

«Wo befindet sich dein kognitives Zentrum?» erkundigte ich mich, während ich mit nervösen Fingern meine Pistole durchlud. «Und funktioniert der Fahrstuhl auch, wenn es kaputt ist?»

«Ja, das tut er», sagte die Stimme leicht verblüfft. «Und ich befinde mich hinter der roten Metallplatte zu Ihrer Linken. Warum fragen Sie?»

«Weil ich dir, wenn du nicht augenblicklich das Maul hältst, eine Ladung Kugeln verpassen und dann den Rest der Fahrt in aller Ruhe rauchen werde. Vielleicht werde ich mir sogar eine Zigarre genehmigen.» Um meinen Worten Nachdruck zu verleihen, streckte ich den Arm mit der Pistole aus und richtete die Mündung genau auf die Metallplatte, von der er gesprochen hatte. «Und noch ein kleiner Tip – überlege es dir in Zukunft gut, ehe du eine Frage wahrheitsgemäß beantwortest.»

Nach einer Pause begann der Droide wieder zu sprechen: «Ein nützlicher Hinweis, und als Zeichen meiner Anerkennung werde ich Ihnen erlauben, die Fahrt auf die von Ihnen gewünschte Weise fortzusetzen. Achtung bitte.» Ein leises Summen, und dann stieg der Lift wieder in die Höhe. «Allerdings halte ich Sie immer noch für sehr ungezogen.»

Ich stieß ein kurzes, schallendes Lachen aus, das mit Belustigung wenig zu tun hatte. Seit über dreißig Jahren hatte mich niemand mehr «ungezogen» genannt. Ich wandte mich Nearly und Suej zu und stellte fest, daß sie sich gerade gegenseitig musterten. Suej sah wahrhaftig aus, als hätte sie einen Krieg durchgemacht, und Nearly war, wie mir in diesem Moment klar wurde, wahrscheinlich die erste weibliche Nicht-Reserve, die Suej aus der Nähe zu Gesicht bekam. Aber es schien um noch mehr zu gehen: um ein gegenseitiges Abchecken. «Welche Etage hast du gedrückt?» fragte ich, um das Schweigen zu brechen.

«Sechsundsechzig», sagte sie. «Da wohne ich. Mir reicht's für heute. Ich geh nach Hause.»

«Wohin wollen wir?» fragte Suej, die inzwischen den Blick auf mich geheftet hatte.

Ich schaute auf den Etagenzeiger und sah, daß wir uns der 40 näherten.

«Kann Suej bei dir übernachten?» fragte ich Nearly.

«Klar. Ich hab nur ein Sofa, aber...»

«Nein», brüllte Suej. «Ich geh nicht mit. Ich bleibe bei dir. Ich will nach David und den anderen suchen. Es kotzt mich an, daß ich dauernd irgendwo auf dich warten muß. Früher warst du ganz anders. Du warst immer da, und jetzt bist du *nie* da.»

64. 65.

«Wie lautet deine Adresse?»

«Sechsundsechzig/zweitausendunddrei – Ecke Tyson und Stones.»

«Bis später dann», sagte ich und drückte auf einen Etagenknopf, als die Türen aufgingen. «Bleibt in der Wohnung.»

Nearly verließ den Fahrstuhl, und ich schob Suej sanft hinterher. Kochend vor Wut stolperte sie rückwärts nach draußen, kurz bevor sich die Türen schlossen.

Dann blieb ich regungslos, das Gesicht zu den Türen gewandt, stehen, während der Fahrstuhl zu 135 hochraste. Ich versuchte, nicht an den Wald zu denken, aber ohne Erfolg. Bisher hatte mich ein Flashback noch nie in Den Spalt zurückversetzt, und in jenen zwei Sekunden hatte ich alles durchlebt, was ich vergessen wollte. Außerdem versuchte ich, nicht an Nanune und die Tatsache zu denken, daß mit ihrem Kopf, abgesehen davon, daß er nicht mehr auf ihrem Körper saß, noch etwas anderes nicht gestimmt hatte.

Nämlich daran, daß er eine «unspezifizierte Gesichtsverstümmelung» aufgewiesen hatte.

In meinem gegenwärtigen Zustand konnte ich mir darauf keinen Reim machen, obwohl es eindeutig ein neues Licht auf die Sache warf. Ich wußte nicht, wo ich nach dem Mann mit dem blauen Kopf suchen sollte, und ich hatte das Gefühl, als würde das auch gar nicht nötig sein. Zur Zeit suchte jemand anders nach mir. Ich hatte Suej hinausgeschoben, weil ich beschlossen hatte, ihm die Mühe zu ersparen und selber nach ihm zu suchen.

Neun

Club Bastard befand sich in einem scheunenartigen Gebäude in der Mitte einer Amüsier-Etage, und Horden von wild gewordenen Nachtschwärmern tobten sich dort aus. Man hätte niemanden mehr in den Raum hineinstopfen können, ohne den Betreffenden vorher auf die Größe einer Erbse zusammenzuquetschen, und als ich mich in den Club hineinzwängte, fiel wahrscheinlich hinten jemand aus dem Fenster. Aus riesigen Lautsprechern an den Wänden dröhnte scheppernde Musik, die mit dem lauten Geschrei von fünfhundert Leuten konkurrierte. Man spielte Predictive Trance, das heißt, die Töne und Texte wurden durch eine Reihe von Computern an der hinteren Wand ständig neu geschaffen. Die Algorithmen, die zum Texten benutzt werden, sind dabei auf die Wirkung verschiedener Freizeitdrogen abgestimmt. Je mehr man sich in den Rausch hineinsteigert, desto besser wird man im Vorhersagen der nächsten Textzeilen.

Ich bahnte mir einen Weg zur Bar und wurde dauernd von fröhlichen jungen Leuten angerempelt. Die Schlange an der Bar war nicht besonders lang, wahrscheinlich weil die meisten Leute von ihren Glücksdrogen schon völlig high waren. In meinem Gehirn flackerten noch ab und zu ein paar Funken des Rapt auf, das ich genommen hatte, und ich konnte so viel Erregung und Bewegung um mich herum überhaupt nicht gebrauchen. Vielmehr brauchte ich mehr Rapt, und das war mir schmerzlich bewußt, ebenso wie die Tatsache, daß ich mir keinen weiteren Schuß erlauben durfte. Ich versuchte immer noch hartnäckig, die Gedanken an die Reserven zu verdrängen. Mir war klar, daß ich sie bald finden mußte. Ich war keinen Schritt weitergekommen, denn ich hatte immer noch keine Ahnung, wo ich mit meiner Suche anfangen sollte. Ehrlich gesagt, fühlte ich mich ziemlich beschissen und hatte auch kaum Hoffnung, daß meine Stimmung sich jemals wieder bessern würde.

Der Gorilla hinter der Theke schaute mich teilnahmslos an, als ich an der Reihe war, und wartete darauf, daß ich etwas sagte.

«Ist Johnny da?» fragte ich und gab mir Mühe, hartgesotten auszusehen.

«Wer will das wissen?» sagte der Mann.

«Ich natürlich, du Arschgesicht», sagte ich unbeeindruckt. «Sonst würde ich ja nicht fragen. Ist er da oder nicht?»

Riesige Pranken legten sich um meine Oberarme. Zwei von Vinaldis Schlägern hatten sich rechts und links von mir aufgebaut, und zwei Stöße in den Rücken machten mir klar, daß sie bewaffnet waren. Der Barkeeper grinste.

«Er erwartet Sie», sagte er.

Die beiden Typen schoben mich durch die Menge in Richtung einer Spiegelwand am anderen Ende der Tanzfläche. Der Spiegel war chromatisch behandelt, so daß er nur Fleischfarben reflektierte. Dadurch entstand ein bewegtes Bild aus abgetrennten Armen und Köpfen. Als wir näher kamen, öffnete sich an einer Seite eine Tür, und ich begriff, daß es sich bei der Wand um Spionglas handelte. Ich wurde ohne viel Federlesens durch die Tür in den dahinterliegenden Raum gestoßen.

Dann ging es eine kurze Treppe hinauf in ein großes Zimmer, das sich über die Länge der Wand erstreckte. Sofas, Bücherregale, eine komplette Ton- und Videoanlage; rote und grüne LEDs leuchteten im Halbdunkel. Jaz Garcia trat aus dem Dämmerlicht, packte mich am Hals und zog mich vorwärts.

«Sachte, sachte», sagte eine Stimme. «Ich möchte hören, was er zu sagen hat, ehe ich euch gestatte, seinen exquisiten Körper ein bißchen umzumodellieren. Aber ich verspreche euch, daß ihr auf eure Kosten kommt.»

Garcia schlug mir kräftig ins Gesicht, um meine Kooperationsbereitschaft zu fördern und die Spielregeln festzulegen. Dann lockerte er kaum merklich den Griff seiner anderen Hand, ehe er mich mit Schwung herumdrehte und losließ. Ich flog gezielt in einen breiten Sessel gegenüber der Glaswand und bewunderte unwillkürlich seine Technik.

Ich wußte, was auf mich zukam. Vielleicht würde Nearly sich ja um Suej kümmern. Durch das Spionglas konnte ich die vielen verzückten Jugendlichen beobachten, die um ihr Leben zu tanzen schienen. Amüsiert euch, forderte ich sie in Gedanken auf. Grölt die Texte mit. Ihr werdet nachher nicht mal den Schuß hören, wenn es soweit ist.

Ein anderer Mann schob jetzt die Hände unter meine Jacke, zog meine Pistole hervor und legte sie vorsichtig auf einen Tisch. Dann tastete er mich mit einer Art Detektor ab. Es ertönte kein Piepton, und er trat wieder außer Sichtweite. Garcia hatte sich inzwischen hinter mich gestellt, und das Arrangement war beinahe komplett. Ein Stuhl wurde geräuschvoll vor mir über den Boden geschleift und dann mit der Lehne zu mir hingestellt.

Vinaldi setzte sich rittlings darauf und verschränkte die Arme über der Lehne. Ich fragte mich, ob Leute wie er wohl zu Beginn ihrer Karriere einen Einführungskurs besuchen mußten, in dem solche Details einstudiert wurden. Ich nahm mir vor, Dath danach zu fragen, falls ich ihn wider Erwarten noch einmal wiedersehen sollte.

Er schwieg eine ganze Weile, also eröffnete ich die Unterhaltung. «Sie wollten mich sehen?» fragte ich, um einen freundlich-interessierten Tonfall bemüht.

Johnny sagte nichts, oder vielmehr, er fuhr fort, nichts zu sagen. Er hielt sein Schweigen so lange durch, bis meine Bemerkung vollends verklungen war, als hätte ich sie nie gemacht. Das hier sollte ganz offensichtlich seine Veranstaltung werden, und zwar nur seine. Ich beschloß, ihm den Gefallen zu tun und einfach abzuwarten.

«Randall», begann er schließlich, «ich muß Ihnen ein Kompliment machen. Man sollte Ihnen ein Denkmal setzen. Sie sind wirklich ein unglaublicher Trottel.»

«Ich tue mein Bestes», sagte ich, und Garcia versetzte mir mit seiner Pistole einen Schlag auf den Hinterkopf. Es tat höllisch weh.

Vinaldi lächelte dünn. «Wie konnten Sie annehmen, Sie würden damit durchkommen?»

«Womit?» Ich blinzelte heftig, um den Schmerz aus meinem Kopf zu vertreiben. «Sagen Sie's mir, Johnny, was habe ich Ihrer Meinung nach getan?»

«Irgendwie ist es beruhigend festzustellen, daß Sie die Ursache all meiner Probleme sind. Wirklich beruhigend, denn ich dachte schon, ich hätte es mit einem Aufstand vom Format einer Miniserie zu tun, aber dann finde ich heraus, daß bloß ein dummer, lebensmüder Ex-Cop dahintersteckt. Wie ich sehe, sind Sie schon wieder total auf Droge, und das überrascht mich kein bißchen. Sie scheißen auf Ihr Leben, das ist Ihr Problem, aber heute abend wird Jaz Sie endlich von Ihren Qualen erlösen.»

Ich schaute ihn jetzt ebenfalls an, denn mir kam die Sache langsam komisch vor. Zum Teil lag es an Vinaldis Worten, zum Teil an der Atmosphäre im Raum. An der verbissenen Feierlichkeit. Die Typen glaubten, mit dieser Zeremonie könnten sie irgend etwas ein für allemal ad acta legen. Ich fragte mich, was das wohl sein mochte.

«Wovon reden Sie?» fragte ich, jetzt mit echtem Interesse. «Ich habe noch nicht mal angefangen, Sie fertigzumachen.

Wenn es soweit ist, werden Sie es auf jeden Fall merken, und dann dürften Sie keine Zeit für solche Plaudereien mehr haben. Sie werden zu sehr damit beschäftigt sein, sich Kugeln aus dem Gesicht zu pulen.»

Ich hatte zwar mit einem weiteren Schlag auf den Hinterkopf gerechnet, aber die Härte, mit der er mich traf, überraschte mich. Mein Kopf wurde nach vorn geschleudert, und ich gelobte mir, mein Temperament ein bißchen zu zügeln. Noch zwei von der Sorte, und ich würde das Bewußtsein verlieren, und dabei war ich noch gar nicht richtig fies geworden.

«Fünf meiner engsten Mitarbeiter sind umgebracht worden», erklärte Vinaldi. «Und Sie wollen mir weismachen, daß Sie nichts damit zu tun haben?»

Ich starrte ihn verblüfft an. «Nicht das geringste», sagte ich ehrlich erstaunt.

Vinaldi lachte trocken. «Jaz hatte also recht. Ich dachte, Sie würden den Ernst der Lage begreifen und die Wahrheit sagen, aber Jaz meinte, so schlau wären Sie nicht.»

«Jaz muß es ja wissen», entgegnete ich. «Was Dummheit betrifft, setzt er schließlich Maßstäbe.»

Noch ein Hieb von hinten, und diesmal ging über meinem rechten Auge ein wahres Feuerwerk los. Hatte ich mein Temperament nicht zügeln wollen? Ich schüttelte den Kopf und schaute durch die Glaswand, um den Blick auf etwas zu konzentrieren. Es dauerte eine Weile, bis ich wieder halbwegs scharf sehen konnte. Die Menge draußen tanzte immer noch, obwohl hinten am Eingang irgend etwas vor sich ging.

Ich versuchte, mir die Lage klarzumachen. Es sah folgendermaßen aus: Vinaldi glaubte offenbar, ich sei derjenige, der seine Mitarbeiter umlegte. Er mußte vollkommen verrückt sein.

«Sie müssen vollkommen verrückt sein», sagte ich. «Glauben Sie wirklich, ich laufe rum und schlachte Ihre Freunde ab?»

«Ich glaube es nicht nur, ich weiß es.»

«Wie Sie selbst gesagt haben, bin ich kein Cop mehr. Ich habe nichts gegen Ihre Freunde. Ich habe nur etwas gegen Sie persönlich.»

«Deshalb versuchen Sie, mich nach und nach fertigzumachen. Langsamer Tod. Ich muß sagen, ich finde solchen Ehrgeiz bewundernswert.»

«Ich auch, aber ich bin nicht der Mann, den Sie suchen. Ich war noch gar nicht in der Stadt, als die ersten Männer getötet wurden.»

Vinaldi lächelte, jetzt wirklich amüsiert. «Ich glaube Ihnen kein Wort.»

«Das sollten Sie aber, denn ich sage die Wahrheit. Und da ich nicht derjenige bin, der es auf Sie abgesehen hat, muß es jemand anders sein.»

Ohne den Blick von mir abzuwenden, gab Vinaldi jemandem in der Dunkelheit hinter ihm ein Zeichen. Der Handlanger, der mich gefilzt hatte, schleppte etwas herbei. Aus dem Augenwinkel sah ich durch die Glaswand, daß im Club immer noch irgend etwas vor sich ging, aber dann war meine Aufmerksamkeit voll und ganz in Anspruch genommen.

Vor mir auf dem Boden stand ein Pappkarton.

Ich wollte mich darauf stürzen, aber Jaz und ein weiterer Schläger warfen mich in den Sessel zurück und hielten meine Arme fest, damit ich es nicht noch mal versuchte.

«Wer zum Teufel ist da drin?» schrie ich, während ich vergeblich versuchte, mich loszureißen. «Wenn es Jenny oder David ist, dann bringe ich euch alle eigenhändig um.» Jaz und sein Kumpel lachten gutmütig; ich war momentan nicht in der Lage, irgend jemandem auch nur ein Haar zu krümmen.

Aber die Atmosphäre im Raum änderte sich. Vinaldi sah mich seltsam an. «Wovon reden Sie?»

«Ich mache keine Witze, Vinaldi. Wenn das David oder

Jenny ist, dann sind Sie ein toter Mann.» Das Rapt hatte sich endlich weit genug aus meinem Gehirn verzogen, um die Nachricht von Nanunes Tod durchdringen zu lassen, und ich konnte mich vor Zorn kaum noch beherrschen. «Egal, was es mich kostet, Sie sind ein toter Mann.»

Die Falten auf Vinaldis Stirn vertieften sich. «Ich weiß nichts von einem David oder einer Jenny. Wollen Sie mich verschaukeln, Randall?»

Ich starrte ihn an, denn ich hatte nicht die leiseste Ahnung, was hier gespielt wurde.

Dann holte ich tief Luft. «Wer ist in dem Karton?»

«Jemand, mit dem Sie gestern gesehen wurden.» Vinaldi nickte, und der Handlanger ging hin und öffnete den Karton. Ich sah schon, was drin war, ehe er es herausgeholt hatte, und eine Woge der Erleichterung überschwemmte mich.

Der Ganove aus dem Minimarkt.

«Das ist vor einer Stunde eingetroffen. Deshalb sind Sie hier, Randall. Sie kommen in mein Haus und belästigen mich, und ich denke: ‹Laß ihn gehen, er kann dir nichts anhaben!› Dann kriege ich diese Lieferung und gerate ins Grübeln.»

«Johnny», sagte ich. «Hören Sie mir zu. Ich bin in den Laden von diesem Typen gegangen, und er hat mich wiedererkannt. Das ist alles. Ich habe die Klitsche nicht in die Luft gejagt und ihm auch nicht den Kopf abgehackt. Da habe ich ganz andere Sorgen. Ich wollte nichts weiter als so schnell wie möglich aus der Stadt verschwinden. Dann kriegte ich vor einer Stunde bei Howie einen Karton, der genauso aussah wie dieser, und darin war der Kopf einer Freundin von mir.»

«Blödsinn», sagte Jaz. «Hören Sie, Boss, lassen Sie mich den Wichser jetzt gleich erledigen. Ich mache es auch so langsam, wie Sie wollen.»

Vinaldi winkte ab und musterte mich eindringlich. Irgendwo im Hintergrund piepte ein Alarm, aber niemand beachtete ihn. Ich ließ den Blick über die Menge jenseits der Glaswand schweifen und überlegte fieberhaft, wie ich Vinaldi überzeugen konnte. Irgend etwas da draußen erregte meine Aufmerksamkeit, verschwand dann aber wieder. Mein Gehirn lief auf Hochtouren, während ich versuchte, es einzuordnen. Vergeblich.

«Da ist was faul», sagte ich schnell und versuchte, beim Reden weiter nachzudenken. «Jemand hat Mal getötet. Vielleicht war er hinter mir her, vielleicht auch nicht. Aber er war auch hinter ihm her wegen einiger Morde, die er untersuchte. Ich bin gestern abend zu Ihnen gekommen, weil ich glaubte, Sie hätten sie begangen oder jedenfalls in Auftrag gegeben.»

«Ich habe Ihnen doch bereits erklärt, daß ich keine Frauen umbringen lasse, Sie Arschloch. Es sei denn, es gibt einen besonderen Anlaß.»

«Irgend jemand tut es, und bei den letzten beiden Opfern gab es eine Verbindung zu Ihnen. Bei den anderen drei womöglich auch. Es waren Ihre Leute, die getötet wurden – alle Spuren führen zu Ihnen. Und derselbe Killer hat auch Nanune umgebracht.»

Vinaldi konnte gerade noch fragen, wer zum Teufel Nanune sei, als der Pieper auf dem Schreibtisch erneut losging, diesmal lauter und aufdringlicher als vorher. Er drehte sich wütend um. «Herrgott, kann nicht einer von euch da mal rangehen? Schließlich seid ihr zu viert.» Dann wandte er sich wieder mir zu, und ich sah, wie sein nicht zu unterschätzender Verstand meine Worte verarbeitete. Womöglich hatte er eine Antwort gefunden. Ich hoffte es. Vielleicht würde er sie mir verraten. «Also wer…?»

Ein Rascheln. Ich hörte es nicht, ich spürte es. In meinem Kopf, genau wie vorher im Fahrstuhl. Dann ein eiskalter Hauch im Nacken, und ich wirbelte herum, um durch die Glaswand zu schauen, denn mir wurde plötzlich klar, was ich eben aus dem Augenwinkel gesehen hatte.

«Er ist hier», sagte ich.

«Boss», rief der Typ am Schreibtisch. «Da draußen läuft was schief.» Ich hatte noch Zeit für ein kurzes Déjà-vu, dann war Ballerei angesagt. Jaz und die anderen fummelten wild fluchend mit ihren Kanonen herum.

«Wer ist hier?» fragte Vinaldi verwirrt, aber eine Antwort erübrigte sich, denn die Tür wurde aufgestoßen, und seine Frage war beantwortet.

Der Mann mit den blauen Lichtern im Schädel.

Er schloß seelenruhig die Tür hinter sich und feuerte dann los. Jaz wurde am Arm getroffen und fiel taumelnd zur Seite. Die anderen Gangster vergaßen, was sie gelernt hatten, und starrten wie hypnotisiert auf die blinkenden blauen Lichter auf dem Kopf des Mannes an der Tür.

«Hi, Johnny», sagte der Mann und richtete seine Pistole auf Vinaldi. «Du siehst gut aus. Kennst du mich noch?»

Vielleicht zum ersten Mal in seinem Leben war Johnny Vinaldi vollkommen sprachlos. Er starrte den Mann entgeistert an und schien den Lichtpunkt des Laser-Zielgeräts auf seiner eigenen Stirn gar nicht zu bemerken.

«Feierabend», sagte der Mann, ehe er abdrückte, und ich tat etwas völlig Überraschendes. Ohne nachzudenken, stieß ich mich mit den Füßen an meinem schweren Sessel ab, warf mich mit voller Wucht auf Vinaldi, krachte in seinen Stuhl hinein und zog uns beide runter auf den Boden. Die Kugel zischte knapp über uns durch die Luft. Vinaldi hatte die Augen immer noch auf den Mann mit den Lichtern geheftet.

Der Mann schien mich erst jetzt zu bemerken und lachte fröhlich, als er mich erkannte. «Ach, der gute alte Jack ist auch hier!» sagte er erfreut und richtete seine Pistole nach rechts, um auf Vinaldis zweiten Schläger zu schießen. «Was für ein glücklicher Zufall. Ein paar Leute sind ganz schön sauer auf dich. Wir zwei müssen uns unbedingt mal unterhalten.»

Ich war nicht dieser Meinung, machte einen Satz auf den Tisch zu und stieß ihn so ungeschickt um, daß meine Pistole gegen die Wand geschleudert wurde. Johnny hatte sich wieder gefaßt und griff nach seiner eigenen Waffe, aber alles ging viel zu langsam.

Die Tür wurde aufgestoßen, und fünf von Vinaldis Männern stürmten herein – dieselben, die mich vorher bei Howie abholen wollten. Der Mann sprang wie ein Akrobat aus dem Weg, und ich hörte erneut das Rascheln in meinem Hinterkopf, das so klang, als würden Spinnen über trockenes Laub laufen. Aber hauptsächlich hörte ich Schüsse, denn alle schossen jetzt wild um sich. Ich kroch zur Wand und schnappte mir meine Pistole.

Ich mag geschlossene Räume nicht besonders, deshalb drehte ich mich um und feuerte direkt auf die Glaswand.

Die Wirkung ähnelte dem Zerbersten der Fensterscheiben in Howies Kneipe nur sehr entfernt. Dort war es bloß normales Glas gewesen. Aber diese Wand war elektronisch präpariert, und sie zersprang mit einem markerschütternden Knirschen. Ein gezacktes Stück brach heraus und gab den direkten Blick auf die schwitzenden Tänzer auf der anderen Seite frei.

Ich griff mir den umgefallenen Tisch und benutzte ihn als Schutzschild, während ich schnell auf das Loch in der Wand zurobbte und mich vor den zu erwartenden Schüssen duckte. Aber die anderen schienen viel zu beschäftigt zu sein, um auf mich zu schießen. Vinaldi hockte dicht an der Wand neben der Leiche eines getroffenen Leibwächters und feuerte wahllos in das Gewühl bei der Tür.

«Ich werde Sie trotzdem eines Tages umbringen», sagte ich, dann sprang ich mit einem Satz durch die Wand und mischte mich taumelnd unter die Menge. Die Tanzenden schienen nicht mitbekommen zu haben, was sich abspielte, denn die Schüsse waren wegen der dröhnenden Musik und der rhythmischen Texte nicht zu hören. Ich bahnte mir einen Weg durch das Gewühl, erreichte keuchend die Straße und rannte in Richtung der Fahrstühle.

«Hi – was ist denn mit dir passiert?»

Ich schob mich an Nearly vorbei in ihr Apartment. Der Wohnraum war dunkel – nur beleuchtet von warm schimmernden Leuchtstreifen entlang der Fußleisten –, sauber und gemütlich und hatte eine persönliche Note. Ich nahm an, daß sie dort nicht arbeitete, aber ein paar Gegenstände, die in der Wohnung verteilt waren – der Fernseher, ein paar Möbelstücke, ein künstliches Aussichtsfenster an der Rückwand –, wiesen darauf hin, daß sie anderswo einer äußerst lukrativen Beschäftigung nachging. Suej saß mit einem Becher Kaffee vor sich auf dem Fußboden. Sie zuckte zusammen und machte ein entsetztes Gesicht, als sie mich sah.

«Was ist denn?» fragte ich, und dann schaute ich an mir hinunter und stellte fest, daß meine Sachen über und über mit Blut befleckt waren. «Das ist nicht meins», erklärte ich, legte die Arme um Suej und drückte sie fest an mich.

Als wir uns wieder voneinander lösten und ich mich umdrehte, hielt Nearly mir einen Becher hin. «Wir haben keine Zeit», sagte ich.

«Natürlich habt ihr Zeit», antwortete sie, schob den Becher in meine Hand und ließ los. Es gelang mir gerade noch, ihn festzuhalten. «Ihr geht fürs erste nirgendwohin. Setz dich und ruh dich aus.»

Ohne zu wissen, wie mir geschah, saß ich plötzlich in einem Sessel. Ich hatte Schmerzen am ganzen Körper. Das Ende des Rapt-Kicks. Mein Kopf dagegen tat an ganz bestimmten Stellen weh. Aber wir mußten weiter. Wohin, wußte ich auch nicht.

Nearly schien meine Gedanken lesen zu können. «Wo willst du denn hin, Tarzan? Howie geht es gut – wir haben ihn angerufen. Aber die Kneipe ist vorläufig zu heiß.»

«Wir bringen dich nur in Gefahr, wenn wir hierbleiben», sagte ich. «Das will ich nicht riskieren. Ich kenne dich ja kaum.»

«Das ist sehr nett von dir, und glaub bloß nicht, daß ich es nicht zu schätzen wüßte, aber du bist eindeutig übermüdet, und heute wirst du keine Berge mehr versetzen können.»

Ich starrte sie an, denn ihre Worte erinnerten mich an irgend etwas.

«Wo wir gerade beim Thema sind», fuhr sie entschuldigend fort, «Howie hat gefragt, was er mit dem Karton machen soll. Soll er ihn aufbewahren oder was? Ich meine, weil der Inhalt doch ein bißchen eklig ist.»

«Was war in dem Karton?» fragte Suej. Ich warf ihr einen Blick zu und wußte, ich würde sie nicht belügen können.

«Ein Teil von Nanune», sagte ich. «Tut mir leid, Suej.»

Ihre Augen wurden feucht, und sie nickte. «Ein großer Teil?»

«Ziemlich groß, erwiderte ich und mußte dann – zu meinem Entsetzen – ein Gähnen unterdrücken. Suej schien das nicht zu bemerken. Mein Kopf fühlte sich komisch an. Zuviel abgestandenes Adrenalin, vermutete ich.

«Weißt du, wo David ist?» flüsterte Suej, den Blick auf den Fußboden gerichtet.

«Nein. Aber ich weiß, wer ihn und die anderen hat.»

«Ist es jemand von SafetyNet?»

«Ich weiß nicht, wo er herkommt», sagte ich mit belegter Stimme, obwohl ich das Gefühl hatte, daß ich es wissen sollte. Irgend etwas ließ mir immer noch keine Ruhe. Ich konnte diese vagen Gedanken nicht ausstehen und wünschte mir, sie würden sich zu erkennen geben, anstatt im Dunkeln in meinem Hinterkopf herumzuschleichen. Wahrscheinlich ist das eine Folge von zu häufigem, zu hohem Drogenkonsum über zu lange Zeit. Von einem solchen Leben kann ich nur jedem abraten. Ich mußte schon wieder gähnen, und plötzlich merkte ich, daß etwas mit mir nicht stimmte. Ich schaute in meinen Becher: Vor meinen Augen verschwamm alles, aber ich konnte noch erkennen, daß ich den Kaffee ausgetrunken hatte.

«Was hast du mit mir gemacht?» fragte ich mißmutig.

«Nichts Schlimmes, und es war auch gar nicht meine Idee», antwortete Nearly. «Nur ein Beruhigungsmittel.»

«Du gehörst zu ihnen», sagte ich ganz langsam und mit schwerer Zunge. Die Wände schienen in den Fußboden hineinzurutschen.

«Ich gehöre zu niemandem», widersprach sie und gab mir eine Decke. «Ich habe keine Geheimnisse. Und jetzt schlaf. Deine Mamis werden auf dich aufpassen.»

Als letztes sah ich Suej, die neben mir auf dem Fußboden saß und etwas in Tunnelsprache vor sich hin murmelte; und ein Stückchen weiter entfernt Nearlys Gesicht mit der glatten Haut und den großen Augen, das von kastanienbraunem Haar eingerahmt wurde.

«Sie ist wunderschön», dachte ich benebelt. «Schade, daß sie mich umgebracht hat.» Der Gedanke schien irgendwie in das Leben im allgemeinen zu passen.

Als ich aufwachte, zitterte ich heftig, aber das ging bald vorüber. Nach zehn Minuten hatte ich es mit Hilfe einer Tasse Kaffee aus Nearlys makelloser Küche überstanden. Es war fast eine nostalgische Erfahrung, obwohl ich sie wirklich nicht weiterempfehlen kann.

Die Wohnung war leer, aber ein Zettel im Badezimmer verriet mir, wohin die beiden gegangen waren. «Ich habe mir heute freigenommen», stand dort in gleichmäßiger Handschrift. «Wir sind auf dem Indigo Drive einkaufen.» Darunter hatte Suej in weit weniger selbstsicherem Gekrakel hinzugefügt: «Kommst du nach? PS: Ich habe Nearly alles erzählt.»

Ich duschte eilig, wobei ich still vor mich hin fluchte. Zwar war ich Nearly dankbar dafür, daß sie sich am Abend vorher um Suej gekümmert hatte, aber sie hätten nicht allein ausgehen dürfen. Außerdem war ich ihr noch böse, weil sie mich reingelegt hatte, obwohl ich wußte, daß es zu meinem Besten gewesen war. Das Gesicht, das ich im Spiegel erblickte, sah zwar nicht direkt menschlich aus, aber es schien doch immerhin zu einer verwandten Spezies zu gehören. Im Wohnzimmer entdeckte ich einen Stapel Männerkleidung, der vermutlich für mich dort hingelegt worden war. Die Sachen, ein schwarzer Anzug und ein nachtblaues Hemd, hatten meine Größe. Etwas eleganter als mein gewöhnlicher Stil, und ich wußte nicht, woher sie stammten, aber ich zog sie an, streifte meine Jacke über und verließ die Wohnung mit einem zweiten Becher Kaffee in der Hand. Vielleicht lief ich in dem abgelegten Zeug eines Freiers von Nearly herum, aber was machte das schon. Ich konnte schließlich nicht in blutbefleckten Klamotten auf dem Indigo Drive flanieren gehen.

Ein Nahverkehrslift brachte mich auf die 98, und nach einem kurzen Fußweg erreichte ich den Anfang der Einkaufszone. Es war inzwischen elf Uhr, und an der beständig anschwellenden Menschenmenge erkannte ich mit etwas Verspätung, daß Samstag war. Indigo Drive gilt unter der 100er Linie als superschick. In dem ursprünglichen MegaLiner war die Doppel-Etage 94/95 das nobelste Einkaufsviertel gewesen. Sie lag direkt in der Mitte des Flugkörpers. Schmale Gassen mit schmucken Boutiquen gingen von Boulevards voller Einzelhandelsgeschäfte ab, es gab pittoreske Cafés und Restaurants und weit und breit keine einzige Bar. Die exklusivsten Geschäfte waren inzwischen auf die Einkaufsetagen in den 130ern und höher abgewandert, aber Indigo Drive stellte immer noch eine Attraktion dar. Er bot das beste Shopping, das man ohne Passierschein für die höheren Etagen haben konnte, und die

Preise waren deutlich niedriger als weiter oben. Die Läden machten die Oberschicht-Mode der PreisDisplays – an der Kleidung befestigte LCD-Fenster, die in Dollars anzeigten, wie teuer das Stück war – nicht mit, und das bedeutete, daß sie für die Bewohner von 130 und darüber nicht in Frage kamen. Aber für die Bewohner der 70er bis 120er war Indigo Drive der beliebteste Platz zum Einkaufen.

Ich spazierte eine Stunde lang durch die größeren Straßen, hielt nach den Mädchen Ausschau, genoß aber hauptsächlich das Gefühl, daß ausnahmsweise einmal nicht auf mich geschossen wurde. Ein paar Läden erkannte ich wieder; andere schienen neu vermietet zu sein, und durch diese nur begrenzte Vertrautheit kam mir die Gegend so vor, als wäre ich noch nie dort gewesen. Dann entdeckte ich vor mir in der Menge jemanden, der wie Suej aussah, und beschleunigte meine Schritte. Sie verschwand mit Nearly in einem Modegeschäft, aber ich hatte ihren Gesichtsausdruck deutlich gesehen: ein breites Lächeln und strahlende Augen. Ich ging langsamer, um den beiden ein bißchen mehr Zeit zu lassen, und rauchte draußen vor dem Geschäft noch meine Zigarette zu Ende.

Als ich den Laden betrat, griff ich unwillkürlich nach einem Stück MaxWork. Erst als ich das kleine Teil in den Händen hielt, wurde mir klar, was ich getan hatte, und ich blieb an der Tür stehen und betrachtete das halb zusammengesetzte Gerät aus Chips und Bauteilen. Die Leute, die sich an mir vorbeizwängen mußten, machten mißbilligende Bemerkungen, aber ich hörte sie kaum. Ich wußte ganz genau, was ich mit dem Ding in meiner Hand machen sollte, doch ich legte es zurück, drehte mich um und verließ den Laden.

Draußen blieb ich stehen und guckte eine Weile ins Leere. Alles wirkte plötzlich verändert auf mich, als hätte sich die Gegenwart mit der Vergangenheit vereinigt. Dann kam es mir so vor, als berühre die Hand eines Kindes meine eigene, aber als ich mich umschaute, war niemand da. Vielleicht war es bloßer Zufall, oder vielleicht begriff ich auch endlich, daß so etwas immer wieder passieren würde. Ich ging mit wackligen Knien zu einer Bank, setzte mich hin und vermied es bewußt, die MaxWork-Station im Innern des Ladens anzusehen. Ich dachte an Henna und an die Vergangenheit, so wie ich es noch nie getan hatte, seit alles anders geworden war.

Ich erinnerte mich an die Zeit, als ich, genau wie alle anderen Männer auf der Welt, meiner Frau durch Modegeschäfte gefolgt war – meinen von Langeweile vernebelten Blick in unbestimmte Ferne gerichtet, ab und zu geistesabwesend nickend, wenn mir etwas vorgeführt wurde. Eine Handtasche, ein Kleid, ein Paar Schuhe. Für mich hatten die Sachen immer alle gleich ausgesehen, und wie alle Männer hatte ich mir mit MaxWork die Zeit vertrieben.

Vor etwa fünfzig Jahren hatte Arlond Maxens Vater mit seiner Frau einen Laden wie diesen besucht, und plötzlich war ihm ein äußerst lukratives Licht aufgegangen. Er hatte überlegt, daß er alles mögliche tun würde, um die Zeit schneller rumzukriegen, und dann wurde ihm klar, daß es den anderen Männern vermutlich ebenso ging. Alle diese Kerle, sinnierte er, während er die wandelnden Leichen um sich herum betrachtete, trotten hinter ihren einkaufenden Frauen her und langweilen sich zu Tode; eine Unzahl vergeudeter Arbeitsstunden.

Er konnte diese Männer beschäftigen.

Und so wurde MaxWork aus der Taufe gehoben, in jedem Geschäft für Damenmoden ein kleines Podest, auf dem Bauelemente und halbfertige Elektronikprodukte ausgelegt waren. Wenn man mit seiner Frau oder Freundin in den Laden ging, nahm man sich einfach ein paar Teile. Anfangs hatte Maxen dafür gesorgt, daß die Stände mit scharfen Miezen besetzt waren; aber nach einer Weile war MaxWork so beliebt, daß die Mädchen gar nicht mehr benötigt wurden. Während man zwischen den Regalen mit Kleidern und Accessoires herumstreifte, baute man die Elektronikprodukte zusammen. Es waren simple Handgriffe, die jeder ausführen konnte. Man nahm einfach die halb zusammengesetzten Teile, die andere Männer liegengelassen hatten, und arbeitete daran weiter. Wenn man den Laden verließ, legte man sie wieder auf das Podest, damit der nächste Ehemann oder Freund weitermachen konnte. Die fertigen Produkte wurden abgeholt und durch neue, unfertige ersetzt.

Von einer solchen Idee träumte Howie schon sein Leben lang. Sie war in jeder Hinsicht perfekt. Die Männer wurden von ihrer Langeweile erlöst, die Frauen brauchten sich seltener genervte Seufzer anzuhören – und die Firma Maxen erhielt freiwillige Arbeitskräfte, die sogar noch billiger waren als Droiden. Alle profitierten davon, aber am meisten profitierte Cedrif Maxen. Dreißig Jahre später war er der reichste Mann in New Richmond – und vor kurzem hatte sein jüngster Sohn alles geerbt.

Das ist die Geschichte von MaxWork, falls es jemanden interessiert, aber darüber dachte ich jetzt nicht nach. Es kam mir so vor, als wäre durch das Betreten des Ladens eine Fensterscheibe in meinem Kopf, die im Laufe der Jahre schwarz und undurchsichtig geworden war, unvermittelt abgewischt worden. Die Scheibe war immer noch schlierig, aber doch transparent genug, um die Sicht auf ein paar zuvor verborgene Erinnerungsbruchstücke freizugeben. Ich hatte mich sehr angestrengt, all das zu verdrängen. Nicht nur das grauenvolle Ende, sondern auch die Zeit davor. Die schlimmen Dinge, die sich nicht mehr ungeschehen machen ließen. Aber nicht nur das Schlimme; gute und schlechte Erinnerungen schmerzen zwar auf unterschiedliche Weise, doch letztendlich tun sie beide gleich weh.

In diesem Moment hätte ich alles darum gegeben, mit Henna durch ein Schuhgeschäft zu gehen, zu beobachten, wie sie begeistert Preise verglich und zärtlich mit den Fingern über das Leder strich, um die Qualität zu prüfen. Das würde ich nie wieder erleben, und für einen Augenblick überkam mich der verzweifelte Wunsch, runter auf die 72 zu fahren und mir die Kleider anzusehen, die noch in unserer alten Wohnung hingen, sie zu berühren und zu versuchen, mich an den Tag zu erinnern, an dem wir sie gekauft hatten. Den Tag noch einmal zu durchleben und diesmal nicht zu stöhnen und zu gähnen oder mich mit MaxWork abzulenken, sondern meine Aufmerksamkeit Henna zu schenken und jede Minute auszukosten. Ich hatte so viele Minuten, so viele Stunden und Tage achtlos verstreichen lassen. Und dann war plötzlich alles vorbei, Henna würde nie wiederkommen, und die Vergangenheit war für immer gegenwärtig.

Ein Freudenschrei aus der Richtung des Ladens ließ mich hochschauen, und ich sah Suej, die auf mich zulief. Aber ich erkannte sie erst auf den zweiten Blick. Ich hatte sie noch nie so glücklich erlebt, und sie war jetzt anders angezogen. Meine alten Sachen waren verschwunden; sie trug ein leichtes, bunt bedrucktes Sommerkleid, dessen Muster sich bei jeder Bewegung veränderte. Sie wirkte zugleich jünger und älter – wie jemand, den ich kannte, und jemand, den ich noch nie gesehen hatte. Hinter ihr tauchte Nearly auf, mit einem amüsierten Lächeln auf den Lippen und einem mir unbekannten Ausdruck in den Augen. Als Suej sich auf mich stürzte und die Arme um meinen Hals schlang, schaute ich Nearly mit hochgezogenen Brauen an, und sie zuckte die Achseln.

«Ich hatte einen guten Monat», sagte sie.

Und dann wurde es noch ein richtiger Sommernachmittag, obwohl draußen tiefster Winter herrschte. Ich brachte es immer noch nicht über mich, die Geschäfte zu betreten, aber ich wartete gern draußen auf die beiden; ich saß auf Bänken und rauchte oder stand in Ladentüren und nickte zustimmend, wenn ich um meine Meinung gebeten wurde. Nearly ließ sich nicht davon abbringen, Suej einen Mantel zu kaufen und dazu eine kleine Handtasche für ihren nicht vorhandenen Krimskrams. Ich gab fast den gesamten Rest von Howies Geld für ein Paar Schuhe aus, die zu dem neuen Kleid paßten. An einem Platz tranken wir, die Einkäufe neben uns, Kaffee und aßen Sandwiches. Suejs Augen leuchteten jedesmal vor Freude, wenn sie den Blick über die Tüten mit den Anschaffungen schweifen ließ.

Wir hätten eigentlich auf der Flucht sein sollen, oder ich hätte nach den anderen Reserven suchen müssen. Jemand, den ich nicht kannte, wollte mich umbringen, und ich war der einzige, der sich für das Schicksal der Reserven interessierte. Aber einen Nachmittag wie diesen hätte ich mir schon vor langer Zeit gönnen sollen, und obwohl sich durch die Tatsache, daß ich ihn mir jetzt gönnte, nichts änderte, genoß ich ihn dennoch. Ab und zu muß man bereit sein, ein Geschenk anzunehmen, denn manche Dinge kann man sich nicht selber geben. Dieser Nachmittag war ein Geschenk des Himmels, und zwar ein längst überfälliges. Ich nahm es an und freute mich darüber.

Zehn

Es dauerte lange, bis bei mir der Groschen fiel. Ich habe keine Entschuldigung dafür, vermutlich bin ich einfach nicht der Hellste. Aber schließlich fiel er doch, wenn auch pfennigweise.

Wir saßen gerade in einer Kneipe auf der 67, es war etwa zehn Uhr abends, und mir fehlten nur noch ein paar Drinks bis zum Vollrausch. So bin ich eben. Die Kneipe hatte eine lange Theke und war altmodisch eingerichtet, mit holzgetäfelten Wänden und Fernsehapparaten in den Ecken. Jemand hatte sich die Mühe gemacht, seltsame rechteckige Rahmen für die flachen LCD-Schirme zu bauen, damit sie aussahen wie antike Geräte und den Eindruck erweckten, man befände sich in einem früheren Jahrhundert. Die Gäste unterhielten sich laut und angeregt und schienen sich gut zu amüsieren. Das galt, soweit ich es noch beurteilen konnte, auch für mich.

Nearly und ich saßen mit Suej in einer erhöhten Nische an der Seite des Raumes und tranken ein Glas nach dem anderen. Ich spielte mit dem Gedanken, mir etwas zu essen zu bestellen – zum Beispiel einen Burger von der Größe des Staates Texas mit *allem* drauf; Nearly hatte bereits einen Salat und ein zwanzig Grad breites Stück Pecan Pie gegessen. Ich glaube, der Nachmittag hatte uns alle etwas gelöster werden lassen, und wir redeten nicht sehr viel. Ich hatte ein bißchen über Nearlys Leben erfahren, ihr aber nichts von mir erzählt. Sie war sechsundzwanzig, seit vier Jahren im Gewerbe, und ihre Preise lagen am oberen Ende der Skala. Bis dreißig wollte sie genug Geld zusammenhaben, um aussteigen zu können, und ich stellte mir lieber nicht vor, wie sie dann aussehen würde. Suej hatte ihr wohl in groben Zügen von den letzten fünf Jahren meines Lebens berichtet, denn Nearlys Einstellung zu mir hatte sich irgendwie geändert. Ich konnte nicht genau sagen, worin der Unterschied bestand. Sie hielt mich anscheinend nicht mehr bloß für einen gewalttätigen, drogensüchtigen Idioten, aber mir war unklar, was sie statt dessen über mich dachte.

Während einer Gesprächspause hatte ich die erste kleine Erleuchtung. Ich schaute zu, wie Suej den Rest ihres Burgers verspeiste. Sie kaute beherzt und beobachtete dabei fasziniert die anderen Gäste.

Und ich dachte vage: Vielleicht ist sie der Schlüssel zu allem.

Der Typ mit den blauen Lichtern mußte zu dem Team gehören, das Mal getötet und die Reserven verschleppt hatte. Dennoch hatte er mich bei meiner Rückkehr in Mals Haus nicht kaltgemacht und sogar Rattengesicht davon abgehalten, mich umzubringen. Er mußte gewußt haben, daß ich Mals Tod rächen wollte, und wahrscheinlich war er es gewesen, der mich veranlaßte, in New Richmond zu bleiben, indem er Mals Leiche versteckte. Für all das konnte es nur einen Grund geben: Er mußte noch etwas besorgen und brauchte mich, um es zu finden.

Er hatte alle Reserven – außer einer.

«Die nächste Runde übernehme ich», sagte Nearly und leerte ihr Weinglas. «Aber zuerst muß ich aufs Klo.» Sie zwinkerte mir zu – eine Bewegung, die den größten Teil ihres Gesichts und ihres Oberkörpers mit einbezog – und ich vermutete, daß Nasepudern von innen auf dem Programm stand. Ich schaute ihr nach, als sie durch den Raum zur Damentoilette stolzierte und eine Reihe bewundernder Blicke auf sich zog. Sie war der wandelnde Beweis dafür, daß auch ein extrem schlanker

Körper ausgesprochen weiblich aussehen kann. Mein Gehirn arbeitete unterdessen weiter. Zum ersten Mal seit zwei Tagen fühlte ich mich hellwach.

Suej war wichtig: Damit die Gruppe vollzählig war oder um ihrer selbst willen? Wenn es um die Gruppe ging, wäre Nanune nicht auf solche Weise umgebracht worden. Plötzlich glaubte ich, daß derjenige, der Blaulicht auf uns angesetzt hatte, in erster Linie an Suej interessiert war und darauf wartete, daß ich ihn zu ihr führte. Ich hatte unbewußt das Richtige getan, indem ich sie versteckt hielt. Das paßte ins Bild. Meine besten Schachzüge beruhen meistens auf Zufällen.

Gehörte er also zu SafetyNet? Nicht unbedingt. Ich konnte mir nicht vorstellen, daß die Firma einem ihrer Männer gestatten würde, sich so zu verhalten wie er. Und es gab noch weitere Ungereimtheiten:

1. An dem Tag, als wir von der Farm flohen, waren sie Jennys wegen gekommen. Nach den geplanten Operationen zu urteilen, mußte ihr Zwilling dem Tod nahe gewesen sein. Warum ging es also plötzlich um Suej?

2. Was hatte Blaulicht mit Vinaldi zu schaffen? Wie paßte die Geschichte in ein SafetyNet-Szenario?

3. Nanunes abgehackter Kopf und der Diebstahl von Mals Ausstellung wiesen, ebenso wie seine Verbindung zu Vinaldi, darauf hin, daß entweder Blaulicht selber oder ein Komplize hinter den Morden mit den Gesichtsverstümmelungen steckte. Aber wenn das stimmte, warum wurden dann die NRPD-Akten unter Verschluß gehalten? Blaulicht war kein Cop, darauf hätte ich gewettet – wieso wurde er dann gedeckt? Der Killer, den ich im Hausflur vor Mals Wohnung umgelegt hatte, war nicht vorbestraft, und ich hatte den Verdacht, daß Blaulicht es auch nicht war. Das bedeutete, daß seine Leute und er von außerhalb der Stadt kamen oder daß jemand sich große Mühe gab, diesen Anschein zu erwecken.

Gut gefolgert, aber nicht weit genug gedacht. Meine Überlegungen schienen mich der Lösung nicht näherzubringen, sie machten mich nur unruhig und nervös. Denn sollte Suej der Schlüssel sein, bedeutete das vermutlich, daß die anderen Reserven entbehrlich waren, und ich verstand immer noch nicht, worum es ging oder wie ich sie retten konnte. Mindestens ein Teil des Puzzles fehlte noch, und solange ich es nicht gefunden hatte, konnte ich weder die Reserven suchen noch für Suejs Sicherheit sorgen. Ich konnte rein gar nichts tun.

Ich merkte, daß Suej mich anschaute.

«Ist alles in Ordnung, Jack?» fragte sie. Ich hörte auf, mit den Fingern auf die Tischplatte zu trommeln, und lächelte.

«Klar», sagte ich. «Wie war der Burger?»

«Gut.» Sie grinste. «Besser als die von Ratchet.» Ratchet war ein Droide der Extraklasse gewesen, aber Kochen hatte wie erwähnt nicht zu seinen herausragenden Fähigkeiten gehört – schon gar nicht die Zubereitung von Schnellgerichten. Andererseits war das auch nicht seine Aufgabe gewesen, und man mußte sich wundern, daß er überhaupt kochen konnte. Zum ersten Mal seit Verlassen der Farm fragte ich mich wieder, was für ein Roboter Ratchet gewesen sein mochte. Zugleich durchfuhr mich ein Gefühl der Einsamkeit und Melancholie bei dem Gedanken, daß die Maschine, die mein Leben gerettet hatte, inzwischen vermutlich nicht mehr wiederzuerkennen war. Die Firma hatte Ratchet wahrscheinlich eingestampft oder umprogrammiert und sein Gehirn gelöscht, um ihn für die Überschreitung seiner Kompetenzen zu bestrafen. In meine Stirn sollte eine Warnung eingraviert sein, dachte ich: Laßt euch nicht mit diesem Mann ein, denn das überlebt kaum einer. Aber es war an der Zeit, mit dem Selbstmitleid Schluß zu machen, denn es wurde sogar mir schon langweilig.

«Können wir da mal hinfahren?» fragte Suej, und mein Blick folgte ihrem ausgestreckten Finger. Auf einem der Monitore lief ein Bericht über einen riesigen, schneebedeckten Berg. Suej dachte wahrscheinlich, er liege in der Nähe von New Richmond, nicht weit von der Gegend, aus der wir gekommen waren.

«Vielleicht.» Ich wollte noch etwas hinzufügen, das begeisterter klang, als ich plötzlich stutzte.

Mount Everest.

«Es ist *nicht* alles in Ordnung», sagte Suej sofort. «Ich sehe es dir an. Was ist los?»

Mir war klargeworden, woran mich Nearlys Bemerkung am Abend zuvor erinnert hatte. An den Bericht über die Entdekkung eines Berges, der höher sein sollte als der Mount Everest. Wahrscheinlich derselbe Beitrag, der auch jetzt wieder lief.

Aber das war Unsinn. Der Mount Everest *war* der höchste Berg der Erde. Daran bestand kein Zweifel, verdammt noch mal.

Und jetzt, da sich das Tor langsam auftat, wurde mir noch etwas klar: Fensterspringen. Wie wahrscheinlich war es, daß Menschen, nur mit einer lächerlichen Fiberglas-Wünschelrute ausgerüstet, aus dem Fenster sprangen? Ergab das *irgendeinen* Sinn?

«Jack, was ist los?»

Ohne sie zu beachten, schaute ich in Richtung Damentoilette. Durch einen plötzlichen Ansturm von Gästen war an der Theke ein Gedränge entstanden. Nearly war ein Stückchen von der Bar entfernt und unterhielt sich mit einem Typen. An ihrer Körpersprache konnte ich nur ablesen, daß die Unterhaltung ihr nicht besonders angenehm war.

«Es tut mir leid, Suej, aber wir müssen jetzt gehen», sagte ich. Suej schmollte, aber sie wußte, daß etwas nicht stimmte. Wir standen auf, und nachdem sie ihre Einkaufstüten zusammengesucht hatte, führte ich sie die Stufen hinunter auf die Bar zu.

Als wir Nearly erreicht hatten, war sie wieder allein. «Wir müssen gehen», sagte ich. «Und zwar sofort.»

Nearly schaute Suej an, dann wieder mich. «Wer sagt das? Ich habe noch Durst.» Als ich sie am Arm packte und wegzuziehen versuchte, war mir vollauf bewußt, daß ich mich wie ein Neandertaler benahm. Sie riß sich los. «Was soll denn das?»

«Welches ist der höchste Berg der Erde?» Ich bemühte mich, nicht die Geduld zu verlieren. Nearly starrte mich entgeistert an, während die Leute uns anrempelten. «Los, sag schon!»

«Mount Fyi natürlich. Das wurde doch erst neulich entdeckt. Hab ich jetzt einen Preis gewonnen?»

«Nein. Es ist der Grund, weshalb wir gehen müssen.» Ich ließ den Blick über die Menge schweifen. Der Mann, mit dem Nearly gesprochen hatte, war verschwunden. «Wer war der Typ?»

Nearly brauchte einen Moment, um zu begreifen, wen ich meinte.

«Er sagte, er wäre vor ein paar Jahren mal Kunde bei mir gewesen, und wollte sich für heute abend wieder mit mir verabreden. Ich habe ihn weggeschickt. Wieso?»

«Hast du ihn nicht wiedererkannt?»

«Nein, aber das hat nichts zu bedeuten. Schließlich hebe ich nicht von jedem eine Haarlocke auf.»

«Glaub mir, Nearly, wir müssen schnell verschwinden.»

Sie trotzte noch einen Moment, rollte die Augen und sagte: «Meine Güte, du verdirbst einem aber auch jeden Spaß», ließ sich jedoch von mir zur Tür zerren.

Zu spät.

Wieder einmal hatte ich das Gefühl, daß ich keine Zeit verlieren durfte, ohne genau zu wissen, was mich aus der Ruhe brachte. Irgendein Geräusch hinten in der Kneipe, oder vielleicht spürte ich einfach, daß die Menge sich teilte. Mein sechster Sinn von früher schien wieder zu erwachen. Ich stellte mich instinktiv vor Suej und schob Nearly in Richtung Tür. Als ich unauffällig meine Pistole zog, bewegte Suej sich hinter mir, und ich sah aus den Augenwinkeln, daß Nearly sie an der Hand gefaßt hatte und hinter sich herzog. Ich wußte nicht, ob ich Nearly überzeugt hatte oder ob sie ausnahmsweise mal gehorchte. Jedenfalls war ich ihr dankbar.

Rasch drängelte ich mich ein paar Meter in die Menge hinein und hielt die Pistole verdeckt in Hüfthöhe. Ich achtete auf jedes Gesicht, bewegte mich im Zickzack, blickte mich ständig nach allen Seiten um und versuchte zu erspüren, wo er war. Es kam mir vor, als schöbe ich mich zwischen verwachsenen, nach mir greifenden Bäumen hindurch. Früher hatte ich das sehr gut gekonnt, aber er konnte es anscheinend noch besser.

«Feierabend», flüsterte eine Stimme dicht an meinem Ohr.

Mit einem Reflex, der meinen ganzen Körper durchzuckte, stieß ich einen Fuß nach hinten und erwischte ihn hart am Schienbein. Dann wirbelte ich auf dem anderen Fuß herum, riß den Revolver hoch und traf mit dem Lauf ein paar von den Leuten, die neben mir standen. Ich schaute in fassungslose Gesichter. Der Mann war verschwunden, aber wenigstens machte man mir jetzt Platz. Ich ließ den Blick über die Menge schweifen, entdeckte niemanden und drehte dann den Kopf zur Tür. Er war etwa zwei Meter von mir entfernt und bahnte sich einen Weg in Richtung Suej. Aber es war nicht Blaulicht, sondern ein Unbekannter.

Draußen vor der Tür konnte ich Nearlys Kopf erkennen, aber sie schien meine verzweifelten Handzeichen nicht zu bemerken. Suej schaute ganz woandershin; sie hatte die Augen auf den Holzrahmen der Tür gerichtet. Obwohl ich wußte, wie man sich durch eine Menge schlängelt, kämpfte ich mich einfach mit Gewalt voran wie in einem dichten Urwald. Überall Arme, Beine und gerötete, verärgerte Gesichter. Spitze Ellbogen stachen mir in die Seiten.

Er kam wesentlich schneller voran als ich, denn er schlängelte sich zwischen den Menschen hindurch, als wären sie gar nicht vorhanden. In seinen Bewegungen lag eine tödliche Anmut, die mir verriet, daß er für so was ausgebildet war. Das war ich auch, und früher hätte ich ihn vielleicht einholen können. Aber jetzt nicht mehr. Es war zu lange her.

Als ich immer weiter zurückblieb, sah ich ein, daß ich zu ungewöhnlichen Maßnahmen greifen mußte. Ich änderte die Richtung und bewegte mich, wild mit den Armen um mich schlagend, wie eine schwerfällige Rakete auf die Bar zu. Dann schwang ich mich auf die Theke und fegte dabei reihenweise Gläser um. Trotz der glitschigen Flüssigkeit gelang es mir, mich aufzurichten und mich zur Menge umzudrehen.

«Bleib stehen, oder ich puste dir die Birne weg», brüllte ich. Nicht sehr originell, aber so ist das eben. Manche Floskeln sind in die männliche Psyche eingebrannt und kommen bei Bedarf automatisch zur Anwendung. Der Typ wußte das ebenfalls, schenkte meinen Worten genausoviel Beachtung, wie sie verdienten, und lief weiter in Richtung Tür. Die Menge war weniger kaltblütig und stob auseinander, wodurch für ihn der Weg zum Ausgang frei wurde. Ebendas hatte ich nicht gewollt.

Na prima, Jack, dachte ich, mal wieder eine taktische Meisterleistung.

Mir blieb eine Sekunde, um mich zu entscheiden. Ich brauchte den Mann lebend, denn ich wollte mit ihm reden. Aber wenn er Suej erwischte, war sowieso alles vorbei.

Ich zielte sorgfältig.

Die Kugel schlug in seinen Nacken ein. Er schwankte, aber er war hart im Nehmen und rannte weiter. Ich jagte ihm eine zweite in den Rücken, sprang von der Theke über eine Reihe von Köpfen hinweg und riß ihn zu Boden. Um uns herum war plötzlich viel Platz. Ich versuchte, nach dem Aufprall seitlich wegzurollen, aber er war schneller, drückte mich auf den Boden und zog seinen Revolver. Sofort wälzte ich mich zur Seite und kriegte ein paar Splitter ins Gesicht, als seine Kugel an der Stelle einschlug, wo eben noch mein Kopf gewesen war.

Ich hatte die Schnauze voll davon, dauernd in Bars die lebende Zielscheibe zu spielen, und so dringend wollte ich nun auch nicht mit ihm sprechen.

Mein Magazin war halb leer, ehe er ins Taumeln geriet; ich stützte mich mit einer Hand ab und sprang auf, während ich mit der anderen Hand weiterfeuerte. Das Problem ist, daß man Menschen mit einer Pistole nicht so schnell töten kann, wie allgemein angenommen wird. Wenn man jemanden trifft, fliegt er nicht gleich im hohen Bogen nach hinten. Die meisten Menschen werden einfach nur wütend. Ich sprang vorwärts und griff nach seinem Nacken, aber meine Hand rutschte an der Flüssigkeit ab, die aus dem Einschußloch lief. Ich kriegte ihn an der Schulter zu fassen, warf ihn auf den Rücken, kniete mich über ihn, legte eine Hand um seinen Hals, drückte meine Knie auf seine Arme und hielt ihm die Pistole an die Stirn. Sein Gesicht war schmal und nicht sehr sauber, die dunklen Augen lagen tief in den Höhlen. Unter dem Mantel schien er einen Drillichanzug der Armee zu tragen, der schon länger kein Waschwasser mehr gesehen hatte.

Ich wußte, mir blieb nicht viel Zeit, bis die Polizei eintreffen würde, daher stellte ich ihn vor eine klare Alternative. «Sag mir, wer du bist und woher du kommst, sonst blase ich dein Gehirn bis runter ins nächste Stockwerk», keuchte ich. Die warme Flüssigkeit aus seinem Nacken lief über meine Finger.

Der Mann bäumte sich auf und hätte mich beinahe von sich geschleudert, deshalb jagte ich ihm noch eine Kugel ins Schlüsselbein.

«Du weißt genau, woher ich komme», sagte er, den Mund voller Blut. Er schien zu grinsen.

«Nein, weiß ich nicht. Und das kotzt mich an. Bist du von SafetyNet, oder was?»

Der Mann lachte, und aus den Resten seiner Lunge quoll ein weiterer Schwall von blutigem Matsch. «Bei uns gibt es kein Sicherheitsnetz, Randall, das weißt du ganz genau.»

Hinter mir flüsterte eine Stimme: «Sie kommen», und ich wußte, die Zeit war um. Ich stand auf und ließ ihn liegen. Er würde nicht sprechen. Dann drehte ich mich noch einmal um und schoß ihm in den Kopf. Nicht sehr nett von mir, ich weiß, aber er war mir ja auch nicht gerade wohlgesinnt.

«Mein Gott, mit dir kann man aber auch nirgends hingehen», schrie Nearly. «Hattest du als Kind vielleicht ein traumatisches Erlebnis in einer Kneipe?» Ich war in ihrem Ansehen offenbar gesunken und rangierte jetzt wieder auf der Stufe eines gewalttätigen, drogensüchtigen Idioten oder sogar noch tiefer. «Wo immer du auftauchst, läuft der gleiche beschissene Film ab. Hast du nicht langsam genug davon?»

«Erstens könnte er der Frauenmörder gewesen sein», sagte ich, während ich sie und Suej vor mir die Straße hinunterscheuchte. «Zweitens könnte er Mal umgebracht haben. Drittens haben entweder er oder sein Freund Nanune den Kopf abgehackt, verdammt noch mal, und viertens will ich nicht darüber diskutieren.»

Wir rannten in die Road 2, die schmalere der beiden Hauptstraßen auf der 67. Ich hörte in der Ferne Sirenengeheul, die Cops kamen uns auf Plattformen von der Wache am anderen Ende der Etage her entgegengesurft. Die Plattformen sind einfache, zehn Zentimeter dicke Bretter mit Luftkissen darunter; einer steht vorn am Steuerpult, die anderen machen, was sie wollen. Wir rannten weiter von der Kneipe weg, bis ich ein blinkendes Licht vor uns einbiegen sah und die Mädchen schnell in eine Seitenstraße schubste. Die Plattform sauste an uns vorbei wie ein tieffliegender Vogel mit Parasiten auf dem Rücken, und ich hoffte, die Kneipe würde nicht Schauplatz eines «Zwischenfalls» werden. Der Polizist am Steuerpult war völlig zugedröhnt, und die anderen fuchtelten mit ihren Kanonen herum, wie Cowboys auf einem außer Kontrolle geratenen Floß.

Als die Cops weit genug weg waren, rannten wir zurück auf die Hauptstraße, überquerten sie hastig, bogen in eine andere Seitenstraße ein und liefen weiter zu der dahinterliegenden Brachfläche. Hier war früher ein botanischer Garten gewesen. Nun hatte er sich in eine Wüste verwandelt. Ein paar Abkömmlinge der damaligen Pflanzen kämpften noch ums Überleben, doch die meisten waren längst eingegangen und verdorrt. Das Gelände wurde von gelben Straßenlampen gesäumt, aber in der Mitte war es verlassen und finster.

«Wohin wollen wir eigentlich?» japste Nearly. «Und wenn wir da sind, erschießt du dann gleich wieder jemanden? Dann verzichte ich lieber und ziehe mir statt dessen einen Film rein.»

Auf der anderen Seite war ein Fahrstuhl. Ich zeigte dorthin.

«Runter in deine Wohnung», sagte ich, während wir durch die Dunkelheit rannten. «Ich habe dort ein paar Sachen liegenlassen. Dann werden Suej und ich verschwinden. Vermutlich für immer.»

«Na, war nett, dich kennengelernt zu haben», rief Nearly wütend. «Und wenn ich nett sage, dann meine ich das Gegenteil.» Ich wollte gerade etwas Versöhnliches erwidern, als Suej unvermittelt stehenblieb. Beinahe wäre ich mit ihr zusammgestoßen. Mir lag ein verärgertes Grunzen auf der Zunge, aber ich schluckte es hinunter.

Wir waren in der Mitte des Geländes, auf jeder Seite etwa zweihundert Meter vom Rand entfernt. Die Sirenen heulten noch schwach, doch sonst war alles still. Suej blickte mit aufgerissenem Mund ins Leere. Nichts war zu sehen.

«Suej?» sagte ich. «Was ...?»

Plötzlich löste sich etwas aus dem Dunkel. Zuerst war es nur ein kleines Flackern, ein Schimmern, als würden sich Schatten zu einer unhörbaren Musik bewegen. Und ein kaum wahrnehmbares Geräusch, wie das Klatschen vieler Hände, stark beschleunigt und weit weg.

Dann ging ein Zittern über das ganze Feld, und der Raum zwischen uns wurde von Lärm und Licht durchbrochen.

Suej kreischte, als die Vögel explosionsartig auftauchten: Unzählige wahnsinnige, fröhlich flatternde orangefarbene Flügelpaare umringten uns, und ohrenbetäubendes Geschrei ertönte. Flammen schossen hoch in die Luft und verloschen wieder; Bewegung und Lärm inmitten der Stille, als versuchte die ganze Welt, gleichzeitig am selben Ort zu sein. Alles ging ineinander über, es war unmöglich, die einzelnen Schreie und die einzelnen Vögel auseinanderzuhalten.

Ich spürte, wie Suej meine Hand ergriff. Sie zog mich in Richtung Fahrstuhl. Ihr Gesicht war bleich vor Überraschung und Schreck, und sie duckte sich, um vor etwas auszuweichen, das gar nicht da war. Nearly schaute uns nur an und stelzte hinterher, als wir auf den Lift zustolperten. Hinter ihr glitten die Vögel auf unsichtbaren Bahnen durch die Luft, dorthin zurück, wo sie hergekommen waren.

Wir stürzten in den Fahrstuhl und starrten hinaus in die Finsternis, während die Türen zuglitten und uns einschlossen.

«Was zum Teufel ist mit euch los?» schrie Nearly und stampfte mit den Füßen. Ich beachtete sie nicht und legte die Arme um Suejs Schultern, ebensosehr zu meinem eigenen Trost wie zu ihrem. Sie zitterte wie ein Tier, das gebannt im Scheinwerferlicht eines Autos steht. Ich dachte schon, sie hätte vor Schreck die Sprache verloren, aber dann hob sie plötzlich den Kopf und schaute mir mit ihren blauen Augen ins Gesicht.

«Du weißt, was das war», sagte sie vorwurfsvoll, und ihre Stimme steigerte sich zu einem panischen Piepsen. «Du weißt Bescheid.»

«Den Wald im Fahrstuhl hast du auch gesehen, stimmt's?» fragte ich. Sie nickte aufgeregt.

«Was ist das?» jammerte sie. «Wo kommt das her?»

«Hallo? Erde an Raumschiff Jack ...» rief Nearly, als sich die Türen auf der 66 öffneten. Sie war außer sich vor Wut und Angst. «*Wovon zum Teufel redet ihr beide?*»

«Hast du sie denn nicht gesehen?» fragte Suej ungläubig, aber Nearly guckte sie bloß an, als sei ihr gerade bewußt geworden, daß sie den Tag mit zwei Leuten verbracht hatte, die eigentlich Körbe flechten und regelmäßig Valium einwerfen sollten. Einen Arm immer noch um Suej gelegt, trat ich aus dem Fahrstuhl. Ich versuchte zu begreifen, was los war, aber es ging alles ein bißchen zu schnell. Der letzte Pfennig des Groschens war mir förmlich in den Schoß gefallen. Direkt aus dem Himmel. Ich wünschte, ich hätte ihn zurückwerfen können, ehe mir seine Bedeutung klar wurde.

«Wen gesehen?» sagte Nearly, die versuchte, mit uns Schritt zu halten.

«Die Vögel», erwiderte ich, obwohl ich wußte, daß Nearly sie nicht gesehen hatte. Suej hätte sie ebenfalls nicht sehen sollen, und ich im Grunde auch nicht. Sie hätten gar nicht dasein dürfen, ebenso wie die Bäume im Fahrstuhl, die ich für einen vom Rapt ausgelösten Flashback gehalten hatte. Ich zitterte heftig und fühlte mich kein bißchen männlich.

«Suej», sagte ich. «Was hast du in der Kneipe auf dem Weg nach draußen angeguckt?»

«Den Türrahmen», sagte sie. «Das Holz hat etwas Komisches gemacht.»

Mount Everest, Fensterspringen, die wahnsinnigen, glücklichen Vögel. Alles wies auf denselben Ort hin. Den Wald.

Dorthin würde ich niemals zurückgehen.

Es folgte ein kräftezehrender Sprint verlassene Korridore entlang bis zur Ecke Tyson und Stone; dann drängelten wir uns vor Nearlys Tür. Sie kramte nach ihrem Schlüssel und schaute sich panisch um, als das Türschloß plötzlich zu sprechen begann.

«Es ist jemand drin», sagte es. «Ich dachte, das sollten Sie wissen.»

«Wer?» kreischte Nearly, während ich meine Pistole zückte. Manchmal frage ich mich, warum ich mir das Ding nicht gleich operativ in die Hand einpflanzen lasse.

«Er hat sich nicht vorgestellt», antwortete das Schloß gleichgültig, als wäre es mit Wichtigerem beschäftigt. «Aber er hatte einen Schlüssel, daher konnte ich nicht viel machen.»

«Howie?» fragte ich Nearly und versuchte, meine Angst zu verbergen.

Sie schüttelte den Kopf und wich von der Tür zurück. «Er ist mein Manager, nicht mein Liebhaber.»

Ich nahm Nearly die Schlüssel aus der Hand, trat vor die Tür und lud die Pistole durch. Die Munition wurde mir knapp, aber wenn das so weiterging, würde ich ohnehin nicht mehr lange genug leben, um noch viel zu brauchen.

Nearly zupfte an meinem Ärmel. «Es riecht nach Ärger. Fahren wir lieber woandershin. Ernsthaft, ich habe gehört, in Florida soll es sehr schön sein ...»

«Das stimmt, aber erst muß ich Mals Festplatte holen», sagte ich. «Sie ist das einzige, was noch von ihm übrig ist.»

Nearly sagte mit extrem nervöser Stimme: «Dafür habe ich ja Verständnis, aber ich finde wirklich, wir sollten ...»

Ich steckte den Schlüssel in die Tür und drehte ihn herum. «Viel Glück», sagte das Schloß, bevor ich einen Schritt in den Flur hinein machte. Ein leises Geräusch kam aus dem Wohnzimmer, wie von Schritten auf einem Teppich.

«Wer ist da?» fragte ich. Keine Antwort. Ich ging ein Stückchen weiter. «Ich habe eine Kanone und bin ziemlich gereizt», fügte ich hinzu. «Versuchen Sie bloß keine Tricks.»

Immer noch nichts, abgesehen von dem schlurfenden Geräusch. Es hörte nicht auf, und ich wollte nicht ewig warten. Was blieb mir also anderes übrig, als tief Luft zu holen und ins Zimmer zu stürmen?

Johnny Vinaldi ging dort auf und ab und schaute ungehalten hoch.

«Wo, zum Teufel, sind Sie so lange gewesen?» fragte er, aber ich starrte ihn nur ungläubig an.

Nearly schwankte zwischen Kaffee oder einer Nase Koks und entschied sich schließlich für beides. Suej ging in die Küche, um bei der Zubereitung von ersterem zu helfen, und ich blieb mit Vinaldi im Wohnzimmer.

«Er ist aus dem Club entkommen», sagte er. «Fragen Sie mich nicht, wie. Er ist umringt von einem Haufen von Männern, die mich bisher nur selten enttäuscht haben, ganz zu schweigen von Hunderten tanzender Teenager, und er löst sich in Luft auf wie eine Lunge voll Zigarettenqualm.»

«Aber er hat Sie nicht erwischt», sagte ich und zündete mir eine Zigarette an. Ich wußte nicht genau, ob ich dieses Gespräch überhaupt führen wollte. Die Ereignisse hatten mich und Vinaldi auf unbegreifliche Weise zusammengebracht, aber ich wünschte ihm immer noch den Tod. Bei jedem Satz, den ich mit ihm wechselte, fühlte ich mich wie ein Verräter. Ich hatte nicht vor, viele Worte zu verschwenden.

«Stimmt, und das macht mich ungeheuer froh, wie Sie sich vorstellen können, aber Jaz – für den Sie offenbar wenig übrig haben, was mir einleuchtet, aber seine Loyalität mir gegenüber kennt keine Grenzen, und er versteht sich darauf, Leuten weh zu tun, was soll ich also machen? –, Jaz liegt im MediCentre und hat an äußerst beunruhigenden Stellen Kugeln im Körper. Sein Bruder Tony ist tot, und drei weitere von meinen Männern sind auch nicht mehr so fit wie vorher.»

«Ich habe eben einen Mann umgelegt, der vermutlich ein Komplize des Typs mit den blauen Lichtern war», sagte ich. «In einer Kneipe auf der 67.»

Vinaldi blickte zu mir hoch und hörte endlich auf, hin und her zu gehen. «Ich bin beeindruckt.» Es schien ernst gemeint zu sein. «Bei uns ist es lange her. Aber ich glaube, diese Typen sind immer noch dort.»

«Johnny, warum sind Sie hergekommen, und wovon reden Sie?» Ich hatte die Pistole noch in der Hand und war mir weiterhin nicht ganz sicher, ob ich sie benutzen würde, um ihn zu erschießen.

«Ich weiß, wer der Mann war, der in meinen Club gekommen ist.» Er steckte sich ebenfalls eine Zigarette an. Das Klappern in der Küche schien meilenweit weg zu sein. «Und deshalb weiß ich jetzt, daß Sie nicht derjenige waren, der mir den Karton geschickt und meinen Geschäftsinteressen geschadet hat.»

«Verraten Sie mir den Namen?»

«Jeq Yhandim», sagte Johnny und wirkte plötzlich gealtert. «Ich kenne ihn aus dem Krieg.»

«Aus dem Krieg? Sie?»

«Sie wissen schon – die ‹Trainingsübung›. Ich war auch einer von den Bright Eyes.»

«Blödsinn», brüllte ich, zugleich wütend und verwirrt, aber er schüttelte den Kopf.

«Ich habe sie mir rausoperieren lassen, nachdem ich zurück war. Es war sehr teuer und schmerzhaft, und ich würde niemandem dazu raten.»

Es fiel mir schwer, diese Information zu verarbeiten. In gewisser Weise wurde dadurch einiges klar. Vinaldis seltsam distanzierte und selbstbewußte Lebenseinstellung paßte genau zu dem, was er eben behauptet hatte – außerdem dealte er Rapt, und diese Droge war, wie erwähnt, für die meisten Leute nicht gerade der Inbegriff des Vergnügens. Auch ein paar andere Punkte ergaben jetzt mehr Sinn.

«Welches ist der höchste Berg der Erde?» fragte ich.

Er runzelte die Stirn. «Mount Everest.» In dem Moment fand ich mich mit der Wahrheit ab.

«Vorhin habe ich die Vögel gesehen.» Ich beobachtete die Wirkung meiner Worte. Seine Augen weiteten sich. Für einen Moment schien er nicht der erfolgreichste Gangster von New Richmond zu sein, sondern der ängstliche kleine Junge, der auch er bestimmt einmal gewesen war. Plötzlich hatte ich Mühe, ihn zu hassen; ich kannte diesen Ausdruck nur allzugut, denn ich hatte ihn vor vielen Jahren auf meinem eigenen Gesicht gesehen. Jetzt konnte ich auch nicht mehr bezweifeln, daß er im Spalt gewesen war. Die Vögel ähneln kleinen Sumpfgas-Einschlüssen – hellen Lichtern, die anzeigen, daß sich etwas Unsichtbares zusammenballt. Vinaldi hätte meine Bemerkung nicht verstanden, wenn er nicht dort gewesen wäre.

«Himmelherrgottsakrament», sagte er.

«So kann man es ausdrücken. Den Wald habe ich auch gesehen. Einen Moment lang kam es mir vor, als wäre ich tatsächlich dort. Und die Nachrichten sind voll von Meldungen über die Entdeckung eines Berges, der höher als der Mount Everest ist. Mount Fyi, den es gar nicht gibt. Haben Sie übrigens vom Fensterspringen gehört?»

«Ja, neulich. Man springt …» Vinaldi hielt inne und runzelte die Stirn. «Augenblick mal. Man kann nicht einfach so aus dem Fenster springen, bloß mit einem Stock in der Hand. Das ist doch totaler Schwachsinn.»

«Stimmt, aber ich habe gestern jemand kennengelernt, der es tut», erklärte ich. «Oder glaubt, er täte es.» Ich entsann mich, daß Golson neben einem Apartment wohnte, in dem Yhandim oder sein Komplize jemanden getötet hatte.

«Es ist Der Spalt, nicht wahr?» fragte Vinaldi. «Es ist der

verdammte Spalt. So muß es sein. Er bringt die Leute dazu, Dinge zu glauben, die gar nicht wahr sind.»

Ich teilte ihm mit, daß sie wahr geworden waren. Daß es sich um einen Sickereffekt handelte und Teile des Unterbewußtseins durch ein Leck ins Bewußtsein eindrangen. Die Träume der Welt sickerten durch wie Halluzinationen kurz vor dem Einschlafen.

«Randall», sagte Vinaldi kopfschüttelnd, «Sie haben entschieden zu viele Drogen genommen.»

«Es ist noch schlimmer», fügte ich hinzu, als mir das kleine Tier wieder einfiel, das ich am Abend vorher ganz kurz in der Nähe von Shelley Latoyas Wohnung gesehen hatte. «Die Realität verändert sich wirklich.» Dann kam mir noch etwas in den Sinn: Blaulicht hatte Zugang zu Drogen. Ich hatte gesehen, wie er dealte. Vielleicht hatte sich Shelley die Überdosis gar nicht selber gespritzt.

«Wie kann das sein? Was ist los?»

«Erzählen *Sie* es mir», sagte ich. «Und fangen Sie bei Jeq Yhandim an.»

Vinaldi wandte schnell den Blick ab, und ehe er antwortete, ging er zum Aussichtsfenster hinüber, wo ein Bild der fernen Berge von einer hoch oben an der Nordseite der Stadt angebrachten Kamera übertragen wurde. In seinen Augen lag ein Ausdruck, den ich schon einmal gesehen hatte – als starre er mit kalter Feindseligkeit etwas an, das weit weg war. Wir nannten diesen Ausdruck den «Zehn-Meilen-Blick». Noch ehe er anfing, wurde mir klar, daß er mir etwas erzählen würde, über das er nicht oft sprach. Über das er vielleicht noch nie gesprochen hatte.

«Er gehörte zu meiner Einheit», sagte er schließlich. «Wir haben ihn verloren.»

«Verloren?»

Da drehte er sich zu mir um, und plötzlich sprudelten die Worte nur so aus ihm heraus.

«Sie wissen ja, wie es war. Wir waren weit draußen im Gelände. Natürlich kaum noch zurechnungsfähig, wie Sie sich denken können. Plötzlich werden wir angegriffen. Der Lieutenant verliert auch noch den Rest seines kümmerlichen Verstandes und ist ständig weggetreten. Also bleibt alles an mir hängen, obwohl ich nicht mal mehr weiß, wo oben und unten ist.»

Ich nickte, um ihm zu zeigen, daß ich nur allzugut wußte, wovon er sprach.

«Die Jungs rennen verstört durch die Gegend und werden in Stücke gerissen, und ich versuche, etwas dagegen zu tun, aber mir fällt absolut nichts ein, außer die Beine in die Hand zu nehmen und wegzulaufen. Und das haben wir dann auch getan. Die halbe Truppe war nach zehn Sekunden tot, und die anderen rammten sich gegenseitig die Köpfe ein, weil jeder in eine andere Richtung floh. Wir preschten einfach immer weiter und kamen schließlich raus, froh darüber, wenigstens noch halbwegs am Leben zu sein.» Vinaldi hielt inne, als wolle er nicht weiterreden.

«Und dann?»

Vinaldi atmete geräuschvoll aus und wischte sich mit dem Handrücken über das Gesicht. «Ein paar sind dageblieben.»

Er setzte sich hin und schaute an mir vorbei. Ich blieb stehen und starrte ihn an. «*Da*geblieben?»

«Ein paar kamen nicht mit uns zurück, aber sie wurden auch nicht getötet.»

«Wann haben Sie das erfahren?» fragte ich. Ich begriff immer noch nicht ganz.

«Heute abend», erwiderte er. «Bis heute abend war es mir nicht klar.»

«Johnny, was wollen Sie damit sagen?»

«Ich will sagen, daß Yhandim und ein paar andere zurückgeblieben sind, als der Rest von uns Den Spalt verlassen hat. Er hat es nicht mehr zum Lager geschafft, und er war nicht da, als wir am Ende seitwärts rausgeschleust wurden. Ich hatte angenommen, daß er tot ist, aber wie Sie gesehen haben, war er gestern bei mir. Er hat Den Spalt nie verlassen. Er ist seit fast zwanzig Jahren dort.»

Ich hatte gespürt, daß es mit dem Mann aus der Kneipe auf der 67 etwas Besonderes auf sich hatte, daß er immer noch ein Leben führte, das längst hinter mir lag. Aber die Erklärung leuchtete mir nicht ein. Ich wußte immer noch nicht, warum Yhandim die Reserven mitgenommen hatte und warum er Suej haben wollte. Aber ich begriff jetzt, daß er zwei Jahrzehnte lang im Spalt überlebt hatte, nachdem alle anderen rausgeholt worden waren.

Und nun hatte er einen Weg gefunden, aus dem Reich der Toten zurückzukehren, und die Hölle würde ihm auf dem Fuße folgen.

Viel später, als Nearly und Suej längst auf dem Sofa eingeschlafen waren, während Vinaldi und ich schweigend in verschiedenen Ecken des Zimmers saßen, gelangte ich an einen Wendepunkt. Ich hatte Mals Festplatte zusammen mit dem Computerchip in die Tasche gesteckt. Ratchet hatte ihn mir sicher aus gutem Grund gegeben, daher hielt ich es für lohnend, ihn aufzubewahren. Ich war bereit, sofort aufzubrechen und etwas zu unternehmen, aber ich wußte weder, wohin ich gehen, noch was ich tun sollte.

Vinaldis Blick war leer und abwesend, vielleicht durchlebte er im Geiste noch einmal einen Vorfall im Spalt. Er hatte in seinem Büro – oder in dem, was Gangster anstelle eines Büros haben – angerufen und seinen Männern mitgeteilt, daß er für ein paar Stunden nicht erreichbar sein würde. Auf jeder einzelnen Etage hatte er Leute postiert, die nach Yhandim Ausschau halten sollten, und sie waren alle mit dem letzten Schrei der Waffen-*Haute-couture* ausgerüstet. Bis jemand anrief, konnten wir absolut nichts tun, außer hier herumzusitzen und uns gegenseitig zu beobachten, obwohl es etliches gab, was ich lieber getan hätte. Vinaldi anzuschauen war so, als würde ich im Spiegel ein offenes Krebsgeschwür auf meinem Gesicht betrachten; ein unwillkommener Anblick, von dem ich die Augen dennoch nicht abwenden konnte.

Es gab eine Frage, die ich ihm stellen mußte, bevor es weitergehen konnte. Ich war mir der Antwort in den letzten fünf Jahren ganz sicher gewesen. Aber heute abend waren mir zum ersten Mal Zweifel gekommen. Woran das lag, wußte ich nicht genau. Vielleicht hatte es mit Vinaldis Haltung mir gegenüber zu tun, oder vielleicht hatte die Erinnerung an Den Spalt einfach eine ältere Wunde aufgerissen. Wie auch immer, ich stellte die Frage.

«Johnny, haben Sie damals den Befehl gegeben, Henna und Angela zu töten?»

Meine Stimme klang belegt, aber die Worte waren deutlich zu verstehen. Vinaldi war sofort hellwach. Anscheinend wußte er, daß dieses Thema früher oder später zur Sprache kommen würde.

Er schaute mir in die Augen, dann wandte er den Blick ab. «Nein», sagte er. Und seltsamerweise glaubte ich ihm.

Elf

Um sieben Uhr morgens klingelte das Telefon. Ich schlief auf dem Sofa. Suej hatte sich über den größten Teil der Sitzfläche ausgestreckt, und Nearlys Kopf lag schwer auf meiner Schulter. Es war etwa so bequem, als würde man in einem Bücherregal schlafen, aber das störte mich nicht besonders.

Vinaldi saß noch in seinem Sessel und war offenbar wach geblieben, denn er streckte sofort den Arm aus und drückte auf den Telefonknopf.

«Ähm, hier ist Howie», ertönte eine Stimme, die vom Wand-Koppler klar und deutlich in den Raum übertragen wurde. «Ist Jack da?»

«Ja», sagte ich und setzte mich auf. «Was ist los?»

«Ich glaube, du solltest herkommen», sagte er.

«Wieso?»

«Bist du allein?»

«Nein», sagte ich.

«Das hatte ich vermutet. Ich muß dir etwas zeigen. Es betrifft deinen Freund mit den Lichtern im Kopf.»

Ich stand auf, denn Howies Tonfall kam mir komisch vor. «Bin schon unterwegs.»

«Gut.» Er klang erleichtert. «Übrigens, Jack – ich würde die Mädchen lassen, wo sie sind, wenn du verstehst, was ich meine.»

Es klickte, und das Telefonat war zu Ende. Ich blickte Vinaldi an.

«Ich gehe mit», sagte er.

«Das ist nicht nötig.»

«Doch, verdammt noch mal.» Vinaldi wirkte taufrisch und entspannt, so als verbrächte er die meisten Nächte schlaflos in einem Sessel. «Was Yhandim betrifft, geht auch mich an.»

«Mir wär's lieber, wenn Sie hier bleiben würden.»

«Es ist mir scheißegal, was Ihnen lieber wäre, Randall. Ich gehe mit.»

Ich schaute ihn an. Meine Einstellung zu ihm hatte sich gestern nacht geändert, aber bei Licht betrachtet war ich mir nicht sicher, wie sehr. Schließlich nickte ich. Nachdem ich eine kurze Nachricht für Nearly geschrieben hatte, verließen wir die Wohnung und zogen leise die Tür hinter uns zu. Das Schloß sagte, wir sollten auf uns aufpassen – ein Ratschlag, den ich sehr zu schätzen wußte. Der Korridor vor dem Fahrstuhl war dreckig, übersät von dem Müll der letzten Nacht. Leere Flaschen, zerbrochene Ampullen, ein benutztes Gummi. Aus der Ferne hörte ich ein Reinigungsteam, das den ganzen Kram aufsaugte. Durch das Außenfenster am Ende des Korridors drang trübes Tageslicht, und es sah so aus, als würde es endlich einmal nicht regnen.

Wir standen schweigend nebeneinander, während der Fahrstuhl nach unten fuhr, und ich überlegte flüchtig, wie seltsam es war, daß ich mich in Gesellschaft des einflußreichsten Gangsters von New Richmond befand. Vielleicht sinnierte er gerade über die Nähe zu einem stadtbekannten Versager nach. Wenn dem so war, verlor er jedenfalls kein Wort darüber. Wahrscheinlich beschäftigte ihn, genau wie mich, hauptsächlich die Frage, wessen Kopf wir dieses Mal vorfinden würden. Howie hatte mich sprechen wollen, und nicht Vinaldi. Das kann ein Hinweis sein, dachte ich.

Auf der 8 herrschte Nachtbetrieb. Ich entschied mich für die kürzeste Strecke, die zufällig auch die lauteste war, und wir gingen die Bon Bon Street hinunter, vorbei an Bars, in denen fröhliche Zecher junge (und nicht mehr ganz so junge) Damen lautstark aufforderten, sich ihrer Kleidung zu entledigen. Wenn ich mir so was anschaue, dauert es nicht lange, bis mich ein Gefühl von Sinnlosigkeit überkommt, aber die Gäste auf der 8 schienen drauf zu stehen. Vinaldi ließ seinen Blick mit strikt professionellem Interesse über die Läden schweifen und rechnete wahrscheinlich aus, ob es sich lohnen könnte, einen von ihnen zu übernehmen. Die Bon Bon Street mündete in ein Gewirr von Nebenstraßen, wo gegessen und getrunken wurde und wo die Menschen aus den Schnellrestaurants auf die überfüllten Straßen strömten. Inzwischen schaute sich Vinaldi nur noch beiläufig um, und ich nahm an, all das seien kleine Fische für ihn.

«Ich war seit Jahren nicht mehr hier unten», sagte er und widerlegte meine Vermutung. «Sieht aus, als könne man sich hier gut amüsieren.»

«Was, besser als im Club Bastard?» fragte ich und bog in die Straße von Howies Bar ein.

«Wenn man sich ein Loch in den Kopf bohrt und Ameisen reinschüttet, ist das amüsanter als im Club Bastard», gab er zurück. «Die jungen Leute heutzutage, die haben doch keine Ahnung mehr, wie man sich amüsiert.»

Ich hatte das Gefühl, daß meine eigenen Ansichten über das, was Spaß machte, ebenfalls fragwürdig waren und daß ich außerdem, wenn Alter gleichbedeutend mit Weisheit wäre, eigentlich noch am Daumen lutschen müßte. Mit einemmal stellte ich fest, daß Vinaldi verschwunden war. Eben war er noch neben mir gewesen und plötzlich nicht mehr. Da ich annahm, daß er stehengeblieben war, um sich den Spaß aus der Nähe anzuschauen, ging ich weiter zu Howies Kneipe. Im Grunde war ich erleichtert, die Sache allein erledigen zu können. Unterwegs hatte ich die ganze Zeit gehofft, daß es, falls ich wieder einen Kopf vorfand, der von der halben Reserve sein würde. Aber so gnädig würde mir das Schicksal wohl kaum sein. Yhandim schien es bei seinen Morden – mit Ausnahme der Warnung, die er Vinaldi geschickt hatte – ausschließlich auf Frauen abgesehen zu haben. David und Mr. Two waren mit einiger Wahrscheinlichkeit bereits tot, aber Yhandims Geschenk an mich würde eine sexuelle Nuance haben. Das ist bei solchen Verstümmelungen immer der Fall. Mörder, die ihre Opfer verstümmeln, fahren nur selten zweigleisig.

«Jack, hi», begrüßte mich Howie.

Die Kneipe war völlig leer. «Nicht viel los», sagte ich.

«Heute morgen ist zu. Ich lasse neue Fenster einbauen.»

Ich nickte und bemerkte den Scherbenhaufen, der am hinteren Ende des Raums zusammengefegt worden war. Howie wirkte niedergeschlagen, was gar nicht zu ihm paßte, und ich machte eine entsprechende Bemerkung. «Stimmt», antwortete er mit einem verkniffenen Lächeln. «Die Zeiten sind schwer.»

«Was wolltest du mir zeigen?»

«Hier entlang.»

Auf dem Tisch in seinem Büro stand ein Karton, der genauso aussah wie die beiden anderen.

Ich ging mit klopfendem Herzen hinüber und machte mich auf das Schlimmste gefaßt.

«Wann ist er gebracht worden?»

«Vor einer Stunde», sagte Howie. «Per Boten.»

Früher oder später würde ich ihn sowieso öffnen müssen, also tat ich es gleich. Ich löste die Schnur, die um das Paket gebunden war. Dabei wackelte der Karton leicht, als wäre der Inhalt nicht ordentlich gesichert. Ich stellte mir Jennys Kopf vor, wie er auf einem blutigen Schmierfilm ungehindert herumrutschte, und ich hätte beinahe beschlossen, mir den Anblick zu ersparen.

Aber dann machte ich doch den Knoten auf. Wie immer. Ich muß einfach mit eigenen Augen sehen, wozu Menschen fähig sind.

Ich streifte die Schnur ab und schob meine Daumen unter die oberen Laschen. Howie atmete nur ganz flach, und mir wurde mit einiger Verspätung bewußt, daß ich ihm reichlich viel Ärger eingebrockt hatte. Ich nahm mir fest vor, sobald das hier vorbei war, meine Dankbarkeit auszudrücken. Dann holte ich tief Luft und öffnete den Karton.

Irgend etwas schoß kreischend heraus und flatterte an die Decke. Diese plötzliche Bewegung und ein stechender Geruch ließen mich zurückschrecken. Howie murmelte leise «Scheiße» und trat selber einen Schritt zurück. Das Ding schlug klatschend gegen die Decke und sauste wieder nach unten, ehe ich Gelegenheit hatte, auch nur ansatzweise festzustellen, was es war. Als es auf der Tischplatte gelandet war, drehte es den Körperteil, der anscheinend der Kopf war, herum und starrte mich an. Erst blinzelte ich ungläubig, dann erwiderte ich vorsichtig den Blick, wobei ich halb damit rechnete, daß es mich jeden Moment anspringen würde.

Es war eine Art Vogel. Oder vielleicht auch eine Katze. Es hatte keine Federn, war dreißig Zentimeter groß und stand auf spindeldürren Beinen mit Gelenken; sein Kopf glich dem eines Vogels, war aber – genau wie der Körper – dick und an etlichen Stellen mit räudigem orangefarbenem Fell bedeckt. Zwei Stummelflügel standen rechtwinklig vom Körper ab, als wären sie laienhaft mit einer Schere amputiert und dann wieder angeklebt worden. Die Haut war größtenteils sichtbar, hatte eine ungesunde weißliche Farbe und schien eine Flüssigkeit abzusondern. Der Körper hob und senkte sich schwerfällig, als ränge das Tier nach Luft, und verströmte einen Verwesungsgeruch. Seine Augen fixierten mich, es schien mich zu erkennen und öffnete den Schnabel. Das Loch, das dadurch entstand, ähnelte weniger einem Mund als einer entzündeten Wunde, und der Blick wirkte zwar böse, aber auch unsicher.

«Was zum Teufel ist das?» flüsterte Howie.

«Keine Ahnung», sagte ich, obwohl ich einen Verdacht hatte. Der Vogel versuchte, einen Schritt in unsere Richtung zu machen, aber durch die Bewegung brach eines seiner Beine. Das obere Gelenk wackelte in der Gelenkpfanne und sprang dann heraus. Die Kreatur kippte zur Seite. Die Haut über dem Gelenk riß wie die Schale einer überreifen Frucht und enthüllte eine schmierige Masse, die einer Mischung aus einer starken Monatsblutung und Sour Cream glich.

Es war, alles in allem, kein besonders hübsches Tier.

«Er weiß es genau», sagte eine Stimme hinter uns mit einem Kichern, und ich seufzte innerlich, ohne mich umzudrehen.

«Wer ist das?» fragte ich Howie, denn ich begriff, daß ich in eine Falle getappt war.

«Tut mir leid, Jack», antwortete er mit brüchiger Stimme. «Er hat gesagt, er würde mich umbringen, wenn ich es nicht täte, und dich am Leben lassen, wenn ich es täte.»

Ich drehte mich um und sah einen Mann in der Tür stehen. Es war der Mann, dem ich am Abend zuvor in der Kneipe eine Kugel in den Kopf gejagt hatte. Ein Mann also, der eigentlich nicht hier sein und eine Waffe auf meinen Kopf richten konnte.

«Ich hab gelogen», sagte er. «Hände hoch.»

Während ich die Anweisung befolgte, bemerkte ich schwache Spuren eines Einschußlochs an seiner rechten Schläfe. Das fand ich beruhigend, denn einen Moment lang hatte ich schon gedacht, den Verstand verloren zu haben. Im übertragenen Sinn und nicht auf die konkrete Weise, die nun offenbar kurz bevorstand.

«Wer sind Sie?» fragte ich und war überrascht darüber, wie gelassen meine Stimme klang. Howie blickte mich schuldbewußt von der Seite an.

«Ein Freund von Yhandim», sagte der Mann mit seinem typischen Grinsen. «Aber das wissen Sie doch. Schließlich sehen wir uns nicht zum erstenmal.»

«Warum ist er nicht selbst gekommen?»

«Das ist ja gerade der Trick, Mister. Yhandim ist bei Ihrer Freundin, um die Kleine zu holen, wegen der wir hier sind.»

Der Schock war mir wohl ins Gesicht geschrieben, denn das Grinsen des Mannes wurde noch breiter, was dazu führte, daß ein Tropfen Lymphflüssigkeit aus der Wunde quoll und langsam über seine Wange lief. «Wir dachten, wir schaffen Sie mit Hilfe von Mr. Howie erst mal aus dem Weg, um sicherzugehen, daß alles glattläuft. Sie sind uns schon zu oft in die Quere gekommen.»

«Sehr schlau», sagte ich. «Was wollt ihr mit Suej anstellen?»

«Wir wollen gar nichts von ihr», erwiderte der Mann. «Wir bringen sie bloß zu ihrem Besitzer zurück. Für die andere Braut wird sich schon ein Verwendungszweck ergeben. Zumindest für eine Weile. Yhandim verschleißt Frauen ziemlich schnell, und außerdem kommt er mit Leuten nicht klar, die normale Augen haben.»

«Was habt ihr mit den anderen gemacht?» Ich wollte nicht unbedingt Zeit schinden, wenigstens noch nicht. Vielmehr stellte ich einfach die Fragen, die mir aus verschiedenen Gründen in den Sinn kamen. Die auf mich gerichtete Waffe wackelte nicht, und ich wußte, ich hatte letztes Mal Glück gehabt, daß ich dem Mann entwischt war. Die Zeit, die mir noch blieb, schien zu einem dünnen Strich zusammengeschrumpft zu sein, einer vor mir liegenden Grenzlinie, die ich mich nicht zu überschreiten traute.

«Das braucht Sie nicht zu interessieren», sagte der Mann. «Sie werden nicht mehr dazu kommen, sich Sorgen zu machen.»

«Ich wundere mich sowieso, daß ich noch am Leben bin», sagte ich. «Und auch, daß Sie es noch sind. Tut das Loch in

Ihrem Kopf wenigstens *weh*? Oder das in Ihrem Nacken oder das in Ihrer Schulter?»

«Sie begreifen überhaupt nichts», sagte er mit einem Anflug von Zorn. «Sie sind rausgekommen. Sie begreifen einen Scheißdreck.»

«Warum erklären Sie es mir nicht?» sagte ich beschwichtigend. «Sie müssen irgendeinen Grund haben, mich am Leben zu lassen. Ich war auch dort. Vielleicht begreife ich es ja doch.»

Der Mann lachte plötzlich und zerstörte damit meine letzte Hoffnung. Dumm war er nicht, sondern nur vollkommen wahnsinnig. Er spannte den Abzugshahn seiner Pistole, und mir wurde klar, daß die Grenzlinie erreicht war. «Sie sind am Leben, weil wir noch jemand anderen suchen», sagte er. «Und wir glauben, daß Sie wissen, wo er ist. Sie werden es mir jetzt sagen, und dann bringe ich Sie um.»

«Wer?» fragte ich, obwohl ich wußte, wen er meinte.

«Vinaldi», knurrte der Mann haßerfüllt. «Nach dem haben wir richtig Sehnsucht.»

«He, das hättest du doch bloß zu sagen brauchen», ließ sich eine Stimme vernehmen, und plötzlich stand Vinaldi hinter dem Mann. Als der herumwirbelte, knallte Vinaldi ihm mit bewunderungswürdiger Treffsicherheit einen schweren hölzernen Barhocker ins Gesicht. Eines der Stuhlbeine ging kaputt, Knochen brachen wie Eierschalen, und der Mann klappte zusammen.

Vinaldi lächelte mich grimmig an und trat näher. «Sie sind ein bißchen aus der Übung, Randall. Ich hatte mit einer Falle gerechnet. Deshalb habe ich darauf bestanden mitzukommen.» Er stellte sich über den auf dem Fußboden liegenden Mann und zückte eine Pistole. Sein Gesichtsausdruck war plötzlich finster und unerbittlich.

«Wehe, Sie erschießen ihn», brüllte ich und zog meine eigene Waffe. Ich war froh, sie wieder in der Hand zu haben.

Vinaldi schaute zu mir hoch. «Was soll das heißen, verdammt noch mal? Natürlich werde ich ihn erschießen.»

«Wenn Sie das tun, dann erschieße ich Sie», sagte ich und hielt meine Pistole starr auf ihn gerichtet, während ich zu ihm hinüberging. «Und was die mangelhafte Übung angeht: Wenn Sie in Nearlys Wohnung geblieben wären, wäre den beiden nichts passiert.» Vinaldi runzelte die Stirn und sicherte seine Waffe.

Ich drehte mich zu Howie um, der immer noch an der Wand stand und sich wahrscheinlich fragte, wer momentan die größte Gefahr für ihn darstellte. «Howie, hol eine Rolle Kreppband.»

«Jack, es tut mir ...»

«Ja, ich weiß. Schon gut.» Er wirkte nicht überzeugt. «Im Ernst. Ich hätte an deiner Stelle das gleiche getan. Hol uns jetzt bitte das Kreppband.»

Als Howie draußen war, kniete ich mich neben den Mann und überprüfte seine Atmung. Sie war schwach, aber regelmäßig.

«Was tun Sie da, Randall?» fragte Vinaldi mit mehr als einer Spur Ungeduld. «Wir haben es hier mit einem Mann zu tun, dessen einziges Ziel es war, Sie – und, ich darf hinzufügen, auch mich – umzubringen, und mit einemmal finden Sie es angebracht, für das Recht auf Leben einzutreten? Sie sollten schnellstens nach Ihren Frauen suchen, statt sich um dieses Arschloch Sorgen zu machen.»

«Yhandim hat sich Nearly und Suej schon geschnappt», sagte ich. «Vermutlich ist er, kaum daß wir weg waren, in die Wohnung eingedrungen. Der Kerl hier weiß vielleicht, wohin sie gebracht worden sind. Möglicherweise weiß er auch, wo die anderen Reserven stecken. Er weiß vielleicht sogar, *was zum Teufel hier eigentlich gespielt wird.* Wenn Sie ihm das Gehirn wegpusten, werden wir es nicht erfahren. Hinzu kommt, daß ich dem Mann bereits eine Kugel in den Kopf gejagt habe und er dennoch munter weiterlebt. Wenn Sie ihm auch eine reinjagen, wird er wahrscheinlich bloß stocksauer werden.»

Howie brachte das Kreppband, und ich rollte den Mann auf den Bauch. Mit mehreren langen Streifen Klebeband fesselte ich ihm schnell Hände und Beine. Sein Drillichanzug schien sogar noch schmutziger zu sein als am Vorabend, und in den Profilsohlen seiner Stiefel steckten Laubreste. Während ich mich an ihm zu schaffen machte, schaute ich auf seinen Hinterkopf und bemerkte eine unsaubere Austrittswunde, um die herum das Haar mit Blut und Hautfetzen verklebt war. Das Loch war nicht so groß, wie es hätte sein sollen, und schien ihn nicht übermäßig behindert zu haben. Vielleicht war die Kugel in einem günstigen Winkel von der Innenseite seines Schädels abgeprallt. Ja, klar. Und vielleicht rührte die merkwürdige, glitschige Oberfläche seiner Haut daher, daß er zuviel Feuchtigkeitscreme benutzte.

Erst, als ich ihn vollkommen bewegungsunfähig gemacht und wieder auf den Rücken gerollt hatte, stand ich auf und nahm hastig einen kräftigen Zug aus der Flasche Jack Daniels, die Howie gerade angebrochen hatte. Meine Hände zitterten. Das bewirkt die Nähe zum Tod bei mir. Ich kann nur jedem raten, solchen Situationen aus dem Weg zu gehen.

«Wie heißt er?» fragte ich Vinaldi und reichte ihm die Flasche. Er stellte mit einem Blick auf seine Uhr fest, daß es noch vor acht Uhr morgens war, und genehmigte sich dann trotzdem einen ordentlichen Schluck. «Gehört er auch zu denen, die dageblieben sind?»

Vinaldi nickte zögernd. «Er heißt Ghuaji.» Dann gab er mir die Flasche. «Flößen Sie ihm was davon ein.»

Ich tat es. Ghuaji hustete, spuckte und kam langsam wieder zu sich. Er blinzelte wegen des Blutes, das ihm von seiner platt gedrückten Nase in die Augen rann. Ich spielte mit dem Gedanken, das Blut abzuwischen, merkte dann aber, daß ich überhaupt keinen Bock darauf hatte. Ich beugte mich dicht über ihn und sprach mit sehr deutlicher Stimme. Wieder ein Déjà-vu: gestern abend, außerdem natürlich der Mann vor Mals Wohnung.

Aber dieses Mal mußte ich es richtig anstellen.

«Ich gebe dir fünf Minuten», sagte ich. «Soviel kann ich gerade noch entbehren. Danach wird Howie dich in einen Fahrstuhlschacht werfen, um zu sehen, ob du unten abprallst. Verstanden?»

Seine Stimme klang belegt, und er sprach so leise, daß ich ihn kaum hören konnte. Aber er hatte mich verstanden. Das erkannte ich daran, daß er mir einen blutigen Zahn ins Gesicht spuckte.

«Gut», sagte ich. «Ich habe vier Fragen. Beantworte sie alle, dann haben wir eine Verhandlungsbasis. Eine weniger, und es gibt eine Familienpackung Schmerzen gratis. Also. Erstens, wohin hat Yhandim Suej und die Frau gebracht? Zweitens, wo sind die anderen Reserven? Drittens, wer steckt hinter der ganzen Scheiße, und viertens, was zum Teufel will der Typ? Du kannst die Antworten in beliebiger Reihenfolge geben, aber Beeilung, denn deine Zeit läuft verdammt schnell ab.»

Ghuaji lächelte, und ich spannte den Hahn meiner Pistole. Das bewirkte nichts weiter, als daß sein Lächeln noch breiter wurde, und ich spürte, wie hinter der Gelassenheit, die ich auszustrahlen versuchte, Panik in mir aufstieg.

«Die Vögel sind hier», sagte er. «Sie haben sie bestimmt schon gesehen.»

Ich erschauderte, ließ mir aber nichts anmerken. «Was ist mit denen? Wie schaffen sie's herzukommen?»

«Yhandim hat einen Plan, den wirklich keiner außer ihm kennt. Die Blätter werden ihm beistehen. Er ist die ganze Nacht aufgewesen und hat mit den Jungs geredet. Es ist bald soweit.»

«Meiner Erfahrung zufolge», meinte Vinaldi in gesetztem Tonfall aus dem Hintergrund, «verringert das systematische Durchlöchern einzelner Körperteile des Befragten deutlich die Unverständlichkeit seiner Antworten.»

«Danke für die weisen Worte, Johnny, aber ...»

«Ich meine es ernst. Das kann ich wärmstens empfehlen, und Jaz wird mir, sollte er mit Gottes Hilfe je das MediCentre als gesunder Mensch verlassen, voll und ganz zustimmen.»

«Glauben Sie wirklich, das jagt einem Mann Angst ein, der all die Jahre im Spalt gewesen ist?» wandte ich mich an ihn, obwohl meine Worte eigentlich Ghuaji galten. «Ein Typ, der sein halbes Leben draußen im Gelände verbracht hat? Mir gefällt Ihre Methode, aber ich glaube, bei ihm funktioniert sie nicht.»

Es klappte anscheinend. Als ich mich wieder zu Ghuaji umdrehte, war sein Blick fester, und als er das nächste Mal sprach, lag ein Anflug von Wehmut in seiner Stimme.

«Das ist mein Zuhause. Ich sehne mich ständig dahin zurück. Kurze Auffrischungen reichen nicht aus.»

In dem Moment wußte ich nicht nur, daß der Mann verrückt war, sondern auch, daß er uns nichts erzählen würde, selbst wenn wir ihm alle Gliedmaßen einzeln abhackten. Jemand, der Heimweh nach Dem Spalt hatte, war eindeutig kein menschliches Wesen mehr.

Ich griff nach Ghuajis Kopf, drehte ihn leicht zur Seite und schaute mir das Einschußloch an. Es ging durch die Haut und den Schädel, aber nicht viel tiefer. Die Verletzung mußte sofort angefangen haben zu heilen, denn sie hatte ihn offenbar nicht daran gehindert, vor dem Eintreffen der Polizei aus der Kneipe zu verschwinden.

«Sehen Sie das?» fragte ich Vinaldi. Er nickte, und ich erkannte eine Spur von Angst in seinen und auch in Howies Augen, und ich fürchtete, die gleiche Angst stand auch in meinen. Andererseits hatte ich den Eindruck, daß die Wunde etwas schlimmer aussah als in dem Moment, in dem der Tropfen herausgequollen war. Der Heilungsprozeß kehrte sich um.

Ein Versuch blieb mir noch: «Du wirst meine Fragen nicht beantworten, stimmt's?»

«Schlaues Kerlchen», krächzte Ghuaji.

«Dann hör mir gut zu. Ich habe es mir anders überlegt. Wir werden dich doch nicht in den Fahrstuhlschacht werfen, denn vielleicht können wir dich später dazu bewegen, deinen Entschluß zu überdenken. Howie wird dich ins Hinterzimmer schaffen, und jemand wird auf dich aufpassen. Beim geringsten Anzeichen von unsozialem Verhalten wird Howies Angestellter dir mit einer Kettensäge die Beine abtrennen. Deine Wunden heilen auf sehr sonderbare Weise, Freundchen, aber ich glaube, das würde selbst dich für eine Weile aus dem Verkehr ziehen.» Ich beobachtete ihn aufmerksam und fügte hinzu: «Vor allem ohne Auffrischung.»

Ein winziges Zucken. Das genügte mir.

Ich stand auf und nickte Howie zu. «Sag Paulie, er soll ihn ins Hinterzimmer bringen – weit weg von den Lebensmitteln – und ihn bewachen. Die Sache mit der Kettensäge war kein Scherz. Man muß sich vor dem Typ in acht nehmen.»

«Paulie ist tot», sagte Howie. «Er war hier, als der Kerl ankam.»

«Scheiße. Tut mir leid.»

Howie nickte geistesabwesend. «Ist schon okay. Dath kann das übernehmen. Es wird ihm ein Vergnügen sein, den Wichser fertigzumachen. Was willst du mit dem Viech da anstellen?»

Er deutete auf das Häufchen Elend auf dem Tisch. Während wir anderweitig beschäftigt waren, hatte der Vogel sein zweites Bein verloren, und der hintere Teil seines Körpers war in sich zusammengesackt. Vinaldi starrte ihn mit angewidertem Gesicht an, und gerade als ich glaubte, der Vogel sei tot, machte er eine kurze, ruckartige Kopfbewegung und zog sein Vorderteil vom Rest des Körpers weg. Indem er seine verstümmelten Flügel wie Paddel benutzte, kroch er über den Tisch und schleifte dabei einen Teil seiner Eingeweide hinter sich her. Kleine Haut- und Fellstückchen rieselten herunter wie Schnee von einem Baum, der geschüttelt wird.

«Bring es weg und verbrenn es», sagte ich. «Verbrenn es, bis nichts mehr übrig ist. Und falls es etwas sagt, achte nicht darauf. Es ist noch nicht einmal ein richtiger Vogel, sondern bloß ein Teil von etwas anderem.»

«Und ob ich ein Vogel bin», sagte der Vogel plötzlich mit einer Stimme, die klang, als würden zwei rostige Nägel aneinander gerieben. «Und ich weiß, was du getan hast. Du wirst deine Strafe bekommen, Randall. Du wirst dafür sterben.»

«Ja, ja», sagte ich und erschoß das Tier. Die Brust platzte auf, der Schweinkram spritzte durch das Zimmer, und der Kopf fiel zu Boden.

«War das was aus Dem Spalt?» fragte Howie und schaute hinunter auf den immer noch zuckenden Schnabel. «Ich meine, darum geht's doch, oder?»

«Ja, darum geht's, aber das kommt nicht aus Dem Spalt», sagte ich. «Es kommt nirgendwoher, es ist bloß ein Traum. Es wurde zufällig am Rand erschaffen und konnte nicht überleben. Ein Wesen, das aus dem Nichts entstanden ist, ohne Mithilfe der Evolution. Es fällt von selbst auseinander.»

«Ganz falsch», sagte Ghuaji plötzlich von unten. «Ganz falsch, Mann. Nichts wird auseinanderfallen.»

Plötzlich verlor ich die Geduld, und zwar vollständig. Ich drehte mich um und hielt ihm die Pistole direkt an den Kopf. «Hast du Mal erschossen?»

Der Mann schüttelte langsam den Kopf. «Yhandim. Dich wird er auch umbringen und Vinaldi ebenfalls. Vor allem Vinaldi.»

Charmant, wie er war, spuckte Vinaldi ihn an, aber Ghuaji

hörte nicht auf zu lächeln. Seine Wunde sah immer schlimmer aus.

«Dann wird er ziemlich viel zu tun haben», meinte ich. «Er sollte sich überlegen, ein paar Aufgaben zu delegieren. Howie, sag Dath, er soll den Typen wegschaffen, sonst blase ich ihm noch den Kopf weg.»

Ehe er hinausging, gab mir Howie ein Fax, auf dem Nicholas Golsons Name stand. «Er hat auch angerufen», sagte Howie achselzuckend. «Meinte, da wäre etwas, das dich vielleicht interessiert.»

«Danke. Kommst du klar?»

«Ja, sicher», sagte er. «Vorausgesetzt, du machst endlich einen Plan. Ich erwarte nicht, daß du dich an ihn hältst, aber es wäre gut zu wissen, daß es überhaupt einen gibt.»

«Wenn ich einen gemacht habe, erfährst du es als erster», sagte ich.

Ich versuchte, mit Hilfe meines gefälschten Passierscheins auf die 104 zu gelangen, obwohl Vinaldi mir angeboten hatte, mich als seinen Gast mitzunehmen. Der Mann am Tor hatte bessere Augen als die meisten seiner Kollegen und schnippte meinen Passierschein weg, also mußte ich am Ende doch auf Vinaldi zurückkommen. Das Problem mit dem Stolz ist, daß man als um so größerer Trottel dasteht, je länger man an ihm festhält. Zu dem Zeitpunkt machte mir das bereits nichts mehr aus. Wir hatten schon die 66 aufgesucht, und ich war außer mir vor Wut und Sorge. Nearlys Tür war verschlossen gewesen, aber niemand hatte auf mein Klopfen reagiert. Das Schloß war kurzgeschlossen worden und sang leise ein uraltes Lied über einen Regenbogen. Vinaldi benutzte den Schlüssel, den er sich illegal von dem Bauunternehmer besorgt hatte, der für die Umgestaltung der Etage verantwortlich gewesen war, und ich stürmte hinein, nur um festzustellen, daß die Wohnung leer war. Ein paar Spuren eines Kampfes – umgekippte Möbel, eine zerbrochene Kaffeetasse –, aber kein Hinweis auf Blutvergießen. Ein wenig beruhigend, aber nicht sehr. Meine Erfolgsquote beim Aufspüren Yhandims und der Leute, die er verschleppt hatte, war bisher nicht besonders hoch. Ich überlegte außerdem, daß wahrscheinlich mehr als eine Person nötig war, um Suej und Nearly festzuhalten, wenn sie sich wehrten. Und Nearly hatte todsicher gestrampelt wie ein Schwein beim Anblick des Schlachtermessers. Also war Ghuaji nicht Yhandims einziger Komplize.

Vinaldis Späher hatten keine Neuigkeiten zu vermelden. Das überraschte mich nicht. Jetzt, da Yhandim hatte, was er wollte, würden wir ihn das nächste Mal vermutlich unmittelbar vor unserem Tod wiedersehen. Aber vielleicht beabsichtigte er, weil Suej nun in seiner Gewalt war, gar nicht mehr, mich fertigzumachen. Aber ich hatte vor, *ihn* fertigzumachen. Als ich in Nearlys Wohnung stand und die Tüten von Suejs Einkaufsbummel zerknüllt in einer Ecke liegen sah, malte ich mir aus, wie gründlich ich ihn erledigen würde.

Aber erst mal mußten wir ihn finden.

«Was wollen wir eigentlich bei diesem Typen?» fragte Vinaldi, als er hinter mir die Stufen zu Golsons Wohnung hochlief. Ich antwortete nicht, sondern klopfte statt dessen laut genug an die Tür, um Verweste aufzuwecken. Es war erst neun Uhr, und ich hielt Golson nicht für einen Frühaufsteher.

Nach ein paar Minuten machte er, bekleidet mit einem Morgenmantel, schlaftrunken die Tür auf. Ich verzichtete auf die üblichen Höflichkeitsfloskeln und schob mich, Vinaldi dicht hinter mir, in die Wohnung.

«He, was soll das?» fragte Golson mit quäkiger Stimme und folgte uns hastig. Im Wohnzimmer entdeckten wir, daß jemand in seinem Bett lag: eine mittelscharfe Rothaarige mit großen braunen Augen.

«Hi, Johnny», sagte sie in gekünsteltem Tonfall, als wäre sie beim Vorsprechen.

Ich drehte mich zu ihm um. «Ihr beide kennt euch?»

Johnny zuckte die Achseln.

«Klar», ließ sich das Mädchen vernehmen. Sie fuhr sich mit einer Hand durchs Haar, drapierte die Bettdecke um ihren Körper und warf sich für Vinaldi in Positur. «Ich bin Stammgast im Club Bastard.»

«Zieh dich an und verschwinde», sagte ich. «Mach dich lieber nicht an Johnny ran. Die Lebenserwartung seiner Miezen ist momentan äußerst niedrig.» Vinaldi warf mir einen wütenden Blick zu, und ich brüllte ihn an: «Wollen Sie mir etwa weismachen, daß Sie nichts mit Louella Richardson und Laverne Latoya hatten? Was glauben Sie denn, wieso Yhandim die beiden ausgeknipst hat?»

Das Mädchen war im Bad verschwunden, ehe Vinaldi antworten konnte, und wir blieben allein mit dem jungen Golson zurück.

«Los, was haben Sie für mich?» fragte ich. «Ich bin in Eile.»

«Nicht viel», gab er zu. «Aber ich sollte mich melden, wenn mir irgend etwas merkwürdig vorkommt. Schauen Sie mal.» Er hielt mir eine kleine Karte entgegen. Ich nahm sie und drehte sie herum. Eine kreditkartengroße cremefarbene Plastikscheibe mit einem Goldrand. Wirkte auf mich nicht sehr merkwürdig und auch nicht besonders interessant.

«Und was ist das?»

«Das ist eine Einladung», sagte Vinaldi. «Man merkt, daß Sie nicht besonders oft auf Partys gehen.»

«Ich gehe oft auf Partys», fuhr ich ihn an. «Aber immer ohne Einladung. Warum steht nichts drauf?»

«Das Ding ist auf meine DNA programmiert», erklärte Golson. «Hier.» Er legte seinen Zeigefinger auf den Rand der Karte. Das Wort «Einladung» tauchte vor dem hellen Hintergrund auf. Es blieb einen Moment lang stehen, verblaßte dann und wich einem etwa sechs Quadratzentimeter großen Bildschirm, auf dem die Videoaufnahme einer recht gut erhaltenen, aber eindeutig trauernden Frau in den Fünfzigern ablief. Mit stockender, würdevoller Stimme lud sie den Adressaten der Karte plus eine Begleitperson zu der Trauerfeier für Louella Richardson ein.

«Okay, es wird also eine Trauerfeier geben», sagte ich. «Das überrascht mich nicht.»

«Darum geht's gar nicht», sagte Golson. «Es geht um folgendes: Gestern abend war ich unterwegs und habe festgestellt, daß buchstäblich jeder, der Louella kannte, eingeladen ist. Nicht nur enge Freunde, sondern auch Leute, die ihr vor fünf Jahren einmal die Tür aufgehalten haben. Die Trauerfeier ist übermorgen, und sie findet an einem ziemlich seltsamen Ort statt.»

«Wo?»

«Zwo-null-drei», sagte Golson stolz. «In der Privatkapelle der Maxens.»

Ich blinzelte ungläubig. Das war in der Tat seltsam. Die Maxens lebten so zurückgezogen, daß man nicht einmal genau wußte, wie groß die Familie war. Einladungen in die Region oberhalb der 200 wurden so gut wie nie ausgesprochen – es sei denn, man gehörte zu den wenigen Leuten, die etwas besaßen, was die Maxens haben wollten. Ich schaute Vinaldi an und war überrascht darüber, daß er eine sehr schwer zu deutende Miene aufgesetzt hatte. Ich nahm mir vor, ihn später danach zu fragen, und wandte mich wieder Golson zu, der mit den Ringen an seinen Fingern auf äußerst nervtötende Weise gegen den Rand einer Tischplatte trommelte.

«Weiß man, warum?»

«Na ja, Val sagt, daß Yolande Maxen eine von Louellas Einkaufskundinnen war. Vielleicht trauern sie deshalb.»

«Unsinn», widersprach ich. «Sind die Maxens eng mit den Richardsons befreundet?»

«Nicht, daß ich wüßte. Es heißt, die Maxens seien mit niemandem eng befreundet.»

Ich konnte nicht beurteilen, ob das irgend etwas zu bedeuten hatte, aber es war auf jeden Fall sonderbar.

«Haben Sie Louella wirklich flachgelegt?» erkundigte sich Golson voll männlicher Hochachtung bei Vinaldi.

Vinaldis Tonfall verriet eindeutig, daß es so war. «Das geht Sie überhaupt nichts an, Sie pubertäres Arschgesicht, und man spricht nicht so respektlos von einer Toten. Hat Ihnen denn Ihr Vater, wer immer das ist, überhaupt keine Manieren beigebracht?»

«Schon gut, schon gut, war ja nur 'ne Frage», sagte Golson, hob beschwichtigend die Arme und zeigte bei seinem Lächeln das Resultat einer kieferorthopädischen Behandlung. «Ich bin ja bloß beeindruckt, Mann. Ich werde es auch bestimmt niemandem verraten.»

Dann passierte es. Wie das so ist, unabhängig von einem Ereignis, einem Anhaltspunkt oder einem Instinkt. Das Gehirn spuckt es einfach aus. Manchmal.

«Wo ist Ihr Computer?» fragte ich. Golson zeigte neben das Bett, und ich war mit einem Satz dort, stopfte Mals Festplatte in den leeren Schacht und schaltete den Apparat ein.

«Was ist los?» fragte Vinaldi und stellte sich direkt hinter mich.

«Mals Mörder hatte keine Vorstrafen», sagte ich und trommelte mit den Fingern auf die Schreibtischplatte, während ich überlegte.

«Vielleicht erfahren wir jetzt, warum.»

«Tag, Jack», sagte Mals Varidentität. «Wie geht's?»

«Zeig mir das Bild von der Leiche», sagte ich, und es erschien auf dem Bildschirm.

«Hil Trazin», sagte Vinaldi, ohne zu zögern. «Er war auch dabei.»

«Okay, diese Typen sind also aus Dem Spalt rausgekommen. Irgendwie. Sie haben von SafetyNet einen Auftrag bekommen – suchen und zerstören –, aber die Typen sind sauer auf Sie und versuchen deshalb, nebenbei Sie fertigzumachen. Einer von ihnen – Yhandim, wenn man Ghuaji glauben darf –, ist völlig ausgerastet und killt nicht nur Ihre Männer, sondern nimmt sich auch Ihre Exmiezen eine nach der anderen vor. Computer, gib mir noch mal die Info über SafetyNet.»

«Ich verstehe nicht ganz», sagte Vinaldi. «Was hat das –»

«Das NRPD hält die Akten aller fünf Mordfälle auf Anweisung von oben unter Verschluß, was bedeutet, daß die Typen für ihren eigentlichen Job von jemandem angeheuert wurden, der mächtiger ist als Gott. Diese Person beschützte Yhandim, während er nach den Reserven suchte, weil eine davon wichtig für ihn war.»

«Firmeninformation», meldete der Computer. «Die Besitzverhältnisse bei SafetyNet sind immer noch undurchschaubar.»

«Verfolge jede Firma zurück, die Anteile hält», sagte ich. «Bis in die letzte Verästelung. Ich will wissen, ob jemand eine Mehrheitsbeteiligung hat.»

Während der Computer vor sich hin surrte, zündete ich mir eine Zigarette an. Golson wies darauf hin, daß Rauchen ungesund sei, und ich empfahl ihm, sich zu verpissen.

«Wenn Sie die Antwort schon kennen, dann geben Sie sie mir einfach in ASCII», sagte Vinaldi. «Von der Spannung kriege ich die Krätze.»

«Ich bin mir nicht hundertprozentig sicher», erwiderte ich, aber dann warf der Apparat die Antwort auf den Bildschirm. Mehrheitseigner von SafetyNet war, über unzählige Umwege und Holdings, die Firma Newman Sublinear. Der Name sagte mir nichts, aber bei Vinaldi war das eindeutig anders.

«Die Firma gehört zum Maxen-Konzern», sagte Vinaldi. «Arlond Maxen höchstpersönlich ist der Direktor.»

Mir war schon aufgefallen, daß Vinaldis Sätze immer kürzer wurden, wenn er etwas ernst meinte, und deshalb glaubte ich ihm. «Woher wissen Sie das?»

«Ich weiß es eben.» Vinaldi wandte sich ab. «Scheiße.»

«Möchten Sie einen Kaffee?» erkundigte sich Golson, der völlig verdutzt wirkte, die ganze Sache aber offenbar sehr unterhaltsam fand. Ich riß Mals Platte raus und stand auf.

«Hinter SafetyNet verbirgt sich also Maxen, was einleuchtend ist. Es ist ihm irgendwie gelungen, die Kerle rauszuholen. Sie müssen in seiner Schuld stehen, denn warum würden sie sonst diesen Job für ihn erledigen? Aber aus nostalgischen Gründen machen sie zwischendurch noch Jagd auf Sie, und dabei erwischt es auch Louella Richardson. Maxen begreift, was vorgeht, bekommt ein schlechtes Gewissen und läßt Geld für die Beerdigung springen.» Aber keinen Pfennig, dachte ich im stillen, für die Beerdigung Laverne Latoyas oder eines der anderen Mädchen, die unterhalb der 100 gestorben sind. «Es ist Maxen. Er steckt hinter *allem*.»

«He, toll», sagte Golson begeistert. «Dann sitzen Sie bis zum Hals in der Scheiße. Wollen Sie wirklich keinen Kaffee? Ist mit Zimt-Apfel ...»

«Schnauze», brüllten Vinaldi und ich gleichzeitig.

«Also, was jetzt?» fragte Vinaldi. Zum erstenmal überließ er mir die Entscheidung.

«Wir besuchen jemanden, dem es inzwischen ziemlich mies gehen dürfte», sagte ich und wandte mich an Golson. «Und *Sie* verraten niemandem auch nur ein Sterbenswörtchen, denn sonst wird Ihre Vergeßlichkeit in bezug auf Frauennamen Ihre geringste Sorge sein.»

«Das glaube ich sofort», erwiderte Golson ernst und sprang beiseite, als wir zur Tür rannten.

ZWÖLF

«Wieso glauben Sie, daß Ghuaji jetzt reden wird?» fragte Vinaldi, als wir in Howies Kneipe stürmten – ich, wie mir schien, zum ungefähr zwanzigstenmal innerhalb von zwei Tagen.

«Aus drei Gründen», sagte ich, während ich mich an den Leuten im Lokal vorbeidrängelte. «Erstens, seine Haut sah krank aus und fühlte sich komisch an. Bei Trazins Leiche war es ganz ähnlich. Zweitens, die Wunde in seinem Kopf wurde, als wir heute morgen hier waren, eher größer als kleiner. Drittens, er sprach von Auffrischungen, und an seinen Stiefeln klebten Blätter.»

Vinaldi kapierte es, während wir durch den Flur stapften. «Sie müssen regelmäßig wieder zurückkehren?»

«Ich glaube, ja. Und Ghuaji kann zur Zeit nirgends hin.»

«Vielleicht sind Sie doch nicht so blöd, wie Sie aussehen. Sehr ermutigend.»

«Machen Sie sich keine allzu großen Hoffnungen», sagte ich. «Tief in meinem Innern bin ich total oberflächlich.»

Im Lagerraum befanden sich drei Personen: Dath, der den Gefangenen pflichtbewußt beobachtete und eine Kettensäge auf den Knien hielt; Howie, der die Angelegenheit anscheinend sehr persönlich nahm und versuchte, sein Verhalten von heute morgen wettzumachen; und Ghuaji. Ich ging schnurstracks zu letzterem und bückte mich, hielt aber einen Sicherheitsabstand ein.

Das Loch in seiner Schläfe schien noch größer geworden zu

sein, und unter seinem Hinterkopf hatte sich eine kleine Blutlache gebildet. Seine Haut sah unverändert aus. Vielleicht war die seltsame Beschaffenheit bloß eine Folge des langen Aufenthalts drüben und würde sich überhaupt nicht weiter verschlimmern.

«Du weißt, was mit dir los ist», erklärte ich. Keine Antwort. «Der Ort ist dir in Fleisch und Blut übergegangen. Du mußt zurück, um deine Batterien wieder aufzuladen, und das geht nicht, solange du hier liegst. Und währenddessen läuft Yhandim mit den anderen Kerlen in New Richmond herum. Er mag ja einen genialen Plan haben, Ghuaji, aber wie es momentan aussieht, wirst du an der Ausführung nicht beteiligt sein.»

«Verpiß dich», knurrte er erwartungsgemäß. Das sagen sie alle – und wahrscheinlich begreift keiner, daß der Spruch, wenn sie an der Reihe sind, schon ziemlich abgedroschen ist und gar nicht mehr furchterregend klingt. Vor allem, wenn er von jemandem kommt, der mit Kreppband umwickelt ist und nach frischem Blut aus einem Loch im Kopf riecht. «Deine Mutter treibt's mit Ziegenböcken in der Hölle», fügte er heiser hinzu.

«Sehr schlagfertig. Aber trotzdem habe ich recht. Also hör mir gut zu. Wir wissen inzwischen, daß Arlond Maxen euch irgendwie rausgeholt hat. Das brauchst du mir also nicht mehr zu erzählen.» Ich ignorierte die fassungslosen Laute von Howie und Dath. «Konzentrieren wir uns also auf die Frage, wohin Yhandim die Reserven verschleppt hat.»

«Mister, Sie wissen genau, ich werde Ihnen nichts erzählen», sagte Ghuaji und hustete eine weitere Ladung Blut.

Ich zog den Kragen seiner Jacke zurück und sah, daß auch die Wunde im Nacken wieder aufging. Ein Blütenkranz aus Blut über dem Schlüsselbein verriet, daß sich dort ebenfalls Unheil zusammenbraute. Ich zuckte die Achseln.

«Wie du willst. Aber die Zeit wird knapp.»

Kaum hatte ich mir draußen auf dem Flur eine Zigarette angezündet, da hörte ich einen Schrei aus dem Lagerraum. Ich öffnete die Tür einen Spalt weit und sah Vinaldi über Ghuaji stehen. Ich wußte nicht, wodurch er dem Soldaten diesen Laut entlockt hatte, und ich wollte es auch nicht herausfinden. Beim nächsten Aufheulen schloß ich die Tür und rauchte meine Zigarette allein zu Ende.

Suej war *mein* Problem, Nearly ebenfalls und die übrigen Reserven erst recht; dennoch erledigte Vinaldi dort drinnen die Drecksarbeit. Aber es ging nicht anders. Ich habe nicht genug Mumm für solche Sachen. Im Spalt war es genauso gewesen. Ich hatte nur meine Zeit abgerissen und versucht, am Leben zu bleiben. Das ist mir zwar gelungen, aber manchmal kommt mir mein Leben wie die Demo-Version einer Software vor, bei der alle wichtigen oder interessanten Funktionen deaktiviert sind und eine sich ewig wiederholende zweiwöchige Ausprobier-Phase läuft, ohne daß das Programm jemals wirklich mir gehört.

Also wartete ich, atmete Rauch ein und aus, hörte die Schreie und assoziierte damit viele andere aus längst vergangenen Zeiten. Durch irgend etwas, entweder Erschöpfung oder Verzweiflung, wurde ich um Jahre zurückversetzt. Ich erwartete ständig, orangefarbene Blitze zu sehen und Flügelgeflatter und Stimmen aus der Vergangenheit zu hören. Mir fielen Menschen wieder ein, die ich umgebracht hatte, und ich konnte keinen sinnvollen Grund für meine Taten entdecken. Vielleicht ist es unmöglich, den Überblick zu haben, solange man in der Wenn-Schleife gefangen ist. Vielleicht muß man tot sein, damit alles einen Sinn ergibt. Das Leben und der Zufall schreiben den Code, der einen antreibt, und man hat keine andere Wahl, als – abwechselnd betrübt, gelangweilt und entsetzt – zuzuschauen, wie die Befehle ausgeführt werden. Wie stets bestimmen Gefühle die Handlung, und der Verstand ist machtlos.

Mit anderen Worten, ich war reichlich mies drauf.

Nach zehn Minuten kam Vinaldi heraus in den Flur. Er atmete noch nicht einmal schwer, obwohl die Vorderseite seines Anzugs mit Blut bespritzt war.

«Yhandim ist im Spalt», sagte er mit einem kurzen, brutalen Lächeln.

Das war nur logisch, und vielleicht hatte ich es bereits gewußt. Gab es ein sichereres Versteck als einen Ort, den niemand sonst betreten konnte? Wahrscheinlich hatte ich mich in den letzten vierundzwanzig Stunden deshalb so sinnlos im Kreis gedreht und war vor dem Problem davongelaufen.

«Dann warten wir eben, bis er wieder rauskommt», sagte ich.

«Moment mal, Randall. Sie wissen, daß das nicht geht. Er hat Ihr Mädchen und die andere Frau mitgenommen. Das ist nicht der geeignete Ort für die beiden. Für niemanden.»

«Johnny, Der Spalt ist seit dem letzten Schleusenmanöver geschlossen. Das war vor zwanzig Jahren. Wie zum Teufel sollen wir da wieder reinkommen? Das ist unmöglich.»

«Offensichtlich nicht, denn sonst würden unsere abgedrehten Freunde nicht nach Belieben raus- und reinspazieren. Maxen muß eine Möglichkeit gefunden haben, stimmt's? Howie hat eben eine Idee gehabt. Endlich mal ein guter Einfall – so gut, daß ich ihn vielleicht mit einem höheren Posten in meiner Firma belohnen werde. Wir lassen den Typen frei – er soll glauben, daß wir mit ihm fertig sind –, und dann folgen wir ihm. Inzwischen geht's ihm echt beschissen. Wenn Sie sich nicht irren, wird er ziemlich bald zurückmüssen.»

«Das wird nicht klappen.»

«Vielleicht doch.»

«Nein, wird es nicht.»

«Was ist denn los mit Ihnen, verdammt noch mal?» schrie Vinaldi, und sein Gesicht war plötzlich nur noch Zentimeter von meinem entfernt. «Haben Sie etwa eine bessere Idee?»

«Ich kann da nicht wieder rein», sagte ich. «Unter keinen Umständen gehe ich wieder in Den Spalt.»

«Natürlich haben Sie Schiß. Ich auch», fuhr er mich an. «Jeder hätte Schiß. Abe es ist die einzige Lösung. Entweder wir gehen da rein und erledigen die Typen, oder die Kerle erledigen die beiden Frauen und diese anderen, von denen sie dauernd reden. Und was noch viel wichtiger ist – denn ich bin Egoist und stehe dazu –, danach werden sie *mir* auf die Pelle rücken. Ich habe nicht vor, alles zu verlieren, nur weil ein paar Typen, die schon seit Jahrzehnten tot sein sollten, mich für ihre eigene Blödheit verantwortlich machen. Wenn sie sich nicht verirrt hätten, wären sie schließlich mit uns anderen aus dem Feuersturm entkommen.»

Er schimpfte weiter, nachdem ich mich schon abgewandt hatte.

«*Ich* könnte einfach abwarten, bis sie rauskommen, aber Sie nicht. Deshalb biete ich Ihnen meine Hilfe an, doch das Angebot gilt nicht ewig. Kapiert?»

«Ich kann da nicht wieder rein», sagte ich und ging weg.

Die Leute spüren mich immer dann auf, wenn ich nicht aufgespürt werden will. Vinaldi erschien plötzlich in der Tür, als ich – um mich herum zerknitterte Einwickelfolie, volle Päckchen und eine Spritze – in Mals Wohnung auf dem Fußboden saß. Der Gegenwert der Hälfte meines restlichen Geldes befand sich bereits in meinem Blut, und der Rest lag griffbereit. Ich versuchte, mir einzureden, ich sei in Mals Wohnung gegangen, weil Yhandim vielleicht dort nach mir suchen würde; aber der eigentliche Grund war, daß ich nirgend woandershin konnte.

Ich war schnurstracks zu meinem Kontaktmann auf der 24 gegangen. Es überraschte ihn offenbar nicht, mich wiederzusehen oder daß ich diesmal weniger stark verschnittenes Rapt haben wollte. Ich gab ihm mein gesamtes Geld, und er reichte mir die Päckchen. Noch im Hinterzimmer seines Ladens setzte ich mir einen Schuß.

Als ich unten auf der 8 ankam, hatte ich schon den ersten Flash gehabt. Durch die Luke in der Damentoilette zu klettern fiel mir so schwer wie selten etwas. Aber die letzten noch funktionierenden Zellen meines Gehirns sagten mir, daß ich es, da Maxen so enge Beziehungen zum NRPD hatte, nicht riskieren konnte, die Stadt auf normalem Wege zu verlassen. Deshalb kämpfte ich mich hindurch.

Mit mehr Glück als Verstand fand ich den Weg zum Hauptschacht und machte mich an den mühsamen Abstieg. Wer, vollgepumpt mit halluzinogenen Designer-Amphetamorphinen, jemals acht Etagen auf einer Leiter nach unten geklettert ist, weiß, daß man dazu eine gewisse Zähigkeit braucht. Es war sehr dunkel, und braune Schatten krochen unablässig über meine Hände und mein Gesicht. Sie ähnelten Schlangen insofern, als sie nicht so glitschig waren, wie sie aussahen, aber sie unterschieden sich von Schlangen dadurch, daß sie mir üble Sachen ins Ohr flüsterten, was Reptilien nur selten tun. Ich rutschte auf dem Weg nach unten einmal ab und hatte das Gefühl, nach oben zu fallen. Das fand ich lustig, und ich war gespannt, wo ich landen würde. Vielleicht würde ich ja bis zur 200 fallen, und dann könnte ich dem alten Maxen mal gehörig meine Meinung sagen.

Ihm und seinem Bruder, murmelte ich, diesem miesen, toten, beschissenen Arschloch.

Glücklicherweise erkannte ein kleiner Teil meines Gehirns, wie unwahrscheinlich es war, daß ich die Schwerkraft überwunden hatte, und meine Hände griffen automatisch nach einer Sprosse. Nachdem ich mir beinahe die Handgelenke ausgerenkt hatte, kletterte ich weiter nach unten und stürzte nur noch die letzten zwei Meter. Ich landete auf dem Rücken und war eine Weile nicht ansprechbar.

Als ich wieder zu mir kam, ging es mir noch schlechter. Aber ich rappelte mich auf, denn schließlich konnte ich nicht ewig dort liegenbleiben.

Dann verirrte ich mich.

Ich habe den Schleichweg in die Stadt und aus ihr hinaus öfter benutzt, als ich zählen kann. Da er über weite Strecken durch stockfinsteres Gebiet führt, ist es entscheidend, daß man sich genau an die Route erinnert. In diesem Fall gelang mir das nicht, denn ich konnte mich nicht mal genau daran erinnern, wie man seine Beine benutzt. Ich versuchte es mit geschlossenen Augen, sah aber bloß einen klinisch sauberen Operationssaal, in dem ein grellgelber Kuchen mit weißer Glasur auf seine Operation wartete. Dieses Bild hielt sich noch ein paar Minuten, nachdem ich die Augen geöffnet hatte, ehe es sich in der Finsternis auflöste. Ich beschloß, fürs erste die Augen offen zu lassen. Es kam mir so vor, als wäre ich schon furchtbar lange gelaufen, ohne eine der markanten Stellen passiert zu haben, aber andererseits schien es auch jedesmal eine Stunde zu dauern, bis sich ein Schweißtropfen auf meiner Stirn gebildet hatte. Anschließend befürchtete ich, darin zu ertrinken – es ist also durchaus möglich, daß mein Urteilsvermögen getrübt war.

Dann bekam ich plötzlich sehr große Angst. Wovor, wußte ich nicht, und das Gefühl hielt auch nur ein paar Minuten an. Oder eine halbe Stunde.

Als es vorüber war, hatte ich eine kurze Phase relativer Klarheit, die im allgemeinen den zweiten – stärkeren – Rapt-Flash einleitet. Ich gestand mir ein, daß ich völlig die Orientierung verloren hatte und in einen mir unbekannten Teil der untersten Ebene des MegaLiners geraten war. Ich hätte nicht bis zum unteren Ende des Hauptschachts klettern, sondern ihn eine Ebene weiter oben verlassen sollen. Nun war ich irgendwo in der Nähe des Maschinenblocks und hatte keine Ahnung, wie ich hinausfinden konnte. Der Korridor verlief im Kreis und war mit dicken Keramikplatten gefliest. Es konnte sich nur um das Hauptabgasrohr handeln.

Etwas, das ich zuerst für pinkfarbene Blumen hielt, die in der Ferne explodierten, entpuppte sich nach einer Weile und einigen vorsichtigen Schritten nicht als ein visuelles Phänomen, sondern als ein Geräusch. Ein leises Motorengeräusch. Ich kroch ihm kichernd entgegen, überzeugt, daß es nicht bedrohlicher sein konnte als das, was sich in meinem Kopf abspielte.

«Was zum Teufel machen Sie hier?» fragte eine Stimme.

Natürlich hatte ich mich geirrt; es gab durchaus bedrohlichere Dinge, und an einem Ort, den kein Mensch kannte, aus der Dunkelheit heraus angesprochen zu werden gehörte eindeutig dazu. Ich kreischte sehr unmännlich auf und versuchte wegzurennen, aber meine Beine hatten sich anscheinend in Säulen aus lose aufgetürmten Reiskörnern verwandelt. Sie knickten kurzerhand ein, ich landete auf dem Boden und wartete ab, was passieren würde, während ich gleichzeitig gegen fliegende Nonnen kämpfte, die, wie sogar ich einsah, in Wirklichkeit gar nicht existierten.

Zunächst ertönten weitere pinkfarbene Geräusche. Dann verhallten sie, ich drehte mich um und sah eine Gestalt vor mir. Sie war etwa einen Meter groß und aus Metall. Zahlreiche aufwendig konstruierte Arme ragten an verschiedenen Stellen aus dem Rumpf heraus und endeten alle in Greifelementen. Der Rumpf selbst war zerbeult und an vielen Stellen geflickt. Obendrauf saß ein kopfähnliches Gebilde, aus dem mich zwei künstliche Augen wütend anstarrten.

«Oh, hallo», sagte ich.

«Ich arbeite, so schnell ich kann», rief das Ding. Die Stimme hatte eine tiefblaue Farbe und hörte sich außerdem etwas sonderbar an. Mechanisch, überhaupt nicht menschlich, auch wenn die Farbe wunderschön war. «Ich habe nicht die richtige Firmware!»

«Wie ärgerlich.» Ich versuchte, Mitgefühl zu zeigen, wollte mich aber nicht in ein längeres Gespräch verwickeln lassen. Der zweite Rapt-Flash war bereits im Anrollen, und ich plante, weit weg von diesem Ort zu sein, wenn er mich erreichte.

«Ich glaube, ich habe weder Hard- noch Firmware», sagte die Maschine vertraulich. «Bloß Verarbeitungskapazität. Ich bin nämlich allein hier, ganz und gar auf mich allein gestellt.»

«Ich verstehe», log ich.

«Nein, das tun Sie nicht», brüllte die Maschine, die mich sofort durchschaut zu haben schien. «Sie verstehen keineswegs. Sie sind hergeschickt worden, um mir nachzuspionieren!»

«Nein, bin ich nicht», widersprach ich wehleidig. Der große Flash war inzwischen in spürbarer Nähe. «Ehrlich. Ich habe mich bloß verlaufen.»

«Einen Scheißdreck haben Sie, Sie Mistkerl.»

«Bitte, ich lasse dich in Ruhe weitermachen, wenn du mir nur verrätst, wie ich eine Ebene höher komme.»

«Drehen Sie sich um, gehen Sie 46,23 Meter geradeaus, biegen Sie nach links ab, 21,11 Meter geradeaus, 7,89 Meter nach rechts, und dann klettern Sie die Leiter an der Wand hoch», sagte die Maschine in so rasantem Tempo, daß ich sie kaum verstehen konnte. «Und jetzt hauen Sie gefälligst ab und lassen Sie mich weiterarbeiten.»

Und dann kam der zweite Flash wie eine plötzliche Finsternis. Ich bewegte mich mit dem Elan eines Sandsacks vorwärts und befolgte die Anweisungen der Maschine so genau wie möglich, wenn auch nicht bis hin zur zweiten Stelle nach dem Komma. Mir war inzwischen klar, daß die Maschine nur in meiner Vorstellung existiert hatte, aber ich glaubte, mein Unterbewußtsein wolle mir dadurch verraten, wie ich rauskommen konnte. Ich war beeindruckt davon, daß mein Unterbewußtsein so etwas überhaupt versuchte, und beschloß, mich an seine Anweisungen zu halten. Das war ich mir irgendwie schuldig, und wenn es klappte, hatte ich meiner Ansicht nach eine Belohnung verdient. Zum Beispiel noch ein bißchen Rapt.

Irgendwann gelangte ich von dem Abgasrohr auf die nächsthöhere Ebene, taumelte in den Wartungskorridor und von dort zu meinem gewohnten Ausgang. Die Typen an der Tür begrüßten mich überschwenglich, aber ich sah sie gar nicht. Denn alles um mich herum war inzwischen zusammengepreßt und tiefschwarz. Ich torkelte Kopfsteinpflasterstraßen entlang, die sich in Tunnel verwandelt zu haben schienen, und weil die Welt zusammengeschrumpft war, konnte ich die Erdkrümmung deutlich erkennen und mußte höllisch aufpassen, um nicht vornüberzufallen. Natürlich regnete es, und die Wolken am Himmel waren so groß und dunkel, als wäre es früher Abend. In die Tunnelwände waren in regelmäßigen Abständen Türen eingelassen, die ab und zu aufgingen, so daß der Lärm der Leute in den dahinterliegenden Nudel-Bars nach draußen drang. Diese Geräusche verwandelten sich in kleine, tollwütige Laut-Wesen, die den Tunnel entlangsausten wie Spielzeugmäuse. Dann gingen die Türen wieder zu, und ich blieb allein in einer Welt zurück, in der es niemals ein anderes Geräusch als das hellgrüne Prasseln der Regentropfen gegeben hatte.

Es gelang mir, Mals Haus in der amorphen Masse um mich herum zu erkennen, und ich krabbelte über unzählige Stufen, die alle etwa zwei Meter hoch waren, nach oben. Auf einer davon verirrte ich mich für eine Weile, stellte dann aber fest, daß ich vor Rattengesichts Wohnung stand und die Tür offen war. Das kam mir merkwürdig vor, und ich trat ein, obwohl ich für das Zusammentreffen mit einem anderen Menschen wirklich nicht in der richtigen Verfassung war. Glücklicherweise blieb mir dieses Problem erspart, denn jemand hatte Rattengesicht und seinen Kumpel ermordet. Ihre Gesichter schienen mit einer Art Bügeleisen bearbeitet worden zu sein und waren fast bis zur Unkenntlichkeit entstellt; auf ihre inneren Organe traf der erste Teil des Begriffs nicht mehr zu. Ich fragte mich kurz, ob ich das vielleicht selber in den letzten zehn Minuten getan hatte, aber das Blut war bereits getrocknet und roch ziemlich unangenehm. Daraus schloß ich, daß ich wahrscheinlich nichts damit zu tun hatte.

Als ich in Mals Wohnung ankam, ging es mir total mies. Der zweite Flash ist der stärkere und fügt sich mit allen früheren zu einer Kette zusammen, wie Weihnachtskarten an einem Faden. Das Stimmengewirr der Toten war so laut und dunkel, daß ich kaum sah, wohin ich trat. Ich ging bis in die Mitte von Mals Wohnzimmer, holte meine Spritze und ein weiteres Folienpäckchen aus der Tasche und jagte der ersten Dosis eine zweite, kleinere hinterher. Das hat zum Ziel, die schlimmsten Wirkungen mit einem neuen ersten Flash abzudämpfen. Aber das klappt nur selten, und man begibt sich dadurch auf einen verdammt rutschigen Abhang. Ich hockte eine Zeitlang reglos da, heimgesucht von Halluzinationen voller Blut und Scheiße, und dann verlor ich für eine Weile das Bewußtsein.

Als ich jemanden an der Tür hörte, machte ich sofort die Augen auf. Dann merkte ich, daß sie die ganze Zeit offen gewesen waren. Ich war weit weg gewesen, in einem einsamen kleinen, alten Haus, und meine Augäpfel fühlten sich rauh an.

Die Tür ging auf, und vor dem trüben Licht im Korridor zeichnete sich eine Silhouette ab. Es dauerte eine Weile, bis ich den Mann erkannte. Ich war nicht besonders erfreut.

«Wie zum Teufel haben Sie mich gefunden?» lallte ich, wobei meine Zunge klackend gegen die Zähne stieß wie ein Stock gegen ein Eisengeländer.

«Die Typen vom Hintereingang haben Howie angerufen», sagte Vinaldi grinsend. «Ich zitiere: ‹Das abgefuckte Monster ist wieder unterwegs.› Howie meinte, Sie könnten nirgendwo anders sein als hier, und er hatte recht. Haben Sie die Schweinerei unten schon gesehen?»

«Das war Yhandim. Ich hab ihn vor ein paar Tagen in der Wohnung von den beiden Typen getroffen.»

Vinaldi sah seine Chance. «Jetzt sind das Mädchen und Nearly bei ihm.»

«Das ist mir nicht neu.»

«Okay, beeilen Sie sich. Wir haben Ghuaji freigelassen, nachdem Dath ihm einen Peilsender verpaßt hat, und vor kurzem war er draußen im Portal. Einer meiner Männer hat gesehen, wie er in einen Wagen stieg und wegfuhr. Er will nach Hause.» Vinaldi streckte mir eine Hand entgegen. Aber ich ergriff sie nicht.

«Ich geh trotzdem nicht rein.»

Vinaldi blieb ruhig. «Doch, Randall, und das wissen Sie ganz genau. Draußen steht ein Jeep, und anscheinend muß ich fahren, was seit mindestens zehn Jahren nicht mehr vorgekommen ist. Also stehen Sie endlich auf, damit wir dem Kerl folgen können.»

«Ich versteh Sie nicht», sagte ich und versuchte, auf die Beine zu kommen. Ich hatte noch immer nicht vor mitzufahren, sondern wollte bloß auf gleicher Höhe mit ihm sein, wenn ich ihm die Meinung sagte. Die Wände schwankten bedrohlich, und beinahe hätte ich aufgegeben. Aber sobald ich stand, schien es noch schwieriger zu sein, mich wieder hinzusetzen. «Warum verschanzen Sie sich nicht in Ihrer Festung auf eins-acht-fünf und überlassen den Job Ihren Männern? Dafür werden die doch bezahlt. Ich habe mal versucht, Sie fertigzumachen, wissen Sie noch? Warum kommen Sie dauernd bei mir an und gehen mir auf den Geist?»

«Um Buße zu tun, Randall. Kennen Sie den Ausdruck?»

«Natürlich kenne ich den Ausdruck, aber was hat das mit Ihnen zu tun? Sie haben doch selbst gesagt, daß die Typen aus eigener Blödheit im Spalt geblieben sind. Selbst wenn das nicht stimmt – da drinnen hat jeder schlimme Sachen angestellt, und es ist zu spät, das wiedergutzumachen. Wenn Sie unbedingt Buße tun wollen, dann lieber wegen der Drogen, die Sie verkaufen und an denen Leute wie Shelley Latoya krepieren. Tun Sie Buße wegen der Leute, die in Ihrem Auftrag umgelegt worden sind, aber lassen Sie mich gefälligst in Ruhe.»

Ich war immer lauter geworden, bis ich wie ein Wilder brüllte. Vinaldi schwieg einen Moment und sprach dann ruhig und bestimmt.

«Los, komm, Jack», sagte er. «Die Zeit drängt.»

Ich riß den Kopf hoch, um ihn anzuschauen. Vielleicht lag es daran, daß er – bestimmt unwillkürlich und unbewußt – meinen Vornamen benutzt hatte. Jedenfalls sah ich nicht Johnny Vinaldi vor mir stehen, den Gangsterboß und skrupellosen Kriminellen, nach dessen Pfeife die halbe Unterwelt von New Richmond tanzte, sondern einen Mann, der sich zu etwas durchgerungen hatte. Zu etwas, wovor er Angst hatte, vielleicht sogar größere Angst als ich.

Ich schloß die Augen, wandte mich kurz ab, und dann kam der Schauder der Endgültigkeit – so wie in dem Moment, in dem man einem Menschen, der einen liebt, mitteilen muß, daß man ihn verlassen wird. Entsetzen gepaart mit Erleichterung; Erleichterung gepaart mit Entsetzen, so eng verwoben, daß sie einem wie ein einziges Gefühl erscheinen.

Ich bückte mich unsicher, nahm die Drogenpäckchen und richtete mich wieder auf.

«Aber eins muß dir klar sein», sagte ich. «Wenn du vorhast, wegen Yhandim Buße zu tun, dann nimmst du den falschen Mann mit. Der Kerl hat Nearly und Suej verschleppt, und sobald ich ihn finde, reiße ich ihm den beschissenen Kopf ab.»

«So gefällst du mir schon besser», sagte Vinaldi und klopfte mir auf die Schulter. «Rational und besonnen wie eh und je.»

«Schnauze», murmelte ich. «Wo steht der verdammte Wagen?»

Um vier Uhr fuhren wir so schnell, wie wir es wagen konnten, in einem Schneeschauer mit Flocken von Hundewelpengröße durch Covington Forge. Es war stockfinster, die Heizung in Vinaldis Wagen funktionierte nicht, und wir waren beide total durchgefroren. Der Inhalt einer Flasche Jack Daniels, die wir an einer Tankstelle in Waynesboro gekauft hatten, tat sein möglichstes, die winterlichen Temperaturen auszugleichen, aber mit kaum nennenswertem Erfolg. Vinaldi war sauer auf mich, weil er einen Mandel-Cappuccino hatte haben wollen. Der Tankwart und ich hatten über diesen Wunsch herzhaft gelacht. Ich glaube, es war schon eine Weile her, seit Johnny sich im richtigen Leben hatte zurechtfinden müssen.

Der Matrix-Verteilerkasten an der Stadtgrenze war schon vor langer Zeit ausgebrannt und seitdem als Schießscheibe benutzt worden. Covington Forge war vom Netz abgeschnitten, in die Vergangenheit zurückgeworfen und der Selbstzerstörung überlassen. Während Vinaldi durch die leeren Straßen steuerte, kam mir Amerika im Geiste wie eine einzige große Matrix vor: Hell erleuchtete, gefährliche Städte, vollgestopft mit schicken und armen Menschen; untereinander verbunden durch ein Spinnennetz aus Highways und gebührenpflichtigen Straßen und an den Rändern umgeben von altmodischen Küstenstreifen, wo Rentner lustwandeln. Und dazwischen, in den Lücken, eine Unzahl trister Null-Linien-Städte, die den Sprung ins zweiundzwanzigste Jahrhundert nicht geschafft haben. Sie sind bewohnt und stehen den anderen prinzipiell in nichts nach, aber in Wirklichkeit verelenden sie, und der Verfall ist ihnen anzusehen, so wie jemandem, der schon lange krank ist. Die Nase mag noch makellos sein, die Augen leuchten noch, die Wangenknochen sind dort, wo sie hingehören; aber die Haut dazwischen hängt schlaff herunter.

Keine besonders tiefgründige Beobachtung, aber ich fror ja auch entsetzlich. Die Gebäude an den Straßenrändern sahen aus, als stimmten sie mir zu und wären sich ihres Platzes in der Geschichte nur allzu bewußt. Sie sahen, ehrlich gesagt, stinksauer aus. Die Bürgersteige waren rissig, die Wände schief und krumm, und die Dächer schienen kurz davor zu sein, auf das armselige Leben, das sich unter ihnen abspielte, hinabzustürzen. Es kam mir vor, als führen wir über einen Kadaver, der innerlich verweste, dessen Brustkorb sich aber weiterhin hob und senkte, und das womöglich noch bis in alle Ewigkeit. Ein tolles Gefühl.

Wir hatten geglaubt, Ghuaji würde sich hier vielleicht mit jemandem treffen, aber je länger wir seinem Wagen folgten, desto klarer wurde uns, daß wir die Stadt nur durchquerten und sie auf der anderen Seite wieder verlassen würden. Ich kam zu dem Zeitpunkt langsam wieder runter, allerdings hatte ich immer noch das Gefühl, als würde mir jemand mit einem warmen Finger im Kopf herumrühren. Inzwischen konnte ich Geräusche als solche erkennen, und ich vermutete, daß das meiste von dem, was ich sah, der Wirklichkeit entsprach. Während des Nachmittags hatte es sich, da wir uns den Appalachen näherten, dabei hauptsächlich um dunkle Baummassen vor riesigen Bergen gehandelt. Im letzten Tageslicht waren wir auf der Interstate 64 im dichten Verkehr an der glitzernden Stadtlandschaft von Charlottesville vorbei- und anschließend die ersten Ausläufer der Blue Ridge Mountains hinaufgefahren. Hinter Waynesboro hatte Ghuaji die 81 nach Süden genommen und war in Lexington auf die Route 60 abgebogen. Wir fuhren auf immer schmaleren Straßen, weg von dem, was heutzutage noch als Zivilisation gilt, und hinein in einen düsteren Landstrich.

Während Vinaldi schweigend den Wagen lenkte, vertrieb ich mir die Zeit damit, Kette zu rauchen und auf den am Armaturenbrett befestigten Positionex zu schauen. Er zeigte Ghuajis Standort an, der von einem Ortungssatelliten ermittelt und mit einer maximalen Abweichung von ein paar Metern auf eine

Straßenkarte der Umgebung übertragen wurde. Ihn zu verfolgen war kein Problem. Sich zu überlegen, was wir tun mußten, wenn er sein Ziel erreicht hatte, hingegen schon. Und vermutlich würde es bald soweit sein. Denn Covington Forge liegt ziemlich am Ende der Welt.

«Wo zum Teufel will der hin?» murmelte Vinaldi, als wir die Stadt verließen und wieder durchs Gebirge fuhren. «Hier ist wirklich die Zeit stehengeblieben. Ich hätte nie gedacht, daß ich in meinem Leben noch mal auf einer so gottverlassenen Straße durch die Einöde fahren müßte, und noch dazu bei einem solchen Mistwetter.» Seine Stimme verriet nur bei genauem Hinhören, daß Verärgerung nicht das einzige Gefühl war, mit dem er momentan zu kämpfen hatte.

«Weiß der Geier», erwiderte ich und zitterte plötzlich am ganzen Körper. «Von hier bis West Virginia kommt nichts mehr.»

Vinaldi grunzte und starrte verbissen durch die Windschutzscheibe, ohne seine Feindseligkeit gegenüber den knorrigen Bäumen und den Felsen draußen zu verhehlen. Dann sah ich, daß Ghuaji der Anzeige des Positionex zufolge sein Tempo verlangsamt hatte.

«Anscheinend will er abbiegen», sagte ich. «Vielleicht sollten wir ein bißchen näher ranfahren.»

«Hast du noch mehr gute Ratschläge auf Lager?» knurrte Vinaldi, und sein Atem gefror vor seinem Gesicht. «Zum Beispiel: ‹Fahr nicht hinten auf ihn drauf› oder ‹Trink deinen Kaffee aus, bevor er kalt wird›. Nicht, daß wir Kaffee hätten, denn du mußtest ja unbedingt Whiskey kaufen.»

«Da», sagte ich.

Vinaldi bremste und spähte widerwillig hinaus. Ich hätte die Abzweigung beinahe übersehen. Rechts von uns führte eine wegen der Dunkelheit und des Schnees kaum zu erkennende Straße hoch in die Berge.

«Das ist gar keine richtige Straße», sagte Vinaldi in der winterlichen Stille.

Ein Blick auf die Landkarte bewies, daß er recht hatte. Hundert Meter weiter kam links eine Ausfahrt zur 616. Rechts war nichts eingezeichnet, und dennoch war der Wagen eindeutig dort abgebogen. Die Lämpchen auf dem Positionex zeigten an, daß er sich in Richtung des ehemaligen Douthat-Nationalparks bewegte.

Ich zuckte die Achseln, und Vinaldi fuhr in die unbefestigte Straße hinein. Nirgendwo stand ein Schild, und der Boden war, abgesehen von den Spuren, die Ghuajis Reifen hinterlassen hatten, völlig mit Schnee bedeckt. Ausladende Bäume standen bedrohlich dicht zu beiden Seiten der Fahrbahn. Vinaldi hielt erneut kurz an und schaute vielsagend in die Wildnis.

«Bist du sicher, daß wir weiterfahren sollten?» fragte er zweifelnd.

«Natürlich nicht. Aber wenn wir Ghuaji verfolgen wollen, haben wir keine Wahl.»

Also gab Vinaldi Gas. Wir hielten uns in der Mitte der Straße, um den Ästen auszuweichen, die über die Fahrbahn hingen. Ich achtete mit Hilfe des Positionex darauf, daß sich unser Abstand zu Ghuaji nicht veränderte, und deshalb mußten wir etwas schneller fahren, als uns lieb war – wenn auch nicht wirklich schnell. Überstieg das Tempo fünfzig Stundenkilometer, drehten die Reifen durch, und der Wagen brach aus. Lag es darunter, bestand die Gefahr, daß sich der Wagen mit der Schwerkraft verbündete und wir rückwärts den steilen Abhang hinunterrutschten. Vinaldi hatte die Scheinwerfer nur auf Standlicht eingestellt, aber trotzdem befürchtete ich, Ghuaji werde es früher oder später bemerken.

Nach etwa zehn Minuten wurde die Steigung sanfter, und dann sahen wir durch die mittlerweile spärlicher fallenden Schneeflocken ein ebenes Straßenstück vor uns. Wir bemerkten auch einen kleinen Baum, der auf dem linken Teil der Fahrbahn stand und im Scheinwerferlicht einen seltsamen Anblick bot. Vinaldi riskierte es, mir einen kurzen Seitenblick zuzuwerfen.

«Verdammt unheimlich hier.»

«Was du nicht sagst.» Ich bemerkte irgend etwas neben der Straße und beugte mich vor, um durch die Windschutzscheibe zu schauen. Eine alte Hütte, offensichtlich seit Jahrzehnten leerstehend. Und davor die Reste von Benzin-Zapfanlagen. Während Vinaldi sie musterte, probierte ich die verschiedenen Landkarten-Auflegemasken des Positionex aus, um eine genauere Angabe über unseren Standort zu bekommen. Aber der Apparat weigerte sich beharrlich, eine Straße anzuzeigen, obwohl er bis in die späten neunziger Jahre des zwanzigsten Jahrhunderts zurückging.

«Den Landkarten zufolge dürfte hier überhaupt keine Straße sein.»

«Ich dachte, so was läge hinter mir», sagte Vinaldi. «Ich dachte, all das sei längst vorbei.»

«Ich auch», sagte ich leise.

Plötzlich schnellte Vinaldis Kopf nach links, und sein Blick schien hastig über die Bäume am Straßenrand zu schwenken.

«Was ist los?» fragte ich sofort.

«Dachte, ich hätte was gesehen», antwortete er mit belegter Stimme.

«Was denn?»

«Eine Frau. Glaube ich zumindest. Eine weiße Gestalt, die neben uns herlief.»

«Auf der Straße?»

«Nein. Etwa zehn Meter tief im Wald.»

Oje, dachte ich und wickelte mich etwas fester in meine Jacke. Ich schaute auf meiner Seite aus dem Fenster. Die Bäume standen jetzt etwas weniger dicht beieinander, und mir wurde klar, daß wir an einer Stelle vorbeifuhren, die früher einmal ein Picknickplatz gewesen sein mußte. Das war schon lange her, aber für einen Moment sah ich ein dunkles Gebilde auf der überwucherten Lichtung. So etwas wie einen Picknicktisch, umgeben von vier unförmigen Schatten. Eine Sekunde lang glaubte ich sogar, vier Paare orangefarbener Leuchtpunkte zu erkennen, die sich nach uns umdrehten, aber das lag wahrscheinlich bloß daran, daß ich die Augen ganz weit aufgerissen und furchtbar lange nicht geblinzelt hatte. Eines jedoch wußte ich genau: Es hatte nichts mit dem Rapt zu tun. Denn ich war überhaupt nur zu einem Rapt-Junkie geworden, um so etwas nicht mehr sehen zu müssen.

Vinaldi hörte, wie ich geräuschvoll einatmete. «Hast du was gesehen?»

«Nein», sagte ich. «Nichts Reales, bloß weitere Träume.»

«Wir sind bald da, meinst du nicht auch?»

«Scheint so. Gucken wir mal auf den Monitor.» Ghuajis Lämpchen bewegte sich nicht mehr, er war in etwa achthundert Meter Entfernung vor uns stehengeblieben. Was auch immer das Ziel der Fahrt war, wir hatten es fast erreicht.

Vinaldi brachte den Wagen knirschend zum Stehen und senkte langsam den Kopf, bis er auf dem Lenkrad lag.

«Heilige Mutter Gottes.» Seine Stimme war zum ersten Mal zittrig. «Jetzt wird mir klar, daß du wahrscheinlich recht hattest. Plötzlich scheint mir dein ursprünglicher Plan, still in der Ecke zu sitzen und zu hoffen, daß sich das Problem von ganz allein löst, von ungeheurer Vernunft und gesundem Menschenverstand zu zeugen.»

«Ja», sagte ich und zündete zwei Zigaretten an. «Aber du hattest auch recht. Ich habe keine Wahl. Wenn Nearly und Suej da drin sind, muß ich auch rein. Du aber nicht. Du kannst mich hier absetzen und zurückfahren.»

Vinaldi schwieg einen Augenblick und atmete schwer. Ich

wußte, daß er mir nichts vorspielte, sondern wirklich über mein Angebot nachdachte.

«Allein hast du keine Chance», sagte er schließlich.

«Wer hat die schon? Trotzdem sind wir noch am Leben.»

Als er das hörte, hob er den Kopf und begann langsam zu lachen. «Noch so ein blöder Spruch, und ich schmeiß dich raus in den Schnee, fahr zurück, bestell mir ein warmes Essen und eine heiße Frau und mal mir genüßlich aus, wie du dich hier zu Tode frierst.»

Ich grinste und gab ihm eine der Zigaretten. «Abgemacht.»

Kopfschüttelnd ließ er den Motor aufheulen, und wir preschten über die Straße, die mir jetzt sogar noch dunkler und verlassener als bisher vorkam.

Und dann ging das Lämpchen auf dem Positionex aus.

Dreizehn

«Scheiße», sagte Vinaldi. «Was ist los mit dem Ding?»

Ich streckte die Hand aus und haute dagegen. Vergeblich, denn es bestand aus einem Klumpen von äußerst stabilem Zeug, aber solche Reflexe sind nicht totzukriegen. Nichts geschah. Dann, zwei Sekunden später, ging das Licht kurz an, verschwand aber gleich wieder, und weitere Schläge bewirkten nichts.

«Hau noch mal drauf», riet Vinaldi. «Scheiße, Mann, droh dem Ding, es zu erschießen.»

«Es ist nicht kaputt», sagte ich. «Ghuaji muß fast da sein. Wenn wir ihn nicht einholen, wird er ohne uns reingezogen.»

Vinaldi trat aufs Gaspedal – zu heftig. Die Hinterräder drehten durch, und der Wagen schlidderte auf dem Schnee seitwärts. Es gelang ihm, so weit zurückzusetzen, daß die Reifen wieder griffen, und wir schlingerten langsam auf eine Ecke am Anfang des ebenen Straßenstücks zu.

«Wir werden ihn niemals einholen», sagte Vinaldi mit zusammengebissenen Zähnen, während er versuchte, den Wagen unter Kontrolle zu halten. «Ich kann nicht schnell genug fahren. Wir kommen sonst von der Straße ab.»

«Fahr so schnell du kannst», sagte ich und durchwühlte meine Taschen. Ich holte ein neues Magazin heraus und schob es in meine Kanone, dann kramte ich noch zwei Folienpäckchen hervor. «Wenn wir ihn verlieren, spielt es keine Rolle mehr, ob wir von der Straße abkommen. Weder für dich noch für mich. Denn dann ist unser Leben vorbei. Und nicht nur unseres.»

«Wie meinst du das?»

«Wenn wir Yhandim nicht davon abhalten, weiterhin rein- und rauszudüsen, dann wird noch mehr durchsickern. Alles wird sich verändern, und nicht zum Besseren.»

«Du solltest Grußkarten-Texter werden. Zum Beispiel: ‹Alles Gute zur Hochzeit – die Ehe wird sowieso nicht halten›, oder: ‹Herzliches Beileid zu Ihrem baldigen Tod›.»

Vinaldi beschleunigte kräftig und versuchte, in Ghuajis Reifenspur zu bleiben. Bäume flogen vorbei, und schwarze Äste schlugen hart gegen die Scheiben. Viel später, als ich es getan hätte, riß er das Steuer herum, die Räder blockierten, und wir schlidderten auf eine Felswand zu. Ich schloß die Augen und wünschte mir, ich hätte meinen letzten Satz anders formuliert, aber als ich die Augen wieder öffnete, hatte er es irgendwie geschafft, den Wagen im Schleudern um die Ecke zu manövrieren.

«Reife Leistung», sagte ich, «aber mach das bitte nicht noch mal.» Dann schwieg ich, und Vinaldi trat auf die Bremse und schaltete das Licht aus.

Wir befanden uns auf einer fast kreisrunden Lichtung. Sechzig Meter vor uns konnte ich die Rücklichter von Ghuajis Fahrzeug erkennen. Der Wagen stand.

Wir waren am Ziel, wo immer das sein mochte.

«Was machen wir jetzt?» fragte Vinaldi.

«Roll langsam vorwärts», flüsterte ich. «So leise du kannst.»

Wir rollten etwa zwanzig Meter vor, bis der Wagen von einem Felsvorsprung fast verdeckt wurde, dann bedeutete ich ihm anzuhalten. Nun stellten wir zwei Dinge fest: erstens, daß der Motor des anderen Fahrzeugs noch lief, Ghuaji aber nicht mehr drin saß, und zweitens, daß links von der Straße ein Gebäude stand. Es war ein alter, heruntergekommener Betonbau, der anscheinend leerstand. In keinem der Fenster war Licht zu sehen, und die meisten Scheiben waren zerbrochen. Die Bauweise kam mir irgendwie bekannt vor, aber erst als mir klar wurde, daß das ebene Straßenstück der Vorhof des Gebäudes war, begriff ich, um was es sich handelte.

«Es ist eine Farm», sagte ich verblüfft. «Eine verlassene SafetyNet-Farm.» Nachdem es bei mir geklingelt hatte, fügte sich die Szenerie zu einem vollständigen Bild zusammen. Ich schaute mich um und ließ es auf mich wirken.

Das Gelände mußte einmal von einem elektrischen Zaun umgeben gewesen sein. Das Hauptgebäude grenzte an die Bergwand, und zweifellos führten dort die Tunnel in den Berg hinein – Tunnel, die ausgedienten Beton-Gebärmüttern glichen. Ich hoffte, sie waren leer. Natürlich waren sie das – die Firma würde wohl kaum wertvolle Reserven an einem aufgegebenen Standort zurücklassen –, dennoch stellte ich mir diese Möglichkeit plastisch vor. Verstümmelte nackte Körper, die auf ewig in der Finsternis herumkrochen und die Exkremente und das Fleisch der anderen Körper aßen, bis nichts und niemand mehr übrig war.

Bis zu diesem Moment war mir nicht bewußt gewesen, was für eine außergewöhnliche Einrichtung eine solche Farm war, wieviel sie über die Menschheit aussagte. Beim Betrachten dieses verlassenen Gebäudes lief mir ein kalter Schauer über den Rücken. Ein Schauer, der weder mit der Temperatur noch mit Dem Spalt zusammenhing. Ich dachte darüber nach, wie passend es war, daß zwischen den Farmen und jenem anderen Ort eine Verbindung bestand, denn beide zeugten von einer ähnlichen Mentalität.

«Warum ausgerechnet hier?» fragte Vinaldi.

Ich zuckte die Achseln und riß mich mühsam von meinen Gedanken los. «Keine Ahnung. Wir sind hier nicht näher am Spalt als anderswo.»

«Es sei denn, Maxen hat eine Methode gefunden, gewaltsam einzudringen.»

«Unmöglich.»

«Warum nicht? Uns haben sie am Ende ja auch rausgeholt.»

«Sie haben uns nicht rausgeholt. Der Spalt hat uns ausgespuckt. Sie haben uns bloß nach Hause geschafft.»

«Blödsinn. Und wenn das Ganze nichts weiter war als ein vermurkster Code-Bereich, wie sie behauptet haben, warum sollte es dann nicht irgendeinem Hacker gelingen, wieder reinzukommen?»

Ich schüttelte den Kopf. «Das haben sie nur behauptet.»

«Ach, glaubst du etwa nicht daran?» In Vinaldis Stimme lag beißender Spott, was ich ihm nicht verübeln konnte.

«Ganz und gar nicht.»

Dann sahen wir Ghuaji. Er kam humpelnd aus dem alten Farmgebäude und zerrte etwas an einem Seil hinter sich her. Der Soldat bewegte sich langsam und unbeholfen und zog beim Gehen ein Bein nach. Wir waren zu weit weg, um Genaueres zu erkennen, aber es war anzunehmen, daß er mittlerweile sehr starke Schmerzen hatte, weil seine Wunden wieder aufgegangen waren und versuchten, seinen Körper zwei Meter unter die Erde zu bringen, wo Frieden herrschte. Ghuaji versuchte statt dessen, ihn an einen Ort zurückzuschleppen, wohin er noch nie gehört hatte.

«Was zum Teufel hat er da an der Leine?» flüsterte Vinaldi. «Und wird es funktionieren, wenn wir zuschauen?»

«Das erste weiß ich nicht und das zweite auch nicht.»

«Eine Katze», sagte Vinaldi. «Am Ende des Seils ist eine Katze.»

Die Katze war klein und dürr, und im spärlichen Lichtschein von Ghuajis Auto sah sie krank und unterernährt aus. Es war keine Hauskatze, die er nur für diese Fahrt mitgenommen hatte, sondern sie war bereits vor Wochen hierhergebracht worden, und zwar aus einem ganz bestimmten Grund. Die Tatsache, daß sie noch da war, bewies, daß das Experiment geglückt war. Und die Tatsache, daß sie in der Zwischenzeit nicht gefüttert, sondern einfach im alten Farmgebäude eingesperrt und sich selbst überlassen worden war, bewies, daß Maxen und seine Komplizen nichts nötiger hatten als einen kräftigen Tritt ins Gesicht.

Maxen hatte also wirklich einen Weg hinein gefunden. Aber das funktionierte wahrscheinlich nur, weil Yhandim und die anderen gleichzeitig versucht hatten, den umgekehrten Weg zu nehmen. Vielleicht kamen beide Seiten ab und zu zwangsläufig miteinander in Berührung. Ich weiß es nicht. Ob Zufall, Schicksal oder finstere Kräfte am Werk gewesen waren, spielte kaum eine Rolle. Es hatte jetzt keinen Sinn mehr, sich etwas vorzumachen. Ich würde heute in die Zeit vor zwanzig Jahren zurückversetzt werden.

Wir waren damals Teenager. Achtzehn, neunzehn Jahre – in dem Alter waren die meisten von uns, als man uns in eine Welt schickte, die wir nicht begreifen konnten. Man ließ uns dort, bis sich herausstellte, daß wir nicht siegen konnten. Dann holte man uns zurück und warf uns weg – allerdings achtete niemand darauf, daß nicht nur unsere Körper, sondern auch unsere Seelen zurückgeholt wurden.

Ghuaji beugte sich ins Innere des Autos und stellte den Motor ab. Glücklicherweise war Vinaldi aufmerksamer als ich und stellte unseren gleichzeitig ab. Vom Berg und vom Himmel kam kein Laut, die einzigen Geräusche weit und breit waren das Knirschen von Ghuajis Schritten im Schnee und das Pochen unserer Herzen. Wärme und Kälte näherten sich einander an.

«Er wird uns sehen», flüsterte Vinaldi.

«Vielleicht, vielleicht auch nicht. Ich glaube kaum, daß er im Augenblick sehr viel sieht.»

«Er hat schließlich hergefunden, oder?»

«Das stimmt, aber er hat eine Kugel im Kopf. Vielleicht hat

er gar nicht selber gesteuert, sondern der Ort hat ihn einfach angezogen.»

«Fang nicht wieder mit diesem Scheiß an», sagte Vinaldi. Ich brachte ihn zum Schweigen, als Ghuaji dreißig Meter vor uns die Straße überquerte. Es war fast stockdunkel, und er schaute in die andere Richtung, aber es war schon komisch, daß er die Reflexion des Mondlichts auf dem Lack unseres Wagens nicht bemerkt hatte. Der Mond erhellte ganz kurz eine Hälfte seines Gesichts, und ich bemerkte Blut und einen dunklen Fleck auf seinem Hemd. Er war dem Ende nahe – wenn er den Zugang nicht bald fand, würde er sterben, und mit ihm unsere einzige Hoffnung. Nearly und Suej waren schon seit zwölf Stunden weg. Ich wagte mir nicht auszumalen, was ihnen oder den anderen Reserven inzwischen alles zugestoßen sein konnte.

Die Katze am Ende der Leine tapste hinter Ghuaji her durch den Schnee und hob bei jedem Schritt die Pfote hoch in die Luft, um der Kälte zu entgehen. Sie wandte kurz den Kopf in unsere Richtung und starrte den Lastwagen an, als befürchte sie, er könne jeden Moment explodieren. Aber dann verlor sie das Interesse an uns und schaute sich in der Gegend um, während sie weiterlief.

Etwa fünf Meter vor der Straße blieb Ghuaji stehen und senkte den Kopf. Die Katze trottete an ihm vorbei in das Waldstück am Rande des Vorhofs hinein. Die Leine schleifte hinter ihr her.

«Was geht hier vor, verdammt noch mal?» fragte Vinaldi mit Panik in der Stimme.

«Du hast doch bestimmt die Geschichte gehört, wie Der Spalt entdeckt wurde», sagte ich.

Nun, da es fast soweit war, fühlte ich mich seltsam heiter, so ähnlich wie in den ersten Sekunden nach einem schweren Autounfall. Es ist beinahe so, als habe man stets gewußt, daß eines Tages etwas Schreckliches passieren würde, und in den

Sekunden, nachdem es dann geschehen ist, erlebt man endlich einen Augenblick des Friedens, weil sich die Anspannung löst.

«Ich habe gleich am ersten Tag Dutzende verschiedener Geschichten gehört», erwiderte er gereizt. «Geglaubt habe ich keine davon.»

«Auch ich habe mehrere gehört, aber nur eine klang halbwegs plausibel.» Die Katze lief gemächlich zwischen den Baumstämmen herum und tat, was Katzen eben so tun.

«Kommt jetzt noch mehr von diesem Hippie-Blödsinn?»

«Ein Mann hat eines Tages seine Katze beobachtet», fuhr ich fort, ohne seinen Einwurf zu beachten. «Nicht hier, sondern irgendwo an der Westküste, und vielleicht war dieser Typ tatsächlich ein alter Kiffer und ein bißchen neben der Spur.» Ich zog die Spritze aus meiner Jackentasche und legte sie auf das Armaturenbrett. «Jedenfalls beobachtet der Typ eine Zeitlang seine Katze und erkennt plötzlich eine der grundlegenden Wahrheiten des Lebens.»

«Und welche?» fragte Vinaldi, während er die Pumpe auf der Ablage mißtrauisch beäugte. Ich öffnete die beiden Folienpäckchen und legte sie vorsichtig auf den Monitor des Positionex.

«Eine Katze ist immer auf der falschen Seite der Tür», sagte ich. «Wenn sie im Haus ist, dann will sie unbedingt nach draußen, aber wenn man sie schließlich rausläßt, will sie sofort wieder rein. Wenn man sie drinnen hält, will sie immer in die Schränke – bis man sie in einem einschließt, dann will sie sofort wieder raus. Man kann eine Katze irgendwo auf der Welt hinsetzen, egal wo, sie sucht sich unweigerlich sofort einen anderen Platz.»

Ich schaute nach draußen und sah, daß Ghuaji noch reglos dastand und die Katze inzwischen schnüffelnd den Rand der Lichtung erkundete. Dann hob ich die Flasche Jack Daniels vom Boden auf und goß ein bißchen in den Deckel. Ich tauchte einen Finger in den Whiskey und ließ den Tropfen vorsichtig auf eine der Folien fallen. Danach wiederholte ich den Vorgang bei der anderen Folie und beobachtete, wie die beiden Häufchen Rapt langsam schmolzen. Innerhalb von Sekunden wurden daraus zwei winzige Pfützen konzentrierter Flüssigkeit, die wie Quecksilber auf der Folie schwammen.

«Der Typ denkt eine Weile über dieses Phänomen nach und fragt sich, wonach die verdammte Katze eigentlich sucht. Er entwickelt die fixe Idee, daß es irgendwo eine bestimmte Tür gibt, nach der alle Katzen Ausschau halten. Eines Tages, als er stoned ist und nichts Besseres zu tun hat, läßt er also seine Katze raus und beschließt, ihr zu folgen. Als erstes geht die Katze natürlich wieder ins Haus. Schließlich ist sie eine Katze. Dann, nach einer Weile, geht sie wieder nach draußen und spaziert durch den Garten. Und dieser Garten grenzt an einen Wald, in dem die Katze öfter herumstreift. Der Typ folgt ihr also in einiger Entfernung und beobachtet sie bei allem, was sie so tut.»

«Ich glaube, Ghuaji ist tot», sagte Vinaldi.

«Nein, ist er nicht. Und jetzt hör zu. Weiter passiert nicht viel. Der Typ folgt der Katze den ganzen Tag, während sie im Wald herumstrolcht.»

«Muß gutes Dope gewesen sein, das er genommen hatte.»

«Er schaut zu, wie sie hinter die Bäume geht, in Löchern herumstöbert, wieder herauskommt, einfach macht, was Katzen eben so machen. Und dann –»

«Es tut sich was», unterbrach mich Vinaldi.

«Was?»

«Ich weiß nicht. Aber ich habe irgendwas gesehen.»

«*Was* denn?»

«*Weiß ich nicht.* Deswegen sage ich ja, es tut sich was.»

Ich griff hastig nach der Spritze, steckte eine Nadel drauf und zog die Droge ein. Nachdem ich die Luft rausgeklopft hatte, schaute ich erneut aus dem Fenster und merkte, daß Vinaldi vermutlich recht hatte. Ghuaji hatte den Kopf wieder gehoben, obwohl seine Augen noch geschlossen waren. Die

Katze lief tiefer in den Wald hinein, immer noch das Seil hinter sich herschleifend. Sie war jetzt gar nicht mehr zu sehen, nur die Leine wies den Weg in die Dunkelheit. Ich hatte immer geahnt, daß die Geschichte stimmte. Katzen werden schon seit ewigen Zeiten von den Menschen verehrt und wie Vertraute behandelt. Dafür muß es einen Grund geben.

Dann hörte ich etwas: Borke, die sich an Borke rieb, lachende Äste, Mondlicht, das über den Himmel schabte. Ich schaute durch das Fenster auf die Erde und erblickte ein einzelnes Blatt, das über die Schneedecke am Wagen vorbeilief. Es hatte zwei Stiele, die es als Beine benutzte, und war auf der Flucht – wovor oder wohin, würde ich nie erfahren.

«Ja, es ist soweit», sagte ich. Vinaldi zitterte. Er konnte kaum die Hände ruhig halten.

«Warum habe ich nicht auf dich gehört, Jack?» murmelte er. «Wieso bin ich nicht einfach in New Richmond geblieben, verflucht noch mal?» Ich hielt ihm die Spritze hin, aber er schüttelte heftig den Kopf. «Ich nehme auf keinen Fall was von dem verdammten Zeug. Ich habe damals zwei Jahre gebraucht, um clean zu werden.»

«Du wirst es nehmen», sagte ich mit Nachdruck. «Wir müssen zwar dieselbe Nadel benutzen, aber du wirst es nehmen. Wir sind schon beim ersten Mal kaum wieder rausgekommen, Johnny. Und jetzt sind wir viel älter. Wenn du ohne das hier reingehst, wird es dich sofort umhauen.»

Vinaldi schüttelte nur beharrlich den Kopf. Ich krempelte mir den Ärmel hoch und jagte mir die Nadel in den Arm. Ghuaji stand jetzt kerzengerade da, und an der Leine in seiner Hand wurde heftig gezerrt. Die Katze war offenbar ans Ende ihrer Reichweite gekommen, aber das würde jetzt wohl keine Rolle mehr spielen.

Dann vollzog sich der Umschwung, und Vinaldi schrie laut auf. Der Raum zwischen den Bäumen verwandelte sich in Materie, und es zeigte sich, daß die Bäume selbst nur Spalte waren. Ich drehte mich langsam zu dem alten Farmgebäude um. Dort war es genauso. Das Gebäude war nichts, eine bloße Lücke, und der Raum zwischen ihm und uns wurde zu einem festen Gegenstand, um den ich kaum herumschauen konnte.

«Verdammte Scheiße», sagte Vinaldi und hielt mir unvermittelt den Arm hin. Ich rollte seinen Ärmel hoch, schnippte noch mal gegen die Spritze, drückte ihm die Nadel rein und verpaßte ihm die zweite Hälfte einer extrem starken Doppeldosis. Der Lärm draußen wurde lauter, als sich die Lücken zwischen den Geräuschen ihrerseits in Geräusche verwandelten und die echten Geräusche verklangen – erst wenn das geschieht, wird einem klar, wieviel Stille und Schweigen es auf der Welt gibt. Das Schweigen zwischen Liebenden, wenn eine Aussprache nötig ist; das Schweigen eines Elternteils, wenn ein Kind mehr als alles andere auf der Welt ein aufmunterndes Wort braucht; Schweigen, Zwischenstadien – all das, was keine Antwort ist. Diese ganze Stille und noch viel mehr sammelte sich jetzt um uns, drängte sich in die zeitliche und räumliche Leere, in der nichts geschah und in der niemand gerettet wurde.

Am besten wurde Der Spalt für mich immer auf einem Warnschild beschrieben, das ich als Kind an einem schlammigen See sah. Es zeigte einen kleinen Jungen, der ins Wasser gefallen war. Niemand sonst war auf dem Bild zu sehen, nur dieser Junge, der unterging. Er reckte einen Arm in die Höhe, und sein Mund war zu einem Hilfeschrei geöffnet, aber es stand fest, daß er ertrinken würde. SPIEL NICHT AN GEFÄHRLICHEN STELLEN, stand unter dem Bild, HILFE KOMMT OFT ZU SPÄT.

Ghuaji hob ruckartig den Arm, als sich das Seil spannte, und seine Augen öffneten sich. Das erkannten wir daran, daß sie einen Strahl zwischen die Bäume warfen. Keinen eigentlichen Lichtstrahl; es handelte sich eher um eine andere Sichtweise, einen Seitenblick. Im Strahl seiner Augen sahen wir etwas, das gar nicht da war, aber hätte dasein können. Das Seil spannte sich erneut, und Ghuaji bewegte sich halb gehend, halb stolpernd auf die Katze zu. Sie hatte jetzt anscheinend die Tür gefunden, nach der sie und ihresgleichen immer gesucht hatten.

«Laß den Motor an», sagte ich.

«Wird er das nicht hören?»

«Wir werden nur ein Stück Stille sein.»

Vinaldi drehte den Schlüssel herum, und der Motor fing zögerlich an zu tuckern – wenn wir noch länger hier gesessen hätten, wäre er vielleicht gar nicht mehr angesprungen. Ghuaji stolperte auf die Bäume zu, und ich gab Vinaldi ein Zeichen, ihm zu folgen.

«Wir können mit dieser Kiste nicht reinfahren», protestierte er.

«Tu's einfach. Und bleib direkt hinter ihm.»

Ghuaji gewann jetzt an Tempo, teils weil der Boden abschüssig war, aber hauptsächlich weil er mit mehr Kraft gezogen wurde. Als Vinaldi den Wagen von der Straße runter in den Wald lenkte, spürte ich das erste Zucken, den allerersten schwachen Vorboten des Rapt in meinem Organismus. «O nein, nicht schon wieder», stöhnte mein Gehirn, aber es wußte auch, daß es genau richtig und nötig war. Der Wagen rumpelte den Abhang hinunter, und dort war der Umschwung noch deutlicher zu spüren, denn der Raum zwischen den Dingen schien Widerstand zu leisten, so daß Vinaldi kräftig aufs Gaspedal treten mußte, obwohl wir abwärts fuhren. Wir waren nur fünf Meter hinter Ghuaji, aber er drehte sich nicht um. Er konnte uns nicht hören. Die Leine der Katze war so straff wie ein Stahlseil, und er wurde so heftig vorwärts gezogen, daß er fast rannte.

Ein trommelndes Geräusch kam aus der Erde und mischte sich mit dem Lärm des Wagens, nur um dann zu verstummen und die Stille zu verstärken. Es war, als rutsche der Wagen in einen glitschigen, in die Luft gemeißelten Kanal hinein, und die Unebenheiten des steinigen Bodens fühlten sich an wie Luftlöcher. Die Bäume kamen immer näher, und Vinaldis Miene wurde immer angespannter, bis Ghuaji plötzlich das Seil fallen ließ und losrannte, während die Katze eilig in die entgegengesetzte Richtung davonlief. Sie hatte sich ihren Fund angeschaut und wollte nichts damit zu tun haben.

Aber Ghuaji rannte weiter. Ich brüllte Vinaldi an, damit er schneller fuhr, und der Wagen raste den Abhang hinunter auf die Bäume zu, die nur noch zehn Meter entfernt waren. Einen Moment lang wirkte das Innere des Wagens wie das Innere eines Baumstamms, alle Oberflächen waren mit Flecken und Ringen übersät, und ich wußte, es würde wirklich passieren.

«O Gott», sagte Vinaldi. Er wußte es auch.

«Guck weg», warnte ich. «Guck weder mich noch ihn an. Steuere auf den dicksten Baum zu, und dann *guck weg.*»

Im letzten Moment, ehe ich mich abwandte, sah ich einen riesigen Baumstamm vor uns. Ghuaji sprintete darauf zu. Seine Verletzungen schienen vergessen zu sein. Der Baum war meterdick, eine schwarze Säule, aber jetzt bestand er nicht mehr aus Materie. In seinem dunklen Stamm konnte ich die Schatten des Jenseits erkennen; der Baum war nur noch ein Spalt in dem undurchdringlichen Raum um ihn herum. Durch diesen Spalt sah ich die Umrisse von Bäumen, die in einem anderen Wald an einem anderen Ort standen.

Dann drehte ich den Kopf zur Seite, so daß ich weder Vinaldi noch Ghuaji im Blickfeld hatte, und beobachtete, wie weitere Spalte an uns vorbeirasten und durcheinanderwirbelten, während der Wagen über Felsbrocken rumpelte und hinter Ghuaji her in eine andere Welt stürzte.

Vinaldi schrie etwas, als wolle er allein durch Worte im letzten Moment die Richtung des Autos ändern. Aber es war zu spät.

Der Wagen raste frontal gegen den Baum und fiel hindurch.

Vierzehn

Anfangs wurde behauptet, es sei das Internet. So wurde es damals genannt. Es hieß, der Verkehr im Netz sei einfach zu dicht geworden, die virtuelle Welt habe überhand genommen, und der Mann mit der Katze habe bloß herausgefunden, daß sie Wirklichkeit geworden war. Das wurde behauptet, aber es stimmte nicht.

Sicher, das Internet war zwei Wochen vor der Entdeckung Des Spalts zusammengebrochen, und niemand wußte, warum. Sicher, man war gezwungen gewesen, auf die Matrix, das bereits installierte Alternativsystem auszuweichen, und das alte Netz funktionierte nie wieder.

Aber Der Spalt war schon immer dagewesen und hatte auf uns gewartet.

Dann hieß es, die Maschinensprache sei fehlerhaft: all die kleinen Satzreihen, die wir für vollkommen und unversehrt gehalten hatten, weil sie simple Befehle an simple Wesen gaben, an die Chips im undurchsichtigen Innern der Maschinen, die daraufhin Bedeutung in Funktion umsetzten. Wir hatten geglaubt, die von uns entwickelten Sprachen seien vor Mehrdeutigkeiten geschützt, aber vom ersten Tag an hatte es Lecks gegeben. Ein und derselbe Satz kann durch verschiedene Flexionsformen leicht abweichende Bedeutungen annehmen: wie sich herausstellte, hatten wir bei der Codierung die Variationskomponente nicht berücksichtigt, weil wir die Denkweise von Computern nicht ganz durchschauten. All die mitschwingenden Nebenbedeutungen, die uns entgangen waren, die unauffälligen kleinen Wörter und versteckten Implikationen, so hieß es, hätten sich irgendwo angesammelt und eine eigene Welt erschaffen.

Man glaubte, der Sache auf den Grund gekommen zu sein, als man mit dem Schreiben von kollabierendem Code aufhörte, einer Sprache, die auf der Struktur des menschlichen Geistes basierte. Wenn sie mit perfekter Syntax geschrieben wurde, dann kollabierte sie und brachte eine Software hervor, die nur aus einer einzigen Programmzeile bestand, einer Zeile, deren Bedeutung selbst für den Autor undurchsichtig war. Der Schreibprozeß ähnelte dadurch der Kindheit eines Menschen, die für immer verloren und unerreichbar ist. Die Software funktionierte, sie funktionierte sogar hervorragend, aber es blieb die Befürchtung, daß etwas Unbekanntes, Unbeabsichtigtes in die Befehle eingeflossen war. Ganz besonders, nachdem man das Schreiben des Codes den Computern selber überlassen hatte. Sie konnten das besser, viel besser als die Menschen, doch ihre Motive waren manchmal undurchsichtig, und wenn ein Code einmal abgeschlossen war, ließ sich nicht mehr feststellen, was er alles enthielt. Vielleicht wurden Dinge gesagt, die wir nicht hören konnten; vielleicht fand eine Kommunikation statt, von der die Menschen absichtlich ausgeschlossen wurden.

Seit dem Verbot des kollabierenden Codes hatte sich Der Spalt nicht mehr vergrößert, also war an der Theorie möglicherweise etwas dran. Aber einige Leute meinten, daß der Code nur ein Hilfsmittel gewesen sei, das die Tür zu etwas Unbekanntem geöffnet habe, nach dem die Menschen schon lange gesucht hätten.

Wir werden es wahrscheinlich nie genau wissen, denn jetzt, da es vorbei ist, will niemand mehr daran denken. Den Spalt erobern zu wollen war ein Fehler gewesen, und niemand rühmt sich gern seiner Fehler. Der Krieg wurde damals geheimgehalten, und bis heute herrscht darüber geradezu ohrenbetäubendes Schweigen. Kein einziger Film wurde zu dem Thema gedreht, und es wird auch nie einer gedreht werden. Noch eine Niederlage wollte man sich nicht eingestehen. Die Aktion wurde nicht mal als Krieg eingestuft, sondern als Trainingsübung, und von den Bright Eyes sind seitdem erstaunlich viele unter mysteriösen Umständen ums Leben gekommen. Vor allem diejenigen, die den Mund nicht halten konnten.

Es steht nicht in den Geschichtsbüchern, aber es ist passiert. Ich weiß es, denn ich war dabei.

Wir hatten einen Zugang zum Unterbewußtsein der Welt gefunden, aber anstatt es zu respektieren und wie bisher seine positiven Einflüsse in die bewußte Welt durchsickern zu lassen, versuchten wir, dort einzumarschieren, als wäre es ein neues Territorium, das man erobern konnte. Wir haben den Garten Eden entdeckt und ihn mit Napalmbomben zerstört, haben die Brunnen von Oz entdeckt und hineingepißt, die Quelle der Kraft, die dafür sorgte, daß die reale Welt vernünftig blieb, mit dem Virus des Wahnsinns verseucht. Vielleicht haben wir sogar die Wahrheit entdeckt, die sich nach Ansicht meines Vaters in der realen Welt verbirgt, aber wenn dem so ist, dann hätten wir sie in Ruhe lassen sollen.

Es wurde nie offiziell «Der Spalt» genannt. Man hatte verschiedene Bezeichnungen dafür, deren Komplexität mit dem Rang der Person, die sie benutzte, zunahm. Aber alle, die tatsächlich dort waren, nannten es nur «Der Spalt». Und bevor sie uns reinbrachten – mehrere Kompanien von Teenagern, die als Versuchskaninchen im Krieg anderer Leute dienten –, warum mußten wir da so Aufstellung nehmen, daß wir uns gegenseitig nicht sehen konnten? Ich glaube, weil es beim Spalt genau darum ging. Durch Ritzen zu fallen, aus der Bahn geschleudert zu werden, den toten Codes überantwortet zu werden, die ihren Platz im Programm verloren haben und an die sich niemand erinnern kann.

Ich glaube, Der Spalt besteht aus all den Orten, an denen niemand ist, aus den Dingen, die niemand sieht. Er ist aus der Stille entstanden, dem Schweigen, dem Mangel und dem Ausgelöschten, nie Gelesenen. Er ist der Unterschied zwischen dem, was man will, und dem, was man hat, zwischen Liebe und Zuneigung, zwischen Hoffnung und Wahrheit. Der Ursprungsort der schlechten Karten und die Antwort auf die Frage: Existiert ein Baum, wenn niemand ihn wahrnimmt?

Er existiert durchaus, aber er befindet sich im Spalt. Und es werden noch viel mehr werden, doch sie werden uns keinen Schatten spenden und uns nicht freundlich gesinnt sein.

Blitzartig tauchen Bilder auf: hydraulische Gliedmaßen; blutverschmierte Nacken; kaputte Waffen; Angst. Nichts davon wirklich, bloß ein Reflex der Erinnerung.

Dann Ghuaji vor uns, aber nicht vollständig sichtbar; nur seine Kleidung, die zwischen den Bäumen hindurchläuft, seitwärts ausweicht und sich duckt, als stehe sie unter Beschuß. Das Dröhnen des Lastwagens in der Stille. Und die Bäume. Alle Bäume waren da.

Erneut blitzt ein Bild auf, diesmal ein echtes: Der Wagen prallte mit lautem Krachen gegen eine Wand aus Baumstämmen. Vinaldi und ich wurden nach vorn geschleudert und stießen mit dem Kopf an die Windschutzscheibe. Sie zersprang, aber nicht ganz, weswegen wir die ersten Sekunden im Spalt halb bewußtlos verbrachten.

Dann kam ich langsam wieder zu mir, schaute hoch und sah in der Ferne immer noch Ghuajis Kleidung davonschweben. Der Anblick erschreckte mich – es war, als wäre ich von neuem in einen ständig wiederkehrenden Alptraum eingetaucht, der am Tage fast vergessen ist, sich nachts aber wie ein alter, schmutziger Umhang über einen stülpt. Ein unsagbares Grauen von huschenden Bewegungen und Blicken, Schreien aus der

Wand und Schuhspitzen, die mitten in der Nacht unter Vorhängen hervorschauen. «Komm her zu mir», sagen die Schuhe, aber man weiß genau, der Mensch, dem sie gehören, ist tot, und sie dürften eigentlich gar nicht dasein.

Als ich die Kleidung auch in achthundert Meter Entfernung noch erkennen konnte, begriff ich, daß es tatsächlich passiert war. Dort herrscht eine tiefe, fast seidige Dunkelheit, und dennoch kann man sehen. Niemand, der nicht dort war, kann es sich vorstellen, und wer dort war, kann es nie mehr vergessen. Die Ruhe, wie ein endgültiges Schweigen; aber wenn man die Stille erst einmal bemerkt hat, dann verbringt man sehr viel Zeit damit, sich die Ohren zuzuhalten, um sich vor dem Lärm zu schützen.

Es ist kein Alptraum. Man kann es beschreiben, wie man will, aber mit einem Traum ist es nicht vergleichbar. Das alles ist einfach da. Und wir waren es auch.

Vinaldi hockte zusammengesunken auf seinem Sitz und schüttelte den Kopf, ob wegen des Aufpralls oder des Rapt oder Des Spalts, wußte ich nicht.

«Alles in Ordnung?» fragte ich.

«Nein», gab er zurück. «Nein, nichts ist in Ordnung, verdammt noch mal.»

Sanft rüttelte ich an seiner Schulter. «Wir müssen los, sonst holen wir ihn nicht mehr ein.» Vinaldi griff automatisch nach dem Schaltknüppel und drückte dagegen, aber er bewegte sich wie ein morscher Stock im Wasser; nichts geschah. «Ich glaube, der Wagen ist gar nicht richtig hier», fügte ich hinzu. «Komm schon, steig aus.»

Ich stopfte mir die Taschen mit Munition voll, nahm eins der Pump-action-Gewehre, die Vinaldi dankenswerterweise mitgebracht hatte, öffnete die Tür und kletterte aus dem Wagen. Vinaldi stieg auf der anderen Seite aus, und wir blieben einen Moment draußen stehen und schauten uns um.

Die Dunkelheit im Spalt ist eigenartig. Sie ist der Inbegriff des Mangels an Licht, denn unsere Sonne hat dort nie geschienen, und dennoch hat man manchmal den Eindruck, aus den Augenwinkeln einen Sonnenuntergang oder eine Dämmerung wahrzunehmen. Wenn man den Kopf hin und her bewegt, sieht man unterschiedliche Dinge, und das Licht scheint zu wechseln. Ganz kurz dachte ich, daß späte Nachmittagssonne auf das Autodach fiel, dann herrschte wieder samtiger Abend um mich herum, und der Wagen war bloß noch ein farbiges Nichts. Das Licht dort ist größtenteils blau – ein Blau, auf das ich bisher nur an einem einzigen anderen Ort gestoßen bin.

Soweit das Auge reichte, standen in allen Richtungen Bäume. Ein Wald von unvorstellbarem Alter, Reihe an Reihe dicker Stämme, die ins Unendliche aufragten. Manchmal wirkten sie so, als gäbe es keinerlei Verbindung zwischen ihnen, und manchmal so, als hätten sie alle denselben Ursprung. Der Boden war so dicht mit Laub bedeckt, daß man keine einzelnen Blätter erkennen konnte, sondern einen Teppich aus Moleskin vor sich zu haben glaubte, über den dünne Nebelschwaden hinwegzogen.

«In welche Richtung ist er gelaufen?» fragte Vinaldi und rieb sich mit einer Hand über das Gesicht. «Obwohl es eigentlich keine Rolle spielt.»

«Da lang», sagte ich und ging zu ihm hinüber. «Ich glaube, ich kann seine Kleidung noch sehen.» Das stimmte nicht, aber wir brauchten einen kleinen Anstoß. Wer im Spalt still steht, dem ergeht es so wie einem Hai, der zu schwimmen aufhört. Er geht unter und kann sich irgendwann gar nicht mehr bewegen.

Wir brachen auf und warfen beide nach ein paar Metern einen kurzen Blick zurück zum Wagen, als wüßten wir, daß wir ohne ihn gezwungen waren hierzubleiben. Er war verschwunden, was mich nicht überraschte. Man kann keine größeren Gegenstände in einem Stück mit herüberbringen. Die Fahrzeuge, die wir im Krieg benutzt hatten – und die ohnehin nicht sehr zahlreich gewesen waren –, mußten alle in Einzelteile zerlegt transportiert und im Spalt wieder zusammengebaut werden; desgleichen die Maschinen, mit deren Hilfe wir schließlich rausgeschleust worden waren.

«Spürst du das Rapt schon?» fragte Vinaldi.

«Nein, aber es wird nicht mehr lange dauern», sagte ich.

«Das kann ich nur hoffen. Ich kriege nämlich langsam den Horror.»

«Vielleicht sollten wir lieber rennen.»

«Da könntest du recht haben.»

Wir trabten los, hoffentlich in dieselbe Richtung wie Ghuaji, aber ich war nicht mehr ganz sicher. Im Augenblick wirkte der Wald ruhig und schien uns zu ignorieren, doch wir wußten beide, daß es nicht so bleiben würde. Dann liefen ein paar Blätter neben uns her wie übermütige Kinder. Vinaldi wollte nach ihnen treten, aber ich hielt ihn davon ab.

«Diese kleinen Scheißer», sagte er.

«Die sind mir lieber als die Bäume.»

Wir rannten schneller und schneller, als der Horror uns überfiel. Der Horror war wie die Rückkehr zu all dem, was wir hinter uns gelassen zu haben glaubten. Unsere eigenen Erinnerungen, aber auch die aller anderen, so daß wir schließlich nicht mehr Ghuaji verfolgten, sondern vor allem und jedem auf der Flucht waren. Vor Männern, die tot und zerfetzt auf der Erde lagen, deren Blut aber noch floß. Vor Kindern, die spastisch zuckend auf uns zukamen. Nichts davon war in diesem Moment da, aber es war dagewesen, und Der Spalt erinnerte sich daran. Er war voll von den Geistern der unzähligen Opfer, deren Leichname verschwunden waren, noch ehe jemand ihnen die letzte Ehre erweisen oder sie betrauern konnte.

Vinaldis Gesicht leuchtete hell neben mir, und wir atmeten schwer und ungleichmäßig. Wir hatten beide zu viele Jahre geraucht, um an so einem Blödsinn Spaß zu haben. Das Gefühl, daß eine Hand meine Schläfen zusammendrückte, wurde immer stärker, je tiefer mir der Horror in die Knochen fuhr, aber wir rannten weiter.

«Ich kann nicht sehr lange hierbleiben», keuchte Vinaldi. «Das halte ich auf keinen Fall durch.»

«Ich auch nicht», sagte ich, während das Grauen noch mehr Tempo aus unseren Beinen herausholte und wir zwischen den Bäumen hindurchsprinteten, gefolgt von einer Schar begeisterter Blätter, die so taten, als kämen sie nicht mit, sich aber trotzdem nicht abhängen ließen. An jedem Baum, den wir passierten, kicherte die Borke, aber das war nicht weiter schlimm. Sie war nicht schnell genug, um uns ernstlich zu verletzen.

«Wohin wollen wir eigentlich?»

«Keine Ahnung», sagte ich, und dann wurde es plötzlich stockfinster. Vinaldi stöhnte neben mir auf, und wir fanden uns in einem riesigen Gebüsch wieder, das uns mit seinen Nadeln und Dornen stach. Wir schlugen um uns und kämpften uns vorwärts, aber das Gebüsch wurde immer dichter, und am schlimmsten war die Gewißheit, daß es auf der anderen Seite, sofern wir je wieder herauskamen, noch weniger lustig sein würde.

Wir standen starr und bewegungsunfähig mitten drin und konnten uns nicht einmal gegenseitig sehen. Wir hörten nur den Atem des anderen, und das Geräusch war laut und unheimlich. Vinaldi hätte mich am liebsten umgebracht, das war mir klar. Er hätte mir am liebsten die Augen ausgerissen und genüßlich darauf herumgekaut, während er mir langsam die Haut vom Gesicht zog. Ich hatte nicht übel Lust, das gleiche mit ihm zu machen, aber dann war das Gebüsch plötzlich verschwunden, und das Licht kehrte zurück – nur war es jetzt gelb, cremig und alt.

Vinaldi starrte mich fassungslos an. «Das Rapt ist nicht stark genug, Jack. Es hilft mir überhaupt nicht. Beinahe hätte ich ...»

«Ja, ich weiß. Aber wir haben nichts anderes.»

«Es war ein Fehler. Wir hätten nicht herkommen sollen.»

«Was zum Teufel ist das?»

Vinaldi wirbelte herum, um meinem Blick zu folgen, und ich begriff: Es war Ghuajis Jacke. Der Busch, durch den wir gekrochen waren, hatte sich ein paar Meter von uns entfernt, und über ihm hing eine blutverschmierte Drillichjacke. Der Baumwollstoff ribbelte sich von allein auf, und das angetrocknete Blut wurde in der Luft revitalisiert und verdichtete sich zu einem schwebenden Tropfen. Ein Zweig von einem Baum in der Nähe beugte sich hinüber und schlürfte ihn gierig auf.

Dann packte mich Vinaldi am Arm und zeigte auf irgend etwas hinter mir.

Ghuajis restliche Kleidungsstücke standen uns in etwa fünfzig Meter Entfernung gegenüber. Sie wandten sich langsam ab, als wären sie auf einer Drehbühne, und entschwebten dann schnell in die Finsternis.

Wir rannten zwischen Bäumen und Schatten hindurch hinter ihnen her und waren schließlich von so vielen Blättern umgeben, daß wir in einen Tunnel aus Trockenheit zu stürzen schienen. Und dann ging das Rapt plötzlich mit voller Wucht ab, und wir wußten weder, wo wir waren, noch was wir taten, noch wem wir nachjagten. Für eine Weile waren wir bloß zwei Schatten, die sich auf das Nichts zubewegten, und alles war genauso wie damals.

Ich glaube nicht, daß ich den Krieg im Spalt zuverlässig beschreiben könnte – weder die Bäume noch die Dörfer, noch das Sterben, obwohl ich das alles weiterhin in meinen Träumen vor mir sehe und wohl auch immer sehen werde. Ich sehe Farne und Blätter, blaues Licht, das zwischen den Baumstämmen hindurchfällt; ich sehe kleine Städte, die wie Märchendörfer im Wald liegen. Aber so war es in Wirklichkeit gar nicht. Wenn man dort war, wußte man, daß man die Dinge nicht so zu Gesicht bekam, wie sie waren, sosehr man sich auch konzentrierte. Irgendwie lag die Wirklichkeit immer hinter der nächsten Ecke versteckt oder unter einer Lichtschicht verborgen. Wir konnten weder den Menschen noch der Landschaft trauen, und am Ende durften wir auch uns selber nicht mehr trauen. Wir waren wie verwirrte, verschreckte Kinder, die man in einem finsteren, mehrstöckigen Parkhaus, in dem es von Sadisten wimmelt, allein gelassen hat.

Zum Teil lag es an den Drogen. Acht von zehn Leuten waren dauernd stoned. Wir wurden dazu ermuntert. Es half, mit dem Horror fertig zu werden. Die beiden übrigen waren entweder betrunken oder verrückt.

Das wurde mir innerhalb von Minuten nach meinem Eintreten in Den Spalt klar, und ich schwor mir, die Sache mit klarem Kopf durchzustehen, obwohl ich eine Heidenangst hatte. Im Spalt wußte man vom ersten Moment an, daß etwas nicht stimmte, und mit jedem Atemzug wurde dieses Gefühl stärker, so daß man es bald völlig verinnerlichte. Die Angst durchströmte die Menschen wie das Blut. Ob man jemanden sah, der zitternd zwischen den Wurzeln eines Baumes kauerte, oder jemanden, der mit knatterndem Gewehr stolz und aufrecht dastand, in jedem Fall war es ein Mensch, der fürchterliche Angst hatte. Als ich an jenem ersten Tag im Lager all die traurigen Gestalten erblickte, hoffte ich inständig, mich in einem Alptraum zu befinden, aus dem ich bald erwachen würde. «Das kann unmöglich wahr sein», dachte ich, selber bereits zitternd. «Sie können unmöglich alle so drauf sein, und wenn doch, werde ich jedenfalls nicht mitmachen. Wenn ich schon solche Angst haben muß, dann will ich wenigstens noch wissen, was ich tue.»

Innerhalb von wenigen Stunden drang ein schreckliches Grauen in meine Gliedmaßen ein und arbeitete sich langsam bis in mein Innerstes vor. Es war wie der «O-nein»-Moment, wie die erste Reaktion, wenn man bei einer schlimmen Tat erwischt worden ist, wenn man einen Fehler gemacht hat, der schreckliche Folgen haben wird, oder wenn man vom Tod eines nahestehenden Menschen erfährt. Einen Moment lang scheint sich das Gehirn in eine eiskalte Flüssigkeit zu verwandeln, und das einzige, was man fühlen kann, ist eine stille, aber heftige Abwehr.

Dieser Moment dauerte an. Das Gefühl ging nicht vorbei. Es wurde immer stärker. Deshalb hielt mein Vorsatz genau vier Tage. Man bewunderte mich dafür, wenn auch widerwillig. Vier Tage waren eine lange Zeit, und ich hob mich dadurch von den anderen ab. Was Männer in erster Linie voreinander verbergen wollen, ist Angst. Man zeigt sie einfach nicht. Im Spalt war es anders. Sie ließ sich nicht verbergen, und so war man ständig von Leuten umgeben, deren Schwäche, Verletzlichkeit und Verzweiflung offenkundig waren. Es gab Menschen im Spalt, gegen die wir kämpfen sollten, aber sie waren unser geringstes Problem. Die Kinder, die tot waren, doch in deren Knochen man ein hydraulisches Gestänge geschraubt hatte, damit sie giftbeladen auf uns zuhüpfen konnten, die Flammen, die plötzlich wie brennende Tücher aus den eigenen Taschen aufstoben und einem die Haut verbrannten – das waren Schrecken, aber sie ließen sich nicht mit dem Horror vor Dem Spalt an sich vergleichen, der all das und noch viel, viel mehr in sich vereinte.

Schließlich erkannte ich, daß ich eine Gefahr für meine Einheit darstellte. Weil ich *ständig* völlig verängstigt war. Ich hatte das Gefühl, als wäre jede einzelne Zelle in meinem Körper erkaltet; als streiche mir jemand pausenlos mit einem tödlich scharfen Messer über die Nackenhaare; als schliefe ich mit ungeschütztem, entblößtem Rücken in ständiger Erwartung der Axt, die mit Sicherheit irgendwann niedersausen würde. Am vierten Tag folgte ich ein paar Männern in das Zelt, wo sich alles abspielte. Damals hatte ich noch nie Drogen genommen. Ich hatte Angst, es zu tun, und Angst, es nicht zu tun. Ich hatte Angst vor allem.

Das Rapt bewirkte, daß sich die Wirklichkeit bis hin zur völligen Absorption intensivierte. Alles wurde ins Extreme gesteigert, das Licht hinter den Blättern wurde noch dunkler, Höhen erschienen so hoch, daß sie einem bedeutungslos vorkamen, Wärme wurde so heiß, daß sie kalt wirkte. Alles wurde so intensiv, daß man es nur noch verdrängen konnte. Jede einzelne Stunde war eine Serie von Blackouts. Man befand sich plötzlich kilometerweit vom Lager entfernt und hatte keine Ahnung, wie man dort hingekommen war. Man stellte fest, daß man mit jemandem redete, und hatte nicht den leisesten Schimmer, worum sich die Unterhaltung drehte. Man blickte an sich hinunter und merkte, daß man den Kopf eines Mannes an den Haaren in der Hand hielt, daß man ihn dem Mann eigenhändig mit mehreren Gewehrsalven vom Körper geschossen hatte. Aber man hatte keine Ahnung, wie das passiert war.

Man verdrängte es, das Gehirn löschte jede einzelne Minute sofort aus, aber die ganze Zeit hindurch hörte man eine innere Stimme, die einem verriet, was vor sich ging. Man konnte soviel Rapt nehmen, wie man wollte, diese Stimme flößte einem tropfenweise die Wahrheit ein – so wie eine endlose Kette gemeiner Lügen, die ein schizophrener Psychopath sich selber erzählt. Was tat man also? Man nahm noch mehr Rapt, um die Stimme zum Schweigen zu bringen.

Man war nur drei Viertel der Zeit wirklich dort. Den Rest verbrachte man woanders; völlig umnachtet von der Kombination aus hochdosiertem Rapt und Dem Spalt. Wir nannten diesen Zustand «weggetreten», und es war die einzige Möglichkeit, Dem Spalt zu entfliehen. Nach einer Weile konnte man am Gesichtsausdruck der anderen ablesen, ob sie gerade «weggetreten» gewesen waren. Man beneidete sie um diese Augenblicke des Friedens, aber gleichzeitig fürchtete man sich vor den möglichen Folgen des «Wegtretens».

Wir erhielten nicht viele Anweisungen, sondern bekamen Gewehre. Ein paar von den Jungs waren schon etwas länger da, die Lieutenants zum Beispiel, aber das bedeutete nur, daß sie noch ausgelutschter waren als wir. Der Krieg wurde am Boden geführt, zwischen Bäumen und unter Büschen. Es gab Kampfflugzeuge, doch das waren merkwürdige Versuchsmodelle, die wie Fische aussahen und selten benutzt wurden, höchstens von den hohen Tieren, die sich darin verkrochen. Wir hatten nur unseren Verstand, und eigentlich hätte der reichen sollen. Eine Einheit von acht Mann hätte in der Lage sein müssen, sich auf eine Kampftaktik zu einigen – oder sich wenigstens erfolgreich zu verstecken –, doch man darf nicht vergessen, daß wir die ganze Zeit vollgedröhnt waren.

Beim Rapt wirkt nicht nur jede einzelne Dosis für sich, sondern es hat auch einen kumulativen Effekt. Nach ein paar Wochen beeinflußt die Droge die Nervenbahnen so stark, daß man jede Orientierung verliert – und wir waren mehr als zwei Jahre lang auf Rapt. Wir stapften durch die Finsternis, ohne zu wissen, wo wir waren oder was wir als nächstes tun sollten. Dann sahen wir plötzlich ein riesiges Gebüsch vor uns, und einer sagte: «Okay, laßt uns durch das Gebüsch da gehen.»

«Welches Gebüsch?» fragte jemand anders verwirrt.

«Das da.»

«Welches Gebüsch, verdammt noch mal? Wir sind von Büschen umzingelt.»

«*Das* da, du Blödmann. Du stehst schon fast drin.»

Erleichterung. «O ja, klar. *Das* Gebüsch. Okay.»

«Wow. Guck dir das an. Ein echt tolles Gebüsch.»

«Wunderschön. Guckt euch die Blätter an.»

«Tolle Blätter.»

Dann plötzlich: «Es gefällt mir nicht.»

«Was gefällt dir nicht?»

«Das Gebüsch, Mann. Ich krieg davon den Horror.»

«Es ist bloß ein Gebüsch. Weiter nichts.»

«Etwas stimmt damit nicht. Ich krieg davon den Horror.»

«Okay, vergiß das Gebüsch.»

«Ich kann es nicht vergessen. Es ist direkt vor mir, Mann...»

«Doch nicht *das* Gebüsch. Das andere.»

«Scheiße – das ist noch schlimmer.»

«Mist. Du hast recht.»

«Und was machen wir jetzt?»

«Wir gehen drum rum.»

Also liefen wir um das Gebüsch herum und wurden gefangen und übel zugerichtet, und die Hälfte von uns krepierte dabei.

Unbeschadet um einen Busch herumzukommen sollte nicht besonders schwierig sein. Wir hätten eigentlich dazu in der Lage sein müssen, aber wir waren es nicht. Unsere Taktik bestand hauptsächlich darin, wie der Teufel zu rennen. Wir hatten weder einen Bezug zur Gruppe noch zur Realität, und jeder gesunde Menschenverstand war ausgeschaltet.

Es war ein Krieg gegen Dämonen, geführt von Männern, die selber zu Dämonen geworden waren. Das ist vielleicht die wichtigste Erkenntnis, die ich von dort mitgenommen habe. Daß jeder, selbst ein Kamerad, ein Freund oder Bruder, sich unter bestimmten Umständen in etwas verwandeln kann, an dessen Existenz man gar nicht glauben will. Wenn man so was einmal erlebt hat, betrachtet man die Menschen mit anderen Augen. Und Der Spalt selber, was haben wir mit dem gemacht? Es kann dort nicht immer so gewesen sein. Oder vielleicht doch, weil wir die falsche Denkstruktur besitzen und Dinge in unser Bewußtsein gehoben haben, die besser begraben geblieben wären.

Das alles ergibt nur wenig Sinn, es ist kein ausgefeilter Bericht. Es läßt sich nicht ändern, denn meine Erinnerungen sind bruchstückhaft. Ich könnte versuchen, die Dinge zu ordnen, aber das würde meiner damaligen Erfahrung nicht entsprechen. Zusammenhang, Ordnung, Chronologie – Der Spalt war ein Ort, wo man lernte, daß diese drei Worte rein gar nichts bedeuteten. Dort war jemand, den ich kannte, einmal drei Tage lang «weggetreten». Drei ganze Tage. Man sah ihm an, daß er «weggetreten» war, und wir akzeptierten es. Das gehörte zum täglichen Leben, und man gewöhnte sich daran. Aber *drei Tage lang …*

Als der Typ zurückkehrte, hatte er sich verändert. Der Zustand eines «Weggetretenen» ließ sich nicht mit Schlaf oder Bewußtlosigkeit vergleichen. Man blieb wach, aber man war woanders. Kürzere Phasen schadeten uns wohl nicht allzusehr, aber drei Tage – das blieb nicht ohne Wirkung. Der Mann versuchte hin und wieder, es sich von der Seele zu reden, doch er konnte es nicht. Seine Worte klangen so, als wäre er, während sein Körper zitternd mit uns zwischen den Bäumen herumlief oder Dörflern den Kopf abhackte, im Geiste in einer Welt gewesen, die zwar anders, aber keineswegs besser war. Instinktiv begriff ich, daß ein Fünkchen Wahrheit in seinen Worten steckte. Ungefähr ein Drittel der Soldaten war zwischendurch öfters für zehn oder zwanzig Minuten «weggetreten», so daß man es mit einem Haufen Zombies zu tun hatte. Mein Gott, dachte ich manchmal, diese Typen sind meine Freunde, sie kämpfen an meiner Seite, und trotzdem kommt mir die Sache vor wie ein gesponserter Spaziergang mit Gehirntoten.

Die meisten Menschen reagieren ungefähr gleich auf Rapt, aber einige von uns wurden echt komisch. Es gab Soldaten, die sich durch die Droge zurückentwickelten und sich wie aufsässige Kinder benahmen. Bei manchen nahm diese Rückentwicklung so seltsame Formen an, daß man den Eindruck hatte, sie kehrten zurück in die Kindheit eines nur entfernt menschenähnlichen Wesens. Oder vielleicht war es doch menschenähnlich, gehörte aber in einen anderen Evolutionsstrang. Als hätte es einmal zwei Stämme gegeben, deren äußere Erscheinung zwar identisch war, die sich emotional und psychisch jedoch geringfügig unterschieden. Vielleicht geisterten zwischen den Bäumen die Kindheiten Der Spaltbewohner herum, verloren, doch noch lebendig. Vielleicht ergriffen sie Besitz von einigen unserer Männer.

Sobald wir bemerkten, daß ein Mann zu solchen Reaktionen auf die Droge neigte, versuchten wir, ihn zum Trinker zu machen. Es war einfach zu beunruhigend, Leute in diesem Zustand zu sehen. Das konnten wir nicht verkraften.

Das Problem ist, daß alles nur verdrängt und unterdrückt wurde. Nicht vollständig, nur gerade weit genug. Aber die Angst ist in uns geblieben, und wir haben heute noch mit ihr zu kämpfen. Die Leute verbergen sie auf unterschiedliche Weise, indem sie Stärke oder Schwäche zeigen, indem sie Polizist oder Gangster werden. Aber jeder spürt sie weiterhin in sich. Jeder fürchtet sich noch.

Als der erste Rapt-Flash einer vorübergehenden Klarheit gewichen war, hörten wir auf zu rennen, denn wir spürten plötzlich flammende Stiche in der Brust. Ich verzog mich in die Büsche und kotzte hemmungslos. Mein Körper zeigte mir deutlich, daß er nicht länger mitmachen wollte. Körper sind eine feine Sache, und ich würde ohne meinen nirgendwohin gehen, aber manchmal enttäuschen sie einen doch sehr. Wenn wir sie ebenso schlecht behandelten wie unsere Psyche, wären wir alle schon tot, und dennoch beschweren sie sich dauernd. Jemand sollte sich unsere Körper mal vornehmen und ihnen gehörig den Marsch blasen.

Während mein Magen versuchte, sich nach außen zu stülpen, hoffte ich inständig, dadurch nichts von dem Rapt zu verlieren. Ich würde die Droge noch brauchen und dachte bereits an die beiden anderen Päckchen. Mehr hatten wir nicht dabei, aber trotzdem konnte ich mich nur mit Mühe davon abhalten, es mir gleich hier an Ort und Stelle reinzujagen.

Vinaldi stand vorgebeugt da, hatte die Hände auf die Knie gestützt und sog die Luft ein, als würde er jeden Augenblick implodieren. Er ging wahrscheinlich regelmäßig in ein Fitneßcenter oder so was; verglichen mit mir war er ein echter Supermann. Ich spürte, wie mein Körper seinen Körper neidisch betrachtete und sich wünschte, er würde auch so gut behandelt. Ich kann Leute, die fit sind, nicht ausstehen. Ihr Anblick deprimiert mich.

Als wir uns einigermaßen erholt hatten, drehten wir uns langsam im Kreis und hielten Ausschau. 360 Grad und nichts als Wald – aber bei der zweiten Umdrehung tauchte plötzlich ein Bach auf. (Das war ganz normal; entweder hat ein Kreis im Spalt mehr als 360 Grad, oder die Welt funktioniert dort anders.) Wir stellten fest, daß unsere Füße naß waren und wir den Bach daher aller Wahrscheinlichkeit nach durchquert hatten. Eine große Schar von Blättern wartete am anderen Ufer. Sie konnten nicht herüber. Obwohl sie keine Angst hatten – es waren ja bloß Blätter –, bestand kein Zweifel daran, daß sie uns beobachteten. Oder daran, daß sie uns aufhalten würden, wenn wir versuchten, auf dem gleichen Weg zurückzukehren.

Also drehten wir uns weiter und merkten, daß hinter uns nicht das lag, was wir ursprünglich angenommen hatten. Es war nicht nur Wald. In etwa achthundert Meter Entfernung, an einem leichten Hang, befand sich ein Dorf.

«Wie sind wir hierhergekommen?» fragte Vinaldi.

«Weiß der Geier. Hast du das nicht mitgekriegt?»

«Machst du Witze? Ich wußte die ganze Zeit über nicht mal, wer ich bin. Und dich hatte ich völlig vergessen.»

«Ich will da nicht runter», erklärte ich jäh.

Vinaldi nickte. «Ich auch nicht. Aber wir müssen.»

«Nein, müssen wir nicht. Vielleicht ist das gar nicht der richtige Ort. Oder die Kleidung hat uns in eine Falle gelockt.»

«Jack, es spielt keine Rolle, ob es der richtige Ort ist oder nicht», sagte Vinaldi. «Ich kann nicht länger hier draußen bleiben. Schließlich habe ich keine Bright Eyes mehr.»

Da wurde mir plötzlich klar, wieviel Mut er hatte. Am Tag, bevor man in Den Spalt geschleust wurde, operierten sie einem die Augen. In den Wäldern – nicht in den Dörfern – gab es ein Licht, das die menschlichen Augen von innen her ausbrennen ließ; deshalb wurde per Laser eine Chemikalienschicht in die Netzhaut implantiert, die vor diesem Licht schützen sollte. In der realen Welt wirkte die Chemikalie bei manchen Lichtverhältnissen wie ein Reflektor, daher der Spitzname «Bright Eyes». Vinaldi hatte die letzten – um Himmels willen, *zwei* – Stunden, wie mir ein Blick auf meine Uhr verriet, ohne Schutz im Wald verbracht. Er war entweder ungeheuer mutig oder ein Dummkopf.

«Das hatte ich vergessen», sagte ich.

Da unsere Beine vom vielen Rennen schmerzten, stapften wir langsam auf das Dorf zu. Momentan war das Licht im Wald ungefährlich und beinahe anheimelnd, als hätte jemand kleine gelbe Stimmungslampen hinter jedem zehnten Baum aufgestellt. Wie alle Siedlungen im Spalt war das Dorf im Vergleich zu der unendlichen Ausdehnung des Waldes unscheinbar, aber es wirkte älter als der Wald. Selbst aus dieser Entfernung konnten wir die Stämme sehen, die durch die strohgedeckten Dächer mancher Häuser in den Himmel ragten und so dick waren, daß der Platz, den sie übrigließen, kaum zum Wohnen ausreichen konnte. Niemand von uns weiß, warum das alles so ist, denn keiner hat je lange genug mit einem der Bewohner sprechen können. Schon nach dem ersten Satz war in der Regel einer von beiden tot. Mit den Dörflern gab es ein doppeltes Problem: erstens ihre unerbittliche Grausamkeit und zweitens den Umstand, daß sie nicht immer sichtbar waren. Im Dunkeln ließen sie sich leichter erkennen, aber wenn man sie erblickte, hatte man meistens nur noch wenige Sekunden zu leben. Die Kinder waren sichtbarer und schienen weniger wütend auf uns zu sein, doch sie wurden von den Dörflern oft als Minenträger benutzt. Noch Jahre nachdem ich hinausgeschleust worden war, nach dem Ende – oder vielmehr dem Abbruch – des Krieges, erschrak ich jedesmal fürchterlich, wenn ich ein Kind zu Gesicht bekam. Erst als Angela in mein Leben trat, gaben die Geister dieser Spalt-Kinder Ruhe, und erst nachdem Angela und Henna gestorben waren, begriff ich, vor wie vielem die beiden mich bewahrt hatten.

«Ist alles in Ordnung?» fragte Vinaldi nach einer Weile.

«Ich glaube schon.»

«Gut», sagte er.

Das Dorf bestand aus etwa dreißig Hütten, errichtet um einen zentralen Platz, auf dem sich zwei Wege fast rechtwinklig kreuzten. Die Hütten wurden von orangefarbenem Licht beleuchtet, das sie wie eine goldene Flut umwogte. Manchmal, das wußte ich aus Erfahrung, verwandelte sich dieses Licht in die Vögel, die Suej und ich in New Richmond gesehen hatten. Diese Vögel waren geistesgestört und ekelhaft, aber sie wirkten immer glücklich, und sie tauchten explosionsartig auf wie wallende Flammen. Sie flatterten hektisch durch die Luft und verschwanden dann allmählich wieder wie Rauch, der sich am dunklen Himmel verzieht. Man fand sie nur in verlassenen Dörfern, in denen allem Anschein nach nie ein Mensch gelebt hatte.

«Also?» fragte ich, als wir nur noch wenige Meter von der Siedlung entfernt waren. «Was machen wir jetzt?»

«Verdammt, das weiß ich doch nicht. Wie wär's, wenn wir einfach runtergehen und nachsehen, ob wir irgendwas finden?»

Kein sehr ausgeklügelter Schlachtplan. Ich kniff mir in den

Nasenrücken und versuchte, den zweiten Rapt-Flash hinauszuzögern, um einen klaren Kopf zu behalten. «Zusammen?»

«Natürlich zusammen, verdammte Scheiße», fuhr er mich an. «Oder willst du etwa vorgehen und nachschauen, ob du einen kleinen dunklen Raum oben an einer Treppe findest, und dann allein reinspazieren?»

«Meinst du nicht, daß es taktisch klüger wäre, sich zu trennen?»

«Nein, das meine ich nicht.»

Also gingen wir zusammen, die Gewehre schußbereit am langen Arm, und überwachten jeder eine Seite des Weges. Als wir im Dorf waren, musterten wir jede Hütte, an der wir vorbeikamen, ganz genau, um festzustellen, ob sich drinnen etwas bewegte. Die Hütten sahen wie immer makellos aus, als wären sie gerade erst aus imaginären Materialien gebaut worden. Man konnte jeden Halm in den sorgfältig gedeckten Strohdächern und die gleichmäßige Struktur der weißgetünchten Außenwände deutlich erkennen.

Wir beschlossen, nicht jede einzelne Hütte zu durchsuchen: einerseits, um das Dorf schneller hinter uns zu lassen, hauptsächlich aber, weil wir Angst hatten. Eine solche Aktion durchzuführen, wenn einen der Horror gepackt hat, ist etwa so, als laufe man mit verbundenen Augen in einen Raum, dessen Wände mit Rasierklingen tapeziert sind.

Als wir schließlich den Dorfplatz erreichten, rann uns der Schweiß übers Gesicht, und mein Finger am Gewehrabzug war feucht. Wir standen unter Hochspannung, unsere Aus-Zeit vom Rapt näherte sich dem Ende. Nichts war zu hören, und außer den Baumstämmen und den Hütten war auch nichts zu sehen.

«Vinaldi», sagte ich, «wir müssen uns beeilen. Das Rapt wird gleich wieder abgehen.»

Er dachte darüber nach, nickte und zeigte den Weg entlang.

«Ich gehe zur anderen Seite. Fang du schon mal hier an. Wenn du etwas entdeckst, ruf mich.»

Geduckt lief er über den Platz und blickte dabei wachsam in alle Richtungen. Ich steuerte auf die Hütten zu, schaute in Fenster und um Ecken und sah nichts außer orangefarbenen Licht-Ranken. Die Hütten selbst waren leer und wirkten so steril, als wären sie gerade erst aus sauberen Formen gegossen worden. In einer entdeckte ich eine kleine Gruppe von Blättern, die offenbar eine Versammlung abhielten, aber sonst war nichts Interessantes zu finden. Die Konferenzen der Blätter schienen nie zu etwas zu führen. Ich glaube, sie vertrieben sich damit nur die Zeit.

Als ich mit dem ersten Viertel des Dorfes fertig war, überquerte ich den Weg, auf dem wir gekommen waren, und ging hinüber zur anderen Seite. Ich erhaschte einen Blick auf Vinaldi, der bis zum Dorfrand vorgedrungen war und sich jetzt auf den Rückweg machte.

Gerade untersuchte ich eine weitere Hütte, als ich hinter mir plötzlich ein Geräusch hörte. Ich wirbelte herum, den Finger am Abzug, und sah, wie eine kleine Schar orangefarbener Vögel aus dem Nichts aufstob. Sie zwitscherten und piepsten fröhlich, ehe sie verschwanden und die Luft erzittern ließen. Dann war es wieder still.

Na ja, nicht ganz. Nachdem der letzte Flügelschlag verklungen war, hörte ich etwas auf der anderen Dorfseite. Einen menschlichen Laut. Mein erster Gedanke war, daß Vinaldi etwas entdeckt hatte und nach mir rief, deshalb eilte ich gebückt zum Hauptweg.

Als ich ihn erreicht hatte, war Vinaldi nirgends zu sehen. Ich überlegte, ob ich ihn rufen sollte, aber dann begriff ich, daß noch jemand dasein mußte, wenn das Geräusch nicht von ihm gekommen war. Deshalb hielt ich den Mund. Langsam zog ich mich ins Zentrum des Dorfes zurück, meine Augen brannten, weil ich sie schon zu lange weit aufgerissen hatte, und mir schwirrten die Ohren vom angestrengten Lauschen.

Dann hörte ich undeutliche Worte aus dem hintersten Winkel des Dorfes und erstarrte.

Das war ein äußerst ungünstiger Zeitpunkt für eine Entscheidung. Meine Finger fühlten sich inzwischen sehr lang an, und mein Verstand war träge. Ich würde bestimmt gleich «wegtreten», und ausgerechnet jetzt mußte ich scharf nachdenken.

Es gab zwei Möglichkeiten. Ich konnte die Flucht nach vorn antreten und zwischen den Hütten hindurchlaufen, bis ich sah, was los war. Der Nachteil: Falls Vinaldi nicht nach mir gerufen hatte, handelte es sich zweifellos um eine Falle von Yhandim, und ich würde geradewegs hineintappen. Ganz plötzlich erkannte ich, daß es unverzeihlich dumm gewesen war, in dieses Dorf zu gehen. Schließlich waren wir nur hier, weil wir der Kleidung gefolgt waren. Natürlich mußten wir Yhandims Lager finden, aber wir durften auf keinen Fall direkt hineinlaufen.

Also entschied ich mich für die zweite Möglichkeit und zog mich hastig aus dem Dorf zurück. Am Rand bog ich nach rechts ab und rannte mit dem Rücken zum Wald um die Hütten herum. Außerhalb des Dorfes war es kälter, viel kälter sogar. Eine weitere Nacht brach an. Die Nacht im Spalt ist keine echte Nacht, sondern nur eine Phase von unvorhersehbarer Länge, in der es dunkler und noch weniger anheimelnd ist als sonst.

Dann sah ich eine Gestalt, die auf der anderen Seite des Dorfes vor einer Hütte stand. Es schien Vinaldi zu sein, aber er bewegte sich nicht. Ich spürte Erleichterung, aber nur für einen kurzen Moment. Seine Haltung war seltsam, und er schien die Arme in die Luft zu recken. Während ich noch zu erkennen versuchte, was er tat, überrollte mich der zweite Rapt-Flash, und plötzlich wurde alles noch schwieriger. Fast wäre ich «weggetreten», aber es gelang mir gerade noch, mich dagegen zu wehren.

Ich lief dicht an die nächste Hauswand heran, duckte mich und spähte um die Ecke, während ich verzweifelt blinzelte, denn manchmal half das. Irgend etwas war schiefgegangen. Vinaldi hatte die Arme nach oben gereckt, weil er an die Hüttenwand gefesselt war. Ich sah kein Blut, aber sein Kopf hing schlaff auf seiner Brust.

Hau ab, riet mir mein Verstand. Dreh dich um und hau ab.

Ich schob mich ein paar Meter weiter vor, wobei ich wild mit den Lidern gegen die einbrechende Dunkelheit anzwinkerte. Vinaldi lebte noch, denn sein Kopf zuckte leicht. Entweder versuchte er, zu sich zu kommen, oder es lag am Rapt. Vermutlich beides – mein eigener Kopf war so klar wie Abwasser, und meine Wahrnehmung wurde immer verschwommener. Ich konnte niemanden in der Nähe entdecken und überlegte kurz, ob ich einfach hinrennen und ihn losbinden sollte. Dann drehte ich mich aus irgendeinem Grund um und schaute den Weg zum Dorfplatz entlang.

Dort tat sich nichts, aber die Lichtung sah verzerrt aus, als betrachtete ich sie durch flirrend heiße Luft. Wohin ich den Kopf auch wandte, sie blieb immer an derselben Stelle. Und sie wirkte verschneit wie eine schlechte Filmkopie, nur daß die Flecken nicht weiß waren, sondern schwarz. Ich rieb mir die Augen und zwinkerte, aber auch nachdem die Sterne, die ich daraufhin sah, wieder verschwunden waren, blieb der Effekt bestehen. Die Flecken verbanden sich zu bewegten, vertikalen Fäden, und es sah aus, als wäre etwas hinter einem Regenvorhang verborgen.

Kurz bevor das Bild scharf wurde, erkannte ich, was es war: Yhandim und Ghuaji, die direkt auf mich zurannten. Sie waren schon so vertraut mit Dem Spalt, daß sie sich darin fast wie die Dörfler bewegen konnten. Ghuajis Verletzungen behinderten ihn kein bißchen, und Yhandim schien noch nie im Leben eine Verletzung erlitten zu haben. Hatte er vermutlich auch nicht. Leute wie er werden nicht verletzt, es trifft immer die anderen.

Die beiden wirkten wie eine Horde wilder Tiere, die man in zwei menschliche Gestalten gepreßt hatte, und stießen johlende, lüsterne Schreie aus.

Ich tat, was man mir beigebracht hatte: Ich rannte wie der Teufel.

TEIL DREI

New Richmond

Fünfzehn

Ich rannte, und irgendwann war ich «weggetreten». Noch heute habe ich keine Ahnung, wohin ich gelangte. Nur soviel kann ich sagen:

Henna hat mir früher viel über Blumen erzählt; wie sie hießen, wieviel Wasser und Licht sie brauchten und woher sie ursprünglich stammten. Ob wir durch die Korridore auf der 72 gingen oder einen Ausflug aufs Land machten, ständig wurde ich mit Informationen berieselt, mit Daten aus Hennas Innenwelt. Zuerst täuschte ich Interesse vor, und dann ignorierte ich sie, und jetzt ist es zu spät. Sie erzählte mir oft, was sie tagsüber getan hatte, denn sie liebte mich. Aber weil dafür kein Platz in meinem Leben war, ließ ich auch das an mir vorbeirauschen.

All das, was ich hätte bewahren können, glitt mir durch die Finger und verschwand.

Ich weiß nicht, mit wie vielen Frauen ich geschlafen habe, während ich mit Henna verheiratet war. Das soll nicht heißen, daß es besonders viele waren, sondern bloß, daß ich nicht mitgezählt habe, was mir in gewisser Weise noch schlimmer vorkommt. Ich habe Henna erst nach drei Jahren zum ersten Mal betrogen, aber als ich einmal damit angefangen hatte, konnte ich nicht mehr aufhören. Manchmal war ich betrunken, manchmal auf Rapt, manchmal stocknüchtern. Ich kann es nicht auf irgendwelche Suchtmittel schieben, es sei denn auf eines, das mein Geist selber produziert. Untreue war bei mir einprogrammiert.

Ich versuche nicht, mein Verhalten zu entschuldigen. Es ist unentschuldbar. Das ist der entscheidende Punkt bei Lastern, bei Alkoholismus, Drogensucht und Eßstörungen. Diese Dinge *müssen* unentschuldbar sein. Die Seele führt einen Feldzug gegen das Selbst und zwingt es, etwas zu tun, wofür es sich schämen muß – als Bestrafung für Verbrechen, an die es sich nicht einmal erinnern kann. Und wie verhält man sich, wenn man weiß, daß man nicht aufhören kann, etwas zu tun, das einen anwidert? Man tut es einfach weiter. Das Karussell hält niemals an. Das schlimmste ist, daß die Umwelt solche Süchte anerkennt und damit den inneren Bürgerkrieg legitimiert. Die Leute glauben, daß man hilflos ist, daß die Erziehung oder irgendein gesellschaftlicher Mißstand schuld sind. Alles, nur nicht man selber. Zuweilen stimmt das auch, aber oft liegt es einfach daran, daß man ein Arschloch ist.

Einem Cop fällt es nicht schwer, jemanden aufzureißen. Ich traf immer wieder auf einsame Frauen, die getröstet werden wollten, weil jemand ihre Wohnung verwüstet hatte, oder auf Mädchen in Bars, die es geil fanden, mit jemandem zu schlafen, der eigentlich auf Verbrecherjagd oder, besser noch, zu Hause bei seiner Frau und seiner Tochter sein sollte. Diese Affären dauerten jeweils ein paar Wochen oder Monate, dann wurde mein schlechtes Gewissen zu stark, und ich machte Schluß. Eine Weile war ich dann ein guter Familienvater und tat so, als wäre ich glücklich, aber irgendwann passierte es von neuem.

Ich lernte Henna über Mal kennen, als ich zweiundzwanzig war und gerade bei den Cops angeheuert hatte. Mal war schon ein Jahr lang dabei, und der Job schien ihm zu gefallen. Wir waren zur selben Zeit Bright Eyes gewesen – und hatten als einzige aus unserer Einheit überlebt. Nachdem wir seitwärts rausgeschleust worden waren, kamen wir nach New Richmond – mit dem Wissen um ein schreckliches Geheimnis und dem Wunsch, ein neues Leben anzufangen. Mal stammte ursprünglich aus Roanoke, wollte aber nicht dahin zurück. Für mich gab es keinen Ort, an den ich hätte zurückkehren können. Meine Mutter war damals schon an Krebs gestorben, und mein Vater hatte sich kurze Zeit später auf erbärmliche Weise umgebracht. Keine der Städte, in denen wir gewohnt hatten, bedeutete mir allzuviel, und ich ging nach New Richmond, um endlich irgendwo heimisch zu werden.

Wir hatten beide nichts Ordentliches gelernt und auch keine Familie, die uns helfen konnte, auf der Karriereleiter nach oben zu klettern und über die 100er Linie zu gelangen, aber das kümmerte uns nicht. Ein paar Jahre lang probierten wir verschiedenes in der Hoffnung aus, daß das Schicksal uns eines Tages bei der Hand nehmen würde. Wir waren von der Stadt und ihren Möglichkeiten begeistert, auch wenn sie uns kaum mehr als Gleichgültigkeit entgegenzubringen schien. Sie war ein Haus mit vielen Zimmern, und ich wollte jedes einzelne besichtigen und mir zugänglich machen. In der Zeit, in der ich nach Arbeit hätte suchen sollen, streifte ich durch die Straßen, erforschte verborgene Gänge, bis ich irgendwann das Gefühl hatte, für immer in dieser Stadt leben zu können.

Mal stellte schließlich fest, daß seine Chancen begrenzt waren und er deshalb genausogut bei der Polizei anheuern konnte. Ich beobachtete, wie er während des ersten Jahres in seiner Arbeit aufging, und kam zu dem Schluß, daß der Job mir wahrscheinlich ebenfalls liegen würde. In gewisser Weise sogar besser als ihm. Das Herumstochern in Trümmern und Abfall, die Psychopathen und Straßenmädchen, das Blut und die Gewalt – all das war genau das richtige für mich. Der Spalt hatte unterschiedliche Auswirkungen auf die Bright Eyes gehabt, und ich schien dort förmlich aufgeblüht zu sein. Ihn zu verlassen war für mich so gewesen, als würde einer Pflanze ein Nährstoff entzogen – kein lebenswichtiger, aber einer, dessen Fehlen die Farbe der Blätter verändert. Ich hatte mich mit der Angst arrangiert. Die Vorstellung, Cop zu sein, sprach diese Seite meines Charakters an, genauso wie der Gedanke, weiterhin außerhalb der Gesellschaft zu stehen. Ich wollte von draußen hineinschauen. Also ging ich ins Präsidium, stellte unter Beweis, daß ich zumindest einen meiner Namen buchstabieren konnte, und bekam ein Abzeichen und eine Pistole.

Ein paar Monate danach lernte ich Henna im Getümmel einer wilden Party auf der 110 kennen. Mal hatte Einladungen für uns ergattert, denn er war in Ausübung seines Dienstes mit einer Clique von oberhalb der Linie bekannt geworden. Wir warfen uns in Schale, stiegen in einen xPress und hofften, wir würden Spaß haben. Den hatte ich, soweit ich mich erinnere, zu Beginn des Abends nicht. Statt dessen empfand ich Minderwertigkeitsgefühle, denn ich hauste damals in einer Bruchbude in einer der gefährlicheren Straßen auf der 38. Vielleicht bilde ich es mir nur ein, aber es kam mir entschieden so vor, daß Mal und ich nur zur Belustigung der anderen Gäste eingeladen worden waren. Ich reagierte so kooperativ, wie ich nur konnte: indem ich mich total vollaufen ließ.

Um zehn war ich so blau, daß ich offiziell auf der Evolutionsleiter zurückgestuft wurde. Ein Typ in einem Anzug kam auf mich zu, hörte sich meine Versuche an, sinnvolle Wortreihen zu bilden, entzog mir augenblicklich die Rechte eines Homo sapiens und ordnete mich in die Gruppe der pflanzlichen Lebewesen ein. Ich mußte alle möglichen Formulare und solches Zeug ausfüllen. Es war sehr peinlich.

Aber dann entdeckte ich Henna, sprach sie an, und es wurde doch noch ein netter Abend. Sie war groß und schlank, hatte kühle grüne Augen und eine gute Figur. Selbst in meinem Zustand erkannte ich sofort, daß sie nicht nur schön, sondern auch intelligent war. Sie wiederum schien gewillt, über meine Haßkappe und den Whiskey auf meinem Schlips hinwegzusehen und zumindest einige meiner Äußerungen interessant und nicht nur aggressiv zu finden. Am Ende des Abends torkelte ich mit ihrer Telefonnummer in der Tasche nach Hause.

Einen Monat später zog sie von der 102 in eine Wohnung auf der 61, die wir gemeinsam gemietet hatten – und die anfangs hauptsächlich von ihrem Gehalt bezahlt wurde. Wir hatten, auch als das Fest der Leidenschaft vorbei war, noch einiges füreinander übrig und heirateten zwei Jahre später. Mal war Trauzeuge. Hennas Eltern kamen auch und waren höflich zu mir – eine eisige Höflichkeit, wie mir im nachhinein bewußt wurde. Erst viele Jahre später begriff ich, wie schrecklich sie es gefunden hatten, daß ihre Tochter mich heiratete. Ich war arm, ein rüpelhafter Cop und stammte eindeutig nicht von oberhalb der Linie. Das war ihr Problem, nicht meines, aber sie waren Hennas Eltern. Eines Abends, nicht sehr lange vor ihrem Tod, verriet mir Henna unbeabsichtigt, wie sehr die beiden ihren Schwiegersohn verabscheuten. Plötzlich erkannte ich, wie unglaublich viel sie aufgegeben hatte, um mit mir zusammenzusein, und wie wenig sie von mir dafür zurückbekam. Für einen Moment, nur für einen kurzen Moment, sah ich im Geiste den Mann vor mir, der aus mir geworden war; aber dann stürmte ich aus der Wohnung und verbrachte die nächsten paar Stunden mit der Frau, mit der ich gerade eine Affäre hatte.

Die ersten drei Jahre unserer Ehe verlebten wir in einem Nebel der Zufriedenheit. Henna erklärte, sie sei glücklich, versicherte mir, wie sehr sie mich liebe, und so vergingen die Monate. Ich stellte fest, daß ich ein guter Polizist war und daß die Arbeit mir etwas bedeutete. Deshalb strengte ich mich an, ins Morddezernat versetzt zu werden. Henna ertrug die vielen Überstunden, meine häufige Abwesenheit und die Angst, daß ich eines Tages überhaupt nicht mehr nach Hause kommen würde. Wir redeten miteinander, lächelten uns an und gingen zusammen aus. Gelegentlich gerieten wir uns kurz und heftig in die Haare, doch alles in allem war es eine schöne Zeit.

Aber die Wahrheit ist: Ich habe Henna nicht genug geliebt, jedenfalls so lange nicht, bis es viel zu spät war. Ich empfand Zuneigung zu ihr, doch selbst in dem Moment, als ich um ihre Hand anhielt, glaubte ich nicht, daß es bei mir Liebe war.

Ich dachte, die wahre Liebe erlebt zu haben, als ich achtzehn war. Sie hieß Fhee, und wir waren zwei Jahre zusammen, bis unsere Beziehung schließlich zerbrach. Ihr Lächeln glich dem einer Katze vor einem brennenden Kamin, und ich hatte furchtbare Angst, sie zu verlieren. Sie war eine Naturgewalt, ein Energiebündel mit dichtem kastanienbraunem Haar und großen dunklen Augen, eine geschmeidige Dauerläuferin, die sich ständig nach mir umzudrehen schien, als wolle sie mich auffordern, sie zu fangen. Ihre Haut war manchmal glatt, manchmal rauh, und ihr Haar hing in dicken Zotteln bis zur Mitte ihres Rückens hinab. Mit ihr zu schlafen war immer überraschend. Kein Zelebrieren zärtlicher Liebe, sondern eine körperliche Reaktion, so unaufhaltsam wie ein Niesanfall und so elementar wie Furcht.

Ein paar Wochen nachdem wir uns getrennt hatten, landete ich im Spalt, weil ich wütend und unglücklich war und nicht wußte, wohin ich sonst hätte gehen können. Ich blieb über zwei Jahre dort, und diese Zeit hat meine Weltanschauung grundlegend verändert. Als ich herauskam, war Fhee fort. Ich sah sie erst viele Jahre später wieder.

Manchmal fällt es mir schwer zu glauben, daß ich meine Ehe wegen dieser idealisierten ersten Liebe, die schon seit langem vorbei war, aufs Spiel gesetzt habe. Aber es ist eine traurige Tatsache, daß man im Leben nicht immer aus seinen Fehlern lernen kann, denn wenn man sie erst einmal gemacht hat, ist die Ausgangslage nicht mehr dieselbe.

Während ich älter wurde, verfolgte mich zunehmend die Vision von einer perfekten Frau, die zu finden mir vorherbestimmt war. Manchmal glaubte ich, diese Frau tatsächlich vor mir zu haben, sie zu spüren, sie zu riechen. Ich hatte eine genaue Vorstellung davon, wie sie aussehen, wie sie reden, wie sie *sein* würde.

Als ich Henna heiratete, wußte ich, daß sie diese Frau nicht war, obwohl sie es hätte sein sollen. Trotzdem heiratete ich sie. Weil sie es wollte und weil ich sie zu sehr liebte, um sie zu enttäuschen. Ich will hier nicht den Eindruck erwecken, daß ich unglücklich war. Henna spielte verdammt gut Pool, war sehr nett zu mir, und ich vermißte sie wahnsinnig, wenn sie nicht da war. Sie lachte unbändig, nahm mich nicht übermäßig ernst und hatte das niedlichste Kinn aller Zeiten. Henna war nicht bösartig oder unzulänglich. Sie war nur einfach nicht *sie*, und manchmal, wenn ich eine Verabredung mit ihr hatte, erwartete ich, eine andere Frau zu treffen. Die Frau, vor der ich Angst gehabt hätte.

Die widerstreitenden Gefühle von Schuld und Erregung, ein fremder Mund auf meinem, wenn ich eigentlich woanders sein sollte: Irgendwo zwischen diesen Empfindungen lag das, wonach ich suchte.

Ich habe es niemals gefunden. Schließlich kam Angela zur Welt, und danach wurde alles anders. Die wenigen Affären, die ich danach noch hatte, waren von eiskaltem Pragmatismus geprägt. Ich liebte Angela von ganzem Herzen, nicht zuletzt deshalb, weil sie Henna so sehr ähnelte. Es war, als gebe es eine zweite Version meiner Frau, mit der ich nicht verheiratet zu sein brauchte, sondern die ich einfach lieben konnte. Angela war kein unvollkommenes Abbild einer imaginären Frau, sondern schlicht meine vollkommene Tochter. Die Liebe, die wir für andere Menschen empfinden, hängt sehr davon ab, welche Selbsteinschätzung wir durch sie gewinnen, und Angela gab mir das Gefühl, ich sei es wert, geliebt zu werden. Oft stellte sie sich vor mich hin, schaute nach oben und sprang dann, darauf vertrauend, daß ich sie auffangen würde, hoch in die Luft. Ich zog sie an meine Brust, und manchmal, wenn ich mein Gesicht gegen ihres drückte, wurde mir bewußt, daß Henna uns aus dem Hintergrund zusah. Dann konnte ich ihre Freude und Erleichterung regelrecht greifen.

Ich beobachtete Henna und Angela, wenn sie zusammen waren, und hörte dem zu, was sie sich erzählten, und nie habe ich mich dem Glück näher gefühlt als in jener Zeit. Ich erinnere mich an einen Nachmittag, als wir in der Nähe von Lexington beim Blue Ridge Parkway spazierengingen und Angela eine Schnecke entdeckte, die gerade über einen Stein kroch. «Guckt mal», sagte sie, und Henna erklärte ihr, daß Schnekken ihr Haus auf dem Rücken trügen. Bestimmt war dies eine der Geschichten, die Angela ihr Leben lang nicht vergessen und die sie eines Tages ihrer eigenen Tochter erzählen würde.

Einen Moment lang war ich an diesem sonnigen Nachmittag wirklich bei ihnen in der realen Welt statt in meinen Gedanken. Vielleicht hätte ich damals doch noch eine Art Zufriedenheit erlangen können. Das einzige, was dem im Wege stand, war mein Unvermögen, mich auf andere einzulassen. Möglicherweise hätte ich das lernen können.

Aus zwei Gründen kam es nicht dazu. Der erste Grund war Fhee.

Als Angela vier Jahre alt war, saß ich eines Abends in einer Kneipe im Portal, um etwas über einen Sexualmord herauszukriegen, in den jemand von der 138 verwickelt war. Wegen der relativ frühen Stunde war ich erst leicht betrunken, als mir jemand auf die Schulter klopfte. Ich drehte mich um und schaute in ein weibliches Gesicht, das mir bekannt vorkam.

Die Frau grinste mich an: Es war eine ältere Version von Fhee. Einen Moment lang verschlug es mir die Sprache, und dann vergaß ich all die Fragen, die ich den Junkies an der Theke stellen wollte.

Ich vergaß Henna, Angela, die Gegenwart – einfach alles. Drei Stunden lang saßen Fhee und ich eng nebeneinander in der Kneipe und versuchten, uns gegenseitig mit unseren Erinnerungen an die Zeit vor zehn Jahren zu übertreffen. Wir wußten, all das war Vergangenheit, aber das spielte keine Rolle. Es hatte den Anschein, als fielen die Jahre von mir ab, als würde Natronlauge in die seit Jahren verstopften Gänge meines Gehirns geschüttet.

Um zehn Uhr abends kauften wir ein paar Flaschen Wein zum Mitnehmen, stiegen in meinen Wagen und fuhren ziellos durch die Gegend, bis wir schließlich am Lake Ratcliff landeten. Wir stellten den Wagen ab und liefen, immer noch pausenlos redend, am Ufer entlang, entdeckten irgendwann eine kleine Insel und wateten durch das eiskalte Wasser dorthin. Wir stiegen im Dunkeln unbeholfen über die Felsen, um die Insel zu erkunden, fanden ungewöhnliche Dinge und machten uns gegenseitig darauf aufmerksam, genau wie wir es vor vielen Jahren getan hatten.

Als wir die Insel einmal umrundet hatten, kletterten wir weiter nach oben und stießen knapp unterhalb der höchsten Stelle auf eine Einbuchtung, eine Art Nische, die auf zwei Seiten von Felsen umgeben war. Wir setzten uns hin, rauchten, tranken unseren Wein und plauderten über Leute, die wir gekannt hatten, über unsere Erlebnisse und über das Mondlicht, das auf dem Wasser glitzerte.

Und dann streckten wir uns auf dem Boden aus und redeten weiter, aber sie hatte inzwischen ihren Kopf auf meine Brust und ich meinen Arm locker um sie gelegt. Das Unvermeidliche geschah. Unsere Lippen streiften sich, und unsere Hände berührten die Arme, das Gesicht und den Körper des anderen weniger beiläufig. Staunend vögelten wir miteinander, lagen dann nackt und erhitzt da und waren immer noch Freunde. Kurz darauf vögelten wir mit andächtiger Begeisterung ein zweites Mal, weiterhin redend und lachend, so wie wir es früher immer getan hatten, und schliefen dann engumschlungen in der Nische ein.

Eine Stunde später wachten wir auf, weil wir merkten, daß vereinzelte Regentropfen durch die warme Luft fielen. Der Regen wurde stärker und prasselte auf uns nieder. Wir hielten uns locker im Arm und lachten und redeten mit leiser Stimme.

Am Morgen liefen wir Hand in Hand durch den See zum Festland und erklärten die Nacht zur Vergangenheit. Danach traf ich mich mit Fhee noch ein paarmal in New Richmond wie mit einer guten Freundin, aber wir schauten nie zurück. Nichts mehr deutete auf jene Nacht hin, außer vielleicht kurze Momente des Schweigens oder unsere gegenseitige Loyalität; und die eine Rose, die ich auf ihren verschlossenen Sarg legte, nachdem ihr Kopf von einer Granate zerfetzt worden war. Denn bei einem Anschlag auf den Anführer einer örtlichen Verbrecherbande, über dessen Existenz sie sich in segensreicher Unkenntnis befand und immer befinden würde, hatte jemand eine Granate in das Restaurant geworfen, in dem sie gerade Mittag aß.

Ich gab, auf meine Weise, einen letzten Kommentar zu jener Nacht ab, als ich ein Bordell auf der 67 betrat und dem Mann, der den Anschlag auf das Restaurant befohlen hatte, drei Kugeln in den Kopf jagte. Aber vielleicht waren die Folgen später noch in all dem zu spüren, was ich nicht zu Henna sagte, in den Momenten, in denen ich beim Aufwachen nicht wußte, wo ich war, und in der Tatsache, daß am Ende nicht einmal Angela mich daran hindern konnte, meine Ehe und mein Leben zu zerstören.

Das zweite Hindernis war der Fall Vinaldi, der während meines letzten Jahres als Cop den größten Teil meiner Zeit in Anspruch nahm. Ich war inzwischen zum Lieutenant befördert worden, tat aber nicht das, was von mir erwartet wurde. Das ist so eine Angewohnheit von mir. Ich mußte etwas tun, von dessen Richtigkeit ich überzeugt war und das – im Unterschied zu meinem sonstigen Verhalten – meinen Ansprüchen von Moral und Rechtschaffenheit genügte.

Vinaldi war damals bloß ein aufstrebender Nachwuchs-Gangster und noch weit von seiner späteren Position als Pate entfernt. Sein kometenhafter Aufstieg ließ sich meiner Ansicht nach nur dadurch erklären, daß große Teile der Polizei ihn direkt unterstützten. Ich beschloß, allen – der ganzen Stadt – vor Augen zu führen, was sich in New Richmond abspielte. Mittlerweile mißtraute ich der Stadt ebenso wie meinen eigenen Gefühlen. Fhee war damals schon drei Jahre tot, und meine Ehe mit Henna beschränkte sich auf den höflichen, warmherzigen Umgang miteinander. Das war nicht schlecht, aber es reichte mir nicht. Ich erinnerte mich nicht mehr, wonach ich mich früher gesehnt hatte und warum ich mit dem, was ich besaß, unzufrieden war. Daran erkannte ich, daß ich wirklich verheiratet sein mußte.

Der Feldzug gegen Vinaldi war nichts weiter als ein Ersatz für ein erfülltes Leben, und ich betrieb ihn mit dem Eifer eines Todgeweihten.

Genaugenommen versuchte ich, eine zweite, geheime Polizeiorganisation auf die Beine zu stellen, die unerkannt innerhalb der bereits existierenden arbeitete. Ich rekrutierte die paar Männer, denen ich trauen konnte, und der erste von ihnen war Mal. Er hatte damals den Rang eines Sergeants und befaßte sich hauptsächlich mit Prostituiertenmorden, bei denen es zu Verstümmelungen gekommen war. Er hatte im Spalt so viele vergleichbare Greueltaten gesehen, daß er sich im richtigen Leben nicht mehr damit abfinden konnte und unerbittlich gegen die Schuldigen vorging. Außerdem zeigte er, nachdem ich ihn darauf angesetzt hatte, ein großes Talent für das Aufspüren der Kollegen, die Johnny Vinaldi bei seiner Verwandlung von einem unbedeutenden Kriminellen in einen Verbrecherbaron unterstützten. Die anderen Männer statteten ihm Bericht ab und er mir. Ich hingegen stattete weder meinen Vorgesetzten noch sonst jemandem Bericht ab. Da ich genügend Mordfälle aufklärte und die Truppe gut im Griff hatte, steckte niemand seine Nase in die Dinge, die ich sonst noch tat, zumal ich bereits so sehr vom Rapt abhängig war, daß die hohen Tiere im Präsidium mich für harmlos hielten.

Nach der Rückkehr aus Dem Spalt hatte ich hin und wieder Rapt genommen, aber in den letzten Jahren war meine Sucht immer schlimmer geworden, denn ich suchte etwas, das mir einen klaren Kopf verschaffen und mich in die Vergangenheit zurückversetzen konnte. Die Anziehungskraft des Rapt besteht für mich größtenteils aus der Angst, die es erzeugt, und ich stellte fest, daß ich immer öfter einen Schuß brauchte, um nicht verrückt zu werden. Ein Leben ohne Angst ist kein richtiges Leben, und im Zentrum meiner Existenz, bei Henna, gab es nichts, was mir Angst eingejagt hätte.

Die Ermittlungen produzierten ihre eigenen Ängste, als mir langsam dämmerte, daß sehr sonderbare Dinge vor sich gingen. Eine kleine Anzahl von Cops stand direkt auf Vinaldis Lohnliste, aber eindeutig zu wenige, um seinen immensen Erfolg zu erklären. Im Laufe der Zeit wurde zunehmend deutlicher, daß die Gründer seines Fanclubs fast ganz oben in der Hierarchie des NRPD sitzen mußten. Das kapierte ich nicht, denn in New Richmond lief schon seit einer Ewigkeit alles auf dieselbe eingefahrene Weise. Ich sah keinen Grund, warum sich jemand von den hohen Tieren entschließen sollte, einen Gangster zu bevorzugen.

Bis zu jener letzten Woche vor fünf Jahren forschten Mal und ich immer weiter und kamen der Wahrheit immer näher. Meine Intuition sagte mir damals, daß die Ermittlungen an einem entscheidenden Punkt angelangt waren. Normalerweise sind meine Intuitionen das Papier nicht wert, an dem ich sie abwische, aber diesmal war es anders. Ich spürte es wie ein Vibrieren unter den Fingern und verbrachte buchstäblich die gesamte Woche im Büro oder auf den Straßen, wodurch ich Henna und Angela kaum noch zu Gesicht bekam.

Am letzten Morgen brach ich früh auf, aber nicht zu früh für Angela, die aus ihrem Zimmer rannte, als ich gerade zur Tür ging. Sie sprang an mir hoch, aber erst als ich sie ungeschickt auffing, fiel mir ein, wieviel Zeit seit dem letzten Mal verstrichen war. Plötzlich bekam ich es mit der Angst. Wenn ich nicht aufpaßte, würde mir der letzte Rest ihrer Kindheit entgehen, und was blieb mir dann noch?

Ich drückte ihr einen Kuß auf die Stirn, setzte sie ab und verabschiedete mich beim Hinausgehen von Henna. Vielleicht kam sie ins Wohnzimmer, um mir einen Kuß zu geben und um mir viel Glück für den Tag zu wünschen. Ich werde es nie erfahren, denn ich habe sie nie wieder lebend gesehen.

Jemand hatte herausgefunden, wie nahe ich der Wahrheit gekommen war. Ein Befehl wurde erteilt, und dieser Jemand ging in meine Wohnung und zerstückelte die beiden Menschen, die ich liebte. Er tat es auf eine Art und Weise, die mir verriet, daß gewisse Leute über mich Bescheid wußten – über das, was ich im Spalt durchgemacht hatte, und über die Ängste, die tief in meinem Innern weiterlebten. Fünf Jahre lang hatte ich angenommen, Vinaldi habe den Auftrag für die Morde gegeben, aber inzwischen glaubte ich das nicht mehr.

Aber irgend jemand hatte es getan. Er hatte geholfen, mich zu zerstören, aber vielleicht habe ich mir den größten Schaden selbst zugefügt.

Zu der Zeit, als Henna und Angela getötet wurden, war ich nicht im Büro. Ich arbeitete nicht einmal. Ich hätte zu Hause sein können, doch statt dessen war ich bei einer anderen Frau und vögelte sie. Sie hieß Phieta, und sie war es, die mich schließlich in dem Lagerhaus aufspürte, in das ich mich verkroch, nachdem ich die Leichen meiner Frau und meiner Tochter gefunden hatte. In dem Augenblick, in dem Henna umgebracht wurde, küßte ich Phietas Brüste. Als Angela starb, war ich möglicherweise gerade bei ihrem Nabel angelangt. Natürlich kann ich es nicht auf die Minute genau sagen, aber ungefähr so muß es gewesen sein. Und vermutlich spielt das sowieso keine große Rolle.

Wie lange wartet man auf etwas, das vielleicht nie passieren wird? Sucht man immer weiter nach dem Lande Oz? Existiert es überhaupt, oder ist es am Ende bloß MaxWork – etwas, womit man sich die Zeit vertreibt?

Die fünf Jahre auf der Farm hatten mir nicht geholfen, irgend etwas besser zu verstehen. Wahrscheinlich eigne ich mich nicht dafür, Antworten zu finden, sondern habe mein Leben lang bloß falsche Erfahrungen gemacht und schlechte Ratschläge bekommen. Ich erinnere mich an einen Vorfall, als ich vierzehn Jahre alt war; an einen der wenigen mitteilsamen Momente meines Vaters. Er saß in unserer winzigen Küche und schaufelte das Abendessen in sich hinein, das meine Mutter gekocht hatte. Meine Mutter stand an der Spüle. Ich weiß nicht mehr, in welchem Haus wir gerade wohnten, denn sie alle verschwimmen in meiner Erinnerung, aber ich weiß noch, wie mein Vater meine Mutter betrachtete, während sie abwusch, und seinen Blick über ihre müden gebeugten Schultern schweifen ließ. Schließlich drehte er sich zu mir um und sagte folgende Worte: «Merk dir eins, Jack. Masturbation ist kein Ersatz für all die anderen Frauen auf der Welt.»

Und obwohl ich meine Mutter liebte und meinen Vater so sehr haßte wie niemanden vor oder nach ihm, scheine ich seine Weltanschauung leider übernommen zu haben. Es sind nicht unbedingt die guten und richtigen Ansichten, die den stärksten Eindruck hinterlassen. Alle Details, auch die eigenen Schwächen, tragen eine kurze Zeile zum Gesamtcode bei. Schlechte Ansichten können zutreffen, und gute Ratschläge können sich als verhängnisvoll erweisen.

Ich esse nur noch selten Eiskrem, aber ich habe stets versucht, den Rat des alten Mannes zu befolgen. Ich habe versucht, der Welt meinen Stempel aufzudrücken und mich nicht mit weniger abzufinden, als mir meiner Meinung nach zusteht. Hin und wieder ein paar Zeilen selber zu schreiben. Der alte Mann meinte es gut, aber er hat mir nicht gesagt, daß manchmal selbst die edelsten Gefühle und die heldenhaftesten Taten nicht ausreichen. Er hat mir nicht gesagt, daß die Welt schlicht und einfach mächtiger ist, daß sie einen stärker formt als man sie; und daß man ihr meistens noch dabei hilft.

Er hat mir nicht gesagt, daß man gelegentlich ratlos ist und sich verirrt und daß Hilfe oft zu spät kommt.

Aus meinem Leben ist etwas Unvermeidliches geworden. Das habe ich mir selber zuzuschreiben. Aber während ich «weggetreten» war, ging mir langsam auf, daß ich vielleicht doch noch etwas tun konnte, um meinem Leben eine Wendung zu geben.

SECHZEHN

Ich war lange «weggetreten», mindestens ein paar Stunden. Länger als je zuvor, und als ich zurückkehrte, war ich erschöpft, verängstigt und allein. Bei der Rückkehr fühlt man sich, als ob man mit dem fünfundsiebzigsten Kater in Folge aufwacht, keinen Kaffee mehr im Haus hat und per Großfahndung von American Express gesucht wird. Ich kam mit dem vagen Gefühl, an diesen Ort gelockt worden zu sein, allmählich wieder zu Bewußtsein. Nun stand ich in einem dichten Wald, offensichtlich weit entfernt von dem Dorf, aus dem ich geflohen war.

Mein Gewissen plagte mich, weil ich Vinaldi im Stich gelassen hatte, aber es wäre natürlich sinnlos gewesen, mich ebenfalls fangen zu lassen. Es war die richtige Entscheidung gewesen, sich zu trennen. Die Leute in den Horrorfilmen tun das nicht bloß, damit der Film länger dauert, sondern auch, weil es den Vorteil hat, daß nicht alle auf einmal umgebracht werden. Wegzulaufen war ebenfalls die beste Lösung gewesen, denn so war ich, zumindest theoretisch, noch in der Lage, etwas zu unternehmen.

Als die Schuldgefühle abebbten, versuchte ich, mich zu orientieren. Die Bäume erstreckten sich immer noch in alle Richtungen, aber der Untergrund war rissiger als alle Böden, die ich bisher im Spalt gesehen hatte. Große Steine ragten zwischen dem Laub hervor, und es gab Hügel und Senken. Das von den Blättern gefilterte Licht hatte eine matte grünblaue Farbe. Dadurch schien der Wald unter Wasser zu stehen.

Ich hatte keinen blassen Schimmer, wo ich war oder wie ich zum Dorf zurückgelangen konnte. Als ich mit unscharfem Blick den Boden absuchte, waren in keiner Richtung Spuren im Laub zu entdecken. Es sah so aus, als wäre ich aus dem Nichts dorthin gebeamt worden.

Zuerst mußte ich entscheiden, ob ich noch mehr Rapt nehmen sollte. Oder, genauer gesagt, ob ich es auf der Stelle nehmen sollte, denn irgendwann würde ich es bestimmt tun. Von der letzten Dosis spürte ich noch ein leises Summen im Hinterkopf, das wahrscheinlich eine weitere Stunde anhalten würde. Aber ich konnte nicht abschätzen, wann ich in eine Situation geraten würde, in der ich völlig high sein mußte, um zu überleben. Oh, immer diese Entscheidungen.

«Soldat.»

Fast erschrak ich zu Tode. Meine inneren Organe machten alle zusammen einen Satz, als versuchten sie, aus meinem Körper, dem ihrer Ansicht nach nicht mehr viel Zeit auf dieser Welt vergönnt war, zu entkommen. Blitzschnell ging ich in die Hocke und warf Blicke in so viele Richtungen, wie es möglich war, ohne daß meine Augen aus den Höhlen sprangen.

«Soldat.»

Beim zweiten Mal hörte ich es kaum, weil mein Herz so laut schlug. Aber dann ertönte das Wort ein drittes Mal. Hinter mir. Natürlich.

Ich stützte mich mit den Armen ab und drehte mich langsam um, ohne dabei aufzustehen. Niemand war zu sehen. Bloß flache, baumbedeckte Hügel, die weiter hinten in der Dunkelheit verschwanden wie die Riffel auf dem Meeresboden.

«Ja, Soldat. Komm her.»

Ich sah ein kurzes Flackern neben einem der Hügel und verspürte seltsamerweise den Drang aufzustehen, aber ich zwang mich zu bleiben, wo ich war. Eine der Folgen des Rapt-Konsums ist, daß man lernt, den ersten Eindrücken gründlich zu mißtrauen. Sich überhaupt im Spalt aufzuhalten ist nicht ratsam, und sich freiwillig einem Unbekannten zu nähern ist unglaublich bescheuert.

«Bitte komm her», sagte die Stimme von neuem. Und in etwa zwanzig Meter Entfernung stand tatsächlich etwas neben einem Felsvorsprung. Zumindest glaubte ich, daß es so weit weg war, denn das Wesen wirkte überraschend klein.

Ich starrte es an und überlegte, was ich tun sollte. Wegzulaufen hatte keinen Zweck; dafür war es zu spät. Yhandim und Ghuaji hatte ich vor allem deshalb abhängen können, weil sie sich noch nicht ganz in meinem Wahrnehmungsraum befanden, als ich sie erblickte. Und weil ich wie ein Weltmeister rennen kann, wenn mir der Arsch auf Grundeis geht und ich einen Vorsprung habe. Ich war mir hundertprozentig sicher, daß mich das, was da neben dem Felsen stand, schon nach wenigen Metern einholen würde.

Vorsichtig richtete ich mich auf und machte ein paar Schritte vorwärts. Das Wesen nickte mir ermutigend zu, blieb aber beim Felsen stehen und wartete.

Ich beschloß, meinem Verderben entgegenzugehen, statt mich hinterrücks von ihm überraschen zu lassen.

Das Wesen war tatsächlich klein, aber erst als ich bis auf ein paar Meter herangekommen war, verwandelte sich das flakkernde Licht in einen erkennbaren Umriß. Zunächst hob sich nur ein dunkler Fleck von der Umgebung ab – als könne die Verbindung des Wesens mit der Welt nicht mehr als einen Schatten hervorbringen.

Dann verwandelte es sich in einen etwa zehn Jahre alten Jungen, bekleidet mit der merkwürdigen Kombination aus Lumpen und Riemen, die für die Spalt-Kinder typisch ist.

Er lächelte und streckte die Hand aus. Ich schaute sie bloß an. Alles, was über Blicke hinausging, schien momentan meine Kräfte zu übersteigen. Als ich merkte, daß ich ihm die Hand geben sollte, machte ich ein paar Schritte rückwärts. Plötzlich war ich davon überzeugt, daß es sich um eine Falle oder eine Halluzination handelte. Spalt-Kinder sind, anders als die Dörfler, nicht körperlos. Sie wirken real oder jedenfalls annähernd real. Man kann sie sehen, und man kann sie einfangen – das weiß ich nur allzu genau. Aber mit diesem Kind konnte irgend etwas nicht stimmen.

Der Junge sagte nichts und bewegte sich auch nicht auf mich zu. Er stand bloß ruhig da und wartete ab. Daher gelangte ich zu der Überzeugung, daß es vielleicht keine Falle war – oder wenn doch, daß ich nicht schlau genug war, ihr zu widerstehen. Ich streckte versuchsweise die Hand aus.

Zuerst merkte ich nicht, daß sie auf die Hand des Jungen traf, denn diese war schmal und bestand aus Rauch. Aber dann schien sie etwas an Festigkeit zu gewinnen und ergriff meine. Es kam mir vor, als hielte ich eine Handvoll Wasser fest, das etwas wärmer als Körpertemperatur war, und es erinnerte mich aus irgendeinem Grund daran, wie ich Suej auf der Farm zum ersten Mal bei der Hand genommen hatte, um sie aus dem Tunnel zu führen.

Der Junge wandte sich um und machte mir mit dem Kopf ein Zeichen, ihm zu folgen. Mein Atem ging flach; ich überlegte, worauf ich mich da einließ und wie weh es tun würde, ließ mich jedoch von ihm führen.

Unterwegs dachte ich an gar nichts, sondern hielt bloß die Augen offen und wartete meinerseits ab. Spalt-Kinder meiden Fremde, es sei denn, sie haben keine andere Wahl. Ich hatte keine Ahnung, warum dieser Junge zu mir gekommen war und wohin wir marschierten.

Wie sich herausstellte, gingen wir bloß auf die andere Seite des Hügels. Dort blieb das Kind stehen und drehte sich zu mir um. Mit einer kurzen Handbewegung wandte es sich wieder ab. Ich folgte seinem Blick.

Es müssen zweihundert an der Zahl gewesen sein, vielleicht sogar noch mehr. In den ersten paar Sekunden schien die Menge kilometerweit in den Wald hineinzureichen – wie Kiesel an einem steinigen Strand. Dann erkannte ich, daß sie in etwa fünfzig Meter Entfernung aufhörte, dort, wo das Waldlicht in Finsternis überging.

Es war eine Gruppe von Spalt-Kindern, die reglos in dem blauen Licht standen. Reihe um Reihe, schemenhaft und kaum existent. Ich hörte ein leises Rascheln, drehte mich langsam um und merkte, daß fast genauso viele Kinder hinter uns aufgetaucht waren.

Soweit meine Augen reichten, war ich von schweigenden Kindern umgeben.

Gewöhnlich sah man nie mehr als drei Spalt-Kinder zusammen; sie erschienen immer nur in kleinen Grüppchen. Während des Krieges waren wir noch nicht einmal ganz sicher gewesen, daß sie die jüngeren Versionen der Dörfler waren. Manche glaubten, sie seien völlig andere Lebewesen. Früher habe ich mich oft gefragt, ob die Dörfler vielleicht gar keine Personen waren, sondern bloß unsere Interpretation eines fremden Phänomens, Symbole für Gedanken im Geist Des Spalts – und ob die Kinder andere, «jüngere» Gedanken darstellten. Dennoch hatten sie irgendwie die Jugend repräsentiert, und deshalb war das, was ihnen zustieß, für mich unerträglich gewesen. Das hatte ich sogar schon als zugedröhnter Teenager so empfunden, und nach Angelas Tod wurde dieses Gefühl noch stärker.

Plötzlich entstand eine Bewegung, die sich durch die gesamte Gruppe fortpflanzte. Die Kinder in meiner Nähe liefen mit kleinen Schritten vorwärts, bis sie fast gegen meine Beine stießen. Die anderen drückten sich von hinten gegen sie, und ich wollte gerade aufschreien, als ich begriff, was vor sich ging: Sie begrüßten mich, und zwar als Freund.

Ein stilles Lächeln erschien auf jedem der grauen Gesichter, und kurze Arme wurden nach oben gestreckt, um meine Jacke und meine Arme zu berühren. Die Kinder gaben keinen Laut von sich, obwohl sie die Münder wie beim Sprechen auf- und zumachten. Es war, als wäre ich von einer Dunstwolke umgeben, die immer wieder die Form von Händen, Armen und Gesichtern annahm. Die Gruppe umfaßte Mädchen wie Jungen – manche etwa fünfzehn Jahre alt, manche noch fast Babys. Ihre offenkundige Zuneigung kam für mich in diesem Moment – kurz nach den Gedanken, als ich «weggetreten» gewesen war – derart überraschend, daß ich sie kaum bewältigen konnte. Es war, als hätte mich jemand aus meinem «weggetretenen» Zustand zurückgeholt, nur um mir zu zeigen, was mir fehlte.

Oder vielleicht, um anzudeuten, daß ich es doch wiederhaben konnte.

Nach einer Weile hörten die Berührungen auf, und die Gruppe teilte sich vor mir. Der Junge, der mich hergebracht hatte, führte mich nun weiter. Alle anderen drehten sich in dieselbe Richtung, als wollten sie uns begleiten.

Ich strich kurz über das spärliche graue Haar eines kleinen Mädchens in meiner Nähe und beschloß dann, meinem Verstand eine Ruhepause zu gönnen und den Kindern zu folgen – egal, wohin.

Zu dem Zeitpunkt war ich fest davon überzeugt, daß die Kinder der erstaunlichste Anblick sein würden, den Der Spalt zu bieten hatte. Eine halbe Stunde später wurde ich eines Besseren belehrt.

Wir wanderten schweigend durch den Wald. Der Junge führte mich mit festen Schritten, und die anderen folgten uns. Mehr als einmal schaute ich mich um und sah, daß die Kolonne bis in die Dunkelheit reichte. Der Boden war immer noch steinig und uneben, und wir schienen leicht bergauf zu gehen. Ein dichter Nebel, weiß, weich und von innen leuchtend, sammelte sich zwischen den Bäumen.

Nach einer Weile entdeckte ich die ersten Gegenstände auf dem Boden: Gewehre und leere Munitionskisten. Ich hielt sie für zufällige Überbleibsel aus dem Krieg, aber als wir ein Stück weitergingen, begriff ich, daß meine Vermutung nicht stimmen konnte. Die meisten Waffen trugen das Zeichen der US Army, aber die anderen waren mir unbekannte Fabrikate, die eindeutig den Kämpfern aus Dem Spalt selbst gehört hatten. Ein paar Waffen lagen verstreut herum, aber der Großteil war um Baumstämme aufgetürmt.

Dann kamen größere Gegenstände in Sicht: verschimmelte Rucksäcke, kaputte Funkgeräte, Teile von größeren Waffen, die umgekippt dalagen wie Grabsteine auf einem aufgelassenen Friedhof. Die Kinder schenkten alldem keine Beachtung. Die Umrisse noch größerer Objekte ragten im Nebel vor uns auf, und als sie sich in erkennbare Gebilde verwandelten, blieb ich abrupt stehen. Die Kinder schien das nicht zu stören, und sie beobachteten mich, als ich mit offenem Mund zu dem nächsten Gegenstand ging.

Es war ein Jeep, ein leichtes Militärfahrzeug von der Sorte, die im Krieg nur sehr sporadisch eingesetzt worden war. Meistens hatten wir uns zu Fuß fortbewegt, denn der größte Teil der Wälder war sehr dicht bewachsen, und die Position der Bäume änderte sich häufig von einer Sekunde zur anderen. Aber es hatte ein paar Jeeps genau dieses Typs gegeben. Sie waren hauptsächlich für die höheren Ränge reserviert, und einem Witz zufolge war der einzige Gang, der bei diesen Wagen funktionierte, der Rückwärtsgang. Ich strich mit der Hand über das kalte, feuchte Metall der Kühlerhaube. Sie war eingedellt und hatte in der Mitte ein großes Loch. Dem Grad der Beschädigung und der dicken Karbidschicht nach zu urteilen, mußte der Jeep von einer Rakete getroffen worden sein.

Ich spähte in den Nebel hinein und merkte, daß es sich bei den anderen dunklen Umrissen zwischen den Bäumen ebenfalls um Fahrzeuge handelte. Einige MediVans, ein paar der kleinen Panzermotorräder, die die Dörfler mit Leichtigkeit zerstört hatten, und zwei, drei unterschiedlich reparaturbedürftige Jeeps. Ich zog an den rückwärtigen Türen eines MediVans, und sie öffneten sich mit einem rostigen Quietschen, das in der Stille grotesk laut klang. Kaputte medizinische Geräte lagen wild durcheinander im dunklen, muffigen Innenraum. Im Spalt-Krieg hatte man keine Telechirurgie anwenden können, weil die Signale nicht über die Grenze hinweg übertragen wurden. Daher standen uns die Dienste der Chirurgen an den Fernsteuergeräten, die in normalen Kriegen eingesetzt wurden, nicht zur Verfügung. Wir mußten uns mit den MediVans begnügen, deren Besatzung aus verängstigten Ärzten bestand, die mindestens genausoviel Rapt nahmen wie wir und beim Anblick von Blut vor Panik jedesmal beinahe kotzten. Fast konnte ich die Schreie der Männer hören, die sich im MediVan krümmten, wenn sich jemand mit zittrigen Fingern über sie beugte.

Keines der Fahrzeuge sah im entferntesten funktionstüchtig aus, aber das war nicht das Entscheidende. Jemand hatte dieses Zeug überall im Spalt gesammelt und hergebracht.

Es war ein Mahnmal, eine schweigende Anklage gegen einen Krieg, der niemals hätte geführt werden dürfen.

Wir gingen noch zweihundert Meter, dann hielt der Junge an und blickte erwartungsvoll zu mir hoch. Ich hatte keine Ahnung, was ich mir anschauen sollte. Eines der kleinen Mädchen löste sich aus der Gruppe, marschierte an eine Stelle etwa zehn Meter vor mir, zeigte geradeaus und ging dann wieder zurück.

Ich schaute in die Richtung, in die das Mädchen gewiesen hatte. Zuerst sah ich nichts außer den mächtigen Baumstämmen, aber dann stockte mir der Atem, und ich wußte, was sie mir hatte zeigen wollen.

Es war ein Kampfflugzeug, das zwischen zwei der größten Bäume auf der Seite lag und aus dem blauen Nebel aufragte, als würde es von hinten angestrahlt. Ich ging staunend darauf zu und fragte mich, wie es den Kindern gelungen war, das Flugzeug hierherzuschaffen. Denn ich zweifelte jetzt nicht mehr daran, daß sie all diese Sachen zusammengetragen hatten.

Die wenigen Kampfflugzeuge, die im Spalt benutzt worden waren, hatten eine sehr ungewöhnliche Form. Wegen der allgegenwärtigen Bäume waren sie so gebaut, daß sie einem übergroßen Segelflosser glichen: ein schmales Dreiecksgebilde, das sich im vorderen Teil zu einer Breite von etwa drei Metern ausdehnte, aber an den Rändern so flach wurde, daß es dort beinahe zweidimensional wirkte. Augen ähnelnde Beobachtungsfenster zu beiden Seiten des Cockpits verstärkten diesen Eindruck. Eigentlich dienten die Fenster nur zur Zierde, denn außer speziellen hochentwickelten Kriegsdroiden war niemand fähig, im Spalt ein Kampfflugzeug zu fliegen, und die Droiden brauchten nicht durch die Fenster nach draußen zu schauen. Das Flugzeug war etwa zehn Meter hoch, olivgrün und auf beiden Seiten mit großen schwarzen Kennummern versehen.

Und es schien überhaupt nicht beschädigt zu sein.

Die Kinder standen in Reihen hinter mir. Sie gaben nicht zu erkennen, was sie von mir erwarteten, also tat ich einfach, was mir in den Sinn kam. Ich kletterte die Leiter an der unteren Tragfläche hoch und zog an der Einstiegsluke. Sie ging geräuschlos auf.

Ich schaute nach unten, weil ich hoffte, von den Kindern ermutigt zu werden, aber sie waren verschwunden.

Ich fühlte mich im Stich gelassen, aber offenbar hatten die Kinder mich wegen des Flugzeugs hergelockt. Sie wären nicht verschwunden, wenn sie ihre Aufgabe nicht erfüllt hätten. Ich wußte so gut wie nichts über Kampfflugzeuge, denn ich hatte nur ein einziges Mal eines davon betreten, und zwar um einen betrunkenen Offizier, dessen sogenannte Fachkompetenz benötigt wurde, rauszuholen. Er versuchte, mich zu bestechen, indem er mir versprach, mich aus Dem Spalt zu schleusen. Ich warf ihn trotzdem aus der Maschine.

Die Luke führte in einen schmalen Flur, der sich über die gesamte begehbare Länge des Flugzeugs erstreckte. Rechts von mir mündete er fast unmittelbar in eine runde, gut zwei Quadratmeter große Fläche. Die Innenwände bestanden aus stark vernieteten Metallplatten, und als ich den Steuerungsbereich betrat, hatte ich das Gefühl, in einen Wasserkessel zu klettern, der seit langer Zeit auf einem Abhang stand.

Die Scheibe in einem der Beobachtungsfenster war zerbrochen, aber ansonsten schien alles wie durch ein Wunder intakt geblieben zu sein. Vielleicht hatte die Maschine nie einen Kampfeinsatz geflogen oder war zumindest nicht abgeschossen worden. An der Vorderseite der Kanzel befanden sich etliche Computer und Monitore, bedeckt mit einer dünnen Laubschicht. Als erstes nahm ich die Blätter vorsichtig in die Hand und warf sie aus dem Fenster. Sie hatten nicht so ausgesehen, als würden sie etwas im Schilde führen, aber man konnte ja nie wissen. Diese Blätter waren ein hinterhältiges Pack. Der größte Teil des Cockpits wurde von den beiden Sitzreihen mit jeweils drei Plätzen eingenommen, und an den Seiten war noch etwas Stauraum. Die hintere Wand der Kabine war mit Landkarten und gedruckten Befehlen bedeckt – wir mußten im Spalt häufig auf altmodisches Papier zurückgreifen, da man sich nicht auf die Computerinformationen verlassen konnte. Die Computer, die die Kampfflugzeuge steuerten, mußten enorm leistungsfähig sein, aber der größte Teil ihrer Kapazität ging für die Fehlerkontrolle drauf.

Ich empfand fast so etwas wie Nostalgie. Auf jedes Blatt Papier, das dort hing, war in der oberen rechten Ecke das Kriegsemblem gedruckt. Es war lange her, seit ich dieses kleine Symbol zuletzt gesehen hatte. Nun rief es mir die vielen vermurksten Befehle ins Gedächtnis, die alle von der Marketing-Abteilung des Kriegsministeriums so oft umgeschrieben worden waren, bis sie schließlich überhaupt nichts mehr aussagten. Den Generälen muß es einen Heidenspaß gemacht haben, in der realen Welt herumzusitzen und aus der Ferne die verängstigten Frontschweine zu dirigieren. Dazu hatten sie schon lange keine Gelegenheit mehr gehabt. Nachdem die Leute angefangen hatten, sich nach bewaffneten Konflikten gegenseitig wegen Körperverletzung und Sachbeschädigung zu verklagen, vermieden die Regierungen Kriege nach Möglichkeit. Sie waren einfach zu teuer geworden, seit sie in unzählige erbitterte Schlachten in den Gerichtssälen ausgeartet waren. Oft standen Soldaten für wichtige Offensiven nicht zur Verfügung, weil sie vor Gericht aussagen oder sich mit ihrem Presseagenten beraten mußten. Das Ganze geriet zunehmend außer Kontrolle.

Nicht so der Krieg im Spalt. Die Dörfler waren nicht daran interessiert, jemanden zu verklagen, sondern nur daran, die Eindringlinge zu vernichten. Es war ein Krieg wie in der guten alten Zeit, und die Generäle brauchten noch nicht einmal für Leichensäcke zu sorgen, denn die Körper der gefallenen Soldaten lösten sich einfach auf. Ich habe viele Freunde verloren, und wenn jemand gestorben war, hatte ich etwa zwei Minuten Zeit, mich von ihm zu verabschieden, ehe er von der Materie Des Spalts absorbiert wurde.

Schließlich nahm ich auf dem Pilotensitz Platz. Okay, ich war also auf ein altes Kampfflugzeug gestoßen. Und was jetzt?

Die Kinder hatten mich aus einem bestimmten Grund hierhergebracht, aber aus welchem? Ich konnte die Maschine nicht fliegen oder auch nur starten. Die Kontrolltafel sah aus, als wäre sie am Ende des Krieges ausgeschlachtet worden. Dieses Flugzeug war funktionsuntüchtig. Es konnte mir höchstens als Unterschlupf dienen, wenn mein Rapt aufgebraucht war.

An den verschmierten Armaturen entdeckte ich eine Stelle, an der eindeutig etwas entfernt worden war. Unter einem mit den Buchstaben «IQ» beschrifteten Schaltfeld war ein rechtekkiger, etwa vier mal zwei Zentimeter großer Schlitz, an dessen Rändern sich mehrere Reihen winziger elektrischer Kontakte befanden. Sie schienen noch intakt zu sein, auch wenn mir das nicht viel nützte.

Dann wehte ein Windstoß durch das Fenster, und ich schaute nach draußen. Der Nebel leuchtete noch immer zwischen den Bäumen, aber es herrschte Stille. Dies war der längste Zeitraum relativer Ruhe, den ich je im Spalt erlebt hatte. Vielleicht hatte sich inzwischen einiges geändert, oder vielleicht wirkte das Rapt noch. Aber das bezweifelte ich. Ich fühlte mich müde, und mir war wieder übel – der übliche Rapt-Hänger. Vielleicht war es ratsam, mir einen weiteren Schuß zu setzen, aber ich war dazu noch nicht bereit. Man kann das Vergnügen auch zu weit treiben. Statt dessen zündete ich mir eine Zigarette an und stellte fest, daß mir momentan nichts lieber gewesen wäre als ein Becher Kaffee.

Ich versuchte, nicht an Nearly, Suej, Vinaldi und die Reserven zu denken, während ich darauf wartete, daß mein Unterbewußtsein einen wahrscheinlich undurchführbaren Plan ausspuckte. Vielleicht konzentrierte ich mich deshalb so verbissen auf die Vorstellung, daß ich einen klaren Kopf bekommen würde, wenn ich nur einen Becher Kaffee trinken könnte.

Kaffee. Nur einen einzigen Becher. Ich konnte ihn förmlich riechen, seinen bitteren Geschmack auf der Zunge spüren.

Kaffee, dachte ich. Kaffee. Dann –

Ratchet.

In meiner Jackentasche steckte ein Gegenstand, den ich, ohne einen Gedanken daran zu verschwenden, während der letzten Tage mit mir herumgeschleppt und der etwas mit Computern zu tun hatte, aber kein RAM war. Ich holte ihn heraus.

Während ich mit dem Finger darüberstrich, wurde mir klar, daß der Chip, den Ratchet mir irgendwann während meiner letzten Minuten auf der Farm in die Tasche gesteckt hatte, in das Loch im IQ-Schaltfeld zu passen schien. Vielleicht war die aufgedruckte Zahl 128 keine Maßeinheit, sondern eine Codebezeichnung oder sogar eine Fabrikationsnummer. Und möglicherweise bezog sich das «IQ» auf Intelligenz oder den Hauptprozessor.

Ich legte den Chip auf die Ablagefläche und musterte ihn eine Weile stirnrunzelnd. Dann schob ich ihn, mit der Nummer nach oben, langsam in den Schlitz. Er paßte haargenau.

Nichts geschah. Ich wartete fünf Minuten und kam mir zunehmend dämlich vor. Natürlich hatte der Chip nichts mit einem Kampfflugzeug zu tun. Wie könnte er auch? Ich saß nach wie vor in einem archäologischen Fundstück, die Zeit verstrich, und ich hatte immer noch nicht die leiseste Ahnung, was zu tun war. Ich trat die Zigarettenkippe auf dem Fußboden aus und beschloß urplötzlich, aus der Maschine zu steigen, mir einen Schuß zu setzen und dann wie ein wild gewordenes Huhn in den Wald zu rennen.

«Eingangs-Prüfroutine beendet», sagte eine Stimme und erschreckte mich fast zu Tode. Ich schaute mich hastig in der Kabine um, aber niemand war zu sehen. Doch eine kleine Kamera oben in der Ecke drehte plötzlich ihr Glasauge in meine Richtung, und überall auf der Kontrolltafel leuchteten Lämpchen auf.

Dann ertönte die Stimme von neuem.

«Hallo, Jack», sagte sie.

Mein Gehirn versuchte, durch meine Ohren zu entkommen.

«Verdammter Mist!» fluchte ich, als ich wieder atmen konnte. «Woher weißt du, wie ich heiße?»

«Ich bin's, Jack. Ratchet», sagte die Stimme seelenruhig.

«Ratchet», wiederholte ich, während mein Gehirn einen weiteren Fluchtversuch unternahm – wahrscheinlich, um sich einen Aufenthaltsort zu suchen, an dem es logischer zuging. Ich erwog, mir die Finger in die Ohren zu stopfen, um diese Ausgänge zu blockieren, aber ich sah ein, daß ich dann überhaupt nichts mehr hören würde.

«Ja. Schön, dich zu sehen. Ich vermute, wir sind im Spalt.» Mit einem leisen Surren zoomte die Kamera mein Gesicht näher heran. «Deine Pupillen sind ganz starr. Hast du wieder Rapt genommen?»

«Scheiß drauf. Reden wir nicht von dem, was ich gemacht habe. Wieso bist *du* hier?»

«Ich weiß nicht», antwortete Ratchet. «Ich nehme an, du hast mich hergebracht.»

«Tja, das habe ich wohl. Aber wie bist du in meine Tasche gekommen? Du warst doch noch auf der Farm, als ich abgehauen bin.»

«Ich lief auf einem Backup-Prozessor. Als es offenkundig wurde, daß die Ereignisse auf der Farm eher unerfreulich enden würden, habe ich meinen Hauptprozessor an einen sicheren Platz geschafft, damit du ihn mitnehmen konntest.»

«Warum?»

«Ich wollte nicht sterben», sagte er lakonisch. «Außerdem hoffte ich, mich eines Tages nützlich machen zu können. Warum bist du im Spalt?»

«Oh, das ist eine lange Geschichte. Aber wieso kannst du ein Kampfflugzeug fliegen?»

«Dafür bin ich ursprünglich konstruiert worden. Nicht für diese Maschine, aber für andere gleichen Typs. Bei Kriegsende wurden alle Prozessoren ausgebaut. Arlond Maxen hat einen ganzen Haufen davon gekauft. Deshalb bin ich auf der Farm gelandet.»

«Du warst ein Kriegs-Droide?»

«Genau.»

Ich starrte in die Kamera und stellte mir kriegsversehrte Prozessoren vor, die überall im Land Verkehrsleitsysteme und High-Tech-Toaster steuerten. Das erklärte so manches. «Warum hast du mir das nicht erzählt? Du wußtest doch, daß ich zu den Bright Eyes gehörte. Warum hast du mir nicht verraten, daß du auch dabei warst?»

«Du hast mich nie gefragt – und ich hätte es dir sowieso nicht gesagt. Erinnerungen an den Krieg hätten dir damals gerade noch gefehlt. Und es war auch nicht so wichtig.»

«Mein Gott», sagte ich. «Darum warst du so absurd überqualifiziert. Darum warst du so *sonderbar.*»

«Verglichen mit dir?» fragte Ratchet, und mir wurde plötzlich klar, wie sehr ich ihn vermißt hatte.

Dann fiel mir die allgemeine Lage wieder ein, und Panik ergriff mich.

«Hör mal», sagte ich. «Sonderbar oder nicht, wir brauchen deine Hilfe.»

Siebzehn

Ich brauchte bloß ein paar Minuten, um Ratchet in groben Zügen die Situation zu schildern. Im Hintergrund hörte ich ein leises Rattern und Surren, als der Computer einen Check der Triebwerke und Kollisionsdetektoren des Flugzeugs durchführte. Gleichzeitig versuchte er, in der Mini-Kombüse Kaffee zu kochen, aber das Pulver war völlig verschimmelt, deshalb mußte ich mich mit einem Becher heißen Wassers begnügen. Vorräte für die Zubereitung von Cheeseburgern schien es leider nicht zu geben.

«Ich habe keine Möglichkeit, diese Leute aufzuspüren», sagte Ratchet schließlich. «Klingt so, als könnten sie überall sein, und du weißt nicht mal, wie du hergekommen bist.»

«Scheiße.» Ich machte eine unbestimmte Handbewegung. «Können wir nicht einfach durch die Gegend fliegen, bis wir sie gefunden haben?»

«Der Spalt ist unendlich, denn die Gräben zwischen den Menschen sind unüberbrückbar. Eine unendlich große Fläche abzusuchen würde ...»

«Furchtbar lange dauern. Verstehe. Warte mal – kannst du Positionex-Signale orten?»

«Ja. Nicht über den Satelliten, weil der außerhalb Des Spalts ist, aber ich kann die Impulse des Senders direkt auffangen. Warum?»

«Ghuaji trägt vielleicht immer noch den Positionex am Körper», sagte ich. «Auf geht's.»

Als die Motoren dröhnend ansprangen, überlegte ich, ob jetzt möglicherweise der passende Moment für einen Schuß Rapt gekommen war. Aber das Gefühl, das ich vor vielen Jahren einmal gehabt hatte, flackerte kurz auf, und ich beschloß, die Sache bei klarem Verstand durchzustehen.

Das Summen der Motoren schwoll an und ebbte wieder ab, als der Computer auf Flugmodus umschaltete. Dann richtete sich das Flugzeug auf und hob vom Boden ab. Es war, als mache die Erde eine schläfrige Bewegung.

Ich gestehe, daß ich vor Freude jauchzte. Das war schon lange nicht mehr passiert.

Dann schaute ich aus dem Fenster, bis das Flugzeug etwa drei Meter über dem Boden schwebte – normale Flughöhe. Einer der Bildschirme wurde hell und zeigte zwischen lauter schematisierten, im Querschnitt dargestellten Bäumen einen blauen Punkt.

«Gefunden», sagte Ratchet. «Etwa sechs Kilometer von hier.»

«Volle Kraft voraus. Und geiz nicht mit der Munition, wenn wir ihn erwischen.»

Die Maschine ruckte zögernd, gewann dann aber an Tempo. Sie glitt auf eine kleine Lichtung und drehte sich dann auf ihrer vertikalen Achse, bis die Spitze in die Richtung zeigte, aus der ich gekommen war.

«Okay», sagte Ratchet. «Ich muß mich jetzt eine Weile konzentrieren. Ich melde mich bei dir, wenn wir da sind.»

Wir bewegten uns wieder vorwärts, zuerst langsam und dann immer schneller, bis die Bäume an den Fenstern vorbeihuschten wie braune Geister, die in die entgegengesetzte Richtung rannten. Außer dem Geräusch des Windes war kaum etwas zu hören, und die Stille in der Kabine kam mir geradezu unheimlich vor. Ich klammerte mich an meinen Sitz, um nicht hin und her geworfen zu werden, als sich das Flugzeug durch die Bäume schlängelte. Ich hatte früher einmal eines der Flugzeuge vorbeifliegen sehen und den Steuerungscomputer bewundert, weil die Maschine zwischen den Baumstämmen hindurchsauste wie ein riesiger Fisch durch Seegras.

Allerdings hatte ich auch einmal mit angesehen, wie eine zerschellt war, deshalb schloß ich, als wir Höchstgeschwindigkeit erreichten, einfach die Augen.

Nichts sehen zu können war jedoch noch nervenaufreibender, also machte ich die Augen schließlich wieder auf und krallte mich weiter am Sitz fest, während das Flugzeug auf die Stelle zuraste, die von dem Blinklicht auf dem Monitor angezeigt wurde. Einmal rauschten wir ein paar hundert Meter lang durch den Horror, aber wir ließen ihn hinter uns, ehe ich Zeit hatte, die Spritze rauszuholen und meinen guten Vorsätzen untreu zu werden.

Nach ein paar Kilometern wandelte sich das Licht. Das klare Blau wurde schmutzig, und ich begann mir Sorgen zu machen. Meine Befürchtungen bestätigten sich, denn ich spürte ein plötzliches Stechen in den Augen, als würde mir ein Skalpell unter die Lider geschoben.

«Oh, Scheiße», sagte ich. «Wie weit sind wir noch weg, Ratchet?»

«Gut einen halben Kilometer», antwortete der Computer kurz angebunden. «Warum? Willst du auf die Toilette gehen?»

«Vinaldi hat keine Bright Eyes mehr.» Durch das Fenster auf meiner Seite sah ich braune, glitzernde Ranken, die verschlungen zwischen den Bäumen hingen. Man hatte damals angenommen, daß es sich dabei um dünne Äste oder Schößlinge handelte, bis die ersten Soldaten von ihnen angegriffen wurden und hinterher mit flammenden Augen, aus denen Lichtzweige ragten, durch den Wald torkelten. Wenn Vinaldi sich nicht in einer Hütte befand, schwebte er in großer Gefahr – genau wie

Nearly, Suej und die übrigen Reserven, sofern sie überhaupt hier waren. «Wir müssen uns beeilen.»

«Wir nähern uns jetzt dem Ursprung des Signals», sagte Ratchet, und ich glaubte zu spüren, wie sich das Flugzeug vor Konzentration anspannte. «Mach dich bereit.»

Ich war so bereit, wie man nur sein konnte, und deshalb starrte ich einfach weiter aus dem Fenster und suchte in dem trüben Licht nach Ghuaji und den anderen. Die Maschine verlangsamte plötzlich das Tempo und glitt anmutig zwischen den Bäumen hindurch auf das Signal zu. Ich holte meine Pistole heraus und prüfte, ob sie geladen war. Sie würde mir nur von begrenztem Nutzen sein, denn Yhandim und Ghuaji – und jeder, der mit ihnen zusammengewesen war – mußten, wenn Der Spalt sie tatsächlich in sich aufgenommen hatte, zu Dörflern geworden sein. In diesem Fall würde eine normale Kugel nicht ausreichen, um sie umzulegen. Ich würde eines der Pulsostrahl-Gewehre benötigen, die auf beiden Seiten des Rumpfes angebracht waren. Ich habe nie ganz begriffen, wie sie funktionieren. Einmal hat mir jemand erzählt, daß sie mit derselben Energie arbeiten wie die Antriebsaggregate. Mir war das egal. Hauptsache, sie erfüllten ihren Zweck. Die Pistole in meiner Hand sollte mich bloß beruhigen. Das klappte auch – in Maßen. Ein ordentlicher Schluck Jack Daniels wäre wahrscheinlich genauso effektiv gewesen.

Das uns umgebende Netz aus brauner Energie hatte zur Folge, daß man dem sichtbaren Licht nicht trauen konnte. Daher konzentrierte ich mich auf den Monitor mit dem Positionex-Signal und trommelte mit den Fingern auf den Bildschirm. Das Blinklicht war jetzt nahe, sehr nahe. Ratchet verlangsamte unsere Geschwindigkeit bis auf knapp zehn Stundenkilometer, und ich schaute zu, wie das Fadenkreuz auf dem Monitor das Signal durchschnitt.

«Wir sind vorbeigeflogen», sagte Ratchet.

«Das kann nicht sein.»

«Guck auf den Bildschirm.»

Er hatte recht. Das Blinklicht war jetzt auf der anderen Seite des Fadenkreuzes. «Wie konnten wir es verpassen? Dreh um – laß uns noch mal schauen.»

Ratchet wendete mit einem eleganten Bogen und flog wieder über die Stelle, wo der Sender sein mußte. Ich betrachtete die Außenmonitore auf der Suche nach – na ja, irgend etwas. Das braune Licht hatte sich so weit zerstreut, daß ich die Baumstämme um uns herum erkennen konnte. Aber keine Spur von Ghuaji. Das Flugzeug wurde noch langsamer, bis es im Schritttempo flog, und stoppte dann.

«Jetzt sind wir direkt darüber», sagte Ratchet.

Nichts war zu entdecken, aber ich habe jede Menge Kinofilme gesehen, und so leicht legt man mich nicht rein. «Schau nach oben. Vielleicht ist er auf einem Baum.»

«Das habe ich schon getan», erwiderte Ratchet und übertrug das Bild aus einer Kamera an der Spitze des Flugzeugs auf einen der Monitore. Ein ganz gewöhnlicher Baumstamm, der im Halbdunkel verschwand. «Niemand zu sehen, nicht mal mit Infrarot.»

«Geh ein bißchen runter.»

Die Maschine senkte sich, bis die untere Flosse sacht gegen den Boden stieß. «Oh, Scheiße», sagte ich dann, weil ich kurz etwas erblickt hatte. «Was ist das?»

Es wurde deutlicher, als eine Schicht des braunen Lichts in sich zusammenfiel.

Es war Ghuajis Jacke, die auf einem Busch lag.

Ich fluchte laut und ausdauernd. Entweder hatte Yhandim herausgefunden, daß jemand Ghuaji einen Peilsender verpaßt hatte, oder die Jacke war durch Zufall dort hängengeblieben. Ich versuchte vergeblich mich zu erinnern, ob Ghuaji die Jacke im Dorf noch getragen hatte.

Aber es spielte eigentlich keine Rolle. Wir waren aufgeschmissen, es sei denn, Ratchet hatte eine Idee. Ich fragte ihn – nicht besonders hoffnungsvoll. Dennoch war ich enttäuscht zu hören, daß er auch nicht weiterwußte.

«Die Lage ist unverändert», sagte er entschuldigend. «Allerdings sind wir möglicherweise sechs Kilometer in die falsche Richtung geflogen. Tut mir leid.»

Wütend gab ich dem Nachbarsitz einen Tritt. Ich würde sie nicht finden, und alle würden sterben. Nearly würde wahrscheinlich zuerst ein bißchen mißhandelt und dann umgebracht werden, vorausgesetzt, sie war nicht schon tot. Die Reserven, einschließlich Suej, würden ihrem Schicksal nicht entgehen können. Und Vinaldi, auf dessen Bekanntschaft ich, wie mir jetzt klar wurde, nur ungern verzichten wollte, würde ebenfalls getötet werden. Ich saß mitten in einem Wald fest, der sich in alle Richtungen unbegrenzt ausdehnte, in dem manchmal Zwielicht, manchmal Finsternis herrschte, der aber stets unberechenbar und gefährlich war – und ich hatte keine Chance hinauszukommen. Ich nahm den Kopf zwischen die Hände und blickte hinunter auf die Armaturen, sah aber nichts.

Vielleicht, dachte ich, ist es jetzt doch an der Zeit für einen kleinen Schuß Rapt. Oder vielleicht sollte ich den Rest aufbewahren und ihn mir zu meinem hundertjährigen Jubiläum hier im Spalt als Belohnung gönnen.

«Jack», flüsterte Ratchet, «würdest du bitte mal aus dem Fenster schauen?»

Der Tonfall des Computers veranlaßte mich, den Kopf zu heben. Das Licht draußen war wieder blau geworden, und inzwischen waren wir nicht mehr nur von Bäumen umgeben.

Die Kinder waren wieder da.

Sie waren zurückgekehrt, aber diesmal lag in ihrer Anwesenheit nichts Tröstliches. Ihre Blicke strahlten Kälte und Zorn aus – allerdings hatte ich nicht das Gefühl, als gelte etwas davon mir. Sie umringten das Flugzeug in zahllosen Reihen. Ich konnte den Jungen, den ich als allererstes gesehen hatte, nirgends entdecken, aber vielleicht stand er irgendwo in der Menge. Sie waren alle da, starrten mit ihren grauen Gesichtern zu mir hoch, die Münder weit geöffnet, als würden sie schreien.

«Sind das Spalt-Kinder?» fragte Ratchet, diesmal sogar noch leiser. Ich nehme an, daß Computer keine Angst empfinden, aber es klang, als grusele er sich.

«Ich weiß nicht», sagte ich. «Irgendwas an ihnen ist merkwürdig. Sie haben mich zu diesem Flugzeug gebracht und sind dann verschwunden.»

«Was machen sie denn jetzt?»

Die Kinder, die am weitesten von dem Flugzeug entfernt waren, drehten sich um. Alle klappten gleichzeitig den Mund zu und wichen zurück. Dann folgten ihnen diejenigen, die hinter dem Flugzeug gestanden hatten, und schlossen auf. Sie bildeten in Fünferreihen eine Kolonne, die zwischen den Bäumen hindurch auf das Zwielicht zumarschierte.

«Flieg hinter ihnen her», befahl ich.

Ratchet wendete das Flugzeug und ließ es wieder drei Meter in die Höhe steigen. Die Kinder schienen es nicht übelzunehmen, daß wir ihnen folgten. Ganz im Gegenteil. Einige fingen an zu laufen und rannten dann immer schneller. Sie flohen nicht vor uns, sondern wollten uns irgendwohin führen.

«Okay», sagte ich. «Drück ein bißchen auf die Tube.»

Er steigerte langsam das Tempo, und die Kinder wurden schneller und schneller, so wie ein Rudel Wölfe, das seinen Laufrhythmus findet. Ratchet gab weiter Gas, bis wir mit etwa siebzig Sachen durch den Wald flogen.

Wir folgten der Kolonne der sprintenden Kinder, und Ratchet mußte sich verdammt anstrengen, um den Baumstämmen auszuweichen und gleichzeitig mit den Kindern mitzuhalten. Einmal schossen wir über etwas hinweg, das wie der Umriß eines Autos aussah, und es kam mir so vor, als wäre es der Geist des Wagens, mit dem Vinaldi und ich in Den Spalt eingedrungen waren. Dieser Eindruck verstärkte sich, je länger wir durch den Wald brausten, denn mir drängten sich durch einen sechsten Sinn kleine, vertraute Details auf.

Dann überquerten wir das Dorf, und von da an wußte ich genau, daß wir in die richtige Richtung flogen. Die grauen Schatten rannten immer noch vor uns her, sie strömten durch die Hütten wie ein Fluß aus Rauch, der alles niederreißt, was sich ihm in den Weg stellt. Mal schienen sie zu einem einzigen Lebewesen zu verschmelzen, mal schienen sie unzählige Einzelwesen zu sein; aber immer strebten sie, mit Ratchet und mir im Schlepptau, unbeirrbar voran.

«Ich habe etwas mit dem Infrarot aufgefangen», verkündete Ratchet schließlich, und mir war klar, daß es jetzt losgehen würde.

«Okay», sagte ich. «Fertig machen zum Angriff.»

«An welche Arten von Waffen hattest du gedacht?»

«An alles, was wir haben.»

Der Abstand zwischen den Bäumen war jetzt größer, bis zu fünf Metern. Das ermöglichte Ratchet, die Geschwindigkeit des Flugzeugs noch weiter zu erhöhen, so daß draußen alles verschwamm, aber wir überholten die Kinder nicht. Sie blieben immer vor uns, egal, wie schnell wir flogen – bis sie plötzlich verschwanden und der Wald um uns herum völlig leer war.

Ich brüllte Ratchet zu, er solle bremsen, was er auch sofort tat. Allerdings drosselte er das Tempo so abrupt, daß ich beinahe gegen die Kontrolltafel geknallt wäre.

«Wo sind sie hin? Siehst du etwas?»

«Nein, aber da vorn ist ein Hügel. Vielleicht verdeckt der die Sicht.»

«Flieg so leise du kannst außenrum», sagte ich. Bestimmt

gab es irgendwelche Fachausdrücke, die ich hätte benutzen können, aber ich war bloß ein einfacher Fußsoldat gewesen und kannte sie nicht. Meine taktischen Kenntnisse erschöpften sich in den Worten «schießen» und «wegrennen».

Das Flugzeug ruckte vorwärts, und einen kurzen Moment lang registrierte ich, daß es in dieser Gegend kein gefährliches Licht gab, und hoffte, daß die anderen die ganze Zeit über hier gewesen waren. Ratchet steuerte die Maschine bis dicht an die Baumreihen heran. Sie vibrierte förmlich vor Anstrengung, und ich fühlte mich wie eine Katze, die sich an ihre Beute heranschleicht.

Aber dann erinnerte ich mich: Ich saß in einer Maschine, und wir hatten die Sache ganz falsch angepackt. Das hier war kein Kinofilm, in dem die Leute aus irgendeinem Grund die Flugzeuge erst dann hören, wenn sie über den Bäumen auftauchen. «Scheiße, natürlich können die uns hören», schrie ich. «Los – volle Kraft voraus!»

Ratchet schien den Befehl geahnt zu haben, denn er gab jäh Gas, noch ehe ich ausgeredet hatte. Wir flogen so schnell um den Hügel herum, daß der untere Teil des Flugzeugs zur Seite kippte und wir in Schräglage gerieten. Dank des Sicherheitsgurts landete ich nicht auf dem Fußboden, und ich hielt den Blick starr aus dem Fenster gerichtet.

Einen Wimpernschlag lang sah ich Nearly und Vinaldi, die anscheinend beide an Bäume genagelt waren. Außerdem Yhandim, der Suej am Arm festhielt und in unsere Richtung blickte. Auf der Lichtung waren noch ein paar weitere Soldaten, unter ihnen Ghuaji. Mehr Zeit, mich umzuschauen, blieb mir nicht, denn im nächsten Moment schlugen die ersten Kugeln in das Flugzeug ein. Eine pfiff durch das Fenster und grub sich in die Wand hinter mir.

Ratchet steuerte direkt auf die Lichtung zu und machte dann eine Drehung nach rechts. Mir wurde bewußt, daß ich nicht aus dem Fenster hinausschießen konnte und deshalb zur Untätigkeit verdammt war.

«Leg sie alle um», sagte ich. «Außer Suej und den beiden, die an die Bäume genagelt sind.»

Die Antriebsaggregate heulten auf, als das Flugzeug fast auf der Stelle drehte. Dann schnellte es vorwärts, und Ratchet zog es nach unten. Die Pulsostrahl-Gewehre stießen die einzige Sorte Energie aus, die die Dörfler nicht hatten überleben können. Auf den Monitoren sah ich, wie einer der mir unbekannten Soldaten zu Boden ging, als ihn ein dünner orangefarbener Lichtstrahl in den Rücken traf.

War uns ein Vergnügen, dachte ich.

Das Flugzeug schoß in ein paar Meter Entfernung an Nearly vorbei, und ich erhaschte einen kurzen Blick auf ihr Gesicht: Sie war total verschreckt, lebte aber noch.

Zum ersten Mal in meinem Leben verspürte ich den Wunsch, Gott zu danken, aber dann fiel mir ein, daß ich seine E-Mail-Adresse nicht hatte.

Am anderen Ende der Lichtung angekommen, machte Ratchet erneut eine rasante Kehrtwendung, drosselte das Tempo und ging noch weiter hinunter. Die restlichen fünf Soldaten rannten jetzt vor uns weg, behielten aber die Kampfformation bei. Yhandim und ein weiterer Mann zogen Suej an den Armen hinter sich her. Ghuaji und die beiden anderen liefen rückwärts, hatten uns die Gesichter zugewandt und feuerten pausenlos Salven auf das Flugzeug ab. Es hörte sich so an, als säße ich während eines Hagelsturms in einer Keksdose, die jemand draußen stehengelassen hat. Wenn ich beschossen werde, verkrieche ich mich am liebsten, und ich wünschte mir in dem Moment nichts sehnlicher, als mich auf den Boden zu kauern, aber ich wußte, das war unmöglich. Ich mußte verfolgen, was draußen passierte. Um mich herum zersplitterte Glas, Querschläger und Stichflammen zischten durch die Luft.

Im Cockpit wurde es immer heißer, und ein Teil des Flugzeugs brannte, aber darauf achtete ich überhaupt nicht. Ich schaute nur grimmig zu, wie Ratchet auf die fliehenden Männer feuerte.

Ich gönnte mir einen Moment des wohligen Triumphes. Tja, Leute, daß ich in einem Flugzeug zurückkomme, damit habt ihr wohl nicht gerechnet? Und dann bahnte sich etwas Furchtbares an. Die Soldaten wetzten in einer ausgeklügelten Formation durch den Wald, direkt auf ein Gelände zu, in dem die Bäume zu dicht nebeneinanderstanden, um den Männern mit dem Flugzeug folgen zu können. Und, was noch schlimmer war, die Umrisse ihrer Körper verloren an Schärfe.

«Beeilung!» brüllte ich Ratchet zu. «Sie lösen sich auf!»

Ratchet konnte das Tempo nicht weiter steigern, ohne uns beide umzubringen, und konzentrierte sich deshalb darauf, genauer zu zielen; ununterbrochen durchbohrten Energiepfeile rechts und links neben mir die Dunkelheit. Sie beschädigten Bäume, trafen auf den Boden und perforierten sogar herabfallende Blätter; aber den Soldaten gelang es weiterhin, ihnen auszuweichen.

Von Yhandim war mittlerweile nur noch ein Flackern zu sehen. Ghuaji befand sich neben ihm. Die Hände, die Suejs Arme festhielten, waren kaum zu erkennen, ließen sie aber nicht los.

«Ratchet, *du mußt sie aufhalten*», schrie ich. «Sonst nehmen sie Suej mit. *Sie werden sie zu einer von ihnen machen.*»

Die Soldaten bogen plötzlich nach rechts ab und rannten einen steilen Abhang hinunter, der zu einem eisbedeckten Flußbett führte. Das Flugzeug wackelte heftig, als Ratchet ihnen zu folgen versuchte, brach dann aus und donnerte durch ein paar riesige Büsche, die versuchten, sich an uns festzuklammern. Eine plötzliche Tempobeschleunigung und ein halsbrecherischer Slalomflug brachten uns wieder in Schußweite, und ich sah entsetzt, daß auch Suej anfing, sich aufzulösen.

Vergessen waren Nearly und Vinaldi, ebenso die anderen Reserven und alles, was ich je erlebt und getan hatte. Ich konnte nur noch an Suej denken.

Ich beobachtete, wie sie sich tränenüberströmt und voller Panik zu uns umdrehte. Sie stolperte dauernd, während sie den Abhang hinuntergezerrt wurde. In ihren Augen waren wir vermutlich bloß ein weiterer Feind, und noch dazu größer und gefährlicher als alle bisherigen. Vielleicht war sie sogar froh darüber, weggezerrt zu werden.

«TÖTE DIE BEIDEN, Ratchet!» brüllte ich und stürzte zum Fenster. Ich streckte den Kopf nach draußen und schrie wie ein Stoßgebet immer wieder Suejs Namen in den Wald hinein.

Sie war einen Augenblick lang verwirrt, und dann entdeckte sie mich. Für den Bruchteil einer Sekunde zeichnete sich so etwas wie Erleichterung auf ihrem Gesicht ab, und sie war wieder deutlich zu erkennen.

Ich sah ihr struppiges blondes Haar, das ich auf der Farm stümperhaft geschnitten hatte, weil sie die gleiche Frisur haben wollte wie eine Frau im Fernsehen. Ihre hellblauen Augen waren vor Angst geweitet, ihr Gesicht vor Entsetzen eingefallen. Ihr Sommerkleid war schlammbespritzt, ließ mich aber dennoch an den Nachmittag denken, an dem wir es gekauft hatten.

Sie starrte mich an, stolperte und taumelte in Yhandims immer schwächer werdenden Schatten hinein.

Zwei orangefarbene Lichtblitze sausten vom Flugzeug weg wie Engel auf dem Rückweg in den Himmel. Einer durchfuhr die Stelle, an der sich der andere Soldat befand, und die Hand an Suejs rechtem Arm schien zu verschwinden.

Der zweite Strahl traf Suej mitten in die Brust.

«Nein!» schrie ich. «Nein! Nein!»

Yhandims Hand ließ ihren Arm los, als sie stürzte, und er löste sich in nichts auf. Als letztes verschwand sein gespenstisches Grinsen. Ratchet wendete mühsam, und ich verlor Suej für einen Moment aus den Augen. Ich schrie auf und schlug mit der Faust gegen die Kabinenwand; vergessen waren die anderen Soldaten, vergessen der Rauch und der Lärm um mich herum, die ganze Welt bestand nur aus diesem Schrei des Nicht-wahrhaben-Wollens.

Ratchet brachte das Flugzeug schlingernd hinunter. Ich sprang auf und wartete ungeduldig, bis es gelandet war. Dann öffnete ich die Luke und stürzte die Leiter hinunter, ohne mich darum zu scheren, ob einer der andern Soldaten vielleicht noch sichtbar war.

Nachdem ich unsanft auf dem Boden gelandet war, schaute ich mit verschwommenem Blick den Abhang hoch. Ich war kaum fähig, mich zu vergewissern, was wir angerichtet hatten. Und dann, vielleicht wegen meiner Tränen, glaubte ich, etwas zu sehen.

Ich dachte, es seien die Kinder, die um Suejs Leiche herumstanden. Der Junge war da und auch all die anderen, und sie blickten voller Mitgefühl nach unten. Ich stand da, mit zugeschnürter Kehle, zu verängstigt, um mich zu bewegen, während sich die Kinder niederbeugten und die Hände ausstreckten, als wollten sie Suej hochheben. Dann verschwanden sie, diesmal nacheinander: Hunderte von Lichtern gingen aus, bis alle erloschen waren. Ich kletterte hastig über glitschige Steine und verschlungene Wurzeln den Hang hinauf, aber als ich oben ankam, war Suejs Leiche nicht mehr da.

Achtzehn

Nearly und Vinaldi hingen immer noch an den Bäumen am Rande der Lichtung, ganz allein, aber unverletzt. Sie waren nicht angenagelt, sondern nur festgebunden. Ich machte sie los, und Vinaldi schüttelte mir die Hand, aber die Erleichterung auf den Gesichtern der beiden bereitete mir nur wenig Freude. Nearly sah eingeschüchtert aus und wollte wahrscheinlich in den Arm genommen werden, doch das konnte ich nicht, denn ich war völlig am Ende. Ich setzte mich abseits auf einen Stein und zündete mir eine Zigarette an. Mir zitterten die Hände, und ich nahm kaum etwas wahr, sondern hatte nur Suejs Gesichtsausdruck in dem Moment, als der orangefarbene Pfeil sie tötete, vor Augen.

Ich hörte die Schritte hinter mir nicht und bemerkte Nearly erst, als sie mir die Arme um die Taille legte. Ich erstarrte, aber sie blieb hartnäckig, und schließlich gab ich meinen Widerstand auf und schmiegte mich an sie.

«Wir haben es gesehen», sagte sie. «Du konntest nichts dafür, Jack.»

Ich schüttelte sie ab und entfernte mich ein paar Meter, den Blick zu Boden gerichtet. Ich konnte Nearly nicht ins Gesicht schauen, und ich begriff nicht, daß sie ebenfalls traurig war. Sie hatte Suej gern gehabt, sehr gern sogar.

«Vielleicht sollte es so sein», fuhr sie ruhig fort, während sie ihre Handgelenke massierte. «Vielleicht ist es *besser* so. Ich meine, wenn jemand so sehr hinter ihr her war, kann das doch nur heißen, daß Teile ihres Körpers gebraucht wurden.»

«Weißt du, wo die anderen sind?» fragte ich barsch. «David und Jenny?»

«Jenny ist schon ausgeschlachtet worden», sagte Vinaldi, der ein paar Schritte von uns entfernt war. Seine rechte Gesichtshälfte war von einem riesigen Bluterguß entstellt, und er bewegte sich unsicher. Vermutlich hatten Yhandim und er ihren alten Streit ausgetragen. Er sprach weiter wie jemand, der schlechte Nachrichten zu überbringen hat und das schnell erledigen will. «Yhandim hat es uns erzählt. Sie haben es geschafft, ihren Zwilling am Leben zu halten, bis sie gefunden wurde, und dann ist sie sofort operiert worden. Noch am selben Tag, als Mal starb. Danach war nichts mehr von ihr übrig. David haben sie auf irgendeine andere Farm gebracht. Wohin, weiß ich nicht. Mals Leiche haben sie verbrannt. Die beiden anderen Reserven sind tot. Ihre Besitzer wollten kein Lösegeld zahlen, also hat Yhandim sie umgebracht. Er schien deswegen ziemlich wütend zu sein.»

Die letzten Sätze hörte ich kaum noch. Ich wußte weder, was ich sagen, noch was ich denken, wohin ich gehen oder was ich tun sollte. Nichts kam mir angemessen vor, keine Tat drastisch oder sinnlos genug, um auszudrücken, was mir durch den Kopf ging. Es war nicht mal eine Woche her, seit wir die Farm verlassen hatten – die Reserven halb wahnsinnig vor Angst, aber voller Hoffnung auf ein Leben als «normale Menschen». Ich hatte fünfeinhalb menschliche Wesen gewissermaßen aus dem steinernen Mutterschoß in die Welt geholt, und nun waren sie alle tot – außer David, der Gott weiß wohin verschleppt und wieder in einen Tunnel geworfen worden war, wo er ausharren mußte, bis er eines Tages unters Messer kam.

Das hatten sie mir zu verdanken. Es war das Ergebnis ihrer Beziehung zu dem ehrenwerten Jack Randall, und dabei hatte ich nur versucht, das Richtige zu tun. Jesus liebt dich, heißt es, und vermutlich stimmt das sogar. Ich habe schon seltsamere

Beziehungen gehabt – oder zumindest ähnlich seltsame. Mein Vater war oft ziemlich gemein zu mir. Aber *so* gemein nun auch wieder nicht, und mit ihm gab es mehr gute Momente. Mag sein, daß Jesus mich liebt, aber manchmal glaube ich, es wird Zeit für eine Trennung auf Probe.

Und dieser andere Typ, Gott – mit *dem* habe ich echte Schwierigkeiten. Dem müßte mal jemand sagen, er solle beim Fahren gefälligst auf die Straße schauen.

«Du darfst dir deswegen nicht das Hirn zermartern, Jack», sagte Vinaldi. «Du kannst dir nicht für alles die Schuld geben, und außerdem ist unsere Lage auch jetzt noch keineswegs rosig. Es hilft uns nicht weiter, wenn du ausrastest.»

«Wieso bist du noch am Leben?» fragte ich. «Wieso hat Yhandim dich nicht sofort umgebracht?»

Vinaldi zuckte die Achseln. «Ich weiß nicht, aber ich glaube, es läuft schlecht für diese Typen. Nachdem sie mich gefaßt hatten, sind sie erst mal eine Weile hinter dir hergejagt – ich bin übrigens schwer beeindruckt, du kannst wirklich verdammt schnell rennen, wenn es sein muß –, und dann haben sie mich hierhergeschleppt und an einen Baum gebunden. Sie erklärten mir ausführlich, wie sie es fanden, daß ich damals aus Dem Spalt entkommen bin und sie nicht. Und sie faßten Nearly ein bißchen hart an, als wären sie sich das schuldig, aber das war alles.»

«Sie haben die meiste Zeit da drüben Kriegsrat gehalten und ziemlich viel rumgebrüllt», sagte Nearly.

«Sonst haben sie dir nichts getan?» erkundigte ich mich.

«Nein. Ich glaube, Sex gehört nicht unbedingt zu Yhandims Hauptinteressen, wenn du verstehst, was ich meine. Sie saßen bloß rum und sahen stocksauer aus.»

«Vielleicht macht Maxen ihnen das Leben schwer.»

Vinaldi nickte. «Es läuft nicht gerade prächtig in Irrenhausen, und ich vermute, es gehörte auch zur Abmachung, daß sie dich abliefern.»

«Warum?» fragte Nearly und schaute mich an. «Sie haben doch alle Reserven. Was hat der Typ denn gegen dich?»

«Jack weiß es», sagte Vinaldi. «Nicht wahr?»

Ich starrte ihn finster an und wich Nearlys Blick aus. Das Flugzeug schwebte langsam auf uns zu. Ratchet landete sanft mitten auf der Lichtung und fuhr die beiden Stützen aus.

Vinaldi betrachtete das Flugzeug eine Weile. Dann lachte er, was man im Spalt nicht sehr oft hört. Er schüttelte bewundernd den Kopf.

«Ich hatte durchaus damit gerechnet, dich noch mal wiederzusehen, Jack, und zwar bald, aber ich muß schon sagen – diesmal hast du dich wirklich selbst übertroffen. Wie hast du es bloß geschafft, ein Kampfflugzeug aufzutreiben, es in Gang zu setzen und das verdammte Ding dann auch noch zu *fliegen*?»

«Du kennst doch meine Taktik. Ich verlasse mich einfach auf mein Glück.»

Vinaldi wirkte nicht sehr überzeugt, aber mehr hatte ich nicht zu bieten.

«Und was machen wir jetzt?» fragte Nearly. «Ich meine, es war echt toll und so, aber jetzt will ich nichts wie raus hier.»

«Keine Ahnung», erwiderte ich. «Wir können es uns entweder hier schlechtgehen lassen oder woanders. Mir ist das scheißegal.»

«Jack», ertönte eine Stimme. Ratchet. Sie wurde von einem der Außenlautsprecher am Flugzeug übertragen, die man normalerweise benutzte, um den Dörflern mitzuteilen, daß sie im nächsten Moment vernichtet werden würden.

Ich gab Ratchet nicht die Schuld an dem, was passiert war, und bemühte mich deshalb, in ruhigem Tonfall zu sprechen. «Ja?» sagte ich.

«Ich kann euch hier rausbringen», verkündete er sachlich.

«Was? Wie denn?»

«Dieses Flugzeug ist mit einer Schleusenfunktion ausgestattet. Das waren sie alle – falls die hohen Tiere sich schnell verdrücken wollten.»

«Ja», murmelte Vinaldi im Hintergrund. «Das kann ich mir gut vorstellen.»

«Das Gerät ist nicht sehr stark», fuhr Ratchet fort, «aber wenn ihr noch wißt, wo ihr reingekommen seid, dann können wir dort wahrscheinlich auch wieder rauskommen.»

«Brauchen wir nicht ein komplettes Schleusentriebwerk?»

«Nein. Ich besitze eine einprogrammierte Katzenimitation. Die Übereinstimmung ist nicht perfekt – deshalb brauchen wir eine Stelle, an der es erst kürzlich passiert ist. Wir sollten so bald wie möglich aufbrechen.»

«Worauf warten wir noch?» fragte Nearly und kletterte die Leiter hinauf. Vinaldi folgte ihr, aber ich blieb draußen stehen.

«Es tut mir leid, Jack», sagte Ratchet leise.

«Du kannst nichts dafür», entgegnete ich. «Es war bloß die Krönung dieser ganzen Scheiße.» Ich warf einen kurzen Blick auf die Bäume, das blaue Licht, die seltsame Landschaft um uns herum und fragte mich mal wieder, ob sich irgend etwas verändert hatte. Obwohl ich traurig, deprimiert und wütend war, hatte ich ausnahmsweise mal keine Angst. Vielleicht war dafür einfach kein Platz mehr in meinem Kopf.

«Es ist nicht so ausgegangen, wie du es dir gewünscht hast», sagte Ratchet plötzlich. «Aber du hast trotzdem das Richtige getan. Du hast dein Bestes für die Reserven gegeben, Jack. Manchmal muß das eben reichen.»

«Danke, aber warum erzählst du mir das jetzt?» fragte ich. «Darüber können wir noch jahrelang am Stammtisch lamentieren.»

«Nein», widersprach Ratchet. «Können wir nicht. Ich muß dieses Flugzeug bis zur letzten Sekunde steuern. Diesmal heißt es wirklich Abschied nehmen.»

Na toll, dachte ich, während ich mutlos die Sprossen hinaufkletterte. Wenn das so weitergeht, wird in ein paar Tagen niemand mehr übrig sein, den ich noch verlieren könnte.

Ein letzter hastiger Flug durch den Wald, durch endlose Dunkelheit, zwischen unendlich hohen Bäumen hindurch, tief unter einem Himmel, den ich nie gesehen hatte. Ich überließ Vinaldi den Pilotensitz und hockte mich neben Nearly in die hintere Reihe der Kabine. Keiner von uns sagte ein Wort. Wir alle schauten aus dem Fenster oder geradeaus – dem entgegen, was als nächstes kommen würde.

Nach einer Weile zog ich die Hand aus der Tasche, schob sie in Nearlys Hand und hielt sie fest. Nearly sah mich überrascht an, dann erwiderte sie den Händedruck.

Ich wußte nicht, was es zu bedeuten hatte. Vielleicht gar nichts, aber ich fühlte mich besser.

Als Ratchet uns mitteilte, daß wir unserem Eintrittspunkt näher kamen, ging ich nach vorn zur Kontrolltafel. Ich zeigte auf die genaue Stelle. Sie war unschwer zu erkennen: Der Wagen warf noch immer einen schwachen Schatten aus der anderen Welt herüber.

Ratchet wendete das Flugzeug, legte den endgültigen Kurs fest und berechnete den präzisen Moment, in dem er die Schleusenfunktion auslösen mußte. Ich setzte mich auf den Copilotensitz und schnallte mich an.

«Viel Glück», sagte Ratchet, und Vinaldi und Nearly wünschten ihm alles Gute. Aber ich nicht. Ich nahm nicht Abschied.

Denn in dem Augenblick, als das rasende Flugzeug die Grenze überquerte, streckte ich den Arm aus und griff nach dem Chip unter dem «IQ»-Schaltfeld.

Ich fand es an der Zeit, der Serie von Verlusten ein Ende zu machen.

Das Gesicht voll Schnee. Ein Stechen in der Schläfe. Neben mir ein leises Stöhnen.

«Wir sind zurückgekehrt», sagte Vinaldi undeutlich.

Ich richtete mich langsam auf und blickte mich um. Wir befanden uns unterhalb des Abhangs, der von der Farm wegführte, in der Nähe des Wracks von Vinaldis Wagen. Das Licht wurde schwächer. Ich schaute auf meine Armbanduhr und stellte fest, daß es fünf Uhr nachmittags war. Wir waren fast vierundzwanzig Stunden im Spalt gewesen, so unwahrscheinlich mir das auch vorkam.

Ich drehte den Computerchip zwischen den Fingern hin und her und lächelte, dann schob ich ihn tief in meine Tasche und trat zu Nearly, um ihr hochzuhelfen. Sie lag, alle viere von sich gestreckt, im Schnee und ächzte.

«Wo zum Teufel sind wir diesmal gelandet?» fragte sie, während sie sich den Schnee von der Kleidung klopfte. «In Kansas?»

«Ungefähr einen Kilometer nördlich von Covington Forge», sagte ich, und sie rollte mit den Augen.

«Ach, hier schon wieder. Na toll. Wie wär's, wenn wir nächstes Mal nach Detroit fahren? He», rief sie und schaute zu Vinaldis Auto hinüber. «Ist das der Wagen, mit dem ihr hergekommen seid?» Die Motorhaube hatte sich so eng um den Baumstamm gewickelt, daß ein Bild aus Dem Spalt in meinem Kopf aufblitzte. Es sah aus, als wäre der Baum durch den Motor gewachsen und Bestandteil des Autos geworden.

«Ja», sagte Vinaldi und griff sich eine neue Pistole von der Rückbank. Yhandim hatte ihm seine alte vermutlich abgenommen. «Aber ich bezweifle, daß wir damit auch wieder zurückkommen werden.»

«Wohl kaum. Ihr zwei habt es wirklich auf die harte Tour gemacht. Wir brauchten bloß hinter einer Katze herzulaufen.»

«Wartet hier auf mich», sagte ich und lief den Abhang hinauf.

Die Katze kauerte in dem ehemaligen Kontrollraum der Farm. Sie rannte quer durchs Zimmer und versteckte sich unter einem Tisch. Also ließ ich mich auf die Knie nieder, streckte eine Hand aus und rührte mich nicht. Während ich wartete, fiel mein Blick auf ihren Futternapf hinten an der Wand. Vor langer Zeit war einmal Futter darin gewesen. Dann schlich die Katze zu mir herüber, schnupperte an meinen Fingern und kam zu dem Ergebnis, daß ich ihr vermutlich nichts tun würde. Ich weiß nicht, woran Tiere so was erkennen, aber sie irren sich nur selten.

Ich machte die Leine von ihrem Halsband los, hob die Katze hoch und ging mit ihr zum Hauptausgang. Unterwegs sah ich etwas an einer der Wände stehen.

Eine Art Maschine, etwa von der Größe eines Automotors, aber so kunstvoll gearbeitet, daß es wie ein maßstabgetreues Modell von etwas Größerem wirkte. Das Ding lief, und es beantwortete die Frage, wie es Maxen gelungen war, wieder eine Verbindung zum Spalt herzustellen. Irgendwie hatte er einen der ursprünglichen Schleusenapparate in die Finger bekommen. Ich hatte gedacht, alle seien zerstört worden, aber so was machen die Militärs wahrscheinlich nicht. Sie würden sogar in der Büchse der Pandora Zigarren aufbewahren.

Ich setzte die Katze ab und scheuchte sie weg. Dann zückte ich meine Pistole, schob ein volles Magazin hinein und jagte die ganze Ladung in die Maschine. Als das Einschlaggeräusch der letzten Kugel verklang und Vinaldi hereingestürmt kam, um nachzusehen, was los war, stand fest, daß die Maschine nie wieder funktionieren würde. Ich spürte nichts als Erleichterung. Eine schwere Tür war zugeschlagen.

Nearly stand draußen vor dem Eingang, streichelte der Katze den Kopf und schien zu frieren. Ich ging zu ihr und hob die Katze vom Boden auf.

«Jemand hat sich Ghuajis Auto geschnappt», sagte Vinaldi.

«Vermutlich sind Yhandim und die anderen vor uns rausgekommen.»

«Dann sollten wir schleunigst losmarschieren», sagte ich.

«Du machst Witze, oder?» wollte Nearly wissen und neigte auf niedliche Weise den Kopf.

«Nein», sagte ich. «Und sieh zu, daß du mit uns Schritt hältst, sonst mußt du zur Strafe die Katze tragen.»

Wir stapften die Zufahrt zur Farm durch tiefen Schnee hinunter, denn es hatte in den letzten vierundzwanzig Stunden offenbar ununterbrochen geschneit. Das Gehen hier läßt sich mit dem Gehen im Spalt überhaupt nicht vergleichen. Es ist wie ein befreiender Spaziergang nach einer schwierigen Prüfung, selbst wenn die Welt einem generell nicht besonders wohlgesinnt ist.

Wir bogen in die verlassene Straße ein und kamen an den Überresten der Zapfsäulen und des ehemaligen Picknickplatzes vorbei. Nearly machte ein finsteres Gesicht und brummelte vor sich hin. Ich warf einen Blick zu den verrotteten Picknicktischen hinüber, aber dort war nichts zu sehen.

«Irgend etwas ist passiert, stimmt's?» fragte Vinaldi zu meiner Verblüffung.

«Ja», sagte ich und atmete die klare Luft tief ein.

«Ihr beide sprecht dauernd in Rätseln», meinte Nearly. «Das finde ich echt klasse, ganz im Ernst. Laßt euch von mir nicht stören. Ich stapfe einfach weiter durch diesen verfluchten Schnee.»

Als wir die Hauptstraße erreichten, war es schon dunkel, und meine Laune hatte sich weiter verschlechtert. Mir gingen die Gesichter nicht aus dem Kopf. Daß ich unversehrt aus Dem Spalt entkommen war, schien alles nur noch schlimmer zu machen. Es war, als hätte ich mich meinen schlimmsten Ängsten mit Erfolg gestellt, bloß um zu begreifen, daß die Welt, in die ich mich hinübergerettet hatte, völlig abgefuckt war und daß alle Menschen, die mir etwas bedeuteten, in meiner Abwesenheit gestorben waren. Sogar die Landschaft glich einer alten Fotografie: unbedeutend, zerknittert und leblos.

Und da war noch etwas. Ein Drang, der sich in mir regte und den ich nicht würde unterdrücken können.

Der Drang nach gnadenloser, blutiger Rache.

Wir gingen ein paar hundert Meter die Straße entlang, und Vinaldi hielt den Daumen raus, obwohl weit und breit kein Auto zu sehen war. Nicht einmal der Anblick von New Richmonds einflußreichstem «Geschäftsmann» beim Trampen konnte mich aufheitern. Nearly durchschaute allmählich meine Stimmung und hörte auf zu jammern. Sie ging dicht neben mir und wechselte sich mit mir beim Tragen der Katze ab. Hin und wieder schaute sie mich von der Seite an. Ich hoffte, sie würde mir keine Fragen stellen, denn ich wollte nicht reden.

Nach einer Weile fuhr ein Auto vorbei, aber der Fahrer geriet klugerweise gar nicht erst in Versuchung, drei seltsame Gestalten mitzunehmen, die mitten im Winter irgendwo in der Einöde einen Spaziergang machten. Zehn Minuten später kam noch ein Auto vorbei, das immerhin kurz das Tempo drosselte; dann jedoch jagten die gelben Lichter davon, und uns blieb nur das Knirschen unserer Stiefel im Schnee.

Schließlich bremste doch ein Auto und kam neben uns zum Stehen. Laute Country-Musik drang durch die Fenster, und drinnen hockten vier betrunkene Typen. Sie waren alle ausgesprochen kräftig gebaut und trugen karierte Mikrofaserhemden. Drei von ihnen hatten die Sorte Bart, die aussieht, als hätte man sich ein Waschbärenfell ans Kinn geklebt. Das Gesicht des vierten war so häßlich, daß er gar keinen Bart nötig hatte. Der Fahrer stierte uns an, brach in lautes Gelächter aus und beriet sich kurz mit dem Typen auf dem Beifahrersitz. Dann öffnete er die Tür und stieg aus.

«Na, was haben wir denn da», sagte er, stolzierte großspurig um den Wagen herum und baute sich breitbeinig vor Nearly auf. «Was macht denn ein Mädchen wie du an einem solchen Abend hier draußen mit diesen beiden Schwuchteln?»

«Ich danke dem Himmel, daß ich nicht bei euch im Auto sitze», gab Nearly mit ihrem einmaligen diplomatischen Talent zurück.

«Komisch, daß du es erwähnst», sagte der Mann grinsend, «denn genau daran hatten wir gedacht. Wir würden dich gern ein bißchen aufwärmen.» Die Wagentür hinter ihm ging auf, und der Bartlose stellte einen Fuß nach draußen in den Schnee. Sein Kumpel wandte sich jetzt Vinaldi und mir zu. «Die Herren haben die Wahl: Ihr könnt euch raushalten, oder ihr könnt euch von uns windelweich prügeln lassen.» Er drehte sich mit einem Achselzucken zu seinem Gefolge im Wagen um. «Das ist doch ein faires Angebot, oder, Leute?»

«Mehr als fair», lallte der Bartlose. «Fairer geht's gar nicht.»

Der Oberschwachkopf nickte zufrieden und verschränkte die Arme vor der Brust. «Also, wie hättet ihr's gerne?»

«Hm, das ist eine schwierige Entscheidung», sagte Vinaldi mit sanfter Stimme und schaute weg. «Zu schwierig für eine Schwuchtel wie mich, denn schließlich ist es verdammt kalt, und mein Gehirn ist daher fast so eingefroren wie deins.»

Ein Schweigen trat ein. «Was?» knurrte der Typ.

Vinaldi schnippte mit den Fingern, als sei ihm gerade die Erleuchtung gekommen. «He, mir ist noch eine dritte Möglichkeit eingefallen, die ich dir gerne verklickern möchte.»

«Wovon zum Teufel redest du? Was für eine Möglichkeit?»

«Die, daß ich dir so lange die Fresse poliere, bis deine Nase am Hinterkopf wieder rauskommt.» Plötzlich bestand Vinaldi nur noch aus wirbelnden Bewegungen. Der Oberschwachkopf tat sein Bestes, um die Schläge abzuwehren, aber er sah keine Schnitte. Vinaldis Fäuste flogen so schnell durch die Luft, daß ich sie kaum noch *erkennen* konnte, und ehe irgend jemand begriff, was geschah, lag der Typ mit blutender Nase auf der Erde. Der Bartlose war schon halb aus dem Wagen raus, aber ich haute ihm die Tür ins Gesicht und stieß sie anschließend krachend gegen sein Bein.

«Außerdem», sagte ich, zog meine Pistole hervor und drückte ihm den Lauf ins Auge, «haben wir dicke Knarren dabei. Also steigt gefälligst aus, und zwar dalli.»

Vinaldi und ich scheuchten die Kerle von der Straße hinunter, während Nearly auf den Rücksitz kletterte. Dann nahm ich auf dem Fahrersitz Platz, und Vinaldi stieg hinten bei Nearly ein, denn der Beifahrersitz sah aus, als hätte jemand einen Elch darauf zerlegt. Ich startete den Wagen, und Nearly winkte den karierten Hemden fröhlich zu, als wir losbrausten. Ich spähte durch die Windschutzscheibe in den letzten Rest der Abenddämmerung, und als die Lichter von Covington Forge vor uns in der Ferne auftauchten, merkte ich, daß das, was in meinem Kopf vorging, immer schlimmer wurde.

Als wir die Route 81 erreicht hatten, schmerzte mein Kopf fürchterlich, und ich klammerte mich am Steuer fest, damit meine Hände nicht so zitterten.

Schließlich brach Nearly das Schweigen. «Was ist das mit dir und Maxen?» fragte sie ruhig. Ich gab keine Antwort. «Ich meine, anscheinend hat der Typ einen echten Haß auf dich.»

«Nichts Besonderes», sagte ich und zündete mir eine Zigarette an. Vinaldi hätte fahren sollen. Ich brauchte drei Anläufe, um sie zum Brennen zu kriegen.

«Blödsinn», erwiderte Nearly kühl. Ihr Tonfall verriet deutlich, daß sie entschlossen war, sich nicht abwimmeln zu lassen. «Du meinst, es geht mich nichts an.»

«Ja, genau das meine ich.»

«Es geht mich sehr wohl etwas an», schrie sie mit der plötzlichen, unbändigen Wut, die für Frauen typisch ist. «Ich habe ein Recht darauf, es zu erfahren. Ein paar ausgeflippte Irre fallen plötzlich in mein Leben ein, verschleppen mich bis hinters Schattenreich und ruinieren mir die Schuhe, und du behauptest, es geht mich nichts an?»

«Niemand hat ein Recht darauf, Dinge aus meinem Leben zu erfahren, die ich nicht verraten will», sagte ich langsam.

«Auch nicht, wenn die betreffende Person dich gern hat?» fragte sie in verändertem Tonfall.

«Dann schon gar nicht.»

«Sie haben dir geholfen, nicht wahr?» ließ sich Vinaldi plötzlich von hinten aus dem Dunkeln vernehmen.

«Ich weiß nicht, was du meinst.»

«Natürlich weißt du das. Die Kinder. Sie haben dir geholfen, das Flugzeug zu finden.»

«Was für Kinder?» fragte Nearly.

«Du konntest sie nicht sehen, weil du damals nicht dabeigewesen bist. Vielleicht nur, weil du nichts von ihnen weißt, vielleicht aber auch, weil der gute alte Jack und ich ebenfalls einen Teil Des Spalts in uns aufgesogen haben.»

«Halt den Mund, Johnny.»

Nearly: «*Was für* Kinder?»

«Als die Kleine – Suej oder wie sie hieß – zu Boden ging, da habe ich etwas gesehen.» Gegen meinen Willen hörte ich Vinaldi zu. Ich hatte gedacht, dieses letzte Bild sei meine ganz persönliche Vision gewesen, ein Produkt meines Kummers und meiner Angst. «Eine Horde von Kindern stand um sie herum, Spalt-Kinder – nur, daß sie irgendwie seltsam wirkten. Haben sie dir gezeigt, wo das Flugzeug war, Jack?»

Ich gab keine Antwort, und Vinaldi deutete das als Bestätigung.

«Du weißt, was sie waren, stimmt's, Jack? Hast du die Narben nicht bemerkt? An ihren Hälsen?»

«Johnny, bitte hör auf.» Ich zitterte jetzt am ganzen Körper, die Lichter der Autos auf dem Highway sahen aus wie ein rot-weißes Jackson-Pollock-Bild auf schwarzem Grund.

«Nein, Jack, ich werde weiterreden. Und weißt du, warum? Weil du ein verdammter Spinner bist. Du läufst mit einem Komplex herum, weil du angeblich Riesenscheiße gebaut hast. Du glaubst, alles versaut und die ganze Welt besudelt zu haben. Du sagst dir ununterbrochen: Dieses Leben habe ich in den Sand gesetzt, also warte ich jetzt bloß noch auf das nächste. Aber du hast unrecht. Der ganze Mist geht auf das Konto von Arlond Maxen, und du kannst nichts dafür, daß der Typ dich haßt. Er haßt dich, weil du etwas getan hast, das *nicht* total mies war, und *deshalb* mußten all die Reserven sterben, und deshalb mußte Mal sterben, und deshalb wirst du vermutlich auch sterben.»

«Was?» schrie Nearly und wiederholte dann leiser: «Was? Wovon redest du, Johnny?»

Ich wußte, ich konnte Vinaldi nicht davon abhalten, also konzentrierte ich mich aufs Fahren und versuchte, nicht hinzuhören, während er es Nearly erzählte.

Es geschah zwei Monate vor dem Ende des Krieges im Spalt. Mal und ich gehörten zu einer Einheit, die weit draußen im Wald stationiert war. Norden und Süden bedeuten dort nicht viel, aber angenommen, die meisten Leute befanden sich im Süden, dann hielten wir uns im allerhöchsten Norden auf. Ich habe keine Ahnung, wie Vinaldi davon erfahren hat. Ein Gerücht, behauptete er. Ich habe es jedenfalls niemandem erzählt, und Mal auch nicht. Wir hofften, keiner würde es glauben.

In diesem Stadium war bereits klar, daß wir den Krieg nicht gewinnen würden. Die Dörfler waren zäh und unbeugsam. Sie hatten Den Spalt auf ihrer Seite, und je weiter man sich vom Punkt des Einschleusens entfernte, desto unerklärlicher und grauenvoller wurde diese Welt. Es war, als würde man tiefer und tiefer in die eigene Psyche vordringen, an Orte, die man nie hätte sehen dürfen. Ein paar Männer aus unserer Einheit hatten Plastikflaschen präpariert, aus denen ständig ein paar Tropfen Rapt-Lösung in ihren Blutkreislauf träufelten.

Aber wir hatten den Befehl weiterzumarschieren, also taten wir es. Wir krochen, stolperten, rannten vorwärts – alle mehr oder weniger in dieselbe Richtung, immer weiter weg von allem, was wir als wirklich erkannten. Es hatte geheißen, wir würden auf eine andere Einheit treffen, die auch in diese Richtung geschickt worden war, aber niemand von uns glaubte noch daran. Wir wußten nicht mal mehr, welche Farbe die Luft hatte; durch die Drogen und die abgrundtiefe Seltsamkeit der Umgebung waren wir kaum noch zu schlüssigen, durchdachten Handlungen fähig. Wir schafften es gerade noch, gegenseitig auf uns aufzupassen. Mehr konnten wir zu diesem Zeitpunkt nicht tun. Alles in dieser Welt hatte es darauf abgesehen, uns zu töten, und der einzige Sinn, den wir dem ganzen Unternehmen noch abgewinnen konnten, bestand in dem Versuch, so viele Menschen wie möglich am Leben zu erhalten.

Am fraglichen Tag kämpften wir uns durch den dichtesten Wald, den wir je gesehen hatten. Die Bäume standen in manchen Gegenden so eng beieinander, daß sie sich berührten und man plötzlich vor einer massiven Wand aus Baumstämmen anlangte, um die man kilometerweit herumlaufen mußte. Alles war so unübersichtlich, daß selbst das Denken schwerfiel, als seien die Bausteine der Gedanken zu mühsam zu bewegen. Es war brütend heiß, und wir schleppten zwei aus der Einheit auf provisorischen Tragen mit uns. Sie waren in der Woche davor bei einem Feuergefecht verletzt worden. Wir hatten ihre Münder mit Bandagen verbunden, damit sie nicht schreien konnten, aber ich glaube nicht, daß jemand unter uns war, der ihre Qualen nicht die ganze Zeit mitempfand. Sie stanken nach Scheiße und Blut und skinFix, und einer von ihnen hatte Spalt-Maden in seiner Beinwunde. Er sagte, er könne fühlen, wie sie ihn auffraßen. Vielleicht stimmte das, aber wir ließen sie da, denn sie fraßen den Wundbrand auf, der ihn ansonsten noch schneller umgebracht hätte als seine Verletzungen. Jeder von uns hatte irgendwo am Körper Schnittwunden, die hastig mit unsauberen Stichen genäht worden waren. Wir hatten seit vier Tagen nichts gegessen, und, was noch schlimmer war, unsere Zigaretten waren alle. Sogar das Rapt wurde langsam knapp, und unser Lieutenant geriet allmählich in Panik. Er wußte, daß keiner von uns noch lange durchhalten würde, aber wir waren Hunderte von Kilometern vom nächsten Lager entfernt. Uns als Zombies zu bezeichnen wäre geschmeichelt gewesen, wir waren wandelnde Leichen hoch zwei. Es war uns völlig egal, wer den Krieg gewann. Es war uns sogar egal, ob wir überlebten oder nicht. Wir würden kämpfen, bis wir umfielen, und dann würde alles vorbei sein.

Mal und ich marschierten mit einer der Tragbahren in der Mitte der Gruppe, deshalb waren wir nicht die ersten, die das Dorf erblickten. Mal hinkte stark wegen der Minenverletzungen an seinen Oberschenkeln, und der Mann, den wir trugen, litt fürchterlich. Er hatte einen Kopfschuß, und sein Gehirn war durch ein Loch im Schädel zu sehen. Ich befand mich halb im Delirium vor Hunger, Erschöpfung und Nikotinentzug, und als mir jemand zuraunte, daß vor uns ein Dorf liege, hielt ich das für eine Halluzination.

Aber bald stellten wir fest, daß das Dorf tatsächlich existierte, und blieben stehen. Es war etwa zweihundert Meter entfernt, und die Bäume drum herum standen so beieinander, daß wir auch mit Fernglas nichts erkennen konnten. Durch die schwere, sirrende Luft glaubten wir entfernte Schreie und sogar Gesang zu hören.

Bewohner von Spalt-Dörfern singen nicht. Niemals. Sie sind keine besonders fröhlichen Menschen.

Der Lieutenant entschied, daß einer bei den Verwundeten bleiben und die anderen vorgehen und die Lage sondieren sollten. Er machte mir ein Zeichen, den Trupp anzuführen.

Wir robbten über den Waldboden, hielten uns dicht hinter Büschen und krochen durch Haufen von flüsternden Blättern. Eine maßlos übersteigerte Vorsicht war uns in Fleisch und Blut übergegangen. Wir wünschten uns nichts sehnlicher, als ein paar Menschen zu begegnen, aber wir fürchteten auch nichts mehr als ein erneutes Feuergefecht. Als wir näher kamen, war das Singen deutlicher zu hören, und schließlich erkannten wir sogar die Melodie. Sie gehörte zu einem Song, der ein Hit gewesen war, ehe man uns in Den Spalt geschleust hatte. Allerdings klang der Text anders.

Jedenfalls bedeutete es, daß die Sänger auf unserer Seite waren, und wir sprangen auf und liefen den Rest des Weges aufrecht, Mal und ich an der Spitze. Ich weiß nicht, woran Mal dachte – vermutlich an Nudeln –, aber ich selbst hatte nur Zigaretten im Kopf. Fast konnte ich den Qualm in meiner Lunge spüren. Ich nahm mir vor, fünf auf einmal zu rauchen.

Das Dorf lag auf einer großen Lichtung, und aus vierzig Meter Entfernung konnten wir Soldaten in zerfetzten Drillichanzügen sehen. Sie schienen nichts Besonderes zu tun, sondern liefen nur mit glasigem Blick in der Gegend herum. Irgend etwas an ihnen war merkwürdig, und ich hielt die anderen mit einem Handzeichen zurück und signalisierte ihnen, sich ruhig zu verhalten und in Deckung zu gehen.

Auch ich wollte unbedingt in dieses Dorf, aber ich hatte plötzlich ein komisches Gefühl. Statt direkt hineinzumarschieren, führte ich unseren Trupp außen herum, und wir pirschten uns vorsichtig von der Seite an die Siedlung heran. Je näher wir kamen, desto deutlicher hörten wir ein Geräusch, das den Gesang und die Stimmen begleitete. Es klang wie ein Schluchzen oder, genauer gesagt, wie das stille Weinen mehrerer Menschen.

Man sah nicht sehr oft Tränen im Spalt. Die Menschen waren entweder tot oder froh, am Leben zu sein. Ich schaute Mal an. Wir drehten uns zum Lieutenant um, aber der zuckte nur ratlos mit den Schultern. Dann gingen wir ins Dorf hinein.

Als erstes entdeckten wir ein kleines Mädchen. Ihre Beine waren unterhalb der Knie abgehackt worden, und man hatte sie an ein Brett gebunden, das an einer Hauswand lehnte. Sie weinte still vor sich hin, ihre Augen schauten blind an uns vorbei in eine innere Welt. Während die anderen sie anstarrten, steckte ich den Kopf durch die Tür der Hütte. Beim Anblick dessen, was sich im Innern befand, mußte ich mich fast übergeben, und dabei hatte ich gedacht, mich könne nichts mehr erschüttern.

Als ich mich wieder umdrehte, hatte ich den Eindruck, die Welt habe sich verändert und werde nie mehr so sein wie früher. Halb in Trance gab ich Mal ein Zeichen, und wir gingen ein Stück den Weg hinunter, mit offenem Mund, um den Gestank nicht riechen zu müssen. Wir sahen noch weitere Soldaten, die halbnackt zwischen den Hütten herumliefen, aber wir beachteten sie kaum.

Leichen von Spalt-Kindern lagen überall auf der Erde verstreut, quer über den Wegen und auf den Türschwellen der Hütten; manche waren noch Babys, andere Teenager. Einige waren erst vor kurzem gestorben, bei anderen waren die Gedärme in der Hitze aufgequollen und geplatzt. Viele der Leichen hatten eine ganz bestimmte Wunde, einen tiefen Schnitt durch die Kehle. Der Sand war von ihrem Blut verkrustet.

Wir erreichten einen provisorischen Verschlag, in dem etwa zehn Kinder im Sand hockten. Einigen fehlten Gliedmaßen, und die Stümpfe waren notdürftig verätzt worden. Andere verbluteten vor unseren Augen, während die übrigen apathisch in den Himmel starrten und zusammenzuckten, als sie uns kommen hörten. Die meisten waren geblendet worden.

Die anderen aus unserem Trupp holten uns ein und blieben bei dem Anblick entsetzt stehen. Dann hörten wir einen Schrei, drehten uns um und erblickten einen Soldaten, der auf uns zeigte. Er stand auf der Lichtung mitten im Dorf, und es sah aus, als wäre sonst niemand da. Wir liefen in seine Richtung, an blutverschmierten Hauswänden vorbei. Zehn Meter entfernt von ihm hielten wir an und sahen folgendes:

ungefähr zehn Soldaten, die meisten nackt und schweißgebadet, andere mit seltsamen Kleiderfetzen behängt;

einen kleinen Haufen blutiger Kinderleichen und um sie herum rot gefärbte Erde;

drei lebende Kinder, zwei Mädchen und ein Junge, die kniend an grob zusammengezimmerte Holzgestelle gefesselt waren.

Und inmitten von alldem stand der Lieutenant der Einheit und wippte mit dem Kopf im Takt des Liedes, das die Soldaten sangen. Er war als einziger noch halbwegs in Uniform, auch wenn seine Hosen ihm um die Knöchel hingen. Mit seinem steifen Schwanz stieß er immer wieder in einen klaffenden Schlitz in der Kehle eines fünfjährigen Mädchens, das vor ihm stand und von anderen Soldaten festgehalten wurde. Ihr Kopf war nach hinten geneigt, so daß er ihr in die Augen schauen konnte. Sie lebte noch.

Wir verharrten einen Moment reglos, und die anderen Soldaten schauten uns an. Es kam mir vor, als hätte die Welt aufgehört sich zu drehen.

Ich nahm mein Gewehr von der Schulter und schoß dem Lieutenant in den Kopf.

Dieser Moment begleitet mich in jeder Sekunde meines Lebens. Einfach als Tatsache, ähnlich wie das Wetter eine Tatsache ist, oder meine Muskeln, oder meine Haarfarbe. Im nachhinein – und vielleicht auch in jenem Augenblick – schien das

Gewehr von ganz allein die richtige Position zu finden und sich fest an meine Schulter zu schmiegen. Und als ich auf den Abzug drückte, wußte ich, daß die Kugel genau das Atom treffen würde, auf das ich zielte, als würde meine Seele ihr den Weg weisen.

Dieser Schuß ist mein Leben, und in jenem Moment fühlte ich mich wie eine Art Engel: nicht wie ein rettender Engel, denn ich habe nichts und niemanden gerettet, am allerwenigsten mich selber. Ich wurde bloß von einem Schicksal geleitet, das vom Himmel fiel und mich zu Boden warf. Manchmal, wenn ich nachts aufwache und mich frage, was mich geweckt hat, glaube ich, daß es ein Echo dieses Schusses war, dieses Moments, und ich weiß nicht, ob das je aufhören wird.

Nearly weinte leise auf dem Rücksitz. Ich wünschte nur, sie trösten und ihr sagen zu können, daß es schon lange her sei. Zum Glück hatte Vinaldi nicht beschrieben – und wahrscheinlich auch nicht gewußt –, was wir in den Hütten des Dorfes gefunden hatten. Die Überreste. Wir taten, was wir konnten, mit Hilfe von skinFix und Verbandszeug, aber es genügte nicht. Danach verschwanden wir und überließen die Soldaten dem Wald.

Vinaldi schwieg eine Weile, und dann hörte ich ein Klicken und einen tiefen Atemzug, als er sich eine Zigarette anzündete.

«Eine Kleinigkeit habe ich vergessen», sagte er. «Der Mann, den Jack erschossen hat, der Lieutenant, das war Arlond Maxens älterer Bruder. Sie waren in derselben Einheit, und Arlond hat es irgendwie geschafft rauszukommen.»

Nearly schniefte und schaute aus dem Fenster. Sie war ein kluges Mädchen und wußte schon Bescheid. Dann sah ich im Rückspiegel ihre Augen, die auf mich gerichtet waren, und sie stellte mir eine Frage: «Was wirst du jetzt tun?»

Ich hörte sie kaum, denn mir war endlich klargeworden, welchen Zweck die Farmen noch erfüllten: daß sie nicht nur als Ersatzteillager dienten. Die Männer, die nachts dort eintrafen, brauchten sich nicht reinzuschleichen. Einem von ihnen gehörte die Firma, und die Zahlungen an die Verwalter sollten nur deren Schweigen garantieren. Ich überlegte, warum sie nie auf meine Farm gekommen waren. Da ich bei meiner Einstellung einen falschen Namen angegeben hatte, konnten sie nicht wissen, wer ich war.

Aber es spielte keine Rolle. Die Antwort auf Nearlys Frage fiel mir trotzdem leicht. «Ich werde Maxen töten.»

«Wird dadurch irgendein Problem gelöst?» fragte sie traurig. «Macht das irgend jemanden wieder lebendig?»

«Ich werde es nicht tun, um ein Problem zu lösen, sondern weil ich es tun will.»

Neunzehn

Wir ließen den Wagen draußen im Portal stehen und kehrten nach New Richmond zurück: Vinaldi und Nearly durch den Haupteingang, ich wie immer durch die Geheimtür. Vinaldi wollte sich wieder um sein Imperium kümmern, sich vergewissern, daß seine Abwesenheit den Geschäften nicht geschadet hatte, seine Post durchsehen und ähnliches. Ich bat ihn, beiläufig das Gerücht zu verbreiten, ich sei verschwunden, und er versprach es. Nearly ging nach Hause, um zu duschen. Ihr war bewußt geworden, daß sie praktisch zwei Tage unbezahlten Urlaub gemacht hatte. Vielleicht wollte sie wieder anfangen zu arbeiten. Danach fragte ich sie nicht.

Ich ging in Howies Kneipe und malte mir mögliche Todesarten für mich selber aus. Eine Überdosis schien mir die überzeugendste Variante zu sein, und das gab mir zu denken. Nicht gerade ein großartiger Kommentar zu meinem Leben. Ich schob Mals Festplatte in den Computer und gab ihm die Anweisung, den Namen Jack Randall auf die aktuelle Liste der Todesfälle in der Stadt zu setzen. Die Eintragung würde nicht ganz offiziell sein, denn das erforderte den Bestätigungscode eines Leichenbeschauers, aber sie erweckte den Anschein, als sei meine Leiche in der Portalsiedlung gefunden worden. Die Leichenbeschauer machten sich nur selten die Mühe, dorthin zu fahren, und ich wußte, daß sie den Fall routinemäßig abhaken würden. Die Eintragung würde dann automatisch in das Sub-Netz der Polizei gelangen, und von dort aus würde sich die

Nachricht von meinem Tod bei den wenigen Leuten herumsprechen, die sich dafür interessierten. Ich geriet erneut ins Grübeln, als mir klar wurde, daß sie sich ausnahmslos darüber freuen würden. Alles in allem war mir ein bißchen mulmig zumute. Offiziell war ich jetzt ein Geist.

Dann schaltete ich den Computer aus, aß endlich einen Cheeseburger und fing an, mich zu betrinken. Der Burger war ausgezeichnet und versetzte mich geradezu in Hochstimmung.

Man kann sagen, was man will, Geschichte ist Scheiße. Sie ist dreckig, und sie stinkt – aus gutem Grund, denn sie ist das Produkt des Verdauungsvorgangs, der die Gegenwart zu dem gemacht hat, was sie ist. Die Gegenwart gleicht unseren Körpern: Sie sehen sauber aus, weil sie täglich gewaschen werden, aber sie hinterlassen überall kleine Häufchen: vergangene, verdaute Gegenwarten, die ausgeschieden werden und ihren Geruch für die Nachwelt – und später für uns selbst – zurücklassen.

Als ich in den frühen Morgenstunden allein in Howies Büro saß, hatte ich das Gefühl, inmitten von unzähligen kleinen Scheißhaufen zu sitzen, die alle unterschiedlich rochen. Ich versuchte erfolglos, die Herkunft der einzelnen Haufen zu bestimmen. Denn ich konnte mich nicht deutlich genug daran erinnern, wie sich alles entwickelt hatte. Es war zu kompliziert. Es wurde Zeit, die Festplatte zu löschen und von vorn anzufangen.

Howie ließ mich auf meinen Wunsch hin fürs erste allein. Ich versuchte, mir ins Gedächtnis zu rufen, seit wann mein Leben keinen Sinn mehr ergeben hatte, seit wann seine Windungen und Schleifen sich so miteinander verschlungen hatten, daß ich den Überblick verlor. Als Kind weiß man die Einfachheit nicht zu schätzen, da legt man sich voll in die Kurven und will möglichst schnell erwachsen werden, um endlich das gleiche tun zu können, was die Älteren tun. Die Möglichkeiten sind begrenzt, und deshalb ist das Leben einfach und unbeschwert. Jeder Tag besteht aus einer simplen Folge von Aktivitäten, die nicht durch die Erfordernisse der Zukunft unterbrochen wird.

Wenn man erwachsen geworden ist, hat man hingegen unendlich viele Möglichkeiten: Man kann rauchen, sich betrinken oder Drogen nehmen. Man kann arbeiten – man muß sogar arbeiten, da Rechnungen zu bezahlen sind. Aber es gibt auch Dinge, die man *nicht* tun kann. Man darf sich nicht danebenbenehmen, darf nicht mit jeder Person schlafen, die verfügbar ist. Man muß mit dem zufrieden sein, was man hat, während man als Kind in dem festen Glauben lebt, daß es immer etwas Neues geben wird.

Süchte und Zwänge nehmen soviel Zeit und Raum in Anspruch, daß man nicht mehr einfach nur *existieren* kann. Jeder Gedanke, jede Handlung wird von all den anderen Gedanken und Handlungen, auf die man dafür verzichten muß, beeinflußt und untergraben. Manchmal verfolgen einen Menschen und Ereignisse, die es nie gegeben hat, und man fühlt sich von so vielen Gespenstern umringt, daß die reale Welt zu verblassen scheint. Man sucht immer noch nach dem Schlaraffenland, obwohl man längst zu alt ist, um daran zu glauben oder dort noch erwünscht zu sein.

Unschuld bedeutet, frei zu sein. Frei zu sein von dem Bedürfnis, alle halbe Stunde eine Zigarette zu rauchen, frei von dem Drang, jemanden zu lieben, frei von der endlosen Kette von Fehlern und unangenehmen Erlebnissen, die man durchlitten hat. Frei zu sein von der Zeit und dem, was sie hinterläßt. Den Gerüchen der unzähligen Scheißhaufen.

Der Weltschmerz der Jugend hat mit der Erfahrung, nicht ernst genommen zu werden, und mit dem anderen Geschlecht zu tun. Mit dem überwältigenden physischen Begehren; dem Gefühl des Ausgeschlossenseins, wenn andere Jungen rauchen und Bier trinken und mit Mädchen zusammen sind – oder andere Mädchen schönere Kleider, einen Freund und einen Busen haben. Oder vielleicht nicht so sehr mit dem Gefühl des Ausgeschlossenseins, sondern mit der schrecklichen Angst, sich auf einer abweichenden, weniger spannenden Bahn zu befinden, die einen *niemals* mit diesen aufregenden, verbotenen Dingen in Berührung bringen wird.

Und als ich diese Dinge schließlich doch bekam, wurde mir zugleich die verborgene Weisheit in dem einzigen Film bewußt, der mir als Kind Angst eingejagt hat. Mir fiel ein, wie ich im Fernsehen *Pinocchio* gesehen hatte, und ich dachte daran, wie sehr der Film mich damals beeindruckte, obwohl die Zeichentrickfiguren altmodisch und zweidimensional waren. Ich frage mich, ob meine Reaktion ein Vorbote meines gegenwärtigen Gefühls gewesen sein könnte, ob ich schon als Kind intuitiv erkannt habe, daß diese verbotenen Dinge einen im Endeffekt zu einem Esel machen, der sein Leben lang fremde Felder pflügt. Aber man stürzt sich dennoch begeistert auf sie, denn darum geht es beim Erwachsenwerden, und erst wenn man müde und naß im Regen und im Schlamm steht und sich einem das Joch so tief in die Schultern eingegraben hat, daß es mit den Knochen verwachsen ist, begreift man, was man getan hat.

Ich habe versucht, mir die Welt zurechtzubiegen, und war selber nicht biegsam genug. Ich habe soviel Zeit darauf verschwendet, nach jemandem zu suchen, der den Wald erleuchtet, daß ich gar nicht mehr wußte, was ich besaß. Henna war wie ein Leuchtfeuer, das mich immer wieder aus dem Unterholz führte, denn sie besaß eine enorme Stärke, die aus meiner mangelnden Liebe hervorgegangen war. Ich stand zerzaust und beschämt vor ihr und mußte feststellen, daß ich hinter etwas hergejagt war, das sich nicht zu fangen lohnte. Dabei bildete ich mir ein, daß Henna nicht ahnte, wie ich wirklich war, weil ich sie immer belogen hatte. Aber natürlich wußte sie von Anfang an über mich Bescheid, und sie liebte mich trotzdem.

Jetzt ist sie nicht mehr da, und es gibt niemanden, der mich auf den richtigen Weg zurückbringen könnte. Pinocchio wurde erlöst und verwandelte sich mit der Zeit in einen richtigen kleinen Jungen. Wir anderen stehen zitternd im Regen und schreien wie Esel.

Howie glaubte das meiste von dem, was ich ihm über die Ereignisse im Spalt erzählt hatte. Allerdings erkundigte er sich genau, wieviel Rapt ich genommen hatte. Dann fragte er, was ich beabsichtigte, und ich sagte es ihm.

«Und wie willst du das anstellen?» meinte er und reichte mir ein Bier. Draußen in der Bar drängten sich lärmende Gäste, aber im Büro schien das alles weit weg zu sein.

«Morgen wird eine Trauerfeier für Louella Richardson stattfinden», sagte ich fröhlich. «Maxen wird dasein, um sein Gewissen zu beruhigen. Und er wird einen ungebetenen Gast haben.»

«Wie willst du reinkommen?»

«Ich habe einen Plan.»

Howie nickte. «Kann ich dir irgendwie helfen? Zum Beispiel bei den Vorbereitungen für deine Beerdigung?»

Ich lächelte und dachte, wie seltsam das Leben war. Howie hatte ich bei den Ermittlungen in einem Mordfall kennengelernt und ihm ganz schön zugesetzt, um Informationen aus ihm herauszuquetschen. Er verweigerte jegliche Kooperation so standhaft und einfallsreich, daß ich ihn irgendwie bewunderte. Dann gewöhnte ich mir an, in seine Kneipe zu gehen, wenn ich etwas trinken wollte, und manchmal nahm ich sogar Henna und Angela dorthin mit. Jetzt war er der einzige Mensch auf der Welt, der mir seine Hilfe anbot, so lächerlich mein Vorhaben auch war. Vinaldi hatte klipp und klar erklärt, daß er nichts damit zu tun haben wolle. Seine Feinde seien Yhandim und die anderen, nicht Maxen.

«Nein», entgegnete ich. «Aber danke für das Angebot.»

Howie zuckte mit den Schultern und leerte seine Bierdose.

«Cooler Haarschnitt übrigens», sagte ich.

Howie strich sich mißmutig mit einer Hand durch sein Haar, das deutlich borstiger war als sonst. Es sah aus, als säße ein blonder Igel auf seinem Kopf. «Zum Kotzen ist der, aber ich habe bereits einen Plan.»

«Was?»

«Ich werde den Scheißladen ausräuchern. Damit der Friseur endlich begreift, daß ich es tatsächlich ernst meine, wenn ich ‹Nur nachschneiden› sage.» Dann erläuterte er mir seine Theorie, der zufolge Friseure einem eine chemische Substanz auf den Kopf sprühten, die die Haare länger wirken ließ. Wenn sie einen dann fragten, ob sie genug abgeschnitten hätten, schaute man in den Spiegel und sagte: «Nein, noch ein bißchen kürzer bitte.» Sobald man den Laden verlassen hatte, schrumpfe das Haar dann wieder auf seine normale Länge, und man sah aus wie das Gerät, mit dem der U-Bogen eines Klos gereinigt wird. Beschweren konnte man sich nicht, denn schließlich hatte man sie gebeten, noch mehr abzuschneiden. Damit hatten sie ihr eigentliches Ziel, nämlich dafür zu sorgen, daß alle Kunden wie Volltrottel aussahen, mal wieder erreicht. Es war eine einleuchtende Theorie, und ich spendete ihm Beifall.

Howie blieb noch eine Weile, dann ging er wieder in die Kneipe, um sich ein paar eingelegte Peperoni zu genehmigen. Ich reinigte im Schein der Schreibtischlampe lange und gründlich meine Pistole. Das war eigentlich nicht nötig, aber es erschien mir ratsam. Dann ließ ich mir noch ein paar Cheeseburger nach hinten bringen und vertrieb mir die Zeit damit, sie zu verspeisen.

Später hörte ich ein Klopfen hinter mir, drehte mich um und erblickte Nearly, die mit einer Flasche Wein und zwei Gläsern in der Tür stand.

«Ich werde nicht versuchen, es dir auszureden», meinte sie. «Aber ich dachte, du solltest wenigstens mit einem Kater in den sicheren Tod rennen.»

«Du siehst hübsch aus», sagte ich. Das stimmte. Sie trug ein langes Kleid, und als ich das Muster betrachtete, wurde mir klar, daß es aus dem Laden stammen mußte, in dem Suej ihr erstes und einziges Kleidungsstück gekauft hatte. Ich wollte eine Bemerkung machen, aber sie kam mir zuvor und redete hastig drauflos.

«Okay, ich habe gelogen. Ich werde doch versuchen, es dir auszureden. Laß es sein, Jack.»

«Setz dich, Nearly.» Sie kam herein, nahm auf Howies Stuhl Platz und stellte die Gläser auf den Tisch. Als sie merkte, daß ich keine Anstalten machte, die Flasche zu öffnen, tat sie es selber. Sie warf den Korken achtlos weg und füllte die beiden Gläser bis zum Rand. Dann zündete sie sich eine Zigarette an, lehnte sich zurück und schaute mich an.

«Nun?» fragte sie nach kurzem Schweigen. «Was wirst du mir erzählen? Daß Maxen es verdient hat zu sterben und ausgerechnet du den göttlichen Auftrag hast, dafür zu sorgen?»

«Diese Unterhaltung ist sinnlos, Nearly.»

«Ja, aber nur wenn du weiterhin dasitzt und mich herablassend behandelst. Das kann ich auch von meinen Kunden haben.»

«Und warum arbeitest du heute abend nicht?»

«Weil ich keine Lust habe, kapiert? Du verrätst deine Motive ja auch nie. Ich muß dir einen Scheißdreck erklären.»

Ich seufzte. «Es ist schon spät, Nearly.»

«Trink deinen Wein, du Blödmann.» Ihre Augen blitzten bedrohlich. Ich hatte, ehrlich gesagt, ein bißchen Angst vor ihr. Es war so, als wäre ich mit einem faszinierenden, aber kaum gezähmten Raubtier in einen Käfig gesperrt.

«Ich möchte keinen», gab ich zurück.

«Trink», wiederholte sie sanft und todernst, «sonst hältst du nicht mal bis morgen früh durch.»

Mein Bier war alle. Ich hatte keine Lust, zum Kühlschrank zu gehen und noch eins zu holen. Also griff ich nach dem Glas und nahm einen Schluck.

Nearly zwinkerte mir ironisch zu. «Sehr gut. Die Unterrichtsstunde läuft ja prächtig. Ich habe fast den Eindruck, als würdest du jedes Wort verstehen. Wie lange wird es dauern, bis ich dich davon überzeugt habe, daß es vollkommen bescheuert ist, Maxen umbringen zu wollen?»

«Du verstehst das nicht.»

«Dann erklär's mir doch», sagte sie, und ihr Gesichtsausdruck änderte sich. Sie sah jetzt offen und verletzlich aus.

«Ich hätte es schon vor langer Zeit tun sollen», antwortete ich. «Es ist das einzig Sinnvolle. Entweder ich tu's, oder ich werde mein Leben lang auf der Flucht sein.»

«Blödsinn», schrie sie und verblüffte mich erneut. Der Lärm, der aus der Bar herüberdrang, schien für eine Sekunde abzuschwellen, als wäre ihre Stimme dort zu hören gewesen.

Ich zuckte die Achseln. «So ist es nun mal.»

«Dann erklär es mir richtig.» Ich schaute genervt weg. «*Erklär es mir*», wiederholte sie unerbittlich. Dann noch einmal mit ohrenbetäubender Lautstärke: «ERKLÄR ES MIR GEFÄLLIGST, VERDAMMT NOCH MAL.»

Und dann fing ich unwillkürlich an zu reden.

«Das menschliche Gehirn ist eine Fehlkonstruktion», sagte ich, und sie schnaubte verächtlich. «Eine evolutionäre Katastrophe. Die Mutationen haben sich übernommen. Klar, wir haben zum Greifen geeignete Daumen und können Zeichen auf Papier malen, aber es gibt auch Lücken, Abgründe und verborgene Emotionen, Konzentrationslager und Menschen wie die Maxens. Sie sind entstanden, weil die reale Welt und Der Spalt noch nie miteinander ausgekommen sind.»

«Jack, ich glaube, die vielen Scheiben Schmelzkäse haben dir auch noch den Rest deines Verstandes geraubt. Das mußt du schon ein bißchen für mich aufdröseln, wenn ich es nicht für totalen Schwachsinn halten soll.»

Wahrscheinlich sprach ich gar nicht mehr mit ihr. Ich sprach mit mir selber oder vielleicht mit Henna.

Die launenhaften Gene haben das menschliche Gehirn so sorglos geschaffen, wie ein Kind einen MegaLiner-Bausatz zusammensetzt. Das Ding sieht aus wie ein Flugkörper und hört sich auch so an, aber man sollte besser nicht versuchen, damit zu fliegen. In den Tragflächen und Triebwerken, im Gehäuse und in der Kabine gibt es Teile, die nicht zusammenpassen. Schrauben, die nicht festgezogen sind. Einzelne Stücke sind nicht am richtigen Platz und fallen durch die Ritzen. Türen werden vom Wind zugeschlagen, und plötzlich stellt man fest, daß man seine Gefühle nicht mehr wiedererkennt, daß man vom kollabierenden Code gesteuert wird und nicht mehr weiß, was er bedeutet.

Wir leben in riesigen Hotels, deren Zimmer sich ständig verändern. Unsere Gefühle sind die Gäste – einige bleiben nur kurze Zeit, andere mieten sich langfristig ein. Manche gehen sorgsam mit der Einrichtung um, andere nicht; manche schließen die Türen und Fenster, wenn sie weggehen, andere lassen sie offenstehen. Ein guter Gast legt den Schlüssel unter die Fußmatte, wenn er auszieht, damit neue Gäste das Zimmer bewohnen können. Aber bisweilen geschieht etwas, wodurch die Türen versiegelt werden, und das, was sich dahinter befindet, kann nicht mehr hinaus.

Ich habe seit langem nur schlechte Gäste gehabt, solche, die die Wände beschmieren, mit ihren Zigaretten Löcher in die Teppiche brennen und die Fenster offenlassen, damit das Unheil hereinkann. Manche reisen ab, ohne die Rechnung zu bezahlen oder die Küche zu putzen, und hinterlassen eine Unordnung, die von der nächsten Horde Barbaren noch verschlimmert wird. Andere bleiben da, sitzen mit finsterem Blick in der Ecke, weigern sich, ihren Vorgängern die Post nachzusenden, und kämpfen bis aufs Blut dagegen, daß Frühjahrsputz gemacht wird.

Natürlich gibt es auch ein paar gute Gäste, aber die sind längst auf den Dachboden verbannt worden, haben sich in Schlupfwinkeln verkrochen und kommen nicht mehr heraus. Ich besuche sie nie, denn vor der Tür stehen zu viele Schläger, die mir den Zutritt verweigern.

Ich bin nie ein konsequenter Hauswirt gewesen, und es wurde Zeit, die ausstehenden Mieten einzutreiben. Ich mußte einige der Leute rausschmeißen, um wieder Herr über mein Leben zu werden. Nur wenn ich die Sache mit Arlond Maxen ein für allemal zu Ende brachte, konnte ich wieder in den Besitz der Hausschlüssel gelangen.

Dann hörte ich auf zu reden. Es gab nichts mehr, was ich noch sagen wollte. Nearly schaute mich mit aufgerissenen Augen an.

«Mhm», machte sie schließlich und nickte langsam. «Klingt irgendwie interessant. Hart an der Grenze zum Inhaltslosen, aber interessant. Vermutlich gab es damals auf der Farm eine Menge langer Abende.»

Ich schüttelte den Kopf. Auf weitere Erklärungen wollte ich verzichten. Ich wartete nur auf den nächsten Tag, an dem ich endlich tun konnte, was getan werden mußte. Bis dahin wollte ich die Zeit am liebsten damit verbringen, meine Pistole zu reinigen und ins Leere zu starren; eine letzte Bestandsaufnahme vorzunehmen und vielleicht eine Art Jahresversammlung der Jack Randall AG abzuhalten – für den Fall, daß die nächste Sitzung auf ewig vertagt wurde.

Nearly legte den Kopf schief und musterte mich. «Hast du schon mal daran gedacht, Jack, daß du nicht der einzige bist, in dessen Leben eine Menge schiefgegangen ist?»

«Es hat alles seine Ordnung», sagte ich.

«Nein, das hat es nicht», widersprach sie. «Nichts hat seine Ordnung, verdammt noch mal. Niemand zwingt dich, dich dauernd mit der Vergangenheit zu beschäftigen. Die Dinge ändern sich eben. Na schön, die Reserven sind umgekommen, Suej ist umgekommen – auch ich werde sie vermissen. Es war nicht deine Schuld. Du hast getan, was du konntest, und es hat nicht gereicht. So was kommt vor. Vergiß sie, vergiß Maxen und all die anderen. Das Leben hat dir noch einiges zu bieten.»

«Zum Beispiel?» fragte ich. Ich rechnete nicht mit einer Antwort. Nearly schwieg einen Moment und schenkte sich dann unvermittelt ein weiteres Glas Wein ein.

«Mich zum Beispiel», sagte sie und stellte die Flasche wieder hin. Ich starrte sie an, und sie zuckte die Achseln. «Allmählich habe ich den Eindruck, daß ich dich irgendwie mag, auch wenn du natürlich ein echter Mistkerl bist. Denn warum würde ich sonst hier sitzen und mir deine Psychoscheiße anhören, wenn ich statt dessen, wie du so charmant bemerkt hast, unterwegs sein und Geld verdienen könnte?»

Sie hatte das Kinn streitlustig vorgereckt, und für einen Moment sah ich sie, wie sie wirklich war: ihre Intelligenz, die Klarheit ihrer Augen, ihre perfekte, fast animalische Anmut. Ich sah sie nicht als Freundin oder als Frau, nicht als Howies Angestellte oder irgend jemandes Tochter, sondern als Nearly, als einen undurchschaubaren, unnachahmlichen, unersetzbaren *Menschen*.

Und dann erinnerte ich mich mit ebenso großer Klarheit daran, wie ich vor fünf Jahren an der Wand eines Zimmers auf der 72 gekauert hatte. Damals hatte ich meiner ermordeten Frau etwas geschworen. Ich habe in meinem Leben viele Schwüre gebrochen, doch wenigstens diesen einen wollte ich halten.

Ich schüttelte den Kopf, und Nearly beugte sich abrupt vor

und packte mich am Revers meines Jacketts. Ihr Griff war überraschend fest, und ihre Augen funkelten zornig. Sie wußte genau, was ich dachte.

«Sie ist tot, Jack, und wie es sich anhört, war das tatsächlich deine Schuld. Es war deine Schuld, weil du etwas unbedingt durchziehen wolltest, und jetzt machst du das gleiche, und diesmal wirst du selber dabei draufgehen. Meinst du, das hätte sie gewollt? Meinst du, dadurch wird irgend etwas besser?»

«Du hast kein Recht, Henna für deine Zwecke einzuspannen», brüllte ich und riß ihre Hände von meinem Jackett los. «Die Sache geht dich einen Scheißdreck an, und Vinaldi hätte dir nie von Henna erzählen dürfen.»

«Scheiß auf Henna», keifte sie. «Henna ist tot. Ich spreche nicht für sie. Ich spreche für mich selber. Denn ich will nicht, daß du stirbst.»

«Ist mir egal, was du willst.» Meine Worte kamen mir vor wie Münzen, die in einen bodenlosen Brunnen fallen.

«Es liegt daran, daß ich eine Nutte bin, stimmt's?» fragte Nearly. «Weil ich es für Geld tue, um meinen Lebensunterhalt zu verdienen. Ihr Männer findet Frauen, die gern vögeln, toll, aber wenn sie schon mit einem anderen im Bett waren, dann wollt ihr sie nicht mehr. Habe ich recht?»

«Damit hat es nichts zu tun», erwiderte ich ruhig, und ich glaube, ich sagte die Wahrheit.

«Ja, klar.» Sie leerte ihr Glas in einem Zug. «Na schön, Jack, dann mußt du den Wein eben allein austrinken.» Sie stand auf, nahm ihre Zigaretten vom Schreibtisch und blickte dann wutschnaubend auf mich hinunter. «Vielleicht ist es doch besser, wenn du die Sache morgen durchziehst. Denn sonst wird das alles sein, was dir noch bleibt: den Wein allein auszutrinken.»

Als sie sich der Tür näherte, sprang ich auf. Plötzlich hatte ich Angst.

«Geh nicht einfach weg», sagte ich und streckte einen Arm

aus, um sie an der Schulter zu fassen. Sie entzog sich meinem Griff. «Können wir nicht Freunde sein?»

Ihr Gesicht war hart, und sie sah aus wie eine Fremde.

«Einen Freund brauche ich nicht, Jack. Ich habe schon Freunde. Die reichen mir. Was ich brauche, ist jemand, der den Wald erhellt, damit ich einen Platz finde, an dem ich bleiben kann.»

Ich blinzelte. «Wie kommst du darauf, es so auszudrükken?»

Sie zuckte die Achseln. «Was spielt das für eine Rolle? Es ist nur eine Redensart, genau wie ‹He, laß uns Freunde bleiben›.» Sie ließ den Blick über mich schweifen, als präge sie sich etwas ein. Ihre Stimme war ruhig und leidenschaftslos. «Nein, ich will nicht mit dir befreundet sein, Jack. Du wärst ein lausiger Freund. Nicht zuletzt, weil du tot sein wirst.»

Sie nahm mein Gesicht in die Hände und küßte mich fest auf den Mund. Es war kein zärtlicher oder verzeihender Kuß. Er war brutal und unnachgiebig wie ein Kinnhaken.

«Wiedersehen, und leck mich am Arsch», sagte sie und verschwand aus meinem Leben.

Ich blieb bis sechs Uhr in Howies Büro sitzen, dann ging ich durch die Kneipe zur Toilette. Ich rasierte mich vor dem Spiegel und warf hinterher alles, was ich benutzt hatte, in den Mülleimer. Rasiergel, Klinge, Kamm, Zahnbürste. Dann betrachtete ich eingehend mein Spiegelbild. Ich sah aus wie ein Außerirdischer.

Der Droide hinter der Theke sagte, Howie sei ins Bett gegangen. Ich ließ mir von ihm einen Kaffee bringen, den ich dann an der Bar trank.

Die Kneipe war fast leer. Nur ein einsames Paar, das auf dem Weg zur Arbeit kurz hereingekommen war, um einen Kaffee zu trinken, saß an einem Tisch in der Ecke. Die beiden hielten

Händchen, als hätten sie gerade zum ersten Mal die Nacht miteinander verbracht. Die Haare des Mädchens waren noch naß vom Waschen, denn ihr morgendlicher Ablauf war gestört worden; seine Wangen waren gerötet von der Rasur mit einer Klinge, die in ihrem Badezimmer herumgelegen hatte, und er fühlte sich wahrscheinlich irgendwie entwurzelt, denn er trug noch das Hemd von gestern und roch nach einem fremden Deodorant. Beide schienen nicht so recht zu wissen, wie sie sich verhalten sollten; sie konnten noch nicht mit ihrem neuen Wissen über jemanden umgehen, den sie täglich bei der Arbeit sahen. Sie kämpften mit wirren Erinnerungen an die vergangene Nacht, an den Schreck über soviel nackte Haut.

Die Katze, die ich von der verlassenen Farm mitgebracht hatte, war auch da. Sie schlief zusammengerollt in einer Ecke. Ich war froh, daß sie jetzt ein Zuhause hatte. Wenigstens würde es ihr nie an eingelegten Peperoni fehlen.

Nach ein paar Minuten stand das junge Paar auf, zögerte kurz und ging dann Hand in Hand zur Tür hinaus.

Ich dachte daran, Howie eine Nachricht zu hinterlassen, aber ich fand keinen Zettel und wußte auch nicht, was ich schreiben sollte. Um sieben verließ ich die Kneipe und ging zu einem der xPress-Fahrstühle. Auf den Straßen war kaum etwas los. Der einzige geöffnete Laden war ein chinesisches Restaurant, in dessen Fenster eine Auswahl fad aussehender Gerichte in Warmhaltebehältern stand. Es hieß Happy Garden, aber es sah nicht aus wie ein fröhlicher, sondern eher wie ein ziemlich trostloser Garten. Wie ein Ort, an dem es Schopenhauer gefallen hätte, vor allem in der Zeit, als er an einer schlimmen Blasenentzündung litt.

Auf der 100 zeigte ich den Wachmännern meinen gefälschten Passierschein. Entweder hatten sie nicht so gute Augen wie die Typen, die mich neulich abgewiesen hatten, als ich mit Vinaldi gekommen war, oder sie nahmen ihren Job nicht so ernst; wie auch immer, ich wurde durchgelassen und fuhr hoch auf die 104.

Golson öffnete schlaftrunken die Tür, wurde aber schnell munter.

«Oh, der Muskelmann», sagte er. «Sie werden ja langsam Stammgast hier.»

«Ist jemand bei Ihnen?»

«Ja», sagte er grinsend. «Sandy wollte noch einen Nachschlag.»

«Schicken Sie sie weg», befahl ich und ging an ihm vorbei in die Wohnung. Ich fühlte mich dort schon fast wie zu Hause. Golson hastete wie immer hinter mir her und gab ein paar Unmutsäußerungen von sich.

«He, he – das kann ich nicht machen. Ich habe ihr versprochen, sie mit zur Trauerfeier zu nehmen. Deshalb ist sie gestern abend mitgekommen. Sie hat ihren Teil der Abmachung eingehalten und wird nie im Leben freiwillig gehen.»

Sandy saß aufrecht im Bett und sah entzückend zerzaust aus. Ich riß ihr die Decke weg, zückte meine Knarre und spannte den Hahn.

«Geh nach Hause, Sandy», sagte ich. «Es könnte sein, daß dieser Mann nur an deinem Körper interessiert ist.»

Ich ging in Golsons Küche und machte mir in der Mikrowelle Kaffee. Es war der mit Zimt-Apfel-Aroma, aber wenn ich genügend Zigaretten dazu rauchte, konnte ich den Geschmack vielleicht überdecken. Golson blieb im Schlafzimmer und schaute entgeistert zu, wie Sandy ihre Sachen zusammensuchte, ohne ihre Wut zu verbergen. Sie knallte die Tür heftig genug zu, um die Stadt in ihren Grundfesten zu erschüttern. Ich lächelte. Jeder, den ich traf, war anscheinend dazu verdammt, immer wieder das gleiche zu tun: Die Wenn-dann-Schleifen hören so lange nicht auf, bis man einen Weg findet, auszubrechen.

Ich schlürfte gerade die erste Tasse Kaffee, als Golson in die

Küche stürmte. «Hören Sie mal, mein Lieber», sagte er gereizt. «Das ging zu weit. Ernsthaft. Okay, ich habe meinen Spaß mit Sandy gehabt, aber die Trauerfeier fängt schon um neun an, und wo soll ich so schnell noch eine Begleitung auftreiben, die genug hermacht?»

«Sie haben schon eine neue Begleitung», sagte ich.

«Ach ja?» fragte er hoffnungsvoll. «Und wer ist das?»

«Ich. Los, ziehen Sie sich an.»

Zwanzig

Die Erfolgreichen und die Fleißigen, die Begabten und die Wichtigen: die Crème de la crème von New Richmonds Gen-Material.

Nein, eigentlich nicht. Bloß die Reichsten. Vermutlich waren auch ein paar verdienstvolle Mitbürger eingeladen worden, um die Trauerfeier noch interessanter für die Medien zu machen. Allerdings waren die Autokameras und die Fernsehfuzzis von dem eigentlichen Ereignis strikt ausgeschlossen und mußten in der Lobby auf der 200sten Etage bleiben. Ich hätte mich gerne dem Glauben hingegeben, daß sie aus Respekt vor der Toten ferngehalten wurden, aber es geschah wohl nur, um ihre Neugier anzustacheln. Die von Droiden gesteuerten fliegenden Kameras verhielten sich ruhig, aber ihre menschlichen Begleiter waren vor Aufregung ganz aus dem Häuschen.

Wir anderen wurden über eine riesige Wendeltreppe bis zur 203 geleitet, wo wir dann plaudernd in einem Saal von der Größe eines kleinen europäischen Landes herumstanden. Das sei, wie man uns mitteilte, der Vorraum der Kapelle. Er war zwei Stockwerke hoch, und man hatte die gesamte Decke im Stil der Sixtinischen Kapelle bemalt. Entworfen von Hollywoods besten Storyboard-Zeichnern, priesen die Bilder den langlebigsten Action-Star aller Zeiten: Gott. Religiosität ist bei den Reichen nie ganz aus der Mode gekommen, vielleicht weil es die einfachste Methode ist, Demut zu heucheln. Die Leute in meiner Nähe, die alle selber zu den betuchtesten Einwohnern New Richmonds gehörten, fragten sich im stillen, wieviel es kosten mochte, einen zweieinhalb Quadratkilometer großen Renaissance-Comic an eine Decke pinseln zu lassen. In dem Saal hätten locker fünftausend Menschen Platz gehabt, und daher konnte bei den vier- bis fünfhundert, die in der Mitte beisammen standen, überhaupt kein Zweifel daran aufkommen, welchen Status sie im Vergleich mit dem Eigentümer hatten.

Ich hielt mich mit Golson am Rand der Gruppe auf. Nicht etwa, daß mir an seiner Gesellschaft besonders viel gelegen hätte, aber ich wußte nicht, wo ich mich sonst hinstellen sollte. Ich hatte keinen Plan, sondern wartete einfach ab.

Die Luft schwirrte von erwartungsvollem Gemurmel. Golson war begeistert und ließ seine Blicke mit einer Inbrunst, die auch etwas fast Religiöses hatte, über die erlesene Gesellschaft schweifen. Diese Menschen waren eindeutig seine Götter; die runzeligen Alten und die strahlenden Jungen, alle vor Geld stinkend und vierdimensional vor lauter Wichtigkeit. Die Mehrheit hatte PreisDisplays an den Ärmeln, damit die Kosten des Kleidungsstücks sofort allen ins Auge sprangen, die sich um so was scherten. Die meisten scherten sich offenbar darum. Einige wenige waren so schlau gewesen, auf diese öffentlichen Wertangaben zu verzichten, und ich merkte, wie sich die übrigen Gäste mit der Frage beschäftigten, ob sie es getan hatten, weil ihre Kleidung ein bißchen billiger oder sogar noch teurer war als die der anderen. Ich habe nichts gegen reiche Leute, wirklich nicht. Sie sind bloß so *langweilig*.

An der Sicherheitskontrolle vorbeizukommen war leicht gewesen; ich hatte ein paar bange Minuten durchlebt, weil ich befürchtete, daß mein Foto an die Sicherheitsleute verteilt worden war, aber keiner von ihnen schaute mich zweimal an. Ich begleitete jemanden, der eine veritable Einladung besaß, und außerdem war ich tot und daher nach menschlichem Ermessen für niemanden mehr eine Gefahr. Golson zeigte sich immer noch äußerst unglücklich über die Entwicklung der Dinge, aber ich versicherte ihm, daß meine Gegenwart sein Ansehen keineswegs schmälern, sondern vielmehr seine Chancen verdoppeln würde, bei dem Empfang nach der Trauerfeier im Mittelpunkt des Interesses zu stehen. Das heiterte ihn sichtlich auf – zumindest, bis ihm dämmerte, was ich damit meinte.

Ich entdeckte in der Menge niemanden, der aussah, als würde er mir Probleme machen, aber das hatte ich auch nicht erwartet. Ich hatte Vinaldi gebeten, sich bis zum Nachmittag bedeckt zu halten. Maxen würde bis zu der eigentlichen Feier, in deren Verlauf er angeblich eine Trauerrede auf das tote Mädchen halten wollte, nicht in Erscheinung treten; und Yhandim und seine Kumpels wirkten bei weitem zu abgerissen, um bei einer solchen Veranstaltung vorn auf die Bühne gelassen zu werden. Ich bezweifelte nicht, daß sie sich irgendwo in den Kulissen herumtrieben, aber solange ich mich im Schutz des Publikums aufhielt, brauchte ich mir ihretwegen keine Sorgen zu machen. Noch nicht.

Nach einer halben Stunde merkte ich, daß sich am anderen Ende der Menge etwas tat, und sah dann, wie Yolande Maxen die Frau hereinführte, deren Bild Golsons Einladung geschmückt hatte. Es war Forma Richardson, die Mutter der Verstorbenen, und Yolande stellte ihr einzelne Gäste vor. Ich zündete mir sehr zum Ärger meiner unmittelbaren Nachbarn eine Zigarette an und beobachtete die beiden bei ihrem Rundgang. Golson war mittlerweile verschwunden, wahrscheinlich, um sich irgendwo einzuschleimen.

Yolanda Maxens Gesichtsausdruck kam mir eigenartig vor; sie strahlte nicht vor Stolz, wie ich erwartet hatte, und stellte auch nicht ihr Mitgefühl zur Schau, sondern wirkte leblos und eingefallen. Mrs. Richardson wiederum schien die meisten der Anwesenden überhaupt nicht zu kennen. Entweder war sie in tiefer Trauer versunken, oder die Maxens hatten hauptsächlich

Leute eingeladen, die sie beeindrucken wollten, und kaum persönliche Freunde von Louella. Als ich sah, wie sich ein Paar mittleren Alters, nachdem es Formas schlaffe Hand geschüttelt hatte, angewidert umdrehte – offenbar, um sich dieses aufregende Erlebnis nicht durch das Leid der Mutter verderben zu lassen –, wandte ich den Blick ab und starrte an die Decke.

Direkt über mir befand sich die Darstellung irgendeines biblischen Ereignisses. Die Szene hatte keine Bedeutung für mich, wahrscheinlich ebensowenig wie für alle anderen im Saal. Es war Schnee von gestern. Früher hatten wir die Religion, aber jetzt haben wir die Codes, beides Symbole für Vorgänge, die in Sphären außerhalb unserer Sichtweite stattfinden. Früher glaubten wir an einen unsichtbaren Gott; jetzt vertrauen wir Elektronenströmen, die durch Räume schwirren, die so winzig sind, daß man sie nicht einmal sehen kann. Erneut haben wir unseren Verstand dem nicht Wahrnehmbaren überantwortet, als hätte die Menschheit ein grundsätzliches Bedürfnis danach, daß nicht faßbare Mächte das Schicksal bestimmen. Vielleicht brauchen wir einfach Orte, zu denen kein Weg führt.

Gott, die Codes, unsere Seele. Vielleicht haben wir bloß die Gebrauchsanweisungen nicht gründlich genug gelesen.

Nachdem ich die Decke eine Weile betrachtet hatte, verblaßte das Gemälde langsam, und statt dessen erschien eine Folge von Bildern ungebeten vor meinem geistigen Auge. Hennas Gesicht, dann Angelas; dann Shelley Latoya. Ihr Bild hielt sich am längsten, denn ich erinnerte mich an ihren Blick, als ich ihr einen einfachen Ausweg aus den Schuldgefühlen gewiesen hatte, die sie wegen des Diebstahls des Geldes ihrer toten Schwester empfand. Danach erschien ein Mädchen, das ich nur von Golsons Foto kannte: Louella Richardson. Merkwürdigerweise sah sie auf dem Bild vor meinem geistigen Auge ganz verändert aus, als wäre es bei anderer Beleuchtung aufgenommen worden.

Zum Schluß erschien Suej. Sie war nicht traurig, sondern lachte.

Mit einem leisen Knirschen öffneten sich zwei riesige Flügeltüren am hinteren Ende des Saals. Der Eingang zur Kapelle befand sich so weit wie möglich von unserem Standort entfernt, um die Größe des Saals noch einmal zu betonen. Es war erstaunlich, daß man uns noch keine weiteren erniedrigenden Extravaganzen, beispielsweise Silikonsofas oder ein maßstabsgetreues Modell der Milchstraße aus Diamanten, vorgeführt hatte. Vielleicht würde das noch kommen, nach der Trauerfeier. Aber dann würde ich nicht mehr dabeisein.

Denn als ich gemeinsam mit den anderen Trauergästen zu dem langen Marsch durch den Saal aufbrach, wußte ich plötzlich, was ich tun würde. Ich würde Maxen vor seiner versammelten Gemeinde die Maske vom Gesicht reißen, um zu zeigen, daß auch Männer, die aus Lichtpunkten bestehen, zur Sünde fähig sind.

Auf dem Weg durch den Vorraum erblickte ich Polizeipräsident McAuley in der Menge und blieb ein Stück zurück. Er würde mich auf Anhieb wiedererkennen. Glücklicherweise war er damit beschäftigt, sich an irgendeinen Würdenträger ranzuschmeißen, und schaute nicht in meine Richtung. In der Kapelle setzte ich mich im hinteren Teil an den Rand einer Sitzreihe. Die Kapelle war nur schwach erleuchtet und überraschend klein, und die geladenen Gäste füllten sie bis auf den letzten Platz. Ich sah die feindseligen Blicke der Leute, die sich weiter vorn so höflich wie möglich um die besten Plätze stritten, aber das kümmerte mich wenig. Ich zog mich in meinen Kopf zurück, an einen inneren Ort, wo völlige Stille herrschte.

Ich kehrte heim. Vielleicht muß man sich nur ein bißchen Mühe geben, um zu erkennen, daß man allzulange im vorderen Teil seines Geistes gelebt hat und durchaus in der Lage ist, die

Türen zum Hinterzimmer aufzustoßen. Ich wußte, ich hatte die richtige Entscheidung getroffen, und wenn mein Timing gut war, konnte ich es sogar schaffen, meinen Plan durchzuführen, ehe ich getötet wurde.

Während ich auf den Beginn der Trauerfeier wartete, wanderte mein Blick über die Wände der Kapelle, die mit dunkel gebeiztem, poliertem Holz getäfelt waren. Es überraschte mich, daß ich mich, nachdem ich so viele Jahre weggelaufen war, am Ende meines Lebens an einem derart friedlichen Ort wiederfand. Die Säulen bestanden jeweils aus einem einzigen Baumstamm, naturbelassen und nur farblos lackiert. Wahrscheinlich begriff außer mir keiner der Anwesenden, daß diese Kapelle nichts mit dem Christentum zu tun hatte, sondern einen Tribut an die Geheimnisse darstellte, die Maxen seit seiner Zeit als Soldat im Spalt hütete. Sicher, es hingen Kruzifixe und Heiligenbilder an den vorgeschriebenen Stellen; aber zur Beleuchtung dienten ausschließlich unzählige Kerzen, die in Reihen auf jeder ebenen Fläche standen. Ihr fahles Licht weckte zwangsläufig Erinnerungen an einen bestimmten Ort. Es fehlten eigentlich nur ein paar verdeckte blaue Lampen in den Ecken.

Schließlich hatten alle Platz genommen, und die Trauerfeier begann. Ich dachte daran zurück, wie ich oft während der Ruhe vor einem Feuersturm hinter einem Baum gehockt und mit jeder Faser meines Körpers auf die Musik des Lebens und des Todes gelauscht hatte. Ein kleiner Chor sang etwas Altes und Gutgemeintes, das wahrscheinlich Louellas Mutter ausgesucht hatte; die archaischen, gedrechselten Sätze des Liedes hallten in der Kapelle wider, als wären es orientierungslose Vögel auf der Suche nach ihrem Nest.

Dann stand Louellas Bruder auf und ging zum Lesepult. Er hielt eine kurze Ansprache, in der er pflichtgemäß betonte, daß seine Schwester ein überaus nützliches Mitglied der Gesellschaft gewesen sei. Seine Worte wurden von der Lautsprecheranlage in hervorragender Qualität übertragen, und die alte Frau neben mir fing an zu schluchzen, wodurch sie sich den Ärmel ihres Kleides ruinierte. Das war halb so schlimm, denn sie würde es sowieso kein zweites Mal tragen. Ich bezweifelte stark, daß sie Louella gekannt hatte, und wünschte, Nearly wäre bei mir. Was ich ihr gestern zu sagen versucht hatte, war folgendes: Unsere Körper werden von Gefühlen, die sich unserer Kontrolle entziehen, zum Handeln gedrängt, und mir war die Geduld ausgegangen. Die reale Welt mußte lernen, mit Dem Spalt zurechtzukommen, sonst würde nie etwas einen Sinn ergeben.

Dann sang der Chor erneut. Als das Lied zu Ende ging, wurden die Leute um mich herum unruhig. Ein Blick auf das Programm verriet mir, weshalb. Es näherte sich der große Augenblick, an dem New Richmonds gottähnlichster Mensch die Hand ausstrecken und den Anwesenden sein Konfektions-Mitgefühl schenken würde. Die Gäste setzten sich kerzengerade hin, schauten konzentriert ins Halbdunkel, und als sich der letzte Ton der Musik in Stille aufgelöst hatte, stand plötzlich vorn in der Kapelle ein Mann. Er begab sich zum Lesepult.

Genau wie alle anderen starrte ich ihn zunächst bloß an. Maxen wirkte streng und unnahbar; aber genau das mögen wir schließlich. Wir alle suchen nach einer Vaterfigur, und Väter sind eben nicht immer nett. Er war mittelgroß, trug einen dunklen Anzug, und sein graumeliertes Haar war nach hinten gekämmt. Durch seine Brille sahen seine Augen so aus, als lägen sie im Verborgenen, als würde er immer hinter einem Schleier verborgen bleiben. Der Glanz, den ihm seine Macht und sein Reichtum verliehen, war auch aus der Entfernung so deutlich zu spüren, daß ich mich einen Moment lang verblüfft fragte, ob jemand wie ich auf das Leben eines solchen Mannes wirklich Einfluß nehmen konnte.

In dem Augenblick, als ich aufstand, fiel mir etwas ein. Es war, als wäre das Echo eines Schusses, den ich vor langer Zeit abgefeuert hatte, von sämtlichen Bergen der Welt abgeprallt und für immer in meinem Kopf zurückgekehrt. Die Leute dachten vermutlich zuerst, daß mein Auftritt zur Zeremonie gehörte oder daß einer der Gäste durchgedreht sei. Ich schritt mit erhobenem Kopf und durchgedrückten Schultern schnurstracks den Mittelgang hinunter.

In der Kapelle herrschte absolute Stille, und meine Schritte klangen wie ein stetes Klopfen an eine schwere Tür. Als ich die Hälfte des Weges hinter mir hatte, setzte vereinzeltes Gemurmel ein, und ich merkte, wie sich jemand an einer Seite der Kapelle in der Dunkelheit bewegte. Ich verließ mich darauf, daß die Wachmänner es nicht riskieren würden, quer durch den Raum zu schießen, solange die Bänke mit den angesehensten Bürgern New Richmonds gefüllt waren. Die Augen fest auf Maxen gerichtet, der meinen Blick erwiderte, ging ich unbeirrt weiter.

Ein paar Meter vor ihm zog ich meine Pistole, woraufhin sich die Stimmung in meinem Rücken schlagartig änderte. Aber zu spät. Mit zwei kurzen Sprüngen erreichte ich die Stufen unterhalb von Maxen und zielte auf seine Stirn. Nun waren eindeutige Geräusche in den Ecken zu hören, als Sicherheitsleute wie aus dem Nichts an den Seiten der Kapelle auftauchten und ihre Gewehre in Anschlag brachten. Sie blieben außerhalb der Sichtweite der Gäste, aber ich konnte die roten Punkte ihrer Laser-Visiere auf meinem Rücken spüren. Aber sie warteten noch auf ein Signal, denn Maxen hatte sie, genau wie jeden anderen in New Richmond, gut abgerichtet. Wenn sie jetzt auf mich schossen, bestand außerdem die Gefahr, daß die Kugeln meinen Körper durchschlagen und dann ihrem Herrn und Meister schlimme Verletzungen zufügen würden. Ein Risiko, das keiner von ihnen eingehen wollte.

«Sagen Sie Ihren Leuten, sie sollen lieber nicht schießen», forderte ich Maxen auf, «denn selbst wenn ich getroffen werde, habe ich immer noch genug Zeit, Ihnen die Birne wegzupusten.»

Maxen starrte mit reglosem Gesicht zu mir herunter. Obwohl er nur fünf Jahre älter als ich war, sah er aus, als wäre er aus tektonischen Platten zusammengesetzt. Er hatte eine müde, stoische Miene, die mich irgendwie an die seiner Frau erinnerte.

«Sie werden mich sowieso erschießen, Randall», erwiderte er. «Also was soll das Ganze?»

«Nein», sagte ich. «Ich werde Sie nicht erschießen. Das hatte ich zwar vor, aber ich habe beschlossen, Ihnen statt dessen etwas Schlimmeres anzutun. Ich werde diesen Leuten hier eine kleine Geschichte erzählen, und dann lasse ich Sie gehen.»

«Dann werden Sie sterben.»

Ich zuckte die Achseln. «Und wenn schon.»

Maxen warf kurze Blicke in die Ecken der Kapelle und breitete abwehrend die Hände aus. Immer noch auf seinen Kopf zielend, ging ich die letzten Stufen hinauf und drehte mich zur Trauergemeinde um.

Fünfhundert weit aufgerissene Augenpaare blickten mich an. Ich schlang einen Arm um Maxens Hals und drückte ihm die Pistole unters Kinn. Sie schmiegte sich in die Mulde, als hätte sie schon ewig auf diesen Moment gewartet. Die Gäste rangen leise nach Luft. In ihrem Schock waren sie zu nichts anderem als unbewußten physischen Reaktionen fähig. Mein Kopf war von weißem Rauschen erfüllt, als würden meine Stromkreise zusammenbrechen.

«Louella Richardson ist nicht zufällig ermordet worden», sagte ich, um es so einfach wie möglich zu machen. Das Mikrofon ließ meine Stimme durch den Raum hallen.

«Sie wurde zum Vergnügen umgebracht. Von einem Mann, den Mr. Maxen engagiert hat.»

Ich weiß nicht, was ich erwartet hatte, aber nichts geschah. Im Raum herrschte nach wie vor Stille. Die Augen starrten mich weiterhin an, aber ich konnte keine Veränderung in ihrem Ausdruck feststellen. Maxen stand stocksteif neben mir, die glattrasierte Unterseite seines Kinns lag weich auf meinem Handgelenk.

Ein neuer Versuch. «Derselbe Mann hat vier weitere Frauen getötet und außerdem ein paar Freunde von mir. Aber das einzige Opfer, das über der 100er Linie lebte, war Louella, und deswegen sind Sie alle heute hier. Das ist Arlond Maxen im Grunde egal, aber er fühlt sich schuldig. Er ist dafür verantwortlich, daß diese Menschen tot sind, und glaubt, durch diese Veranstaltung den üblen Gestank in seinem Kopf überdecken zu können.»

Immer noch nichts. Ich schaute hinunter auf die Gesichter und fragte mich, ob ich vielleicht aus Versehen eine Fremdsprache benutzt hatte. Niemand rührte sich. Es war weder empörtes noch sonstiges Gemurmel zu hören. Die Sache schien überhaupt niemanden zu interessieren.

Verblüfft ließ ich Maxen los und stützte mich auf das Pult. Ich wollte fortfahren, aber dann ging mir plötzlich ein Licht auf, und ich brachte nur folgende Worte hervor: «Und vor fünf Jahren hat er meine Frau und meine Tochter umbringen lassen.»

«Das ist allen hier scheißegal, Jack», sagte eine Stimme, und ich wandte den Kopf. Am Ende der sechsten Reihe saß Johnny Vinaldi. «Henna, deine Freunde, *alle*, die unter der 100 leben, sind für diese Typen hier völlig austauschbar.»

Diesmal zeigten die Anwesenden eine Reaktion, aber ich glaube kaum, daß jemand überraschter war als ich. Vinaldi stand auf und schüttelte den Kopf. «Klar, das mit Suej ist Maxen nicht ganz gleichgültig. Sie war die Reserve seiner Tochter. Deshalb wollte er sie unbedingt wiederfinden, und die echte Suej ist heute morgen gestorben. Was das angeht, Jack, seid ihr also quitt. Aber die Leute hier scheren sich einen Dreck darum. Sie sind nicht hergekommen, um zu trauern, sondern um den Kerl neben dir anzubeten.»

Also war Maxen nur deshalb nie nachts auf meiner Farm erschienen, weil sich die Reserve seiner Tochter dort befand und ihm ein Besuch unmoralisch vorgekommen wäre. Ich stellte mir plötzlich vor, wie viele winzige, fest verriegelte Zimmer es in *seinem* Kopf geben mußte.

«Wieso bist du hier?» fragte ich, von einem Gefühl der Unwirklichkeit benebelt. Ich wußte, daß mich nur das Geräusch von Schüssen in die Realität zurückholen könnte.

Vinaldi grinste sarkastisch. «Um das zu tun, was *du* hättest tun sollen.» Er hob den Arm und schoß Arlond Maxen in den Kopf.

Maxen drehte sich, immer noch aufrecht stehend, um die eigene Achse, und als sein Körper auf dem Boden auftraf, hatte Vinaldi bereits alle Patronen aus dem Magazin in ihn hineingejagt.

Maxens Brille rutschte in der Stille über den Boden, und seine nackten Augen starrten ins Nichts.

Der Raum wurde schlagartig von Lichtblitzen und Tränengasschwaden erfüllt. Aus den Schatten an den Seiten stürmten sechs von Vinaldis Männern, sie feuerten aus Maschinenpistolen um sich und ließen die Leichen der Wachmänner zurück, die sie bereits getötet hatten, der Wachmänner, die eigentlich Vinaldi und mich mit Kugeln hätten durchsieben sollen. Jetzt schossen sie auf Maxens übrige Sicherheitsleute und erwischten die meisten von ihnen. Aber andere Menschen starben ebenfalls und stürzten um wie Bäume in einem Wald, der nie Gewalt gesehen hatte. Wenigstens einige der Überlebenden würden sich stets an den Tag erinnern, an dem der Dschungel aufbegehrt hatte und in ihre Welt eingedrungen war, doch dadurch würde sich wenig ändern.

Vinaldis Männer umringten ihren Boss und eskortierten ihn nach draußen, denn seine Mission war erfüllt. Dichte Rauchschwaden und flackernde orangefarbene Lichter durchzogen den Raum. Ich stürzte mich ins Chaos, taumelte durch die kreischende Menge und die züngelnden Flammen.

Benommen von der Erkenntnis, daß ich immer noch am Leben war, begab ich mich ins dichteste Gewühl, suchte unbewußt dort Schutz, wo die Leute, von blinder Panik erfaßt, am lautesten schrien. Langsam bewegte ich mich durch den Wald aus Kerzen. Den Menschen, für die dieser Tag der schlimmste ihres Lebens war, schenkte ich keine Beachtung. Es war, als würde das ganze Haus niederbrennen, als würde jedes einzelne Fenster aufgestoßen. Ich sah Golson in der Menge, aber er bemerkte mich nicht. Er war zu sehr damit beschäftigt, einen der anderen Gäste zu trösten, der zufällig weiblich, jung und hübsch war. Menschen rannten mit zerrissenen oder brennenden Kleidern an mir vorbei. Ich beobachtete, wie die Dollarzahl auf einem PreisDisplay rasend schnell kleiner wurde, als das Kleidungsstück, an dem es befestigt war, Feuer fing.

Im Vorraum strömten die Menschen zum Ausgang. Ich schloß mich ihnen an, und wir ergossen uns wie ein reißender Fluß über die massive Treppe, die zum Anwesen der Maxens im zweihundertsten Stock hinunterführte. Vermutlich würden nicht viele Gäste zum Empfang bleiben.

Statt mit den anderen zum xPress zu rennen, löste ich mich aus dem Pulk und lief den Korridor entlang zu einer ein paar hundert Meter entfernten Nottreppe. Ich nahm nicht an, daß sie außer mir noch jemand kannte – oberhalb der 200 haben die Leute keine große Erfahrung mit Notfällen. Ich fühlte mich unverwundbar, und vielleicht stimmte das auch, denn niemand kam mir in die Quere. Auf dem Korridor begegnete ich nach einigen Metern Louellas Mutter, die ganz allein dort stand. Ihre

Hände zitterten, aber ihr Blick war klar. Sie schaute geradeaus, schien mich jedoch nicht wiederzuerkennen.

Die Tür zur Treppe war unbewacht, wahrscheinlich weil Maxens Männer allesamt von dem Chaos oben in Anspruch genommen wurden. Als ich die Tür erreicht hatte, drehte ich mich um und blickte zurück. Am Ende des Flurs sah ich die vorwärts hetzende Menschenmenge, hörte das Geschrei. Verschwimmende Gesichter. Alles geschah in der Ferne, in einem sonderbaren Land.

Dann öffnete ich die Tür, und sofort griff eine Hand nach mir und zog mich hindurch.

Einundzwanzig

«Wie bist du bis hier raufgekommen?» fragte ich verblüfft. Howie stand, bis an die Zähne bewaffnet, im Halbdunkel des Treppenhauses vor mir und wirkte so energiegeladen, wie ich ihn noch nie erlebt hatte.

«Über die Treppe», sagte er. «Mehr oder weniger.» Eigentlich hätte er lächerlich aussehen müssen – ein vollschlanker Vierzigjähriger mit Stoppelhaarschnitt und behängt mit Maschinenpistolen –, aber weit gefehlt. Er sah ziemlich gefährlich aus.

«Woher wußtest du, daß ich hier entlangkommen würde?»

«Das wußte ich gar nicht. An allen Ausgängen sind Leute von uns postiert und halten nach dir Ausschau. Es ist reiner Zufall, daß du auf mich gestoßen bist.»

«Dir war klar, was hier abgehen würde?»

«Ja. Vinaldi hat gestern mit mir gesprochen. Ich werde in Zukunft ein bißchen enger mit ihm zusammenarbeiten.»

«Herzlichen Glückwunsch», sagte ich lahm. «Warum hast du mir das nicht erzählt?»

«Weil du alles vermasselt hättest und es dir irgendwie gelungen wäre, dich umbringen zu lassen.» Er legte mir eine Hand auf die Schulter. «Ich bin nicht übermäßig stolz darauf. Aber ich arbeite nun mal für Vinaldi. Und noch etwas. Mir ist keine andere Möglichkeit eingefallen, dafür zu sorgen, daß du mit heiler Haut davonkommst. Du wolltest Maxen im Alleingang abservieren. Seine Leute hätten dich in Stücke gerissen. Jetzt hat Vinaldi die Sache für dich erledigt, und du bist immer noch quicklebendig.»

Seine Miene war finster, und ich wußte, ihn beschäftigte noch etwas anderes.

«Aber?» fragte ich.

«Aber nun werden Yhandim und die anderen hinter dir her sein, und zwar nur hinter dir. Sie arbeiten nicht mehr für Maxen, und sie hassen dich mehr als Johnny. Diese Typen sind fast zwanzig Jahre lang Kameraden gewesen. Du hast drei von ihnen umgebracht, und die übrigen können nicht mehr in Den Spalt zurück. Du machst dir keine Vorstellung, wie sauer die auf dich sind.»

Ich wußte, was jetzt kommen würde. Howie fiel es sichtlich schwer weiterzusprechen. «Du mußt aus New Richmond verschwinden, am besten für immer.»

In dem Moment hörten wir in etwa fünfzig Meter Entfernung Geschrei auf dem Flur. Ich schüttelte Howie die Hand.

«Danke.» Ich wünschte, mir würden die passenden Abschiedsworte einfallen.

Howie fielen sie ein. «Hau ab», sagte er.

Ich rannte los.

Ich raste, die Beine so hektisch bewegend wie ein aufgezogenes Spielzeug, drei Etagen nach unten und stürzte dann durch eine Tür auf die 197. Einen Augenblick lang blieb ich nervös stehen und überlegte, wohin ich mich wenden sollte. Der nächste xPress bot sich an, aber ich mußte damit rechnen, daß das auch Yhandims erster Gedanke sein würde, sofern er mir schon auf den Fersen war. Doch mir fiel nichts anderes ein. Ich war zu lange nicht mehr hier gewesen. Also lief ich trotzdem zum xPress.

Die 197 sieht so aus, wie der Garten Eden ausgesehen hätte, wenn die Leute damals schon Nanodünger zur Verfügung gehabt hätten. Ich sprintete auf einem unbefestigten Weg mitten durch einen Park, vorbei an Büschen, die so vornehm wirkten, daß ihnen wahrscheinlich das Wahlrecht verliehen worden war. Nachdem ich ein Grüppchen alter Leute fast über den Haufen gerannt hätte, erreichte ich den xPress und haute auf den Knopf.

Der Fahrstuhl hielt auf der 160 an, und ich blieb noch eine Sekunde drinnen, denn ich erwartete halb, von Schüssen oder einem ähnlich entmutigenden Geräusch empfangen zu werden. Als nichts dergleichen zu hören war, steckte ich den Kopf durch die Tür und stellte fest, daß ich mich auf einer der Schickimicki-Einkaufsetagen befand. Geradeaus führte ein langer Boulevard nach Osten – und ich wußte, daß es einen Kilometer weiter einen xPress gab, der mich unter die 100er Grenze bringen würde.

Ich rannte mit hoch erhobenem Kopf weiter, einerseits, um den achtlosen Einkaufsbummlern ausweichen zu können, andererseits in der Hoffnung, daß auf diese Weise mehr Sauerstoff in meine Lungen gelangte. Die Leute, an denen ich vorbeikam, starrten mich verdutzt an. Vermutlich hatten sie Personal, das sie für sich rennen ließen.

Nach ein paar Minuten wurde mir klar, daß ich in die falsche Richtung lief; deshalb bog ich an der nächsten Ecke in eine andere, ebenfalls von Läden gesäumte Straße ein. Da ich mich darauf konzentrierte, was ich nach der nächsten Liftfahrt machen würde, entdeckte ich Ghuaji erst, als ich nur noch fünfzig Meter von ihm entfernt war und direkt auf ihn zurannte.

Ghuaji stürmte mir entgegen, das Musterbeispiel eines Tobsüchtigen. Blut rann ihm über die Wange, und sein verletztes Bein behinderte ihn beim Laufen. Seine Haut sah aus, als wäre sie eine Zeitlang unter der Erde gewesen. Das alles hielt ihn aber nicht davon ab, sein Gewehr von der Schulter zu ziehen und durch die Menge hindurch eine Salve auf mich abzufeuern.

Schreie ertönten, und ein paar Leute gingen zu Boden, aber

da flitzte ich bereits zwischen einer Eisdiele und einer Filiale von Diamonds R Us in eine Gasse. Hinter mir knallte es erneut, und dem Gesichtsausdruck einer jungen Frau entnahm ich, daß die Hölle los war. Aber ich schaute mich nicht um. Wenn sie mich schnappten, würde ich das schon früh genug mitkriegen.

Dann warf mir Gott ein Geschenk hin, und zwar in Form eines Trottels auf einem Trike. Er tuckerte langsam die Straße hinunter und produzierte sich vor ein paar kichernden Teenies, denen es nicht im Traum einfallen würde, auf dem Indigo Drive einkaufen zu gehen. Ich holte ihn so jäh vom Trike runter, daß er wahrscheinlich heute noch glaubt, darauf zu sitzen, sprang in den Sattel und raste wild hupend mitten auf der Fahrbahn die Straße hinunter. Das Meer teilte sich vor mir, und ich donnerte an Hunderten von Menschen vorbei, die mich aus großen Augen entgeistert anguckten.

Kümmert euch nicht um mich, dachte ich gehässig. Das geht euch nichts an. Laßt euch bei euren Einkäufen nicht stören.

Nachdem ich vier Minuten lang gegen alle möglichen Verkehrsregeln verstoßen hatte, erreichte ich den xPress. Die Türen standen, o Wunder, weit offen, und ich fuhr mit dem Trike einfach hindurch – sehr zum Entsetzen des jungen Paares, das bereits darin war.

«Sie dürfen mit dem Ding hier nicht rein», sagte der Mann. «Das ist eine Verletzung der Straßenverkehrsgesetze von New Richmond.»

Von draußen waren Gewehrschüsse zu hören, und Schrotkugeln prasselten gegen die Außenwand des Fahrstuhls.

«Wollen Sie eine Verletzung Ihrer inneren Organe durch Schrotkugeln riskieren?» fragte ich. Der Mann schüttelte erschrocken den Kopf. Ich zwinkerte ihm zu. «Dann drücken Sie gefälligst auf den ‹Abwärts›-Knopf.»

Er gehorchte, und die Türen schlossen sich ziemlich

schnell, aber sie waren aus Glas und ließen erkennen, daß Ghuaji nur etwa hundert Meter entfernt war. Zu allem Überfluß rannte inzwischen Yhandim, ebenfalls mit einem riesigen Gewehr bewaffnet, neben ihm her. Ich hatte bisher nur sehr oberflächlichen Kontakt mit ihm gehabt, und dabei wollte ich es auch belassen.

Der xPress brachte mich weit nach unten. Das junge Paar äußerte sehr früh den Wunsch auszusteigen, aber ich zeigte den beiden meine Pistole. Sie bewunderten dieses Meisterstück der Handwerkskunst und stimmten mir schließlich zu, daß es jammerschade wäre, sich von mir zu verabschieden, ehe sie Gelegenheit hätten, die Waffe im Einsatz zu sehen.

Der Fahrstuhl glitt majestätisch in die 80er hinab, und ich betrachtete den zentralen Innenhof durch die Glasscheiben: die zehn Etagen von Galerien, deren Brüstungen mit rankenden Grünpflanzen bewachsen waren, so daß man an einen hängenden Garten der Antike erinnert wurde. Diesen Innenhof hatte ich in der Vergangenheit nur ein paarmal besucht, obwohl er einer von Hennas Lieblingsplätzen gewesen war. Ich hätte öfter dorthin gehen sollen. Aber ich verbrachte wie üblich zuviel Zeit in den falschen Zimmern.

Als der xPress langsamer wurde, schaute ich ohne viel Hoffnung nach unten. Erwartungsgemäß stand dort bereits ein Mann mit blauen Lichtern im Schädel. Ich weiß nicht, wie zum Teufel es Yhandim gelungen war, schneller als der xPress zu sein, aber er hatte es geschafft. Vielleicht gibt es Wege, die nicht einmal ich kenne. Er hob den Kopf, unsere Blicke begegneten sich, und der Haß in seinen Augen übertraf sogar meinen eigenen. Dann schaute auch Ghuaji zu mir hoch. Sie wurden von ein paar weiteren Männern begleitet.

Ich streckte die Hand aus und schlug gegen den «Türauf»-Knopf, als wir die Etage darüber erreichten. Der xPress bremste ächzend, hielt an und öffnete seine Türen. Ich scheuchte die jungen Leute raus und zerschoß dann die Armaturen. Vielleicht würden die Kerle einen Moment brauchen, um zu begreifen, wieso der Fahrstuhl nicht unten ankam. Den Kopf dicht über der Lenkstange, steuerte ich das Trike schwankend durch die Galerie. Das binnen Sekunden einsetzende Gewehrfeuer verriet mir, daß mein Plan nicht funktioniert hatte. Die Kugeln rissen direkt über meinem Kopf beängstigend große Brocken aus der Decke.

Nun gab ich Gas und raste so den Korridor entlang, bis ich zu einer Treppe kam. Ich hielt direkt darauf zu und holperte die Stufen hinunter. Am liebsten hätte ich eine Zigarette geraucht, aber es war wohl nicht der richtige Moment dafür. Trotzdem zündete ich mir eine an, denn das spielte jetzt auch keine Rolle mehr – meine Lebenserwartung war vermutlich ohnehin nicht sehr hoch.

Das Trike donnerte die Treppenbiegungen hinunter, bis mir schwindelig wurde, und brauste dann auf die 65 hinaus. Ich fuhr geradewegs durch die geschlossene Tür, was dumm und schmerzhaft war, aber zum Glück stand niemand auf der anderen Seite. Dann raste ich über die Hauptstraße zum nächsten Fahrstuhl, der nach unten fuhr, und verfluchte dabei den Grundriß des ehemaligen MegaLiners, in dem man sich wie eine Laborratte vorkam. Zweihundert Meter vor dem xPress rauschte eine Polizeiplattform aus einer Seitengasse auf mich zu. Ich wußte nicht, ob die Cops hinter mir her waren, weil sie meine Identität kannten, oder ob es bloß um die Verkehrsdelikte ging, aber das war im Grunde egal. Während ich mit einer Hand weiterhin das Trike steuerte, zielte ich mit der anderen auf den Antriebsgenerator der Plattform. Daß ich ihn traf, war eher meinem Glück als meinem Können zu verdanken. Nach einem kurzen Röcheln trudelte die Plattform zu Boden wie ein schlecht gefaltetes Papierflugzeug, und die Cops purzelten auf die Straße.

Diesmal ließ ich das Trike vor dem xPress stehen. Es war zwar schnell, aber ein bißchen zu auffällig. In der Kabine trommelte ich nach Atem ringend gegen die Wand. Ich stoppte den xPress zwei Etagen früher als nötig und stieg in einen anderen um, der mich bis zur 24 brachte. Kaum war ich aus der Tür hinausgeschossen, da hörte ich hinter mir laute Rufe, machte mir aber nicht die Mühe, mich umzudrehen.

Ich stürzte in den Laden, in dem ich immer mein Rapt kaufte, und brüllte dem Besitzer einen Gruß zu. Er nickte träge, trat zur Seite und ließ mich ins Hinterzimmer, wo mich eine verborgene Treppe noch eine Etage tiefer brachte: in eine Sozialsiedlung, in der wirklich kein einziger normaler Mensch mehr wohnte. Wenn Yhandim annahm, ich sei direkt nach unten gefahren, würde ich eine kleine Atempause erhalten.

Auf der 23 ist es stockfinster. Die Etage ist voll von ausgebrannten Lagerhäusern, in denen sich früher einmal die Wohnquartiere für das Personal des Liners befanden. Inzwischen leben dort nur noch Irre und gescheiterte Existenzen, die man wie Vieh aus den anderen Etagen vertrieben hat. Ich rannte mitten hindurch, vorbei an Straßenecken, an denen Feuer brannten. Die Atmosphäre dort ist, ehrlich gesagt, äußerst gruselig, und ich war überglücklich, als ich das Licht des nächsten xPress-Schachts erblickte. Ich hoffte nur, daß bald ein Fahrstuhl kommen würde, denn ich hatte keine Lust, mich lange in dieser Gegend aufzuhalten.

«Sofort stehenbleiben», schrie jemand. Mein Herz setzte kurz aus, doch ich rannte weiter. Dann pfiff eine Kugel dicht an meinem Bein vorbei, und ich begriff, daß ich keine Wahl hatte. Ich gehorchte und wirbelte herum.

Zwei Kerle, beide um die Sechzig. Das Gesicht des einen war so gepierct, daß es aussah wie ein Nadelkissen, und das des anderen zierten üble Verbrennungen.

«Ist irgendwas?» keuchte ich sehr außer Atem. Mein Brustkorb fühlte sich an, als wären sämtliche Rippen gebrochen, und mir zitterten die Knie. Die Hand, in der ich die Pistole hielt, ließ ich in der Jackentasche.

«Nichts ist, Jungchen», sagte Brandgesicht, und seine Stimme war tiefer als das Rattern eines in der Ferne vorbeifahrenden Zuges. «Du benutzt bloß eine gebührenpflichtige Straße.»

«Ich habe kein Geld», erwiderte ich. Warum war ich dazu verdammt, immer wieder das gleiche zu erleben?

«Dann hast du Pech gehabt», lispelte der Gepiercte.

Ich durchsuchte mit der freien Hand meine Taschen und fand Mals Festplatte. Die brauchte ich noch. Außerdem den Chip mit Ratchets Gehirn. Ich zögerte nur eine Sekunde, aber länger nicht. Er hatte mir so sehr geholfen. Ich konnte mich unmöglich wieder von ihm trennen.

«Die Erwähnung des Namens Howie Amos hilft mir wohl nicht weiter, oder?» fragte ich probehalber. Langsam stieg Panik in mir auf. Ich verlor Zeit, und zwar eine Menge.

Brandgesicht schüttelte den Kopf. Schließlich griff ich in meine Jacke und zog meine Brieftasche hervor.

«Hier. Die könnt ihr haben.»

Er durchsuchte sie. Es waren nicht mehr als zehn Dollar drin, aber dann entdeckte er meine alte ID-Karte.

«Die hier reicht uns», sagte er, und die beiden traten zur Seite. Ich verzichtete darauf, ihnen mitzuteilen, daß die Benutzung der Karte ihnen soviel Aufmerksamkeit von der Polizei bescheren würde, als hätten sie Polizeipräsident McAuley persönlich auf den Kopf gekackt. Sie würden es noch früh genug merken, und es wurde sowieso Zeit, daß sie sich zur Ruhe setzten. Ich drückte auf den Knopf, sprang in den Fahrstuhl und lehnte den Kopf an die Kabinenwand.

Erst als ich auf der 8 ausstieg, fiel mir ein, daß in der Brieftasche auch mein einziges Foto von Henna und Angela gewesen war. Aber umzukehren kam nicht in Frage. Von nun an würde ich mich mit Erinnerungen begnügen müssen.

Ich rannte durch die erleuchteten Straßen auf der 8, vorbei an vielen wohlbekannten Kneipen und Geschäften, vorbei an der Seitenstraße, die zu Howies Kneipe führte. Während ich in Richtung des Restaurants mit der Luke zum Lüftungsschacht hetzte, hatte ich das Gefühl, mich rückwärts zu bewegen, als wäre das Video über mein Leben vor einer Stunde am Ende angelangt und würde jetzt zurückgespult.

Ich bog mit Karacho um die letzte Ecke, verlor beinahe das Gleichgewicht und raste auf das Restaurant zu. Zehn Meter vor dem Eingang merkte ich, daß etwas nicht stimmte: Draußen standen keine Tische, und hinter den Fenstern brannte kein Licht. Ein energischer Tritt gegen die Tür zeigte mir, daß sie abgeschlossen war. Ich schaute mich um, sah niemanden und jagte eine Kugel ins Schloß. Dann drückte ich die Tür auf, ging schnell hinein und schlug sie hinter mir zu. Ich hoffte inständig, daß Yhandim und die anderen den falschen Weg genommen hatten. Und auch wenn nicht, würde mir diese Route ein paar Sekunden Vorsprung verschaffen. Das war nicht viel, aber so wie die Dinge lagen, konnten wenige Sekunden entscheidend sein.

Ich schlängelte mich zwischen den aufgestapelten Tischen und Stühlen hindurch in Richtung der Toiletten und hatte die Ohren auf Geräusche von der Straße eingestellt. Noch hatte ich genug Kraft für einen kurzen Sprint, durch den ich vielleicht entkommen würde.

Allerdings hatte ich nicht damit gerechnet, daß plötzlich eine Lampe über einem der Tische an der Rückwand anging. Durch den gelben Lichtkegel wurde ein an der Wand stehender Mann sichtbar.

«Howie meinte, du würdest hier vorbeikommen», sagte er.

«Hallo, Johnny», antwortete ich und schwenkte meine Pistole herum, so daß ich direkt auf sein Herz zielte. «Du hast zwei Minuten Zeit, mir zu erklären, warum du meine Frau und meine Tochter für Maxen ermordet hast, und dann werde ich dich abknallen.»

«Wann hast du es rausgekriegt?» fragte Johnny und setzte sich langsam wieder hin. Ich blieb, wo ich war, und richtete weiter die entsicherte Pistole auf ihn.

«Ich weiß nicht», antwortete ich. «Vielleicht gerade eben, vielleicht schon früher. Du wußtest über die Sache mit Maxens Bruder Bescheid. Ich glaube nicht, daß du ein Gerücht gehört hast. Du hast es von Maxen selbst erfahren. Und dann dein Gerede darüber, daß du Buße tun wolltest. Dazu eine Formulierung, die sich im nachhinein als mißverständlich erwies. Du hast den Auftrag, Henna und Angela zu töten, nicht erteilt, sondern du hast ihn selbst ausgeführt.»

Johnny sagte kein Wort. Die Zeit verstrich, aber das war mir plötzlich ganz unwichtig. Ich wollte nicht länger im ungewissen bleiben. In diesem Augenblick fürchtete ich den Tod weniger als die ewige Ungewißheit.

«Warum, Johnny?»

«Maxen hat sich an mich gewandt. Ich war damals nur ein kleiner Ganove. Du erinnerst dich bestimmt noch an die Zeit. Ich wollte Karriere machen, aber alle Märkte waren total dicht. McAuley hielt fest zu der alten Garde, und deshalb konnte ich nicht viel tun. Eines Tages kamen ein paar von Maxens Leuten zu mir und brachten mich zu ihrem Boss. Er sagte, er wolle in illegale Geschäfte einsteigen, weil ihm das saubere Geld nicht reichte.»

«Also hast du dich mit ihm eingelassen.»

«Es gab keinen Spielraum für Verhandlungen. Ich saß in einem sehr kleinen Zimmer, etliche Pistolen waren auf meinen Kopf gerichtet, und mir wurde klar, daß ich nichts zu verlieren hatte. Sagte ich nein, würde er mich auf der Stelle kaltmachen lassen. Sagte ich ja, würde ich fast ganz New Richmond kontrollieren.»

«Und selber an der Leine hängen.»

«Wir hängen alle an irgendeiner Leine, Jack.»

«Also hat er für dich das NRPD geschmiert.»

Vinaldi seufzte. «Ich hatte nicht völlig freie Hand, aber die Cops schenkten meinen Konkurrenten plötzlich sehr viel mehr Aufmerksamkeit als mir. Ich räumte eine Etage nach der anderen frei und fügte sie unserer Sammlung hinzu. Maxen versorgte mich mit Kapital, wenn ich welches brauchte, und redete mit den hohen Tieren im Präsidium, wenn etwas schiefging. Es klappte tadellos, bis du dich eingemischt hast.»

Er starrte mich mit gequälter Miene an.

«Was sollte das bloß, Jack? Die Situation war nicht schlimmer als vorher, nur war alles ein bißchen besser organisiert. Maxen und ich hätten die ganze Stadt beherrschen können, und alle wären gut dabei gefahren. Es wären nicht mehr so viele Leute tagtäglich bei Schießereien draufgegangen, wir hätten Geld verdient, und alles wäre bestens gelaufen. Wenn du gleich zu Anfang zu mir gekommen wärst, hätte ich dich auf unsere Lohnliste gesetzt. Du warst ein erstklassiger Cop. Wir hätten dich gebrauchen können. Warum mußtest du die Nase so tief reinstecken? Warum konntest du uns nicht in Ruhe lassen?»

Ich hatte nicht genug Zeit, um es ihm zu erklären, und vermutlich hätte meine Antwort nicht einmal mich selbst überzeugt. Die Wahrheit war: Ich wußte es nicht.

«Weil ich blöd bin, wahrscheinlich», sagte ich. «Oder weil ich selber etwas wiedergutzumachen hatte.»

Vinaldi schüttelte den Kopf. «Also folgendes: Wir kriegen Probleme, weil Mal und du zu neugierig werdet. Mich stört das nicht besonders, denn es ist allgemein bekannt, auf welcher Seite des Gesetzes ich stehe. Aber für Maxen ist es übel. Er kann sich den Verdacht nicht leisten, daß der angesehenste Bürger von New Richmond zugleich hinter den meisten schmutzigen Geschäften in der Stadt steckt.»

Das leuchtete mir ein. Die Leute wollen glauben, daß Gott und der Teufel zwei verschiedene Wesen sind. Vinaldi schwieg für einen Moment, fuhr sich mit der Hand übers Gesicht und legte sie sich kurz auf die Augen. Als er sie senkte, fiel mir auf, daß seine Finger zitterten.

«Also kommt Maxen zu mir und verlangt ein Zeichen meiner Loyalität – einen Beweis, daß ich voll und ganz hinter ihm stehe. Wir müßten ein Exempel statuieren. Er hat sowieso einen Haß auf dich, weil du im Spalt seinen Bruder umgelegt hast, obwohl sogar er einsieht, daß das nötig war. Wenn du ihn nicht umgebracht hättest, wäre er vors Kriegsgericht gestellt worden. Aber plötzlich bist du eine Bedrohung für ihn und seinen gesamten Besitz, und deshalb muß etwas passieren. Er will, daß ich diesen Job erledige, Jack. Und zwar eigenhändig.»

Vinaldi atmete schwer aus und schaute mir dann in die Augen. «Du hast es mir leichtgemacht, Jack, weil du mir Phieta ausgespannt hattest. Vielleicht hast du gedacht, ich sei der typische Gangster, für den eine Ehefrau nur Dekoration ist und der nebenbei herumbumst. Oder vielleicht hast du bloß mit ihr gevögelt, um über sie an mich heranzukommen. Aber ich habe diese Frau geliebt. Ich wußte nichts über euch beide, aber Maxen hatte Fotos machen lassen und zeigte sie mir. Sie war meine Frau, Jack, und sie hat mich mit dir betrogen. Zwar liebte sie mich nicht mehr – daran änderte auch dein Verschwinden nichts –, aber ich wollte sie nicht gehen lassen. Weißt du, was passiert ist, nachdem sie dich aus der Stadt weggebracht und auf die Farm geschafft hat? Sie hat Selbstmord begangen.»

Die Stadt um mich herum wirkte in dem Moment ganz still. Nichts, was in ihr passierte, schien von Bedeutung zu sein oder mich irgendwie zu betreffen. Ich konnte nur zuhören und mit meiner Pistole auf Vinaldis Herz zielen.

«Nachdem er mir die Fotos gezeigt hatte, pumpte Maxen mich mit Rapt voll, und zwei seiner Leute fuhren mich zu deiner Wohnung. Sie blieben draußen stehen und brachten mich weg, als ich wieder herauskam. Erst in deinem Wohnzimmer wurde mir klar, daß Maxen mir absichtlich eine Überdosis verpaßt hatte. Ich wußte nicht, was ich tat, Jack. Ich wollte es kurz und schmerzlos machen. Aber dann stürzten die Wände über mir zusammen, und ich war wieder im Spalt. Was danach geschehen ist, weißt du ja.»

Meine Hand zitterte, der Finger am Abzug war feucht. Vinaldis Brust sah für mich aus wie die größte Zielscheibe der Welt.

«Du gehst manchmal noch hin, stimmt's?» fragte ich. «Auf die 72. Etage.»

Er schaute mich an. «Woher weißt du das?»

«Von einem Jungen, den ich dort getroffen habe. Er hat dich am Fenster stehen sehen.»

Vinaldi senkte den Kopf. «Ich erinnere mich nicht, was damals passiert ist», flüsterte er. «Zumindest die meiste Zeit nicht. Hin und wieder träume ich davon, und wenn ich dann aufwache, fahre ich runter zu deiner Wohnung. In einigen Punkten hast du recht, Jack, und einer davon ist: Manchmal tut man etwas so Monströses, daß es kein Mensch begreifen kann. Ich habe dir vorgeworfen, daß du glaubtest, die ganze Welt sei besudelt, aber du hattest recht. Denn ich habe mein eigenes Leben besudelt, und ich erinnere mich noch nicht einmal daran. Ich weiß nur, daß die Scheiße an mir klebt und nie mehr verschwinden wird.»

Ich betrachtete seinen zuckenden Wangenmuskel. Der abgrundtiefe Haß, den ich jahrelang für ihn empfunden hatte, überkam mich von neuem und schien sein Gesicht in ein gleißendes Licht zu tauchen. Ich sah sein Gesicht so deutlich, daß ich es als mein eigenes erkannte, und drückte mit einem Gefühl unendlicher Erleichterung auf den Abzug.

Der Schuß hallte durch die Dunkelheit.

Mit gesenktem Kopf lauschte ich den flachen Atemzügen eines Mannes, der mit angesehen hatte, wie ich im letzten Moment die Hand bewegte und die Kugel in den Fußboden jagte. Ich blieb eine Sekunde lang reglos stehen, bis das Echo verklang und wir wieder miteinander allein waren.

«Warum hast du Maxen umgebracht?» fragte ich. «Weil er dich nicht mehr brauchte und Yhandim rausgeholt hat, um dich erledigen zu lassen? Weil die Typen aus Dem Spalt deine Angestellten und deine Mädchen abgeschlachtet haben? Oder gab es noch einen anderen Grund?»

«Jack ...» flüsterte er.

«Hau ab», sagte ich.

Er stand auf und ging zur Tür.

«Viel Glück», sagte er.

«Wenn ich dich je wiedersehe, bringe ich dich um. Verstanden?»

Er nickte kurz, öffnete die Tür und verschwand.

Ich ging in die Damentoilette, schob die Wandplatte zur Seite und stieg durch die Öffnung in die Röhre. Dann verschloß ich den Ausgang hinter mir und hoffte, das Unausweichliche dadurch ein bißchen hinauszuzögern. Ich lief so schnell wie möglich durch den Lüftungsschacht und stieß mir unterwegs mehrmals den Kopf, aber das kümmerte mich nicht. Momentan hatte ich nicht genügend Rechenzyklen frei, um mich mit unbedeutenden Schmerzen zu befassen. Ich fügte im Geiste die fehlenden Teile in das Mosaik ein und fragte mich, ob sich das Bild dadurch veränderte und ob es überhaupt noch eine Rolle spielte.

Aber dann hörte ich das schwache Scheppern, als die Wandplatte aufgestoßen wurde, und Ghuajis Rufen. Mein Vorsprung betrug nur einen dreiviertel Kilometer. Ich hatte nicht geglaubt, sie abgeschüttelt zu haben, aber es war dennoch ein Schock.

Die Männer waren gute Soldaten. Ich war ihnen entwischt, aber sie hatten meine Spur wiedergefunden, und jetzt würden sie die Sache zu Ende bringen.

Es gibt nur einen einzigen Ausspruch meines Vaters, der mir wirklich gefällt: «Das Rennen ist erst vorbei, wenn alle nach Hause gegangen sind und man allein im Stadion steht.» Er sagte das jedesmal, wenn er einen Job verloren hatte. Wir waren meistens gerade beim Packen, um in eine andere Stadt zu fahren, und ich verstand damals nicht, was er damit meinte. Als ich jetzt atemlos durch die finsteren Eingeweide von New Richmond rannte, verstand ich es nur allzugut. Ich verzögerte das Spiel nach Kräften, indem ich immer wieder in Seitentunnel abbog, und nachdem ich auf dieser merkwürdigen Route schließlich den Hauptschacht erreicht hatte, drückte ich Hände und Füße außen an die Leiter, um schnell nach unten rutschen zu können.

Aber ich hörte immer noch das Stampfen von Stiefeln hinter mir, und als ich im Erdgeschoß von der Leiter sprang, wurde mir klar, wie schlecht meine Chancen standen. Ich fand es unfair, daß ich soweit gekommen war und jetzt doch noch draufgehen würde. Mein einziger Wunsch war immer gewesen, dem Lärm zu entfliehen und ein bißchen Frieden zu finden. Dann liefen vor meinem geistigen Auge die letzten Momente meines Lebens ab, als wäre mir dieses Ende von Anfang an vorherbestimmt gewesen. Ich sah Männer, die nicht einmal genug wußten, um mich richtig hassen zu können, die bloß ihren Code abarbeiteten; sah ihre gleichgültigen Mienen, als sie mich in jenen letzten Momenten umringten; spürte die Geschosse, die meinen Körper wie eisige Pfeile durchbohrten. Ich sah mich in den Gedärmen New Richmonds sterben, und es war keine allzu schlechte Art abzutreten. Seltsamerweise fühlte ich mich in diesem Moment meinem Vater näher als jedem anderen Menschen auf der Welt. Egal, wieviel Mist er gebaut hatte, er gab niemals nach, bis er schließlich beschloß, *ganz* aufzugeben.

Dann tauchte vor mir etwas auf, und die Bilder in meinem Kopf verschwanden so unvermittelt, als wären sie nie dagewesen.

Ich hatte gerade den Tunnel entlanggeschaut und halbherzig überlegt, ob es vielleicht einen verborgenen Weg gab, den ich noch nicht kannte. Ratlos ließ ich meine Blicke über die glatten Metallwände des Ganges schweifen, als mir plötzlich bewußt wurde, daß ich sie eigentlich überhaupt nicht sehen dürfte.

In der Ferne flackerte ein winziges Licht wie eine einsame Kerze. Es schien näher zu kommen und sich in eine orangefarbene Lichtsäule zu verwandeln.

Aber es kam gar nicht näher, sondern wurde bloß größer; es war von Anfang an nur zehn Meter von mir entfernt gewesen.

In der Lichtsäule war ein Umriß zu erkennen. Eine Gestalt.

Ich mußte schlucken, denn ich hatte das Gefühl, mir stecke ein Ziegelstein im Hals, und dann wirbelte ich herum und blickte in die Richtung, aus der ich gekommen war. Die Geräusche der Männer, die auf der Leiter nach unten kletterten, verrieten mir, was ich ohnehin schon wußte. Ich konnte nirgend woanders hin.

Erneut betrachtete ich das Licht. Das schien das einzig Richtige zu sein. Vielleicht wußte jemand, daß meine Zeit abgelaufen war, und war gekommen, um mich hinüberzugeleiten. Hoffentlich war es nicht Mal. Ich liebte ihn und wünschte mir, ihn früher oder später wiederzusehen, aber ich wollte nicht bis in alle Ewigkeit Nudeln essen.

Zuerst schien die Gestalt aus vielen flatternden Flügeln zu

bestehen, die sich im Takt bewegten, aber dann nahm sie langsam eine feste Form an. Als ich sie erkannte, öffnete sich mein Mund, als wolle er einen Teil der Tränen hinauslassen, die sich mit Gewalt den Weg in meine Augen bahnten. Etwas war geschehen. Die Vögel waren nicht mehr wahnsinnig. Meine Lippen zitterten so stark, daß der Name kaum zu verstehen war, als ich ihn aussprach.

«Suej?»

Sie lächelte, und ich bemerkte, daß die Narbe in ihrem Gesicht verschwunden war. Sie sah unversehrt aus, makellos.

«Wir müssen uns beeilen, Jack», sagte sie. Aber ich vergaß die Geräusche hinter mir, als mir auffiel, daß sie außer ihrem Sommerkleid auch eine jener zerlumpten Jacken anhatte, wie sie die Spalt-Kinder trugen.

«Was machst du hier?» flüsterte ich. «Wie bist du rausgekommen?»

«Ich habe Freunde gefunden», antwortete sie. «Wir sind dabei, einiges zu verändern. Der Spalt schließt sich. Ich bin die Brücke.» Ihre Stimme klang stolz und heiter, und ich machte einen Schritt auf sie zu, weil ich sie unbedingt in die Arme schließen wollte. Aber sie hob eine Hand, um mir Einhalt zu gebieten. Ich starrte die Hand an und war fasziniert von dem Licht, das sie ausstrahlte.

«Du mußt umkehren», sagte sie. «Klettere bis ganz nach unten.»

«Aber das hier ist der Weg zum Ausgang ...»

Sie schüttelte den Kopf. «Kehr um. Und noch etwas. Du brauchst Ratchet nicht mehr. Du mußt ihn wegwerfen.»

«Kommt überhaupt nicht in Frage», entgegnete ich, aber sie unterbrach mich mit einer Bestimmtheit, die ich an ihr bisher nicht gekannt hatte.

«Du *mußt* es. Dann renn, so schnell du kannst. Und ich soll dir etwas ausrichten: Du hast mehr für sie getan, als du ahnst.»

Ich schüttelte den Kopf, aber ihre Miene war unerbittlich. Es kam mir so vor, als wäre ich das Kind und sie im Besitz des Wissens, das ich erst noch erlangen mußte.

Schlagartig wurde mir bewußt, daß das Geräusch der Stiefel auf der Leiter inzwischen sehr viel näher gekommen war.

«Aber was *bist* du jetzt?» fragte ich rasch.

Suej lächelte erneut und hob die Hände – und dann war sie verschwunden.

Ich geriet plötzlich in Bewegung, als hätte jemand bei mir wieder den Strom eingeschaltet, und mit einem Satz war ich im Schacht. Kaum stand ich auf der Leiter, da hörte ich laute Rufe von oben. Ich sprang ab und landete unsanft auf dem Boden. Die Stelle kannte ich noch von dem Ausflug, den ich auf Rapt unternommen hatte, und als mir dann die Kugeln um die Ohren flogen, duckte ich mich und rannte in den nächsten Tunnel.

Ich sprintete durch Gänge, in denen ich nie zuvor gewesen war, über Schwellen und an unbekannten Türen vorbei. Ein verrostetes Schild, auf dem GEPÄCKAUFBEWAHRUNG stand, glitt vorbei, und ich stürmte weiter.

Dann fiel mir Suejs Befehl ein. Ich holte den Chip, in dem Ratchet lebte, aus meiner Jackentasche und behielt ihn einen Moment in der Hand. Obwohl ich mich nicht von ihm trennen wollte, spürte ich, daß ich mich einer höheren Macht beugen mußte. Ich legte ihn vorsichtig auf den Boden und rannte wieder los.

An einer mir bekannten Ecke sprang ich ein paar Stufen hoch und landete in einem der Abgasrohre.

Meine Verfolger holten langsam auf, und ich fürchtete, daß ich es nicht bis nach draußen schaffen würde. Aber ich wollte es zumindest versuchen.

Ich rannte an schier endlosen, vom jahrzehntelangen Zersetzungsprozeß pockigen Metallwänden vorbei; in meinen Ohren rauschte es, während ich immer weiter durch den Tunnel stolperte. Und dabei wurde ich die ganze Zeit von Männern verfolgt, die immer näher kamen und nur ein Ziel hatten. Ab und zu pfiff eine Kugel neben mir durch die Luft. Noch hatten sie mich nicht getroffen, aber ich befürchtete, daß es bald soweit sein würde.

Ich kam mir vor wie das Gespenst in der Maschine, das hinauswollte. Das einen Weg nach draußen suchte, wo man den Himmel sehen konnte.

Allmählich spielten meine Lungen nicht mehr mit. Die Kraft in meinen Beinen ließ nach, ihre Muskeln schienen sich in lodernde Flammen zu verwandeln, die zu substanzlos waren, um mich vorwärts zu tragen. Das Donnern der Schritte hinter mir wurde lauter, und mein Leben war zu lang und zu kräftezehrend gewesen, als daß ich noch etwas hätte zusetzen können. Ich rannte, aber dann geriet ich ins Taumeln, meine Schritte verloren ihren Rhythmus, und die kaum sichtbaren Wände lösten sich wirbelnd in Dunkelheit auf.

Die Füße rutschten mir weg, und ich stolperte mit der Gewißheit, daß ich mein Bestes gegeben, aber das Rennen verloren hatte. Ich streckte die Hände aus, um mich irgendwo festzuhalten und nicht vornüber aufs Gesicht zu fallen.

Und im Fallen spürte ich, wie eine kleine Hand nach meiner Hand griff.

Es war eine warme, zärtliche Berührung, und dann flüsterte mir eine energische Stimme etwas ins Ohr, die etwas von meiner Stimme an sich hatte und auch von Hennas.

«Komm schon, Daddy», sagte sie. «Wir müssen los.»

Ich dachte nicht lange nach, sondern umklammerte die kleinen Finger. Dann wurde ich vorwärts gezogen, und die Stimme trieb mich unablässig an. Die Kraft kehrte in meine Beine zurück, und der Schmerz in meinen Lungen verschwand oder wurde so stechend, daß ich ihn nicht mehr spürte. Mein Körper überwand das Chaos des Zusammenbruchs und funktionierte wieder ordnungsgemäß.

Statt zu stürzen, fand ich einen neuen Rhythmus. Ich rannte den Tunnel hinunter wie ein Kind zum Meer, bis die Wände vor meinen Augen verschwammen und ich nur noch die Wärme der kleinen Hand und die mich anfeuernde Stimme wahrnahm. Ich merkte, daß die anderen Männer zurückfielen, daß sie mich zwar noch verfolgten, aber keine Bedrohung mehr darstellten. Sie wurden nur von ihrem Haß angetrieben. Es gibt stärkere Antriebskräfte.

Ich stürmte hinter Angela her, als würde ich nie wieder so laufen können. Ein absurdes Glücksgefühl erfüllte mich, und ich wußte, so sollte es sein. Endlich hatte ich begriffen, daß man nicht einfach aufgeben und auf die ewige Finsternis warten, sich davonstehlen und dem Tod entgegenkriechen darf. Man muß rennen, denn die einzige Angst, die wirklich zählt, ist die Angst, nicht mehr zu rennen, nichts mehr zu *tun*, vor allem anderen am Ende zu sein.

Die Sekunden schienen sich bis zum Zerreißen zu dehnen, um all das in sich aufzusaugen, was geschehen war. Nichts war verloren, nichts vergangen. Alles, was ich getan hatte – jeder Blick, jedes Wort, jeder Atemzug – tauchte hell und gewaltig vor mir auf und gehörte mir. Mein Leben zog nicht an mir vorbei – ich rannte an *ihm* vorbei. Nearly hatte recht gehabt. Erinnerungen sind bloß die Worte in einem Buch, das man gelesen und verloren hat, und nicht etwa eine heilige Schrift, an die man sich für den Rest seines Lebens halten muß.

Vor mir war ein Licht, und sonderbare Geräusche hallten durch den Tunnel. Immer noch hörte ich die Schritte Yhandims und der anderen, aber sie waren inzwischen weit hinter mir. Früher oder später würden sie mich einholen, aber zumindest würde ich es schaffen, aus New Richmond hinauszukommen. Auf dem letzten Stück geriet ich wieder aus dem Rhythmus und stolperte schwankend vorwärts. Das Glücksgefühl ebbte ab, als wäre es ein Treibstoff gewesen, der jetzt zur Neige ging. Er hatte genau die Wirkung, die Rapt hätte haben sollen, und ich wünschte mir, er wäre leichter zu beschaffen.

Angelas flimmernde Gestalt führte mich eine Treppe hoch, die ich noch nie gesehen hatte. Am Ende des Tunnels war ein helles Rechteck, und ich begriff, daß ich irgendwie auf die nächsthöhere Etage gelangt war, weg von den Abgasröhren und in die Nähe des mir wohlbekannten Ausgangs.

Die Typen an der Tür starrten mich mit offenem Mund an. Auch ich selbst war von meiner Laufleistung beeindruckt und rechnete insgeheim mit Applaus. Aber als ich näher kam, sah ich in ihren Gesichtern keine Bewunderung, sondern Angst.

Der Lärm, den ich gehört hatte, wurde immer lauter und prallte so heftig von den Wänden ab, daß die ganze Stadt zu beben schien. Noch ehe ich die Tür erreicht hatte, drehten sich die Männer um und rannten davon.

Immer noch von Angelas Hand vorwärts gezogen, stürmte ich aus New Richmond hinaus. Ich lief keuchend durch den Keller und die Treppenstufen hoch, nur wenige Meter hinter den fliehenden Männern her, und dann nach draußen ins Portal, wo ich feststellte, daß auch alle anderen wegrannten.

Mitten im Chaos blieb ich stehen. Hunderte von Menschen liefen an mir vorbei und verließen panisch die Gebäude, die direkt an den Außenwänden der Stadt errichtet worden waren. Zuerst kapierte ich nicht, was los war, und dachte bloß, ich hätte einen neuen Trend ausgelöst, aber dann verriet mir ein entferntes Grummeln, was ich schon geahnt hatte.

Ich spürte, wie Angelas Hand an mir zerrte, und ich entfernte mich rückwärts von dem Koloß der Stadt und aus der Gefahrenzone. Im Geiste hörte ich immer noch die Schritte, die mir folgten, aber ich wußte, daß sich Yhandim und seine Kumpane noch unten in den Abgasröhren befanden und wahrscheinlich von Kräften, die plötzlich wieder erwacht waren, zu Boden geworfen wurden.

Nach zweihundert Metern hielten wir an, und ich drehte mich nach ihr um. Eine kleine Gestalt sprang an mir hoch, so wie sie es immer getan hatte. Ich fing sie auf und schlang die Arme um sie, und es kam mir so vor, als wäre sie tatsächlich da. Ich drückte mein Gesicht an ihres, nahm den Geruch ihrer Mutter wahr und hörte das Lachen meiner Tochter.

Dann war zwischen meinen Armen nur noch Luft.

Immer noch hetzten Menschen an mir vorbei und purzelten aus den Gebäuden, die in ein paar Sekunden einstürzen würden. Ich schaute verzückt zu dem Koloß der Stadt hoch, zu den unzähligen von Leben erfüllten Räumen. Als die uralten Pulsostrahl-Triebwerke schließlich donnernd ansprangen, wußte ich, daß ich von denen, die immer noch unten in den Tunneln hinter mir herrannten, nichts mehr zu befürchten hatte. Alles, was mich verfolgt hatte, war verschwunden.

Ich rief laut Ratchets Namen, denn mir wurde klar, daß der alte Reparatur-Droide im Keller den Chip gefunden und Ratchets Gehirn mich schon wieder gerettet hatte. Aus vollem Halse lachend stolperte ich rückwärts, als der MegaLiner erzitterte wie ein Vulkan, der nach vielen Jahren wieder ausbricht.

Es gab eine kurze Verzögerung, als müßten sich die alten Maschinen erst wieder daran erinnern, welche Aufgaben sie früher erfüllt hatten, und dann hob sich die ganze Stadt in die Luft. Sie stieg höher und höher, bis sie sich ganz von der Erde gelöst hatte. Sie machte sich auf die Suche nach alten Pfaden und neuen Wegen und dem Leben, das sie jetzt wieder führen konnte.

Zweiundzwanzig

Der Himmel wirkt heute beinahe frostig, aber sein Blau kündigt bereits an, daß der Frühling naht, auch wenn der Winter noch nicht vorbei ist. Eigentlich ist mir das egal. Ob Regen oder Sonnenschein, ich bin froh, überhaupt wieder Wetter zu erleben.

Ich hatte noch eine Weile zwischen den spuckenden Wasserleitungen und funkensprühenden Kabeln gewartet, bis die Stadt außer Sichtweite war. Dann war ich per Anhalter runter nach Nord-Florida gefahren, zu dem Strand, wo meine Mutter und ich damals immer gewesen sind. Ein paar Tage lang ging ich nur am Meer spazieren und schlief unter freiem Himmel in den Dünen, aber dann raffte ich mich auf und ging zu der Apartmentanlage meiner Großeltern. Sie ist heruntergekommen, und niemand lebt mehr dort, aber ich fand ein bewohnbares Zimmer, und dort habe ich mich fürs erste einquartiert.

Als ich mich einigermaßen erholt hatte, nahm ich in St. Augustine einen Job als Barkeeper an, und an einem ruhigen Abend sah ich auf der Nachrichtenwand einen Bericht über eine nicht näher benannte medizinische Einrichtung in Vermont, die von einem einzelnen Terroristen überfallen worden war. Er oder sie hatte nichts weiter getan, als einen der «Patienten» zu entführen.

Zuerst schmunzelte ich nur, aber dann mußte ich so laut und lange lachen, daß die Gäste mich komisch anguckten und mich an der Bar allein ließen.

Ich wünschte Suej und David Glück und hoffte, die beiden eines Tages wiederzusehen.

Gestern nachmittag ist Nearly eingetroffen. Ich saß an dem alten, leeren Swimmingpool hinter dem Haus und dachte an die Zeit, als er noch mit Wasser gefüllt war. Da kam sie plötzlich anspaziert und nahm mich von hinten in den Schwitzkasten. Ziemlich brutal.

Nearly war immer noch stinksauer auf mich, wirkte aber seltsam entschlossen. Sie behauptete, Suej sei ihr im Traum erschienen und habe ihr gesagt, daß sie mich hier finden könne. Als New Richmond in Seattle zwischengelandet war, hatte sie sich kurzerhand aus dem Staub gemacht und war quer durchs ganze Land gefahren, um mir gehörig die Meinung zu sagen. Ich hörte zu, während sie schrie und tobte, und als ihr die Luft ausging, nahm ich sie bei der Hand und führte sie über den alten Holzsteg hinunter zum Meer.

Wir spazierten am Strand entlang, bis es dunkel wurde. In den alten, leerstehenden Wohnhäusern hinter den Dünen brannte kein Licht, aber am Wasser tummelten sich wie immer die Vögel, und ein Schwarm Pelikane flog über uns hinweg.

Howie gehe es gut, erzählte sie, und Vinaldi ebenfalls, und der MegaLiner sei immer noch unterwegs. Wenn New Richmond irgendwo landete, versuchten die Leute, die Stadt am Boden zu halten, um hineinzukommen, aber Ratchet spielte nicht mit und hob jedesmal gleich wieder ab. Den Menschen im Innern schien das egal zu sein, denn sie waren froh, endlich wieder zu fliegen.

Die Lücken schließen sich langsam.

Ich werde wohl nie erfahren, ob Ratchet all das von Anfang an geplant, ob ihn schon vor langer Zeit im Spalt etwas aus der Bahn geworfen und ob er bereits damals mit den Kindern einen Pakt geschlossen hatte. Aber wenn jemand die Kontrolle über New

Richmond ausüben muß, dann haben es die Bewohner mit diesem kleinen, klar denkenden Chip, der tief im Innern der Stadt agiert, meiner Ansicht nach nicht schlecht getroffen. Manche Geschenke muß man einfach annehmen, und Ratchet ist ein solches Geschenk. Wenn wir uns einer unsichtbaren Macht anvertrauen müssen, dann ist er mir lieber als die meisten anderen.

Es wird sich zeigen, wie es weitergeht. Das war bisher immer so.

Nearly liest mir weiterhin ab und zu die Leviten, aber sie tut es inzwischen mit einem Lächeln. Vor ein paar Tagen saßen wir gegen Mitternacht einträchtig am Strand und tranken Wein.

«So», sagte sie und schmiegte sich an mich. Ich spürte die weiche Haut ihrer Schulter an meiner Wange. «Und was machen wir jetzt?» Ich küßte sie sanft auf den Mundwinkel und legte den Arm um ihre Taille.

«Schön und gut», meinte sie mit einem katzenhaften Lächeln, «aber kannst du dir das auch leisten?»

Ich ging auf ihr Spiel ein. «Leider habe ich keine Kreditkarte», sagte ich mit einem traurigen Kopfschütteln.

Sie schmollte. «Das glaube ich nicht.»

«Ich habe sie verschenkt.»

Sie schaute mich an und schürzte die Lippen.

«Ich nehme auch Bargeld.»

«Wenn ich welches hätte, würde ich es dir mit Vergnügen geben.»

Sie seufzte und rollte die Augen. «In Ordnung», sagte sie schließlich, schlang die Arme um meinen Hals und näherte ihr Gesicht dem meinen. «Ich werde mich mit einem interessanten Einblick in die menschliche Seele begnügen.»

Ich zuckte die Achseln. «Wie wär's mit: Der Mensch hofft, solange er lebt?»

«Damit bin ich zufrieden.»

Vor einer Woche hat Nearly mir bei einem Trödler in St. Augustine ein altes Buch gekauft. Über Pflanzen und ihre Herkunft. Ich lese es gründlich und lerne die Namen auswendig. Und wenn wir spazierengehen, halte ich nach diesen Pflanzen Ausschau.

Wenn ich eine von ihnen entdecke, sage ich laut ihren Namen: für Henna, für Nearly und für mich.

Romane und Erzählungen

Julian Barnes
Flauberts Papagei *Roman*
(rororo 22133)
«Dieses Buch gehört zur Gattung der Glücksfälle.»
Süddeutsche Zeitung
Briefe aus London 1990-1995
(rororo 22128)
In fünfzehn Briefen aus London erzählt Barnes von Margaret Thatcher, John Major und Tony Blair und wirft vielsagende Blicke hinter die Kulissen von Lloyd's of London und über die Mauern des Buckingham-Palasts.
«Unglaublich witzig.»
Stuttgarter Nachrichten

Andre Dubus
Sie leben jetzt in Texas *Short Stories*
(rororo 13925)
«Seine Geschichten sind bewegend und tief empfunden.» *John Irving*

Erri De Luca
Die erste Nacht nach einem Mord *Erzählungen*
(rororo 22406)
Die Asche des Lebens
Erzählung
(rororo 22407)

Stewart O'Nan
Engel im Schnee *Roman*
(rororo 22363)
«Stewart O'Nans spannendes Erzählwerk ist zum Heulen traurig und voller Schönheit, seine Sprache genau und von bestechendem Charme. Die literarische Szene ist um einen exzellenten Erzähler reicher geworden.» *Der Spiegel*

Nicholas Shakespeare
Der Obrist und die Tänzerin
Roman
(rororo 22619)
«Ein spannender und poetischer Roman über Gewalt, Ethik und Liebe.»
Süddeutsche Zeitung

Alexandru Vona
Die vermauterten Fenster
Roman
(rororo 22459)
«Ein Jahrhundertwerk.»
Saarländischer Rundfunk

Daniel Douglas Wissmann
Dillingers Luftschiff *Roman*
(rororo 13923)
«Dillingers Luftschiff» ist eine romantische Liebesgeschichte und zugleich eine verrückte Komödie voll schrägem Witz, unbekümmert um die Grenzen zwischen Literatur und Unterhaltung.

Weitere Informationen in der **Rowohlt Revue**, kostenlos in Ihrer Buchhandlung oder im **Internet: www.rowohlt.de**

rororo Literatur

3287/8